中华传世藏书

【图文珍藏版】

中华上下五千年

刘宇庚⊙主编

线装书局

诸葛亮七擒孟获

曹丕想乘刘备云世之际，攻打蜀国，但诸葛亮用兵如神，与孙权重新联合，曹丕始终没有机会。

诸葛亮辅佐刘禅发展蜀国经济，蜀都在成都，成都素有"天府之国"的美名，所以农业发展迅速，粮食年年获得丰收，加之战事很少，百姓过上了安定的日子。蜀国百姓认为刘备仁慈宽厚，治国有方，刘备刚去世时，蜀国的人们好像塌了顶梁柱。后来诸葛亮辅佐刘禅治国有道，百姓才安定下来。

蜀国实力日渐增强，可就在这时，南方传来了叛乱的消息：建宁太守雍闿勾结蛮王孟获想趁蜀国更换君主之际起

诸葛亮

兵谋反，而牂柯郡太守朱褒、越嶲郡太守高定也跟着兴风作浪。诸葛亮心想：不平定叛乱，一是会威胁到蜀国的安全；二是会扰乱民心，百姓刚刚过上安定的日子，很可能再度陷入战争的恐慌之中；三是魏、吴会趁机起兵。所以诸葛亮决定亲自带兵去平息叛乱。

诸葛亮派马忠攻打东南牂柯郡。马忠的大军所向无敌，将朱褒生擒活捉。后来报告诸葛亮，杀了朱褒。与此同时，诸葛亮的大军已经进驻越嶲郡，杀了高定。两军汇合，决定平定最后一支叛军——孟获的人马。孟获占据滇池一带（今云南省晋宁区），他是这次叛乱的头领。

诸葛亮知道孟获在西南部很有威望，所以打算收降他，让他在西南部驻守，这样既可以不派朝廷的官吏和军队，也可以稳定西南部的民心，从而可以安定南方的局面。

孟获武艺高强，但有勇无谋。两军刚一交战，孟获的人马四处奔逃，蜀军也不追杀，而是将孟获团团围住，将其生擒活捉。

蜀军将孟获和他的士兵押到蜀营，诸葛亮命人给士兵松绑，说道："我知道你们都是好百姓，朝廷绝不会为难你们，我放你们回去，别再跟孟获叛乱就行，如果将来孟获归顺了，你们还可以保他。"这些人非常感激诸葛亮，都纷纷表示，绝不再叛乱。

这时，诸葛亮又亲自为孟获松绑绳，问道："孟获，你服不服？如果不服，我现在就放你走，你准备好了之后，再来攻战！"孟获说道："你们大军刚来，我不知道你的虚实，当然不服。如果你下次再捉到我，我就归降你！"诸葛亮派人摆了一桌酒席，说道："你喝完酒，我就放你回去！"孟获也不管三七二十一，酒足饭饱之后，便离开了蜀营。

当天晚上，孟获心想：我何不偷袭蜀营呢？于是带领一支精兵杀了回来。诸葛亮用兵如神，早预料到孟获会杀回来，便布下了空营，孟获杀进营中，又被蜀军围住，将他生擒。诸葛亮问他："孟获，你又被我捉住，你说要归降我，是吧？"孟获道："你使用计策，如果你不使用计策，还能捉到我，我就服你！"诸葛亮又让他吃饱喝足，放他走了。

孟获这一下知道了诸葛亮的厉害了，心想我的人马少，我不能和他们的军队交战，我可以和蜀将大战。于是开始和蜀将大战，又被活捉。诸葛亮问道："孟获，你的人马不是我的对手，你也打不过我手下的战将，你服不服？"孟获道："我没有用计策，而是和你们硬拼，才败了，如果你能把我的计策破了，我就服你。"诸葛亮又放了他。

孟获知道自己打不过蜀将，便把军队退到泸水南岸，他想：凭借泸水，我可以和你一拼！诸葛亮一看孟获跑到河对岸，而且不再主动出兵。诸葛亮派人去攻打孟获，但是渡水的蜀兵都中毒而亡。诸葛亮忙问当地的百姓，这才得知泸水之中有瘴气，白天在太阳照射下便蒸发，若有人渡水，必中毒。只有晚上才能渡过大河，诸葛亮便派人在晚间渡过泸水，结果又活捉了孟获。诸葛亮说："孟获，如果你服了，我可以启奏天子，封你为王，这个地方还由你统治。"孟获道："我服了，但我⋯我的部下不服！"诸葛亮又把他放了。

长史费祎很不理解丞相的做法，便问道："丞相，孟获不识抬举，而您为什么非要他归降呢？"

诸葛亮笑道："孟获其心已动摇，但他还有些不服气，如果他能心服口服，那么南方就可以交给他把守，他在这一带很有威望，他虽然屡战屡败，但他手下的将士仍是死心塌地地保他，如果我们得此将，必会得人心啊！"

孟获这样又被捉了三次，诸葛亮又放了他三次，而且每次都亲自为他松绑绳，还为他摆一桌酒席，为他压惊。第七次又被捉住时，诸葛亮问道："孟获，你服不服？"孟获一下跪倒在地，说道："丞相用兵如神，手下的将士也都能征善战，我被七擒七纵，这次是心服口服，如果我再不投降，恐怕就无脸见我的众位将士了。丞相放心，我明日一早便率领我的部下，共同归顺。"

孟获又走了，诸葛亮露出了笑容，心想：从此南方稳定了！第二天，孟获带领着人马来归顺，这些将士也十分佩服诸葛亮。诸葛亮用双手搀起孟获，说道："我已启奏天子，封你为洞主，这蛮部仍是你的管辖地，而且可以世世代代永镇蛮邦。"孟获非常感动，说道："丞相请放心，我们南人再也不造反了。"诸葛亮又把孟获及手下的大将请到营中，设宴款待。

孟获归顺，诸葛亮没有伤害蛮部的百姓，蛮部上下一片欢腾。

诸葛亮离开成都来南方平定叛乱已经有半年了，如今叛乱已平定，诸葛亮心系朝中大事，便决定即日班师回朝。

孟获率领众将士一直把诸葛亮送到泸水河边。诸葛亮问道："现在已是9月，天气不热，不会再中毒了吧？"孟获道："丞相，绝不会再中毒了，可是河水猛涨，需用七七四十九颗人头以祭拜河神，否则无法渡过！"

诸葛亮心想：长期战争，已死了不少将士和无辜的百姓，不能再杀人了。于是诸葛亮命人杀牛羊，又用面做成人头形，说道："我们祭拜河神，心诚则灵！"祭拜之后泸水真的退了下去，诸葛亮率领大队人马回朝了。

刘禅得知丞相凯旋而归，亲自迎接，并给丞相及众位将士设宴庆功。刘禅看到诸葛亮脸上已有皱纹，心中一阵酸楚，心想：丞相真是呕心沥血啊！

诸葛亮挥泪斩马谡

诸葛亮七擒孟获，平定了南部叛乱，班师回朝。而这时魏帝曹丕已死，由太子曹叡继位。曹叡年幼无知，魏国的大权落在曹休、曹真和司马懿手中。诸葛亮心想：曹丕刚死，魏国上下军心不稳，正是出师北伐的良机，我何不带兵去伐魏呢！于是，诸葛亮给后主刘禅写了一道《出师表》，于建兴五年春出师伐魏。

诸葛亮决定从西边攻打祁山（今甘肃省礼县），然后沿大路攻向长安。诸葛亮认为祁山地势险要，一旦攻下，便可以在此安营扎寨，进可攻长安，退可守祁山。

大将魏延对诸葛亮说道："丞相，我们从西边攻打祁山，路程远，道路艰难，会浪费好长时间。我们不如派一部分人马从小路攻打长安，长安守将夏侯懋，胆小怕事，一见我们大军压境，必然会弃城而逃。到时候丞相再从斜谷杀来，我们就可以乘胜攻打咸阳。咸阳失去了长安城的屏障，很容易攻破。"

诸葛亮道："将军的计策有些冒险，如果我们在长安久攻不下，必然会影响我们的士气！"诸葛亮用兵如神，而且十分谨慎，魏延一看自己的建议没被采纳，心中十分不满。

诸葛亮率大军从西边打来，一路之上，过关斩将。陇右的天水、南安、安定三个郡都归降了蜀国。蜀国实力大增，士气很旺。魏国大将姜维被诸葛亮设计活捉，诸葛亮很佩服姜维的才能，亲自为他松开绑绳，还设宴款待为他压惊。诸葛亮说道："我久闻将军大名，今日一见，真是三生有幸。我希望将军能辅佐我朝天子攻打天下，如果将军不愿效劳，将军请便。"姜维不知是真是假，但是心里很佩服诸葛亮，一是他用兵如神，二是如此爱惜将才。姜维走出蜀军大营，一看没有人追击，心想：这样的丞相，实在难找，我何不归顺他！于是又回来了。诸葛亮亲自迎接，从此大将姜维就跟着诸葛亮东征西战。

魏帝曹叡得知诸葛亮率领蜀军势如破竹，连续攻破三个郡，心中大惊，忙召集群臣商议对策。司马懿道："陛下，诸葛亮来者不善，我们要火速派兵抵抗，如果他攻下长安，咸阳就难保了。我愿带领一部分人马西进阻挡蜀军前进，同时争夺街亭。只要我军夺下街亭，蜀军就很难前进了。为了安全，您再派张郃将军带领一部分人马为先遣军队，杀一杀蜀军的锐气。"魏帝曹叡昏庸无能，对行军打仗之事，一无所知，一见司马懿说得头头是道，便点头答应。

张郃为先锋，向西挺进，司马懿带领大队人马随后而上，直奔街亭。

司马懿也善于用兵，但诸葛亮计高一筹，他早料到司马懿会夺街亭，便问众将："哪位将军愿意去守街亭？这里地方虽小，但是咽喉要道。如果街亭失守，我们的粮草就无法顺畅运到大营，那么我们就很难东进了。"话音未落，马谡就说："丞相，末将愿意！"诸葛亮一看是马谡，想起先王刘备所说的话，认为马谡言过其实。但又一想：街亭，只要尽职尽责，很容易守住，便再三叮嘱："将军，千万小心，司马懿擅长用兵，张郃也武艺高强，不可轻敌！"马谡道："丞相，您就放心吧。我自幼熟读兵书，一个小小的街亭，我还守不住吗？我一定能守住街亭！"

诸葛亮怕马谡大意，便派王平为副将一同前往。王平也是历经百战，很有经验和谋略，深受诸葛亮喜欢。

马谡、王平带领2.5万精兵来到街亭。他看了看地形，对王平说道："这是一座高山，我们若在山顶上安营扎寨，曹军一来，我们可以从高处杀下来，我们居高临下，势如破竹，一定会杀得曹军大败而归。"

王平仔细分析了一下地形，又想起丞相的话，便说道："将军，万万不可在山顶扎寨，丞相再三叮嘱，一定要在道口处安营扎寨。这里是一座孤山，那司马懿擅长用兵，一看我们在山顶安营，一定会将此山团团围住，到时候我们的粮草被切断，曹军会不战而胜的啊！"

马谡一脸不高兴，说道："我自幼熟读兵书，难道这一点还用你提醒吗？"二人意见不统一，王平只好带领5000人马在山的西边扎一小寨。王平知道马谡这样做，很可能失街亭，便立即画下地图，派人火速去见丞相。

诸葛亮知道街亭之地十分险要，日夜惦记。这一日，他接到王平派人送来

的地图，展开一看，顿时惊呆了，一看马谡没有按自己的意图去做，而把军队驻扎在山顶之上。他仰天长叹："我怎么会用马谡这等庸才啊！他自视聪明，我军此次北伐必然失败啊！街亭失守，粮道被断，天水、南安、安定也难保啊！"诸葛亮非常焦急，又十分痛恨马谡，但事情已至此，只好另作打算。他紧急传令赵云、邓艺速速撤军。又命5000士兵去西城抢运粮草，以免被魏军夺取。

诸葛亮用错人，却给了魏军一个机会。司马懿一看街亭已有蜀兵把守，心想：都说诸葛亮用兵如神，看来果真如此！他带领大军继续前进，远远看到蜀兵在山顶上安营扎寨，大悦，仰头大笑，说道："想不到诸葛亮竟用此等庸才，街亭必属于我们！"于是下令围山。

司马懿将山团团包围，切断了蜀军的水源，蜀军一看到漫山遍野的魏军，都有些心惊胆战，早已丧失了斗志，军心大乱。马谡一看街亭难以守住，便带领军队冲杀下来，但几次都被魏军打败。后来王平带领人马前去接应，马谡这才带领残兵败将冲杀了下来。司马懿占领了街亭，派大将张郃守护。

司马懿率军去抢夺西城的粮草，但早已被蜀军运走。司马懿说道："诸葛亮确实料事如神，他知道街亭失守，我必然会带人马来抢夺粮草！"

诸葛亮北伐没有成功，他详细查问街亭失守的原因，得知是马谡把自己的叮嘱束之高阁，而且不听王平劝阻才造成的，十分生气，命人将马谡斩首。

马谡被斩后，诸葛亮放声大哭，边哭边说道："你在我面前夸下海口，可你不听劝告，不斩你，怎能服众！"众人忙劝解，诸葛亮说道："我并不是为斩马谡而伤心，先王曾和我说过，'马谡言过其实'，而我却还重用他，我是恨我自己为何不听先王的劝告啊！"这就是中国历史上"诸葛亮挥泪斩马谡"的故事。

孔明见信回师

蜀汉建兴六年（228年）春，诸葛亮发动第一次北伐，为了这次北伐诸葛亮准备很充分，开局也很顺利，天水、南安和安定三郡叛魏降蜀，关中震动，魏明帝曹叡御驾亲征亲自驾临长安督战。可是诸葛亮错用了马谡使得街亭失守，

局势直转而下，同时曹真在箕谷击败赵云和邓芝，诸葛亮为避免腹背受敌只能无奈撤军，天水、南安和安定三郡得而复失，第一次北伐无功而返。

回到汉中，自贬丞相之职。但诸葛亮仍为蜀汉日夜操劳，他听说陆逊在石亭大败曹休，曹军元气大伤，便立即出师进行第二次北伐，随后又进行了第三次北伐。这两次北伐使魏军损伤不少，杀死了魏国大将王双，乘机占领了武都、阴平两个郡，蜀国的势力又大增。而这时，孙权在武昌称帝。谥父孙坚为武烈显帝，兄长孙策为长沙桓王，封孙登为太子，任顾雍为丞相，陆逊为上将军。

顾雍对孙权说道："陛下，诸葛亮用兵如神，两次北伐，大败魏军，而上将军陆逊也大败曹休，魏国很可能会借大王称帝之时，联合蜀国攻打我江东，我们不如派去使臣，事先告之蜀国，这样我们蜀吴的关系就可以继续保持下去，魏国也不敢轻举妄动。"

孙权点头答应，他也想让其他国承认自己的王位，便派使臣到成都。东吴的使臣见到后主刘禅说道："我家主公接手父兄的基业，如今江东百姓安居乐业，英雄贤士若水归川，纷纷请求我家主公称帝，我家主公推辞不下，在武昌称帝，但我国陛下希望与蜀国继续保持友好关系，特此派我来告之贵国陛下。"

刘禅一听说孙权称帝，不知如何是好，也不知道如何答复使臣，便召集文武百官商议此事。有的大臣说道："陛下，孙权如今称帝，野心不小，他想统一天下，我们不如斩了他的使臣，孙权一怒之下，就会出兵，我们趁他刚刚称帝，军心、民心都不稳，一举消灭他。"有的大臣反对这种做法，对刘禅说："陛下，蜀吴历来关系很好，如果我们与东吴关系破裂，魏国会乘机攻打我们。"

刘禅拿不定主意，只有征求诸葛亮的意见。诸葛亮自贬丞相之职后，便留在汉中，诸葛亮听说此事后，对刘禅派去的大臣说道："东吴称帝，三足鼎立，互相牵制，如果我们与东吴关系破裂，魏国必然会乘机攻打我们，我们一方面要抵抗魏国，一方面还要防备吴国，到时候，我们两面受敌，恐怕很难应敌。如果我们与吴国继续结好，魏国必然会嫉妒，而且必然对吴国不满，他必然会用一部分兵力防备吴国，而我们正要出师北伐，我们一定会乘机而取胜的！请转告陛下，多送些礼物祝贺孙权称帝，不要计较以前的恩怨，要从大局着想，

只要蜀吴和好，我们北伐就一定能成功！"刘禅听大臣一说，立即做出决定，和吴国修好，而且还派大臣到吴国去祝贺。孙权非常高兴，热情款待了蜀国使臣。

蜀吴关系很好，气坏了魏国。魏帝召集群臣，商议如何对付蜀、吴。魏军大帅曹真说："陛下，蜀、吴表面虽然联合，但实际上内心不合，如果我们派兵攻打蜀国，东吴也不一定会帮助蜀国，二者因此关系会破裂。我们可以杀一杀蜀国的锐气，他们三番五次来攻打我们，如果不消灭他们，必有后患！"

魏明帝觉得曹真的话很有道理，点头答应，任命曹真为征西大都督，司马懿为副都督，率领 40 万大军，直奔汉中。

诸葛亮早已在汉中做好了应敌准备。当魏军到了陈仓城时，天降大雨，而且几十天没有晴天，道路泥泞不堪不说，士兵也被淋得十分狼狈，有的士兵还生了病。诸葛亮听说之后，大悦，心想：魏军已毫无斗志，锐气消失，若再来攻城，也是自来送死。不过司马懿擅长用兵，他看到士兵叫苦连天，怨声载道，便下令撤兵！曹真虽然不愿意撤退，但是看到将士军心已乱，便只好答应。

魏军刚一撤，诸葛亮便下令追杀，魏军长途行军，又加上阴雨天气，毫无准备，一下子就乱了阵形，士兵四处奔逃。司马懿一看形势不妙，便对曹真说："大都督，给我一支人马，我断后，你们先撤，否则我们的将士都会死在蜀军手中。"曹真又气又急，带领大军先撤去，途中抑郁成疾，没多久便死去。

这一仗曹真、司马懿不仅没有取胜，反而损失多员大将，人马也损失近半。诸葛亮认为这是天赐良机，回到汉中立即整顿人马，趁魏军还没恢复士气，继续挥师东进。

曹叡一听诸葛亮又出师伐魏，心中大惊，心想：刚吃了败仗，这可如何是好？于是召集群臣，商议如何破敌。司马懿说道："陛下，上次失利主要是天气造成，这次诸葛亮出兵，我等叫他有来无回。长安城是都城的大门，如果长安攻破，都城难保，我愿带领一批人马死守图城，图城守住，长安城则无险情，再派大将军张郃西进祁山，阻击蜀军。"

于是司马懿带领大队人马进驻图城，张郃西进祁山。两军刚一交战，魏军便大败，蜀军士气很旺。司马懿一看蜀军气势汹汹，知道硬拼很难取胜，便下令紧闭城门，不许迎战。司马懿想用这种计策拖垮蜀军，他想：时间一长，蜀军必然士气下降，到时候我找机会一举消灭你。

诸葛亮一看司马懿的人马不出城，便让将士们在图城门周围埋伏好，又派几百人带着大鼓到图城门前，敲一阵鼓，辱骂一阵，骂一阵，再敲一阵鼓，晚上也不停。魏军忍无可忍，纷纷请求出战，司马懿知道这是诸葛亮的计谋，坚决不出兵，可后来实在咽不下这口气，便对魏军说："不杀了诸葛亮不撤兵，但要小心谨慎，诸葛亮用兵狡诈！"

魏军将领一听下令允许出城迎敌，都摩拳擦掌，他们早就恨透了蜀军。一个个如猛虎下山，拿着刀枪棍棒叫喊着杀出了图城。蜀军一看魏军杀了出去，也不上前迎战，魏军又追杀了一阵，一个蜀军也发现不了。正在这时，箭如雨发，魏军才知道上当。这种箭是诸葛亮发明的，取名叫"连弓弩"，一次可以射出10支箭。魏军大败，匆匆逃回城去，半路上又被蜀军截杀。

蜀军正在庆祝胜利时，却突然收到李严的一封信，信上只写着：请丞相即日班师。诸葛亮不知道出了什么事，他认为尚书李严做事很认真，一定发生了大事，诸葛亮立即回师。

司马懿也奇怪，为什么蜀军取胜了，还要撤兵呢？是不是诸葛亮的计策呢？他正在考虑之时，大将张郃说道："大帅，我愿带一支人马去截杀蜀军！"司马懿道："千万小心！"

张郃心想：大帅太多疑了，蜀军撤兵，还有什么计谋。刚追到半路上，大将魏延杀了过来，打了没多久，魏延便败下阵来，张郃紧追不舍。正在追杀之时，忽听一声炮响，山上乱箭齐发，大将张郃中了多箭，倒地而亡。

诸葛亮回到了汉中，见到李严，才知道李严粮草供应不上，怕受到责备，才让诸葛亮回师的。这可把诸葛亮气坏了，非要斩了他，后来大臣求情，才饶了他，将其贬为平民。

诸葛亮伐魏，只因戏剧性的一封信，就班师回朝，又失去了灭魏的良机！

孔明木像破魏军

公元 231 年春天，诸葛亮再次进行北伐，以木牛运粮，包围祁山。又招揽鲜卑人轲比能，轲比能起兵到石城响应汉军。因曹魏大将曹真病重，曹睿改派司马懿为统帅屯于长安，领张郃、费曜、戴陵、郭淮等人抵抗。第四次伐魏，只因李严的一封急信，失去了大好机会，诸葛亮念及众人情面，才没有杀他，而将其贬为平民。但诸葛亮奖罚分明，那时李严的儿子李平任江州太守，而且治理地方很有方法，政绩显赫，诸葛亮依然重用他。有的大臣说："丞相，李严之子李平有机会必然为父亲报仇。"诸葛亮道："你多虑了，李平生性忠厚，而且懂事理，不会反叛的！"李平继续留任江州太守，而且对待政事兢兢业业，把江州治理得井井有条。

诸葛亮几次伐魏，又平定南方叛乱，国家政事还都由他处理，没有一日可以休息好。长期的辛苦操劳，使他显得有些力不从心，但他仍想在自己有生之年再次伐魏。为了第五次北伐，诸葛亮决定暂时休战，养精蓄锐，一旦时机成熟，立即出兵。诸葛亮在这一段时间里，整顿内政，加强军纪，严格训练军队，广积粮草。三年时间过去了，诸葛亮决定第五次出征伐魏。他总结了一下以前失败的原因，有一条就是没有联军，于是他派邓芝到吴国去联合东吴，共同伐魏。邓芝出色地完成了任务，东吴立即出兵响应。

公元 234 年，诸葛亮第五次北伐。一路之上，势如破竹，连败魏军。这可吓坏了魏明帝，只好任命司马懿为大帅，统率大军抵抗蜀军。司马懿先前与诸葛亮几次交手，都损兵折将，这次也做好了充分的准备。

两军在五原展开了一场激战，蜀军虽远道而来，但一个个都英勇无比，如下山的猛虎，魏军根本不是对手。司马懿一看魏军损伤无数，忙鸣锣收兵，退回军营，派兵把守。诸葛亮派人到司马懿的军营前叫骂，但司马懿吸取了以前的教训，下令："紧守大营，任何人不得出营抵抗，违令者斩！"

诸葛亮知道司马懿很狡猾，不会再轻易出兵的，便下令在渭河岸上开垦荒地、扩充军粮，以便于同魏军长期对峙。司马懿得知后，心想：诸葛亮确实是位奇才，难怪天下人说得了他就得天下呢！如果他开垦的荒地有了收成，就可以和我长期作战，我要想方设法去毁了这些耕地。但司马懿几次都没有得逞，反而又损伤了不少人马，于是再也不敢出兵了，只是死守军营，阻挡蜀军北进。

诸葛亮心想：长此以往也不是办法，已经持续了几个月，再这样下去，我军一定会人困马乏，到时候魏军突袭我们，我军很可能战败，我还是得气气司马懿。

于是诸葛亮派使者给司马懿送去了一个盒子，里边装着妇人穿的衣服，还有一封信，信中写道：你，一国的统帅，都不敢出来迎敌，一定是胆小怕事，怕自己的性命丢了。我奇怪，难道魏国没有人了吗？派你这样一个人来迎战，你和妇道人家有何区别呢？不如穿上这件衣服到你家主人面前请罪，他一看你是妇道人家，一定会免你不死，你也可以回家享清福了。大帅，何乐而不为呢？司马懿看信后气得脸红脖子粗。但司马懿不愧为大帅，马上镇定下来，他知道一定要克制自己，不要上了诸葛亮的当。他想：我何不借此机会，从使者口中套得蜀军虚实呢。于是他派人盛情招待使者，魏军将领轮流敬酒，使者很快就醉了。司马懿问道："诸葛亮年纪已经不小了，身体怎么样啊！"使者毫不遮掩，说道："丞相每日忙于军务，又整日行军打仗，日渐衰老，而且最近吃的饭很少。"司马懿心想：太好了，诸葛亮每日繁忙，而又吃不下去饭，用不了多长时间，他就得一命呜呼，只要他一死，我就可以乘机大败蜀军。

诸葛亮回来闻到使者身上有酒味，便知道司马懿一定热情招待他了，便问道："那司马懿问你什么了？"使者知道自己酒后失言，但不敢说谎，只好如实讲了一遍。诸葛亮大怒道："我再三叮嘱你，让你把东西一放就回来，可你不听我的命令，那司马懿老贼必然不会再出兵了！你该当何罪？"使者早已吓得魂飞魄散，众将求情，才将他看押起来，回到汉中再处置。

诸葛亮想：司马懿已探听到自己身体状况，一定会认为我不久就会去世，从而只守城而不出兵。那么我应该如何激怒他呢？正在诸葛亮左思右想时，忽然有人报：东吴三路大军被魏军打败，已撤回江东，而魏军也班师回朝。诸葛

亮一听，呆呆地发愣，心想：如果魏军再来支援司马懿，我军就很难北进了。想着想着，诸葛亮竟昏迷过去，这一下可把大家吓坏了，忙找来医生，过了半天，诸葛亮才醒来。诸葛亮知道自己活不了多久了，便把姜维叫到身边，拉着他的手说："我有一本兵书，还有一本我自己作战的体会，都给你，你要认真阅读，将来蜀国的军队还得靠将军指挥啊！"姜维非常感激，说道："丞相，您安心休养，我愿随时听您调遣！"诸葛亮又上表给后主刘禅，告知近况。刘禅一听说诸葛亮病重，立时泪流满面，马上派李福前去慰问。诸葛亮一见到李福，拉着他的手说道："我对不住陛下，我没有完成先帝的任务，我不在人世的时候，你们一定尽心尽力辅佐皇上，把蜀汉天下治理好。我别无遗憾，只是没有消灭魏国，我心有不甘。我已经写好了遗表，这里边我推荐的大臣不要轻易弃用，他们都是国家栋梁之材！"李福拿过遗表，日夜兼程，又回到成都。刘禅一看遗表，更加伤心，忙问道："丞相一生为国家日夜操劳，今日病重，丞相一没，谁来接替他的职位啊！"李福一听，又快马加鞭赶了回来。

诸葛亮拉着杨仪的手说："我死之后，军中大事全交给你了。魏延对此次出兵很不满，他还可能叛乱，你要把马岱将军安排在他身边，如果他谋反，就让马岱杀掉他！还有，我死之后，千万不可发丧，要绝对封锁消息，否则司马懿会乘机出兵。如果他出兵，你们可把我的木像推到军前，司马懿以为又中了计策，必然会大败而归。"诸葛亮说完之后，已经奄奄一息，这时李福骑快马赶到，一见丞相已经昏迷过去，不禁泪流不止，边哭边说道："我要是早来一步，就可以问一问丞相百年之后，谁来接替他。"过了一会儿，诸葛亮慢慢苏醒过来，李福立即走上前去，刚想问，诸葛亮便用十分细弱的声音说道："不用问，我知道你的意思，我死之后可由蒋琬来担当此任。""那蒋琬之后呢？"李福赶紧问道。诸葛亮的声音越来越小，用尽全力，才勉强说出了两个字："费祎。"说完，一代伟大的军事家、政治家、文学家与世长辞了。

按照诸葛亮生前的嘱咐，由杨仪掌管大事。杨仪封锁了消息，派费祎去告诉魏延，让他撤兵，同时派去大将马岱，安排到魏延身边。魏延果然不满，说道："杨仪乃无能之辈，怎能由他来掌管大权呢？我劳苦功高，又擅长用兵，为什么不让我来代理丞相呢？"费祎道："将军，我们还是按丞相遗命，火速撤兵吧！"魏延道："我不撤，我一定要消灭了魏军才回去！"说完带着自己的人马走了，马岱随他一起前去。

杨仪命姜维带领大军撤退。司马懿得知蜀军撤退，便对全体将士说道："蜀军退兵，一定是诸葛亮已死，我们可以乘此良机，一举消灭蜀军！"魏军士气高涨，司马懿亲自率领大军直奔蜀军。姜维一看魏军快追上了，立刻停止退兵，让军队扎住阵脚，让士兵手执大旗"汉丞相武乡侯诸葛亮"，大旗下面有一辆四轮车，车上端坐一人，羽扇纶巾，神情自若，正是诸葛亮。司马懿大叫一声："我们又上当了，诸葛亮没死，快撤！"魏军也远远看见了诸葛亮，也都知诸葛亮的厉害，一听主帅让撤兵，立时四处奔逃，互相拥挤，互相践踏，扔掉大旗和武器，一口气跑出五六十里地。蜀兵追杀了一阵，便火速撤兵。

蜀军很安全地撤到了谷中，司马懿得知诸葛亮已死，两军阵前的只是一个木人，又气又恨，但也十分佩服诸葛亮，他仰天长叹道："诸葛亮乃天下第一奇人，我能断其生却不能断其死也，我的才能无法和他相比啊！"司马懿知道已经无法追赶蜀军了，只好班师回朝。

姜维率领大军正在后退，却遇到魏延。两军展开战斗，不分胜负，各自收兵，当晚安排在魏延身边的马岱将其杀死。姜维、杨仪叹道："丞相乃一神人也！"

诸葛亮的灵柩回到了成都，蜀国上下一片悲痛，后主刘禅亲自把灵车送到定军山。刘禅亲自挂孝，并下令全体将士挂孝。在蜀国人们的一片哀痛之中，诸葛亮被安葬于定军山脚下。

卫温下夷州

诸葛亮一死，蜀国不再轻易出兵攻打魏国了。在诸葛亮去世后，魏国面临着内忧外患的局面，这也导致司马懿无暇进攻蜀汉。魏国在与蜀国的几次交战中都是大败而归，也不敢出兵侵蜀。孙权治理江东有方，百姓安居乐业，想乘机扩张势力，但几次对魏用兵，结果都大败而归。孙权一想北有魏，侵犯没有成功，西有蜀，诸葛亮虽亡，但多员大将仍在，而且又有盟约，互不侵犯，所以只好向东南方向发展。

有一次，有几个渔民在海上遇险，被东吴的士兵救上岸来，孙权很热情地招待了他们。他们告诉孙权，海中有一个夷州（今台湾），环境幽美，四季如春，而且生长着许多奇花异草，传说那里还有长生不老的仙药。孙权心中一动，但那时正在和魏国交战，无法分心，便送给这些渔民好多财物，让他们离去。

卫温塑像

战事停息，孙权便召集群臣，商议此事。将军卫温说："陛下，我们北有魏，西有蜀，只有东和东南有发展的余地，如果我们发现了夷州，与南部国家处理好关系，我们的实力就会大增，到时候再向北扩展，不就可以灭了魏国了吗？"

孙权道："将军所言极是，但是大海茫茫，谁能担当此任呢？"

卫温道："陛下，末将愿意前往。我自幼和父亲出海打鱼，海上航行有一些经验，只要陛下给我一批将士，我们便可启程！"孙权点头答应。

卫温开始准备出航远行，他先派人做了一艘大船。由于吴国四处临水，所以造船业十分发达，这也为卫温下夷州打下了良好基础。这只大船打造得非常结实，长约20余丈，可以载500人，而且这只大船抗海浪能力很强。一切准备就绪，士兵带上必备用品，在卫温的指挥下，在海上开始寻找夷州。

公元230年，卫温带领船队从章安（今浙江临海县）起航，东吴将领前来相送。他们按照渔民所说的路线开始南行，一路上，海浪滔天，有好几次大船都险些遇难。但卫温很有经验，指挥着大船行进到侯宫（今福建省福州市）。卫

温开始下令东渡，这里水流湍急，海浪有十几尺高。有一日，他们正在一眼望不到边际的大海中航行，忽然有一个士兵大叫一声："前边有岛！"大家顺着方向看去，果然显出一座孤岛，众人一下兴奋起来，加快了航速，岛屿越来越清晰，人们欢呼了。岛上林木葱郁，花草繁茂，到处充满着生机。卫温将大船靠岸，自己带领几员大将登上岛屿。刚一登岸，土著高山族人以为他们是抢夺食物来的，立即用木棒、石块等攻击士兵。卫温知道一定是他们把自己这些人当成了敌人，所以下令，只能躲闪，绝不能还手。原来这里还过着氏族生活，男的靠捕鱼打猎为生，女子采集，然后共同分配。由于食物少，所以经常发生氏族间的战争，争抢食物。卫温在树林后的高山脚下安营扎寨，没事的时候，就带领士兵上山打猎，由于东吴的弓箭十分先进，所以打的猎物很多，卫温和士兵只留下很少的一部分，大部分都给了土著高山族人。渐渐地，这些人对卫温等人也没有了敌意，他们发现卫温这些陌生人不攻击他们，还帮他们打猎，所以渐渐地开始了友好交流。卫温把先进弓箭的制造方法教给他们，他们非常高兴，打的猎物增多了，而且能很好地抵抗其他氏族的侵略。可后来，士兵水土不服，卫温只好返航，有许多高山族人一起和卫温来到东吴，还带了一些特产。

孙权亲自迎接卫温等将士，为他们举行了隆重的庆祝仪式。孙权心想：我以后可以向东南方向发展了。为了进一步了解东南各国，他又派聂友等人出航，这些人到达了珠崖（今广东省徐闻县）、儋耳（今海南岛）。这些地方的人们对东吴将士也非常友好，与他们互赠礼物，相互交流文化科学技术。孙权又派人到了南海许多国家，与他们友好交往，建立了良好的关系。

孙权在东南方向不断发展，影响很大。这时辽东太守公孙康去世，他的弟弟继续掌握大权，但公孙康的儿子公孙渊十分狠毒，逼死了自己的叔叔，掌握了大权。公孙渊看到孙权势力日益扩大，便派使臣来见孙权，表达了想归顺的意思。孙权大悦，心想：我如今在东部、南部都有所发展，而在北部还没有立足之地，辽东正好位居江东北部，我可以凭借此地，攻打魏国，这真是天赐良机。于是他非常热情地招待使臣，正在饮酒之时，张昭入宫，跪倒在地，说道："陛下，公孙渊十分狠毒，而且此人反复无常，他逼死自己的叔父，不顾自己哥哥的性命（他的哥哥在魏国做人质），他一定不是真心归顺，请陛下三思！"孙权非常生气，心想：你张昭倚老卖老，当着辽东使臣，你竟敢如此评价公孙渊，他若一生气，还能归顺我吗？于是孙权生气地说道："朕意已决，你凭什么说公孙渊反复无常呢？我已经做好了安排，你退下吧！"事后，孙权派张弥、许晏为使臣去辽东，封公孙渊为燕王。

张昭得知消息后，又极力劝阻，可孙权仍不听，张昭一气之下回到家中。

公孙渊正如张昭所说是一个阴险的小人，他不甘心魏国的统治，才想借助孙权的力量抵抗魏国。但他又怕魏国来讨伐他，东吴离此地很远，远水解不了近渴。于是公孙渊杀掉东吴的两位使臣，提着张、许二人的人头去见魏明帝，对魏明帝说："我想忠诚于陛下，可孙权却挑拨我们的关系，让我对他称臣，还派来两个使者，送来许多金银财宝，我心不动摇，所以杀了二人来见陛下。"

魏明帝也知道他是什么样的人，一时没有了主意。司马懿对魏明帝悄悄地说："陛下，先封他为将军，待他归顺后，再收拾他不迟！"于是魏明帝说道："朕念你一片忠心，封你为扬烈将军。"

孙权得知自己的使臣被斩，又悔又恨，悔自己没有听张昭的苦苦相劝，恨公孙渊出尔反尔。他想出兵攻打公孙渊，于是便请张昭进殿共议此事。

张昭在家中一听说张、许二人被杀，气得直跺脚，这两位使臣都是自己的好友。他见孙权派人来请自己进宫，便说道："回去转告陛下，我不会再倚老卖老，我重病在身，不能再为国家效力了。"

孙权一听，知道是老臣赌气在家，于是又派人去请，三番五次，张昭还是不给面子。孙权便带着百官亲自去请，本以为张昭会立即出来相迎，哪知张昭却不开门。孙权没办法，只好耐着性子，说道："子布，我来看你了，身体怎么样了？"张昭在屋里答道："臣已经老了，没有什么用了，请陛下回去吧！"

孙权一看没办法，命人放火烧房子，大火已起，张昭仍是不出屋。孙权只好假意离开，张昭这才出来，孙权赶忙承认错误。张昭也觉得太难为皇上了，便答应回宫共议此事。

张昭对孙权说："陛下，魏帝虽无能，但有司马懿，他也深知公孙渊的人品，虽然封他为将军，实际是为了安抚他，一旦有机会，他们会除掉他的，即使不除掉，也会处处监视他的，所以我们不用出兵。"

孙权点头答应，没有出兵讨伐公孙渊，仍与东南部的国家发展友好关系。

正始诗人

魏晋之际，阮籍、嵇康、向秀、山涛、刘伶、阮咸、王戎七人，常在山阳县（今河南辉县、修武）竹林中饮酒、纵歌，世谓"竹林七贤"。他们放荡不羁，蔑视名教礼法，做出种种"伤风败俗"、惊世骇俗的举动，深含对真正毁弃名教的统治者的无声控诉和抗议！他们所处的时代在魏正始年间（240—249），又称"正始诗人"。他们的著作以阮籍的《咏怀诗》、嵇康的四言诗为代表。

竹林七贤

阮籍本"好书诗"，有"济世志"，但处于魏、晋易代之际，人命微贱，屠杀极为残酷，何晏、夏侯玄等因与司马氏不合作，都遭到了灭族之灾。阮籍等名士自身安全也受到威胁。因转而崇尚老庄思想，醉酒佯狂，以图保全自己。当司马昭替儿子求亲时，他故意烂醉了几十天，装聋作哑，把内心的苦楚化作一篇篇诗章。他的主要成就是诗，代表作即著名的八十二首五言《咏怀诗》。诗以隐约曲折的形式，倾泻出内心积郁的痛苦和愤懑，表现了对黑暗现实的不满，对统治者的虚伪、腐朽的痛恨，对社会前途和个人处境充满忧虑，同时表明自己刚正不阿的品格。

《咏怀诗》第一首中说："徘徊将何见，忧思独伤心。"第三十首又说："终身履薄冰，谁知我心焦。"另一方面，在这严酷的现实面前，他又是无力的，在希求脱离这种现实而不可得的情况下，便流露出游仙的幻想，歌颂清静逍遥的境界，希望到理想中的世界去。"忧思伤心""履冰心焦"就是《咏怀诗》的

三国魏蜀吴

《咏怀诗》继承了《诗经·小雅》《古诗十九首》的传统，受到《楚辞》的影响，丰富了五言诗的艺术技巧，巩固了五言诗的地位，对后世产生了深远影响。

阮籍之后，以咏怀为题或以咏怀为内容的抒情诗，如陶渊明的《饮酒》、庾信的《拟咏怀》、陈子昂的《感遇》、李白的《古风》，显然都受到阮籍《咏怀诗》的影响。此外，他的散文《大人先生传》是一篇激烈反对礼教的名作，全文使气骋辞，奇偶相生，有其独特的艺术风格。

嵇康同阮籍一样，都崇尚老庄和反对礼教，但他反抗黑暗现实的言行，比阮籍激烈。在《与山巨源绝交书》中，他"每非汤武而薄周孔"，借着抨击"季世"痛斥司马氏"骄盈肆志，阻兵擅权，矜威纵虐，祸崇丘山"。最终，司马昭借故将他杀害。

嵇康的四言诗颇有特色，如《幽愤诗》、四言十八首《赠兄秀才入军》，都表现出他高洁的品格和愤世嫉俗的心情，有着清峻、秀逸的风格。

山涛（205—283），字巨源，西晋河内怀县（今河南武陟西）人。好老庄学说，与嵇康、阮籍等交游。年四十，始为郡主簿。司马师执政后，山涛被举秀才，除郎中，累迁尚书吏部郎。因主张司马炎为太子，司马炎代魏称帝时，山涛仕途最盛。有集十卷，亡佚，今有辑本。

山涛任吏部郎，推荐好友嵇康代替自己；嵇康很生气，给山涛写信，就是著名的《与山巨源绝交书》。嵇康说自己不堪忍受流俗，又菲薄商汤、周武王这些所谓古代的圣人。司马昭听说了很生气。嵇康与东平的吕安是好朋友，吕安之兄吕巽诬陷吕安不孝，嵇康为他作证说不是那么回事。钟会借此事诬告说："嵇康曾经想帮助毌丘俭，而且吕安、嵇康在世上享有盛名，但他们的言论放荡不羁，害时乱教，应该乘此机会把他们除掉。"于是司马昭就杀了吕安和嵇康。嵇康曾去拜访隐士汲郡人孙登，孙登说："你才气多见识少，在当今之世难立足！"

向秀（约227—272），字子期，河内怀县（今属河南）人。官至黄门侍郎、散骑常侍。曾注《庄子》，"发为奇趣，振起玄风"，《秋水》《至乐》二篇，注释未完而卒。后郭象"述而广之"，别为一书。向注早佚，现存《庄子注》，可视为向、郭二人之共同著作。其哀悼嵇康、吕安的《思旧赋》，情辞沉痛，有名于世。

刘伶，字伯伦，沛国（今安徽宿县）人。擅长喝酒和品酒。魏末，曾为建威参军，对司马氏政权采取极不合作的态度。为避免政治迫害，遂嗜酒佯狂，任性放浪。一次，有客来访，他不穿衣服。客责问他，他说："我以天地为宅舍，以屋室为衣裤，你们为何入我裤中？"他这种放荡不羁的行为表现出对名教礼法的否定。刘伶嗜好饮酒，常常乘一辆小车，带着一壶酒出游，又让人扛着锹跟着，说："死了就把我埋掉。"当时士大夫争相仿效他的做法，说那叫放达。他还写了《酒德颂》一篇。

阮咸，西晋陈留尉氏（今属河南）人，字仲容，阮籍之侄，与籍并称为"大小阮"。历官散骑侍郎，补始平太守。为人狂放，不拘礼法，善弹直颈琵琶。阮咸行为狂放，他喜欢姑姑的婢女，姑姑把婢女打发走时，阮咸正在陪客，赶快借了客人的马去追，然后两人骑一匹马回来了。这在当时是很出格的。

王戎（234—305），字濬冲，琅琊临沂（今属山东）人。西晋大臣，幼颖悟，神采秀彻。善清谈。是"竹林七贤"中最庸俗的一位。晋武帝时，官至吏部尚书等职。惠帝时，官至司徒。王戎苟媚取宠，热衷名利，立朝无所匡谏。性极贪吝，田园遍及诸州，聚敛无已，每自执牙筹，昼夜算计，恒若不足。王戎家有好李，常卖之，但恐别人得种，故常钻其核而后出售，因此被世人讥讽。

钟繇的政治才能

在中国书法史上，钟繇占有一席之地。钟繇（151—230），字元常。豫州颍川郡长社县（今河南许昌长葛东）人。汉末至三国曹魏时著名书法家、政治家。《书断》称钟繇："真书绝世，刚柔兼备焉，点画之间，多有异趣，可谓幽深无际，古雅有余，秦汉以来，一人而已……其行书则羲之、献之之亚，草则卫、索之下，八分则有《魏受禅碑》，称此为最……元常隶、行入神、八分、草入妙。"他的书法无论是对于书法艺术的发展，还是对于汉字的定型，都有划时代的意义。

在书法史上，钟繇与汉代草圣张芝并称"钟张"；与时人胡昭并称"钟胡"；与东晋书圣王羲之并称"钟王"，可证其书法地位之崇高。

据说，书法名著《笔论》是蔡邕受于神人，而传与崔瑗及女文姬，文姬传之钟繇，钟繇传之卫夫人，卫夫人传之王羲之，王羲之传之王献之。

钟繇不但是一位名垂后世的书

钟繇

法家，也是汉魏政权中影响很大的政治家。他生于汉桓帝时期，为汉献帝时期的重臣，曾官至尚书，为曹操的事业立了大功。曹魏立国后，历文帝、明帝朝，封侯拜相，堪称三朝元老，为一代名臣。他思维缜密，做事遵循法度，为人大度，对形势看得很透。在东汉纷乱的形势中，他独具慧眼，支持曹操，为曹操的统一大业付出了心血。又在曹魏政权中，主持法制建设。但他提倡已经废弃的残酷的肉刑，属于历史的倒退。

钟繇出生于东汉望族，祖先数世均以德行著称。他的曾祖父钟皓"温良笃慎，博学诗律，教授门生千有余人"，祖父钟迪因党锢之祸而终身没有做官。他的父亲死得早，由叔父钟瑜抚养成人。

钟繇从小就聪明过人，而且还被认为有非凡之相。一次，他和叔父钟瑜一起去洛阳，途中遇到一个看相的人，看相的人说："此童有贵相，但是将有一个被水淹的厄远，行走时请小心慎重。"果然，走了不到 10 里路，在过桥时，钟

繇骑的马匹突然受惊吓，钟繇被掀翻到水里，差点被淹死。钟瑜看到相面者的话应验了，更加看重钟繇，对这个侄儿悉心培养。

钟繇也不负厚望，刻苦用功，学有所成。长大后先被当时颍川太守阴修举荐为孝廉，做了尚书郎，并在阳陵（今陕西高陵）任县令，后因病辞职。钟繇还在宫中任过廷尉王及黄门侍郎，成为皇帝身边的侍从官。

董卓被杀后，汉献帝在西京。董卓部将李傕等人在长安作乱。曹操时任兖州牧，派使者上书朝廷，李傕等人欲扣留使者，拒绝曹操。钟繇就劝他们："当今之世，英雄辈出，各自假托皇帝命令独断专行。只有曹兖州忠心于朝廷，可你们却拒绝他，这不对呀。"

可见，这时的钟繇就已经看到了曹操的巨大潜力，不愧为政治家。

曹操多次听到人们称赞钟繇，听说他劝说李傕等人，对他更敬佩了。后来李傕挟持献帝时，钟繇又与尚书郎韩斌一起商议，救献帝出长安。因钟繇屡立奇功，被拜为御史中丞，又迁侍中、尚书仆射，并被封为东武亭侯。

东汉末年军阀混战，钟繇有力地支持曹操。当时，曹操在崤山以东有战事，担心关西局势，便命钟繇以侍中守司隶校尉之职持节监督，特许他不受科条的限制。钟繇到长安，仅用一封信就说服了马腾、韩遂诸将，使他们暂时放松了对曹操的围剿。

官渡之战时，袁绍与曹操相持不下，钟繇及时送一千余匹马给曹军。曹操在写给钟繇的信中说："得到您送来的马匹，很应急需，关右平定，朝廷无西顾之忧，这是您的功劳啊。过去萧何镇守关中，提供了足够的粮食，满足了军需，您的功劳可以和他相媲美了。"

可见钟繇在曹操心目中的地位是多么重要。

后来，匈奴单于在平阳发动战争，钟繇又率军抗敌；不久，袁尚旧部、河东太守郭援陈兵河东，气焰嚣张。钟繇部下欲躲避而去，钟繇说："袁绍正当强盛之时，郭援来关中暗中与袁绍互通情报，郭援之所以没有立即公开与袁绍联合起来，是担心我们的威名，如果不理他们而躲避起来，就会让他们感觉我们怕他们。这里的百姓都仇恨郭援之兵，纵然我们躲开了，这些百姓能全部躲得

了吗？这就是我们没有打仗而先失败了。况且，郭援刚愎自用，头脑简单，一定认为我军很好对付。如果他们渡过汾水安营扎寨，在他们未渡河之前就攻击他们，我们可大获全胜。"

果然不出所料，郭援要率军轻渡汾水，众将阻止他，他不听。渡河还没到一半，钟繇率军猛然攻击，郭援大败。钟繇趁机杀了郭援，降服了单于。

之后，钟繇又连续打败了河东卫固的叛乱及边境地区张晟、张琰、高干等军阀的骚扰。

钟繇的一系列战功，有力地支持了曹操，为曹操的大业立下了汗马功劳。

钟繇作为一个政治家，对国家大事当然也是很关心的。他看到战争使人口骤减，便向曹操提议减死刑为肉刑，目的是既惩罚罪犯，又可以推动人口的增长。但没有被曹操采纳，原因是"非悦民之道"。

曹丕称帝以后，钟繇再次提及。曹丕很重视，文帝曹丕下诏说："大理卿打算恢复肉刑，这确实是圣王的法度，众卿家应该好好讨论。"但还未议审便遇到战事，只好作罢。

明帝曹叡即位后，钟繇第三次上书，阐述恢复肉刑之必要，被以司徒王朗为代表的反对意见所推翻。肉刑是一种残酷的刑法，曹魏以前已不复使用，钟繇主张恢复肉刑，虽为增加人口，但毕竟它已失去了存在的历史土壤，最终没有得以实施。

尽管如此，钟繇在曹魏政权中还是德高望重。他身为相国，在国家百废待兴的时候，尽心尽力，深得皇帝的器重。在曹丕还是太子的时候，就称赞钟繇是"魏国的栋梁。日夜操劳，无暇安居。百官效法，堪为楷模"。

钟繇与曹魏皇室的关系极为亲密。曹丕对曹操曾重用过的钟繇、华歆、王朗另眼相看，他对左右大臣说："这三公是一代伟人，后代大概难以继承了"。

钟繇死于魏明帝曹叡太和四年，死时明帝穿孝衣凭吊，谥之为成侯，下诏赞扬他"功高德茂"。

因为钟繇的书法艺术成就巨大，影响深远，使得人们对他一生在政治上的建树反而忽略了。

高柔的一生

高柔（174—263），字文惠。陈留郡圉县（今河南杞县南）人。三国时期曹魏大臣，并州刺史高干从弟，以善于治法闻名。从小吏任起，二十年后官至九卿。任廷尉二十三年后，升任太常。七十二岁时出任司空，随后仕途高升，在高平陵之变时支持司马懿，据曹爽大营，以假节行大将军事。数年后荣升太尉，晋爵安国侯。景元四年（263年）卒，享年九十岁，谥号元侯。高柔仕于曹操及曹氏五位皇帝，几乎横跨整个曹魏历史，见证了曹魏政权的兴衰。他的一生是一部曹魏的兴衰史，作为朝廷重臣，历曹操、曹丕、曹叡、曹芳、曹髦、曹奂六朝，宦海生涯几十年，在政治、经济、法制、教育等各个领域，他都有突出的建树。

高柔是个有才能的人，生于东汉末年的乱世，当然也会寻求自己的出路。那一年，他响应堂兄高干的召唤，前去投奔。不幸他的父亲死在了西蜀。当时兵荒马乱，道路艰险，高柔不畏艰难，历尽千辛万苦，到蜀地迎丧，3年后才回到家乡。高柔的事迹感动了不少人。

曹操平定袁绍后，就让高柔做了菅县的县令。县中人都听说过他的大名，几个奸诈的官吏听说他要来了，都自动离去了。高柔对手下的人说："过去邴吉执政时，官吏犯了过错，都能宽容他们。何况这些官吏，对我来说还没有过失呢？你们把他们再召回来吧！"这些官吏就都回来了。高柔以身作则，经常勉励他们，他们后来都成了好官。

可是，高柔的堂兄高干归降曹操不久，又搞叛乱。曹操本来气量就小，总想把高柔给杀了。可是高柔在自己的岗位上，公正断案，竟让曹操找不到借口杀他。

一次，曹军中一个叫宋金的人在合肥逃跑了，按旧的法令，军中士兵逃跑，要追究他的妻子儿女的罪过。曹操担心这样做还不能阻止士兵逃跑，想再加重刑罚。宋金的母亲、妻子和两个弟弟都被官府捉拿，主事的人奏请朝廷全部杀掉他们。高柔上奏曹操说："士兵从军中逃跑，实在是令人痛恨，然而我听说他们中也有后悔的。我认为应该宽恕他们的妻子儿女，这样一可以使贼人对他们不信任，二可以诱使他们回心转意。像以前那样做，不但断绝了他们的希望，而他们又害怕回来后再加重处罚他们，我恐怕现在在军中的士兵，见到一个人逃跑，害怕受连累杀掉自己，也就随着他们一起逃跑，以后再想杀逃兵也不可能了。这种重刑不仅不能够使开小差的事停止，反而会助长士兵逃跑。"曹操说："你说得很对。"就下令停止了这种连坐的法令，不再杀宋金的母亲和弟弟，很多人都因为这个法令得以活命。

魏国刚刚建立的时候，高柔做了尚书郎，后又被授予丞相理曹掾、颍川太守。他以自己刚正的形象影响着曹魏在各方面的建设。

曹丕登基后，高柔主管国家的法制工作。当时，民间有很多谣言，诽谤朝廷，文帝很痛恨这件事，有散布谣言的就杀，并且赏赐那些告发的人。高柔上书说："现在有散布谣言的就杀，有告发的就赏。这样使那些犯了过错想悔改的就没有了改正的机会，又打开了凶恶狡诈之人互相诬告的风气，这实在不是一个去除奸恶，惩治坏人，减少诉讼，光明正大地治理国家的好办法。"高柔提出："臣认为应该废除这种赏赐告发谣言的法令，来开启您作为天子滋润万物的仁义之心。"文帝没有马上听从，而互相诬告的人越来越多。文帝才下诏说："胆敢用诽谤的话来诬告的，按所诬告的罪对他们治罪。"于是，诬告之风才断绝。

不久，高柔又被提拔为廷尉。

那时，魏文帝曹丕大权独揽，三公（宰相）很少参与朝政。高柔给皇帝上书，指出："天地因有四季的更替才能繁衍万物，帝王因有大臣的辅弼才能治理好国家。成汤仰仗着伊尹的辅佐，文帝、武帝凭借着周公旦、吕望的力量才成就大业。到汉初，萧何、曹参以元勋身份主理国家。这都是圣明主上御臣于上，贤相良辅股肱于下呀！"他还指出："现在三公等大臣都是国家的栋梁，民众所仰慕，而陛下给了他们三公的位置，却不让他们参与政事，使他们各自休息，无所事事，少有进献治国良策的，这可不是朝廷任用大臣的本义呀！"他请求：

"自今之后，朝廷有疑义及刑狱大事，应该多向三公咨询。……这有助于启发帝王的听闻，光大皇上的弘业。"文帝听了此话，予以赞许并采纳了他的建议。

高柔的本意是要宰相在重大政事上出谋划策、把关，防止皇帝专断可能发生的弊病、危害，以"弘益大化"。在封建时代，提出这样的政治思想，无疑是有进步意义的。也正因此，把他列为政治家，也是有道理的。

以后，高柔又辅佐曹叡、曹芳、曹髦、曹奂几代皇帝最终官至太尉，受封安国侯。在法制、教育、农业、选官等方面都提出了自己的见解，并以自己的实践，为国家正本清源，为曹魏政权的发展和存续做出了巨大贡献。

高柔以 90 岁高龄寿终正寝，谥号元侯。

不成器的钟会

钟会（225—264 年），字士季，颍川长社（今河南长葛市）人。三国时期魏国军事家、书法家，太傅钟繇幼子、青州刺史钟毓之弟，也是钟繇最喜爱的儿子。

钟繇晚年娶了一个叫张菖蒲的妾，此女也是贵族出身，4 岁就读了《孝经》，7 岁读《论语》，10 岁读《尚书》，12 岁就读了《左传》，13 岁读《礼记》，15 岁入太学当旁听生，是三国时代少见的一个知识女性，因仰慕钟繇的才学才嫁给了他。钟繇对这位张夫人是相当喜爱的，结果他的正妻孙氏很是不满，竟派人在张菖蒲的食物中下毒，钟繇知道后就把孙氏休掉了。这事还惊动了曹丕的母亲卞太后，卞太后让儿子曹丕下诏书令钟繇复婚。不料，钟繇死活不肯，还闹自杀。卞太后和曹丕拿他还真没有办法。后来，才女张菖蒲生下了一个男婴，就是后来一时之秀的钟会。钟繇晚年得子，对钟会异常喜爱，将自己的书法心得尽数传给了这个小儿子。而钟会得了父母的遗传基因，非常的聪明，也非常的用功，博览群书，精研名礼，成年后是一个博学多才的人，也自然受众人赏识。

夏侯霸降蜀后预言，钟会终究会成为吴蜀的大患。他说："其人虽少，终为

吴、蜀之忧，然非非常之人亦不能用也。"蜀国的姜维等人不以为意，毕竟他们不是如司马懿父子那样属于非常之人，觉得钟会就是一个写字不错的书生而已。

钟会有个哥哥叫钟毓，也很有名。当年钟繇和钟毓去见魏明帝，钟毓紧张得满头是汗，魏明帝就问他："你为什么出汗啊？"钟毓回答道："看到陛下天威赫赫，所以战战兢兢，汗出如浆。"魏明帝很是得意，一看旁边比钟毓年龄还要小的钟会脑门上是一点汗没有，就吓唬他："你是不是不怕我啊？"钟会答道："我是战战兢兢，汗不敢出，比我哥哥怕得还厉害呢！"钟会之聪明由此可见一斑。

齐王曹芳时期，钟会出任秘书郎，升尚书中书侍郎。司马氏废除皇帝曹芳以后，扶植高贵乡公曹髦做皇帝，赐封钟会为关内侯。而钟会看出了司马氏的势力，开始执着地追随他们。就是在司马懿走背运的时候亦如此。

毌丘俭反叛时，大将军司马师率兵东征，钟会随从，掌管机密事宜。卫将军司马昭作为大军的后继部队。司马师在许昌死后，司马昭统率六军。钟会于军帐中出谋划策，使得司马昭被封为大将军，辅佐朝政，钟会升任黄门侍郎，被封为东武事侯，食邑三百户。

甘露二年，钟会在家守母丧，司马昭到寿春，钟会再次从行。司马昭对他更信任了。钟会成为大将军府中的心腹人物。

景元三年（263），钟会以镇西大将军持符节都督关中军事。第二年，他率军西征，一路畅通无阻，捷报频传。军事胜利的背后，钟会个人阴谋开始膨胀，他与诸葛绪汇合后，就想大权独揽，向朝廷密告诸葛绪懦弱无能不敢前进，结果诸葛绪被用囚车押回洛阳，钟会成了全军的统帅。

钟会通过政治上的钻营，军事上的战功，权势急剧扩大了，叛逆之心就表现出来。在那个动荡的年代，人人都有当皇帝的欲望，何况有聪明大智的钟会呢！

钟会整倒诸葛绪后，统领全军进攻剑阁，没有攻下，只得撤退。蜀军占据天险地形死守。邓艾于是率军到绵竹，与蜀军大战，斩杀诸葛瞻。姜维等听说诸葛瞻已被打败，率领部下向东到巴西郡。钟会于是率兵到达涪县，派遣胡烈、田续、庞会等追击姜维。邓艾率兵逼向成都，刘禅向邓艾投降，又派人命令姜维放下武器，向钟会投降。西征取得大胜，钟会却把功劳都算在自己头上，向朝廷上书说："蜀贼姜维、张翼、廖化、董厥等落荒而逃，想奔向成都。我于是派遣司马夏侯威，护军胡烈等部，经过剑阁、新都、大渡等地拦截住了敌人的去路，经过激战，敌人知道气数已尽，只得解甲投诚。"撒了一通谎，朝廷也不知真假，于当年十二月，封钟会为司徒，加封食邑 1 万户，他的两个儿子也被封侯，食邑千户。

这还不算，钟会又向朝廷密告说邓艾有谋反迹象，朝廷又下令用囚车把邓艾押送回京城。邓艾被捕后，钟会马上赶到成都，统率大军，威震西蜀。

等邓艾进了囚车以后，钟会又收到司马昭一封信，声言怕邓艾造反，派遣贾充带领万人从斜谷进军汉中，司马昭自己则"吾自将十万屯长安，相见在近"，钟会得到诏书大惊失色，他知道司马昭要来对付他了，不过他不甘心，因为他认为自己："自淮南以来，画无遗策，四海所共知也。我欲持此安归乎！"于是决定举兵，他联合姜维，选择了"便当速发"，没有选择割据自守，而是声言得魏太后的诏书，讨伐司马昭，直取关中。

正月十八日，胡烈率兵突入营帐，姜维与钟会出营抵挡，钟会率军力战，姜维被杀，众人一拥而上，杀死钟会。

这一年，钟会 40 岁。

姜维和钟会都死于乱军当中，邓艾也在卫瓘的指使下被乱兵所杀，最后得利的是司马昭。钟会玩弄权术的结果，反害了自己。

钟会无论在书法上还是政治上都有所建树，连司马师都说他："此真王佐材也！"他有些像曹操，有曹操的权变和不守规矩，但他的才能比曹操差得太远，偏偏又遇上了具有曹操一样奇才的司马昭，所以落得这样的下场。这一点，钟会不及他父亲钟繇明智。

旷世杰作《人物志》

1937 年美国心理学家斯赖奥克出版了一本书，书名是《人类能力的研究》。

此书出版后成为美国学术界的要闻，畅销欧美 200 万册，成为出版界的一大要闻，并且引起了政界的极大关注。这本引起极大轰动的书就是根据中国古代的一部专著翻译而成的，书名为《人物志》。

《人物志》又名《辩经》，是我国一部辨析、评论人物的专著，约成书于曹魏明帝统治时期（227—239）。作者刘邵在自序中阐述撰著目的："夫圣贤之所美，莫 美乎聪明，聪明之所贵，莫贵乎知人，知人诚智，则众材得其序而庶绩之业兴矣。"魏时文帝曹丕接受陈群建议，用九品中正制选拔人才。该书即是在推行九品中正品评人物、选择人才的大背景下形成的专著，旨在为推行九品中正制在理论上提供依据，在实践上总结经验，以推动这一制度的发展和完善。十六国时刘昞 为之作注，重在"疏通大义，不沾沾于训诂，文辞简括"。其后流传既久，传本颇多谬误。明万历甲申（1584）河间刘用霖用隆庆壬申（1572）本旧版合官私书校之，去其重复，成为定本。今有》《《明万历刘氏刊本》《四库全书本》《四部丛刊本》等。其书自《隋唐·经籍志》以后皆列于名家，《四库全书》则归入子部、杂家类一。《隋书？经籍志》列人列为「名家类」，具体呈现魏晋时期人物品鉴理论，为魏晋玄学中的重要面向。

《人物志》的作者刘劭，或作刘邵、刘邵，字孔才。约生于汉灵帝建宁（168—172）年间，卒于魏正始（240—249）年间。汉建安时为太子舍人、秘书郎。后仕曹魏，在魏文帝时曾任尚书郎、陈留太守、骑都尉、散骑常侍。后来，他执经讲学，赐封关内侯，死后追赠光禄大夫。

刘劭生活的三国时期，中原逐鹿，群雄争霸，终成魏、蜀、吴三国鼎立的局面。为实现各自的政治目标，三国之主各能用人，各种人才纷纷走上政治舞台，各种人才理论相继出现。为了适应形势的需要，有效地识别人才，任用人才，呼唤人才理论的诞生。正是在这样的条件下，刘劭的人才理论应运而生。刘劭一生博学广闻，思虑玄远，特别善于品评鉴别人物，深为同时代人的赞许。他把自己几十年经验所得，编撰成书，就是今天我们看到的《人物志》。

《人物志》共三卷十二篇。卷上有《九征》《体别》《流业》《材理》四篇；卷中有《材能》《利害》《接识》《英雄》《八观》五篇；卷下有《七缪》《效难》《释争》三篇。

《四库提要》说《人物志》："其书主于辩论人才，以外见之符，验内藏之器，分别流品，研析疑似。"

此书主要是探讨人才得失，是我国古代为数不多的人才学专著。对于此书，历来评价非常高，"诊王者得之以自观，用人者持之以照物"，"王者得之，为知人之龟鉴；士君子得之，为治性修身之檠栝，其效不为小矣"。它以古为鉴，纵论得失成败，专讲识人之术，成为历代成功者的枕边秘籍，素有"识人宝鉴"的美誉。

《人物志》依照人的才能不同，把人分为"三材"——兼德、兼材、偏材，"十二流品"——清节家、法家、术家、国体、器能、臧否、伎俩、智意、文章、儒学、口辩、雄杰。刘劭认为依其才能不同，适合担任的官职也不同。该书还集中讨论了人才选拔的标准、原则等理论问题，对于人物的评论由具体到抽象，对开启魏晋品鉴人物的清谈风气有深刻的影响。郑旻在《重刻人物志跋》中指出："三代而下，善评人品者，莫或踰之矣。""后世欲辨官论材，恶可以不知也。"《人物志》对后世人才评价与选拔的影响是非常大的。

人才的鉴识是人才任用和培养的基础。《人物志》序言说：

"夫圣贤之所美，莫美乎聪明；聪明之所贵，莫贵乎知人。知人诚智，则众材得其序，而庶绩之业兴矣。"

在刘劭看来，人才是一切事业兴盛的最重要的因素。

那么，应该怎样识鉴人物呢？刘劭认为首先要鉴识常人，"观其夺救以明间杂"。从人的本质来说，即便是常人也是十分复杂的，有的人虽有至质，但恶情夺正，也不会有多大善行；有的人其质虽不纯正，但有"善情救恶"，也不会出现多大过错；还有的人，其质不纯，其性不精，但有"能"，这样的人，这种能力反倒会招来祸患。这些人都不能列为人才。

其次是要区别常人与人才，能辨别"似是而非"的人和"似非而是"的人。"一至谓之偏材"，"一征谓之依似"，"偏之与依，志同质违"。(《八观》)要根据一个人的才能、禀赋、道德、职业、个性心理特征等各方面全面考察。

然后是识别偏材与兼材。刘劭认为"人无贤愚，皆欲使是得在己。能明己是，莫过同体。是以偏材之人，交游进趋之类，皆亲爱同体而誉之，憎恶对反而毁之"（《七缪》）。所谓物以类聚，人以群分，"一流之人能一流之善，二流之人能二流之美，尽有诸流则亦能兼达众材"。什么样的人才发挥什么样的作用，使人各发挥其所能，各得其所用，这才是最重要的。为此，他提出了"八观""五视"等一整套鉴定方法。

"八观"者：一曰观其夺救，以明间杂。二曰观其感变，以审常度。三曰观其志质，以知其名。四曰观其所由，以辨依似。五曰观其爱敬，以知通塞。六曰观其情机，以辨恕惑。七曰观其所短，以知所长。八曰观其聪明，以知所达。

"五视"中一是"居，视其所安"，在日常生活中，看他平时的志向情趣；二是"达，视其所举"，一旦发达后，看他举荐什么人，即所谓"物以类聚，人以群分"；三是"富，视其所与"，富裕之后，施与什么人，是为富不仁，还是普济众生；四是"穷，视其所为"，穷途末路之时，看他的所作所为；五是"贫，视其所取"，贫贱时，看他如何对待财货。

到底什么样的人是最好的呢？刘劭推崇中庸，认为人物品评当以"中庸"为上，"兼德而至，谓之中庸"。人格的好坏在人物品评中占有最重要的地位，这体现了儒家的人才观。

刘劭认为，对于人才的识别，常常陷入误区。比如以"名"为标准，"察誉有偏颇之缪"。"知人者以目正耳，不知人者以耳败目"，"而耳所听采，以多为信"。（《七缪》）因此，绝不能以"皆誉""皆毁"作为识人的标准。况且"奇异之才"并不是众人所能识鉴的。这是针对魏晋之际专门崇尚人物品评而发的，反映了刘劭在为官的经历中对现实中用人标准的反省。

以自己的标准为标准，这也是不可取的。"爱善疾恶"是人之常情，但每个人的爱憎又极不相同，而事物又是一分为二，有非的一面又有是的一面，"虽非犹有所是"，如果"以其所是，顺己所长，则不自觉情通意亲，忽忘其恶"。而"善人虽善，犹有所乏。以其所乏不明己长，以其所长，轻己所短，则不自知志乖气违，忽忘其善"。（《七缪》）这就会造成"各自立度，以相观采"而是非

不辨的结果。

以"贵贱"为标准，更容易迷惑人。魏晋时期，论人以出身门第高下为标准。出身高门，虽无才无能，仍有高官厚禄，锦衣玉食。出身寒门，虽有才有德，亦无仕进之路。地位低下的人才，尤其容易被埋没。所以，辨识人才："上材"之人，不论穷达，都能表现其善，而"中材"之人，"则随世损益"，凭借着富贵，虽无异才，但亦能立名。贫贱的人因为无财，想做好事、善事也无能为力。

不公平的社会现象，不公平的用人标准，埋没了不少人才，古今这样的事例实在是不在少数。岂不知，得人才者得天下。流氓无赖何以得天下？英雄豪杰何以失天下？关键在人才。经世之本，识人为先；经世之本，用人为先。这是古今中外成功者的重要法宝。

刘劭以全面和发展变化的观点，从分析人的心理状态入手，提出了识人的标准、原则和方法，为后世鉴别和使用人才提供了有益的借鉴。因此，此书一经诞生，就受到了历代统治者的重视。

如果说《论语》为出世之书，《孙子兵法》为战伐之书，《韩非子》为统治之书，那么《人物志》可当之无愧地称为识人之书。识人与用人，是成功者的秘诀，古今中外的历史一再地证明了这个真理。

《人物志》不仅系统地论述了人才的鉴别方法，而且其中还浸润着作者的英雄观。《人物志·英雄》中说：

"夫草之精秀者为英，兽之特群者为雄；故人之文武茂异，取名于此。是故，聪明秀出，谓之英；胆力过人，谓之雄。"

"夫聪明者，英之分也，不得雄之胆，则说不行；胆力者，雄之分也，不得英之智，则事不立。是以，英以其聪谋始，以其明见机，待雄之胆行之；雄以其力服众，以其勇排难，待英之智成之；然后乃能各济其所长也。"

"必聪能谋始，明能见机，胆能决之，然后可以为英：张良是也。气力过人，勇能行之，智足断事，乃可以为雄：韩信是也。"

刘劭把人才分成了英才、雄才、英雄。有智有谋称为英才，比如张良；有

勇有智的称为雄才，比如韩信；英才可以为相，雄才可以为将。但是英才与雄才都是偏材，只能做"人臣"，不能做"人君"。

如果一个人的身上，既是英雄，又能长于用世，那就可以建立盖世之功了。比如汉高祖刘邦、楚霸王项羽。但是，他们本身又有不同的气质。项羽英才盖世，力气过人，但不能用才。有一个范增也不能用，像陈平这样的有大智谋的人都投奔刘邦去了。结果是项羽没有得到天下。所以说："然则英雄多少，能自胜之数也。"也就是说，英雄的素质，在一定条件下，决定了一个人的成败。而且，这是命中注定的。

数学家刘徽

三国时期，科学技术有了进一步地发展，出现了一批杰出的科学家。他们在各个领域都取得了引人瞩目的成就。在数学方面，以刘徽的成就最大。刘徽（约225年—约295年），汉族，山东滨州邹平市人，魏晋期间伟大的数学家，中国古典数学理论的奠基人之一。是中国数学史上一个非常伟大的数学家，他的杰作《九章算术注》和《海岛算经》，是中国最宝贵的数学遗产。刘徽思维敏捷，方法灵活，既提倡推理又主张直观。他是中国最早明确主张用逻辑推理的方式来论证数学命题的人。刘徽的一生是为数学刻苦探求的一生。他虽然地位低下，但人格高尚。他不是沽名钓誉的庸人，而是学而不厌的伟人，他给我们中华民族留下了宝贵的财富。

三国以前，我国数学要籍首推《九章算术》。刘徽在数学上的贡献，主要在其《九章算术注》一书。《隋书》卷三十四《经籍志三》有《九章算术》十卷、《九章重差图》一卷，均注明为刘徽撰。后《九章重差图》失传，唐人将《九章算术注》内有关数学用于测量的《重差》一卷取出，独成一书，因其中第一个问题是测量海岛，所以改名为《海岛算经》。刘徽的这两部著作，是我国数学史上宝贵的文献，即使在世界数学史上也有一定的地位。其主要贡献如下。

极限观念与割圆术。极限意识在春秋战国时期已出现，实际加以应用的是

刘徽。刘徽已领悟到数列极限的要谛，所以能有重要创获。刘徽的杰出贡献首推他在《九章算术注》中创立的割圆术，其所用方法包含初步的极限概念和直线曲线转化的思想。他求得 π（圆周率）近似值为 3.14，又用几何方法把它化为 157/50。后人也将 3.14 或 157/50 叫作"徽率"。

关于体积计算的刘徽定理。他推得：圆台（锥）的体积与其外切正方台（锥）的体积之比，也是 π：4。很显然，如果知道了正方台（锥）的体积，即可求得圆台（锥）的体积。刘徽这个研究成果，看似简单，实际起着继往开来的重要作用，所以有的现代数学家称之为"刘徽定理"。在古代没有微积分的时候，这条定理起着微积分的作用，在现代数学中仍有其价值。

十进小数的应用。刘徽在对奇零小数的处理上所创立的十进小数记法，在世界数学史上也是一项重要的成就，外国的同样方法，到 14 世纪才出现，比刘徽晚了 1000 多年。

改进了线性方程组的解法。刘徽对"直除法"加以改进，在解二元一次方程组时，用了"互乘对减"的方法，一次消去一项，如同后来的加减消元法。刘徽虽然只用过一次"互乘对减法"，但他知道此法带有普遍性，可以推广到任何元数的线性方程组。刘徽还使用配分比例法解线性方程组，也是个创造性的成果。

总结和发展了重差术。刘徽对"重差术"进行了深入而具体的研究，他解释重差的含义说："凡望极高，测绝深，而兼知其远者，必用重差，勾股则必以重差为率，故曰'重差也'。"

刘徽的《海岛算经》共有九个应用题，都有解法和答案。其解法都可以变成平面三角公式，起着与三角同等的作用，可以说是我国古代特有的三角法。

马钧的发明创造

马钧，字德衡，三国时期魏国扶风（今陕西省兴平市）人，生活在东汉末年这一时期。生卒年代不详。他出身贫苦，很注意观察生活实际，尤其是对于

生产工具，再加上他的勤奋研究，努力发明，在机械方面做出了极大贡献。

在纺织机上，马钧注意改革，他把六十蹑、五十蹑减为十二蹑，使织绫机提高了五倍的效率，促进了丝织业的生产。经过这么一改，织绫机很快就推广开了，马钧也从此出了名。

后来，马钧在曹魏政权做给事中（官名），住在洛阳。在他的住处附近有一片坡地，可以用来做菜园子，就是引水灌溉不方便。马钧在前人创造的用来吸水洒路的翻车（即水车）的基础上，设法加以改进，制成了既轻巧又便于操作，连小孩子都能使用的翻车，叫龙骨水车。这种水车，利用了齿轮和链唧筒的原理。车身是用木板作槽，当中用小木条和木板做成链子，连成一圈，套在木槽里，而在板槽的另一头连着一个有两个曲板的轮轴。这样，只要把板槽的另一头放进水里，人在上面不断地踏动曲板，水就能从板槽间连续地推刮上来。这种水车比原来的水车功率提高了很多倍，所以很快便流传到民间，促进了农业生产的发展。

马钧得到魏明帝的同意，便造起指南车来。但是，史书上只提到过黄帝曾靠指南车辨别方向打败蚩尤，并没有传下实物，就连图样也没有。马钧只能靠自己的想象重新设计制造。由于他平时肯钻研，又掌握了机械运动的原理，不久便制成了。马钧用他的劳动创造，赢得了满朝官员的称赞和敬佩。

可惜，马钧制造的指南车也没有能留传下来。但马钧是创造指南车的先导者，这是可以肯定的。《三国志·魏书》的《方技传》和《明帝纪》《宋史·舆服志》均有明确记载。我们现在所看到的古代指南车模型，则是仿宋朝燕肃、吴德仁所造的。据《宋史·舆服志》记载，这种指南车主要是利用齿轮原理。车的结构是一辆独辕的两轮车，在车厢中央有一个平放的大齿轮，连接有一些小齿轮，上面竖立一个木人。当车子走动时，先把小木人的手指向南方（或指别的方向均可），如果车子向左转，右边车轮带动小齿轮，再牵动大齿轮，便使大齿轮向相反方向转动。所以不论车子往哪方转，木人指向都不会改变，因而能起到指示方向的作用。

马钧还曾利用水力推动齿轮使物体转动的原理，制造了一种叫"百戏"的玩具。它能让小木头人在木盘上做各种动作，包括唱歌、跳舞、击鼓、吹箫、跳丸、掷剑、缘（攀缘）垣、倒立等，这种构造精巧的玩具，很能看出马钧的匠心。

马钧对武器的革新也很关心。

马钧的发明创造是多方面的。他制造的织棱机、龙骨水车、指南车等，都给后继者开辟了道路，提供了经验。他在龙骨水车、指南车中所运用的机械原理，外国要迟上一千七八百年才开始应用，这是很值得称道的。马钧的刻苦钻研、大胆革新、勇于实践的精神，值得我们学习和继承。

裴秀和《制图六体》

裴秀（224—271），字季彦。河东郡闻喜县（今山西省闻喜县）人。魏晋时期名臣、地图学家，东汉尚书令裴茂之孙、曹魏光禄大夫裴潜之子。裴秀生于一个世代官宦家庭。晋泰始七年（271），因服食寒食散后误饮冷酒，中毒身死。

裴秀自幼好学，少有才名。年长后步入仕途，初袭父爵，做尚书令，后任廷尉正。他一生的主要活动是在政治方面，曾为尚书仆射。晋武帝司马炎代魏称帝后，裴秀又先后担任尚书令和司空，其职位相当于宰相。他担任司空后，除在朝廷中负责其他政务外，又掌管土地、田亩及地图制作等事务，他个人经常饶有兴趣地绘制地图，因之在制图学方面有突出的成就。

首先，裴秀创制了《制图六体》，即编制地图所应遵循的六条准则：一是"分率"，即比例尺；二是"准望"，即方位；三是"道里"，即距离；四是"高下"；五是"方邪"；六是"迂直"。

其中后三条说明各地间由于地势起伏、倾斜缓急、山川走向而产生的问题。裴秀认为以上六条是相互关联、相互制约的。如果地图上没有比例尺的标记，则不能确定距离的远近。

如果只有比例尺的标记，而无方位，则某地的方向虽然从某一方向看是对的，但从其他方向看就不对了。如果只有方位的确定，而无道路的实际路线和

距离的标示，那么在有山水相隔的地方就不知该怎样通行了。如果只有路线和距离的标记，而无地面高低起伏和路线曲直的形状，则道路的远近必定与其距离不符，方向也弄不清。所以六条准则必须综合运用，相互印证，才能确定一个地方的位置、距离和地势情况。

因此可以说，现代地图学所需要的主要因素，除经纬线和投影以外，裴秀都已谈及了。自此以后，直至明代，利玛窦将世界地图传到中国前，我国绘制地图的方法基本上都依据裴秀所规定的"六体"，可见其成就和影响之大。

其次，裴秀在详细考证古今地名、山川形势和疆域沿革的基础上，以《禹贡》做基础并结合当时晋朝的"十六州"而分州绘制了大型地图集，绘制了《禹贡地域图》十八篇。图上古今地名相互对照，它不仅是当时最完备、最精详的地图，而且更重要的是它采用了科学的绘制方法。裴秀在完成这本地图集的绘制以后，把它进呈给晋武帝，被当作重要文献收藏于"秘府"。裴秀在图的前面写了序言，详细谈到了他绘制地图所运用的方法。这是一篇很有科学价值的珍贵文献，它体现了裴秀在制图理论上的卓越见解。这篇序言后来被保存在《晋书·裴秀传》里。

另外，裴秀又将原有粗重的用八十匹缣制作的《天下大图》，加以改造，以"一分为十里、一寸为百里"的比例进行缩制，使之成为容易省览的小而明确的《方丈图》。这种缩小了的《方丈图》就是现在所说的小比例尺（1：1 800 000）地图。

到刘宋时，文学家谢庄（421—466）制造出一个方丈大的木质地形模型，后来北宋沈括、南宋黄裳和朱熹都用木材、面糊、木屑、胶泥及蜡等制造地形模，这些都是裴秀《方丈图》的继续演进，说明裴秀对后代地图学研究具有深远影响。

裴秀对我国地图学的发展做出了巨大贡献。他所提出的制图六体为我国制图学奠定了科学基础。因此，把他称为我国科学地图学的创始人并不过誉。有些西方学者对于裴秀的成就也给予了高度评价，说他完全可以和古代希腊著名的地图学家托勒密相提并论，而立于世界著名地图学家之林。

司马懿夺权

司马懿（179—251），字仲达，河内郡温县（今河南省温县）人。三国时期魏国权臣、政治家、军事谋略家。西晋王朝的奠基人，东汉京兆尹司马防次子。曹叡荒淫无度，贪恋酒色，后来得了重病。而这时辽东公孙渊起兵谋反，司马懿对他早有准备，立时率领大军前去征讨。司马懿只使用了一个小计策，就将公孙渊打败。刚想回师，就收到了一封紧急信，司马懿知道事关重大，一定是皇帝病危，所以他日夜兼程，火速赶到洛阳。曹叡这时已经奄奄一息了，曹叡对司马懿和曹爽说："我命就要休矣，可太子曹芳只有8岁，你们二人要尽心尽力辅佐幼主，不可互相争权。"说完，36岁的曹叡去世。

幼子齐王曹芳继位，大将军曹爽、太尉司马懿共同辅政。

曹爽与魏明帝关系十分好，魏明帝先任命他为散骑侍郎，后提升为武卫将军，后又称为大将军。

司马懿是曹魏的元老重臣，擅长行军打仗，深受将士拥护。由于他屡立战功，很快被提升为太尉，逐渐掌握了兵权。

司马懿

曹芳年幼无知，大权落在了曹爽和司马懿手中，二人遇事虽然互相商议，但暗中深藏杀机，都在背地里钩心斗角、争夺大权。

司马懿无论在资历、才干、威望方面都远远超过曹爽，曹爽对司马懿早有戒心，但司马懿德高望重，朝中之事大多数由他做主。曹爽不甘心，他将自己的几个心腹人安排在朝中，他们是：何晏、邓飏、李胜、丁谧和毕轨。这些人都是官宦子弟，他们在朝中任职后，发现朝中大事都由司马懿做主，便对曹爽

说："司马懿野心勃勃，手握军政大权，一旦发生兵乱，我们没有办法与他抗衡。但他威望很高，我们又不能废掉他，不如让他升为太傅，太傅地位虽高，但没有实权，这样就无法与我们抗衡了。"曹爽便禀奏皇上，将司马懿升为太傅。

司马懿当然心不甘，他知道曹爽是宗室贵族，自己尚没有能力与他抗衡，便称病在家。他老谋深算，在家养精蓄锐。

曹爽任命何晏、邓飏为尚书，毕轨为司隶校尉，李胜为河南尹。这些人上任之后，十分骄纵，他们看司马懿居家不出，认为心病已除，于是整日吃喝玩乐，甚至把宫中的嫔妃、乐师也带回家中充作乐伎。这些人不务正业，整天过着奢侈的日子。

但就在这时，忽然有人报：吴国大军分兵三路，气势汹汹，直奔京城而来。曹爽等人一听，傻了眼，他没有作战经验，而他的几个心腹也都是酒囊饭袋之辈，只有请司马懿出师。于是曹爽立即派人去请司马懿，但司马懿称病重，不能前来。曹爽只好亲自去请。司马懿认为时机已到，便带领魏军去迎战吴兵。这时东吴的人马正在围困樊城。司马懿带大军直奔樊城。吴将一听说是司马懿亲自率领几十万大军而来，吓得立即撤兵。另一支由诸葛瑾率领，也不敢久留，立即带兵后撤。魏军大获全胜。司马懿的威望又提高了，曹爽等人没有办法，只好勉强为司马懿举行庆功宴。

司马懿一看兵权仍在曹爽手中，知道自己一时还很难对付，所以仍称病，继续在家中休养。

曹爽当然高兴了，心想：既然吴兵已撤，你回家休养最好，免得和我争夺兵权。后来有人劝他，不要沉迷于玩乐，司马懿虽然称病在家，但一直在暗中窥测时机，不可不防。曹爽一听吓了一跳，立即派李胜去探听一下。李胜正准备出任并州刺史，因此以辞行为由，来到司马懿的府上。

李胜一来，司马懿便知道他的来意了，心想：我将计就计，继续装病。于是他弄乱自己的头发，躺在床上，让两个婢女扶持。李胜一进卧室，司马懿装作刚睡醒的样子，想起来，却坐不起来，两个婢女搀扶着他，才勉强坐了起来。

他示意要穿衣服，可上衣刚一到手，便掉落在地上。司马懿又示意口渴，一个婢女端来一杯水，司马懿一边喝，水又顺着口角流下了许多。李胜心中大喜，表面上竟装模作样地哭了起来，边哭边说道："太傅劳苦而功高，一心为国家江山社稷着想，如今皇上年纪尚小，朝中大事还要太傅来决定，万万没有想到您病成这个样子。我要去并州做刺史，特来向太傅辞行。"

司马懿模模糊糊地说："君去本州，本州离胡人近，凡事都要小心谨慎为妙！"李胜心想：这老东西真病糊涂了，忙解释道："我是赴任并州，不是本州。"司马懿又说道："到本州去，经过并州，是吗？"李胜又大声解释道："是到并州去！"司马懿好像听明白了似的，说道："原来你是从并州来的。"李胜没有办法，只好耐着性子继续解释道："到并州去。"司马懿这才装作听懂，说道："我耳聋得厉害，大脑反应也很迟钝，你不要生我的气，我久病在家，朝中无人来看望我，只有刺史你来看望，我太高兴了！"

正在这时，司马师、司马昭进来了，一是看望父亲，二是为父亲喂药。司马懿喝了药，又弄得洒了一身。司马懿十分激动的样子，继续说道："刺史，我命不远矣，但我放心不下这两个儿子，今后还要仰望你啊，多多提拔他们，照顾他们，看来只有你是我的好朋友啊！"说了一会儿，又昏迷了过去。

李胜起身告辞，立即来到曹爽的府上，见到曹爽，说道："这个老贼耳聋得厉害，而且反应迟钝，口不摄杯，他肯定活不了多久了，我们不用再担心这个老贼了。"

曹爽等人知道了司马懿的近况，心中大喜，心想：老贼一死，大权便牢牢控制在我手中，无人与我争夺了。于是又整天饮酒作乐，纵情享受。

司马懿一看李胜走出府门，仰天大笑，对两个儿子说："曹爽一定不会防备我们了，我们可以找机会灭掉他！"于是司马懿仍是闭门不出，但早已派密探去监视曹爽等人了。

有一天，密探报：曹爽及文武百官都到城外高平陵祭祀先帝去了。司马懿大喜，立即集合人马，占据了曹爽和曹羲兄弟俩的军营，又启奏郭太后："曹爽兄弟背弃顾命，奸邪乱国，应该革职！"郭太后一见司马懿领兵而至，早已吓坏

了，便点头答应。

司马懿派人给曹爽送信，信中写道：先王让我辅佐幼主，我对先帝说"我一定尽心尽力，如果我做不到，我愿意一死"。如今大将军独揽大权，目中无君，群臣要职都是你曹爽的心腹，我看你有篡权夺位的意思，现在皇太后命你及你的兄弟自回家中，不得违令！

曹爽接到了司马懿的信，当时惊呆了，默默地说道："李胜不是说司马懿病重吗？怎么会突然兵变呢？"这时司马懿又派人来劝说曹爽，只要交出兵权，就可以从宽处理。这时大司农桓范从昌平门偷偷跑出来，说道："我们应以皇帝的名义调兵征讨司马懿，千万不能交出兵权，司马懿蓄谋已久，他不会放过您的。"曹爽道："你多虑了，司马懿只是夺我的兵权，他不会杀我的。"于是曹爽兄弟交出了兵权，回到家中。

司马懿夺得了兵权，将曹爽的心腹罢免，打入狱中，又对他们严刑拷打。不久，就以谋反之罪将曹爽兄弟及家人杀掉。

一代名将魏延的悲剧

魏延（？—234），字文长，义阳平氏（今河南桐柏县）人。三国时期蜀汉将领，他跟随刘备和诸葛亮征战各地，受到器重，屡次被委以重任。诸葛亮北伐时期，魏延作为诸葛亮的得力助手，为蜀汉立下了汗马功劳。魏延为人孤高，善养兵卒，勇猛过人，但是和蜀汉重臣杨仪不和。诸葛亮死后，魏延被政敌派马岱杀死。

魏延是刘备的嫡系旧部，带着私人武装与刘备一起进蜀，战功累累，升为牙门将军。刘备自封为汉中王，迁都到成都，当时需要一位得力大将镇守汉中，所有人都以为此人必是张飞，张飞也认定是自己。刘备却提拔魏延为汉中太守，充镇远将军，一时间全军惊奇。刘备大会群臣，问魏延："如今把重任委托于你，你打算在这个职位上怎么做啊？"魏延说："若曹操举天下兵马而来，请让我为大王抗拒他们，偏将十万之众到来，请让我为大王将他们吞掉！"刘备连连称善，众将都为他的豪言壮语而感动。

刘备称帝的当年，封魏延为镇北将军，都亭侯。

建兴五年（227），诸葛亮兵驻汉中，又封魏延为督前部、丞相司马、凉州刺史。

建兴八年（230），诸葛亮派魏延往西进入羌中，与魏国后将军费瑶、雍州刺史郭淮在阳溪大战，大胜。封为前军师，征西大将军，假节，进封南郑侯。

魏延每次随诸葛亮出征，都要请求带兵一万与诸葛亮会师潼关，诸葛亮不同意，并压制了这个计划。第一次北伐失败后，魏延常常说诸葛亮胆小，害怕失败；又叹恨自己有才而不能得到充分施展。

魏延

魏延善于培训士卒，而且勇猛过人，又心性矜高，大部分人都甘心居于其下。只有杨仪不给魏延面子，魏延对此愤愤不平，两人势如水火。

建兴十二年（234），诸葛亮兵出北谷口，魏延担任前锋。大军出了十里，魏延梦见自己的头上生角，问占梦的赵直。赵直骗他说："麒麟有角但不使用，这预示着不战而敌人自破。"赵直却背地里对别人说："'角'之为字，'刀'下用也；头上用刀，大凶之兆。"

这年秋天，诸葛亮病危，秘密与长史杨仪、司马费祎、护军姜维等人商议自己死后要撤军的事，并命令魏延断后。如果魏延不从命，大军可以不听魏延命令而带回成都。诸葛亮刚死，秘不发丧，杨仪命令费祎去打探魏延的口气。

魏延说："丞相虽然不在了，我还在。府中的亲属、官员可发丧还葬，我自当率诸军击贼，怎么能以一人之死而废天下之事呢？且我魏延是什么样的人，怎么能为杨仪所牵制，做断后将军！"魏延出征向来都是前锋，这么说也是有道

三国魏蜀吴

理的。之后魏延要与费祎写连名书，告知手下各将士。

费祎就骗魏延，说："我应当回去将您的意见向杨长史说清楚，长史是文吏，不懂军事，一定不会反对您的意见。"

费祎出了门，驰马而去，魏延发现是中计了，派人去追已经来不及了。魏延于是派人去看杨仪等人有什么动作，杨仪等已经按诸葛亮死前安排撤军，各营依次回撤。魏延这才明白过来，大怒。这时候，杨仪所部还没有撤军，魏延就率领所部南归，烧掉了所过之处的所有栈道。

魏延、杨仪各自上表奏报对方叛变，一日之中，文书就传到了朝廷。后主刘禅问侍中董允、留府长史蒋琬。蒋琬、董允都保举杨仪，相信杨仪，并怀疑魏延。

这时候，杨仪等劈山开道，昼夜兼行。魏延先占据了南谷口，派遣军队攻击杨仪等，杨仪命令何平在前抵御魏延。何平呵斥魏延说："诸葛公去世，尸骨未寒，你们这群人怎敢如此！"魏延的军士们知道魏延理屈，自己也理屈，不愿为他效力，魏延的属下随即散去。

魏延仅和他的儿子几个人逃亡汉中，杨仪派遣马岱追杀，马岱砍下魏延的首级，交给了杨仪，杨仪踩着魏延的脑袋，说："庸奴！复能作恶不？"然后，杀了魏延三族。

当初，蒋琬率宿卫诸营赴难北行，行数十里，魏延已死的消息传来，他就领兵返还。魏延不往北投降魏而往南返回蜀地的本意，只是想要杀掉杨仪等人。平日各位将领之间都不和，当时人们都认为接替诸葛亮的一定是魏延，魏延也并不是想背叛。魏延的悲剧和蜀国用人不当也有关。

诸葛亮后的第一人

蒋琬（168—246年），字公琰。零陵郡湘乡市（今湖南省湘乡市）人。三国时期蜀汉宰相，与诸葛亮、董允、费祎合称"蜀汉四相"。他少年时就聪颖伶俐，又勤奋好读，很早便以才学闻名于郡县。最初，他只是荆州一个默默无闻的小吏，后来，他跟着刘备入川，刘备领益州牧，他任广都（今四川双流区）长。蒋琬的政治才华在这时就已经显露出来了。他看到蜀中战乱初平，民心思安，便实行"无为而治"，"与民休养生息"的政策。

蒋琬有个毛病，就是特别贪杯。一次，刘备突然来到广都视察，碰上蒋琬喝得酩酊大醉，刘备大怒，要杀了他。军师诸葛亮慧眼识才，替他向主公求情，说："蒋琬是治理国家的人才，而不是治理方圆几百里地的小才。他治政以安民为本，不做表面文章，希望主公重新考察他。"刘备素来尊重诸葛亮的意见，便不马上处置蒋琬，只撤除了他的职务。

据说，蒋琬被免官以后，曾做了一个梦，梦见门前有一个牛头，鲜血淋漓。醒来，蒋琬就很厌恶，找人给他算卦。算卦的对他说："看见血说明事情清楚了。牛头的两角到鼻子，是'公'字的象形，您会做到公卿之位，这可是吉祥的征兆啊！"几十年后，蒋琬果然当上了丞相。

刘备称汉中王，升蒋琬为尚书郎。公元223年，刘备去世，刘禅即位，诸葛亮以丞相主持朝政，选定蒋琬为丞相府东曹掾。

在此期间，蒋琬继续发挥他的政治才能。他举贤荐能，任人唯贤，政绩突出。建兴五年（227），迁为参军，参与决策军国大事。第二年，诸葛亮率军北伐，蒋琬奉命留守后方，处理日常政务。3年后，升为丞相长史，加抚军将军。诸葛亮率兵南征北伐，蒋琬就坐镇后方，筹集粮草兵员，以相供应。诸葛亮曾多次对人说："公琰忠心耿耿，是和我共同复兴汉室之人。"诸葛亮在临死前密奏刘禅说："假如日后臣有不幸，陛下可将后事托付蒋琬。"

建兴十二年（234）八月，诸葛亮不幸病逝于五丈原的军营之中。根据诸葛亮的遗愿，后主刘禅任命蒋琬为尚书令，领益州刺史，迁大将军，录尚书事，主持朝政，成为继诸葛亮之后总揽蜀汉军政大权、辅佐后主的首要人物。

蒋琬受命于危难之时。诸葛亮在几年内多次举全国之力北伐中原，国家经济遭到严重削弱，国库空虚，后主刘禅又懦弱无能，深得全国人民爱戴的丞相诸葛亮刚刚去世，全国上下都笼罩在一片恐惧之中。蒋琬面临着前所未有的考验。

蒋琬不辜负诸葛亮的厚望，在同僚之中，他出类拔萃，在举国上下心中无主之时，他的脸上既没有忧郁也没有喜悦，神态一如往常，只是更多了一份坚定。很快，民心安定了。

后主延熙元年（238），蒋琬统率诸军屯驻汉中、开府，加大司马。

蒋琬继承了诸葛亮的遗风，他明察善断，循法治国，不喜阿顺，不听谗毁，群臣都心悦诚服。

掌管军吏的杨戏为人坦诚直爽，从不随声附和，更不肯信口予以褒贬，蒋琬有时与他谈话，他也常常不搭话。侍卫单镐心中就不平了，他说："您日理万机，功高盖世，众人皆服，连后主也要谦让几分，就是府中杨戏官不大，架子却不小，竟然连您讲话也爱理不理，这样轻慢上级，若不治罪，岂不过于宽容？"

蒋琬听到此话，心中坦然，耐心地解释道："人的心性不同，就像人的面孔各不相同一样。当面顺从，背后诋毁，这是古人所引以为戒的。至于杨戏这个人，我是了解他的。他从不违心地恭维别人，我说的话，也不可能句句在理。杨戏要赞许我吧，又不是他的本心；要反对我吧，又张扬了我的错误，所以他只好默默不语了。我正是通过他对我的态度觉察到自己的不足之处，这有何不好呢？为何要治他的罪呢？"单镐见大司马有如此雅量，感动地说："丞相真是虚怀若谷啊！"

督农官杨敏曾经诽谤蒋琬，说他"做事昏乱糊涂，诚不及前人"。这话传到蒋琬那里，主管法纪的官员就要对杨敏治以重罪，蒋琬不同意，说："我实在不如前人，哪能追究他呢。"蒋琬随后感叹地说："普天下人，都知道前丞相诸葛孔明神武赫然，威震八荒，功盖寰宇，我怎能及他？我本无丞相之能，却在丞相之位上，身居如此高位，怎么会没有处事不当之时！而处事不当，当然就是昏聩糊涂了。哪能怨别人呢！"后来，杨敏犯罪被囚狱中，蒋琬不存偏见，对他从轻发落，还说："敢于直言参政的人，正是我求之不得的。"

蒋琬就这样以自己的宽厚仁德治理国家，他从不徇私枉法，也从不计较个人恩怨得失，他以高尚的品德，赢得了文武百官的敬重和民众的爱戴，在他执政的 12 年里，"边境无虞，邦家和一"，蜀地成为"天府之国"。

作为一个有建树的政治家，蒋琬一生中最值得称道的是，他能够从蜀国的人力、物力等均不敌魏国的实际情况出发，勇敢地改变诸葛亮北伐战略，闭关息民，以"防守反攻"代替"以攻为守"来进行战略布局。

当时，三国之中，蜀国力量最弱，蜀汉在军力上更是不如曹魏。曹魏拥有 40 万军队，而蜀汉仅有 10 万；在国力上，曹魏"跨带九州"，有民户 66 万，人口 443 万，而蜀汉在关羽失荆州后，元气大伤，仅有益州一地，民户才 28 万，人口约 100 万。尽管如此，诸葛亮仍然坚持北伐战略，造成了蜀国的困境。

为了保住蜀汉政权，他向后主刘禅提出与前丞相诸葛亮迥然不同的治国方略和军事战略。他把军队布置在蜀魏边境，进行屯垦，让军民得到一个较长时期的"息民休士"机会，巩固汉中根据地，等时机成熟了，再图北伐。这样，蜀汉节省了巨额军费开支，减轻了人民的负担，国家疲弊的状况也有所改善。

蒋琬就像当年的诸葛亮一样，为蜀国的强盛日夜殚精竭虑。当他感到身心交瘁，精力不支时，便主动选贤让能。他在给后主的奏议上说："我认为最首要的事情是让姜维出任凉州刺史，如果姜维出征，相持于黄河以西，我会统率军队为姜维镇守后方，并做他的后援。"他还任命王平为镇北大将军，凭据秦岭天险狙击曹魏来犯，又让费祎接替自己任大将军录尚书事的要职。

蒋琬在生前及时选定接班人，妥善地移交了军政大权，保证了在他逝世后蜀汉政权的稳定。

蒋琬认为涪县（今四川绵阳市东）战略位置很重要，就一直率军驻扎在那里。内忧外患，日夜操劳，使他的病情越来越严重。

延熙九年（246）十一月，蒋琬死于任上。

后主刘禅根据蒋琬生前为人温良恭让，高雅豁达，廉洁奉公，息民休士，举贤让能的懿德风范，褒以谥号"恭"，世人皆尊称蒋恭侯。

回天乏力身先死——费祎

费祎（？—253），字文伟，江夏（今河南信阳市罗山县人）人，三国时蜀

汉名臣，与诸葛亮、蒋琬、董允并称为蜀汉四相。深得诸葛亮器重，屡次出使东吴，孙权、诸葛恪、羊茞等人以辞锋刁难，而费祎据理以答，辞义兼备，始终不为所屈。孙权非常惊异于他的才能，加以礼遇。他很小的时候父亲就去世了，孤儿寡母只好投靠族父伯仁。伯仁的姑姑是益州牧刘璋的母亲。刘璋派使者接伯仁，伯仁就把费祎带来，让他在蜀地求学。

这时候，正赶上先主刘备平定益州，费祎也就留在了益州，他与汝南许叔龙、南郡董允齐名。也许是从小贫困，他和这几个名士的处世方式很不同。

有个叫许靖的人死了儿子，董允与费祎这两个日后相继为蜀相的朋友，打算一起到许靖儿子的安葬地会面。董允请求父亲董和派辆车，董和派了一辆侍从使用的小车给他们用。董允觉得这辆车降低了自己的身份就不愿意坐，费祎却一点也不计较，先从前面上了车。等他们到了埋葬地，诸葛亮等名流人士都在那里，所乘的车辆都是光鲜耀眼，董允更感到神色不安了，费祎仍是安然自若。

驾车的人回去后，董和向他了解情况，驾车人如实汇报，董和听了感慨地对董允说："我常常认为你和文伟是没有优劣区别的，从今以后，我心里清楚了。"

公元221年，刘备在成都称帝以后，费祎和董允同为舍人，后又迁为庶子。后主刘禅时期，费祎任黄门侍郎。

丞相诸葛亮对费祎一直很器重。诸葛亮平定南方，回来后，任命费祎为昭信校尉，派他出使东吴。孙权生性滑稽，调笑起来没有节制，对费祎不怎么尊重，一见面就用开玩笑的态度拿好酒将费祎强行灌醉，然后和他谈论国事、评点时务。孙权手下的大臣诸葛恪等人都是才识广博、谈锋刚健的人物，他们为孙权助威，提出很多问题难为费祎，要看费祎的笑话。

考虑到丞相交给自己的使命、吴蜀联盟的需要和蜀汉的利益，费祎并不立刻与孙权等交锋，他装作醉不能言的样子，说："请容我稍事休息，再与诸公商榷。"

回到客馆，费祎精心准备，回到席上，一一加以辩答，态度不卑不亢，辩

答有理有力，措辞十分得体，使吴国那些傲慢的大臣们折服了，连孙权也对他另眼看待，把自己佩带的宝刀赠送给费祎。费祎接过刀说："我是不才之人，愧受大王如此馈赠。但我想：刀是用来讨伐敌人、防止暴乱的工具，但愿大王您建立功业，同汉室携手同进，臣虽才能有限，但绝不辜负您的厚意。"

费祎出色的外交才能，令东吴君臣非常敬佩。当费祎向孙权告别时，孙权真诚地说："先生您是天下有良好品德的人，在不久以后必为蜀之股肱呀！"

费祎回到蜀地后，壬为侍中。诸葛亮认为他"雅性谦素，家不积才，识悟过人，读书省记"，认为必是将来蜀中的重臣，可以继承自己的事业，便着意培养。诸葛亮北进汉中时，请费祎为参军，让他随军参与帷幄。诸葛亮在《出师表》中这样推荐费祎："此皆良实，志虑忠纯，是先帝简拔，以遗陛下，愚以为宫中之事，事无大小，悉以咨之，然后施行，必能裨补阙漏，有所广益。"

以后，费祎又多次奉旨出使东吴，在汉中和建康两地往返，使得脆弱的吴蜀联盟一次次地在他的努力下延续下来，保证了蜀汉后方的安全。

建兴八年（230），费祎转为中护军，后来又任司马。

当时，军师魏延与长史杨仪都有点才能，但这两个人就是不对付，交恶日甚，一坐到一块儿就争论，争急了魏延就举着刀对着杨仪比画，杨仪呢，就涕泪交加，做委屈状。费祎常常坐在他俩中间，左劝右劝，苦口婆心，把他们劝开。诸葛亮在世的时候，魏延和杨仪各得其用，为蜀汉政权效力，多亏了费祎从中周旋。

建兴十二年（234），诸葛亮在五丈原病危，后主刘禅命李福前往探视。李福宣读了圣旨后，诸葛亮对李福说："先生您问我死后谁能继承，我以为应该是公琰（蒋琬）。"李福又问："蒋琬之后，谁可任之？"诸葛亮说："文伟（费祎）可以。"李福再问其次者，诸葛亮不再作答。

诸葛亮死后，费祎任后军师。不久，又代蒋琬为尚书令。蒋琬自汉中回到涪县，费祎迁大将军，录尚书事。

费祎实际上代蒋琬处理军国大事，公务十分繁杂，但他却安排得井井有条，每天听取政事，接纳宾客，参加饮宴等，他都做得恰到好处。

延熙七年（244），魏将曹爽率领魏军逼近汉中，费祎奉命带兵抵御，这时从成都来了一位朝廷大员，名叫来敏，来敏不顾战事吃紧，竟对费祎说："听说你棋艺很高，能够领教一盘吗？"费祎马上命人摆上棋盘，与来敏从容对弈，而且还十分专注。其实，来敏是故意来考察费祎的，见费祎如此胸有成竹，又礼节周道，便不再下棋，十分肯定地说："通过这一试，我深信你必能退敌。"果然，费祎沉着、清醒地指挥蜀军，打退了魏军。

费祎回师后，因功受封为成乡侯。蒋琬在世的时候，坚持辞让刺史的职位，把费祎安排为自己的接班人，这样，费祎又兼领益州刺史。

延熙九年（246），蒋琬死去。蜀汉军国重任都落到了费祎一个人身上。根据蜀国国力日益疲弱的状况，他主张以防为主，偏安待时，着力于蜀国国内的整顿和建设。他的功勋和声望和蒋琬并列，他遵循诸葛亮的遗愿，兢兢业业，不敢丝毫懈怠。

但蜀国经过连绵不断的战争之后，与魏国本来就相差悬殊，现在国力更加削弱了。加上后主刘禅昏聩无能，费祎没有遇到明主，他的才干和抱负都很难实现。

延熙十六年，蜀汉大聚会，欢庆新春，慰赏三军，多年在外辗转的费祎终于稍得空闲。他开怀畅饮，酒精的力量很快使他大醉。魏国诈降留在蜀汉的郭循趁费祎酒醉，拔出暗藏的匕首，将他刺死，身为丞相的费祎就这样死于谋杀。

小周郎——陆逊

陆逊（183—254），本名陆议，字伯言，吴郡吴县（今江苏苏州）人。三国时期吴国政治家、军事家。出生于世宦之家，他的祖父陆纡官至城门校尉，父亲陆骏，任九江都尉。可是，陆逊只有 10 岁的时候父亲就死了。他跟着堂祖父庐江太守陆康一起生活。当时，袁术和陆康有仇，准备攻打陆康。陆康就让陆逊和家属回到老家吴县。从此，十五六岁的陆逊就肩负起照管陆家的重担。

陆姓是江东大族，孙吴政权的主要支柱就是顾、陆、朱、张四大姓。这四大姓做郡以上官吏的数以千计。陆逊出生于这样的大姓，步入仕途也在情理之中。

公元204年，21岁的陆逊就被孙权征召为掾属，历任东西曹令史，后出为海昌县屯田都尉，并代理县令职务。当时，海昌县连年大旱，陆逊开放粮仓救济灾民，勉励和督促他们耕作生产，老百姓得到了实惠，海昌一带也安定了下来。陆逊的治国方略和管理才能开始显露出来。

后来鄱阳（今江西省坡阳县）地区尤突等人发动暴乱，陆逊前往讨伐，所到之处，山贼都被收复，陆逊的军队也随之扩大。由于陆逊卓越的指挥才能，被授予定威校尉。

陆逊

孙权对陆逊很欣赏，做主把哥哥孙策的女儿许配给他。他对孙权建言："当今豪杰各据一方，豺狼也在暗中窥视，要想战胜敌人，没有军队不行。山越盗匪凭借深山险要之地长期作恶，内部不安定，我们就没法向外发展。必须大规模部署军队，抓捕山贼中的精锐，再图向外发展。"孙权采纳了他的建议。

于是，陆逊领兵出征。他巧设疑兵，多建部队番号，趁夜进入山谷，到处鸣起军号鼓角之声，造成千军万马的声势，从心理上瓦解了叛军。然后一鼓作气勇猛进击，用很少的兵力平息了几万人的山越暴乱。

魏、蜀、吴之间的关系日趋复杂，动荡的年代为陆逊提供了施展自己才能的政治舞台。而他卓著的战功，也使他的政治地位日益显赫。

建安二十四年（219），驻守边关的吕蒙因病回建业（今南京市）休假。经过芜湖时，陆逊去看他。陆逊说："关羽驻扎在我们边界处，您怎么能远离防区回京都呢？后果不值得忧虑吗？"

吕蒙说："你说得对，不过我确实病得很重。"

陆逊说："关羽总是夸耀自己勇猛强悍，欺凌别人，刚刚获得胜利，心中就骄傲放纵，一心北进。现在听说您病了，一定更加麻痹大意。如果我们出其不意，一定能将他擒拿住。您回京都一定和主上好好谋划。"

吕蒙回建业面见孙权，孙权问谁可以接替他，吕蒙就向孙权推荐陆逊。他说："现在陆逊还不太出名，关羽不畏惧他。他又有深谋远虑，没有人比他代替我更合适的了。如果主上任用陆逊，一定不要让他露出锋芒，暗中观察形势，寻找机会，一定能成功。"

孙权便命陆逊代替吕蒙。

陆逊一到任，马上给关羽写了一封信，信中说："您刚刚攻击敌寇，大获全胜。您的功勋，何其伟大！敌国溃败，盟友获益，我们听到喜讯，不禁击节称贺。想到您即将席卷中原，共抚王室，我是多么高兴啊！"又以极大的善意提醒关羽："曹操是个狡猾的敌人，愤怒起来不计后果，恐怕他会暗中增加军队，您可不要掉以轻心啊！"最后，陆逊谦虚地说："我是个书生，对这个位置是不胜任的，幸亏和您这样一位功勋卓著的将军为邻。我对您是那样的仰慕，希望将军您洞察。"

关羽接信后飘飘然，麻痹了。谁知，陆逊却偷偷地向孙权汇报关羽的情况，孙权就在暗中向西派兵，以陆逊、吕蒙为先锋，直奔荆州，致使关羽败走麦城，最后被擒杀。

关羽之死和蜀国失荆州，在三国历史上是一件大事。孙权夺回荆州，将势力延伸到了三峡以东，长江以南广大地区。吴国杀了关羽，使刘备怀上了个人仇恨。两年后，即公元221年，刘备发动了夷陵之战。孙权拜陆逊为大都督，率兵5万大军西击刘备。刘备10万之众来势凶猛。陆逊则主动放弃大片土地和战略要地，把五六百里的山区让给蜀军。待蜀军锐气顿减之时，陆逊巧用火攻大获全胜。刘备逃入白帝城，羞愧愤恨地说："我竟被陆逊挫败、侮辱，这难道不是天意吗？"

陆逊却是有自知之明的。当刘备败走白帝城后，一些吴将竞相上表主张擒获刘备。孙权征求陆逊的意见，陆逊不主张让刘备一败涂地，因为后方还有更强大的曹魏威胁着吴国。

在一连串破蜀战争中，陆逊表现出的与其说是一个军事家的深谋远虑，不如说是一个政治家的远见卓识。

三国局面中，曹魏始终占据领先地位。面对强大的曹魏，东吴和西蜀联合始终是头等大事，诸葛亮努力与东吴联合，陆逊在其中也起着举足轻重的作用。

公元228年，曹休发动了一次对孙权的大规模战争，被陆逊打得大败，魏军死了好几万人，曹休也被围困住了，多亏了贾逵带兵救援，才没有全军覆没。曹休回到魏国不久，背上生毒疮而死。

陆逊打败曹休以后，孙权更器重他了，赏赐给他的东西都是皇家御用的上等珍品。公元229年，他被任命为上将军，右都护。孙权东巡的时候，让他留守武昌，辅佐太子。

这时，他对太子的教导是严格的。有一次，他看到太子在玩一种斗鸭子的游戏，就板着脸训太子："您是未来的主人，大好年华应该好好学习，怎么能把时间浪费在这个上面？"太子听了以后就把斗鸭用的栏子给拆了。

他也一心为国家着想。他在给孙权的上书中说："臣认为法令过于严苛，下面违法的人就多。近年来，将领、官吏犯罪，应该责罚。但现在天下尚未统一，陛下应该图谋进取，对小罪施恩宽免，用人以贤能为先，让他们施展才能，这是圣明的君主成就王业的做法。"

陆逊还根据当时的形势，主张鼓励农民从事农业生产，提倡养育士民，宽减租赋，安抚百姓。他反对连年战争，认为战争给国家带来了灾难。当孙权出兵夷州（今台湾）时，陆逊不同意，孙权不听，大败而归。

公元244年，陆逊代顾雍为丞相。这一年，陆逊62岁，达到了他个人事业的顶峰。

陆逊在任相的短短两年里，积极推行富民强国的政策。他建议孙权要像西汉刘邦那样轻刑便民，用黄老之法治理国家，要尽量少动干戈，务以养本保民为要，只有与民休息，轻徭薄赋才能富国强兵，统一天下。

他的另一个突出的政绩是惩治权宦。权臣吕壹仗着孙权的宠信，为非作歹，祸乱朝政，陆逊多次上书弹劾，孙权不得不杀了吕壹。

孙权想要废掉太子孙和，立鲁王孙霸。吴国的大臣分化为对立的两派，或拥太子，或拥鲁王，于是今天这个上书，明天那个进谏，一时间乱哄哄你方唱罢我登场，大家钩心斗角，阴谋在暗中酝酿。

陆逊在这场宫廷争斗中，支持太子孙和的态度非常明确。他先后几次上书，说：“太子是正统，应该有磐石一样坚固的地位。”他请求进京面见圣上，亲口论证嫡庶之分。

孙权全不采纳。他断然采取措施，废黜太子，赐死鲁王，而另立了孙亮为太子。孙权还不断派中使责问陆逊居心何在，陆逊感到受了屈辱。公元246年，陆逊愤恨而死。

陆逊是一个文武兼备的政治家，武能安邦，文能治国，品质高尚。孙权把他比作成汤之伊尹和周初之姜尚。但他功高盖主，又身为江东大族，势力强大，孙权不能不除去他以警他人。

被埋没的能臣——顾雍

顾雍（168—243），字元叹。吴郡吴县（今江苏苏州）人。汉末至三国时吴国重臣。出生于江南名门望族，他从小就聪明机灵，家里给他请了个老师叫蔡雍，教他学习弹琴和书法。这位蔡雍就是著名的东汉文学家、书法家蔡邕（原名雍，字伯喈）。蔡邕对顾雍的才华十分欣赏，对顾雍说：“你以后必成大器，我把自己的名字送给你吧。”所以，顾雍与老师蔡雍同名，又因受到老师称赞，故字元叹，这在当时传为美谈。

顾雍不到20岁时，就由州郡官吏表举推荐，担任合肥长，后又调到娄县、曲阿、上虞等县任地方官。他在这些地方，都表现出了卓越的政治才能，取得了良好的政绩。

建安五年（200），孙权兼任会稽太守，因为政事繁忙，不能亲自到郡中处理公务，就让顾雍担任郡丞，代理太守处理一切事务。在他的治理下，会稽郡政通人和，官吏服从他，老百姓拥护他。他为自己赢得了广泛的群众基础，也更加受到孙权的器重。

几年后，顾雍内调，担任左司马。孙权称王后，顾雍累迁大理、奉常，兼领尚书令，封为阳遂乡侯。

顾雍为人很内敛，封侯拜相也不告诉家人，最后家人还是从别人的口里得知的。唐人有诗咏顾雍曰：

赞国经纶更有谁，蔡公相叹亦相师。

贵为丞相封侯了，归后家人总不知。

黄武四年（225），顾雍进封醴陵侯。这一年，东吴的第一任丞相孙邵去世。孙邵死后，群臣都以为相位非张昭莫属。孙权力排众议以顾雍为相。孙权的这个决定相当聪明。顾雍的刚正不亚于张昭，但张昭向来疾言厉色，只要他认为自己的观点是正确的，就会直言不讳地对孙权进谏，常常搞得孙权下不了台。而顾雍善于变通，讲究灵活性，为人谦和，不发脾气，而且不喜夸耀。关键的是顾雍态度温和的同时，也从不放弃真理，像张昭一样，只要是正确的，他也会坚持下去。所以孙权认为顾雍才是丞相的最合适人选。

顾雍总理朝政以后，一切以国家大事为重。他仿效汉初的治国方法，选择文臣武将时必选称职的，从不以个人爱好、恩怨、利益去用人。一旦派任后，他便会全心全意地委托他们。正所谓"用人不疑，疑人不用"。他自己还时常到民间查访，了解民情，把调查的结果秘密报告给孙权。孙权采用了，当然是主上的功劳，孙权不采用，他也不会泄露出去。有这么为自己着想的臣下，孙权当然是特别的满意。

顾雍一直在官场上行事，所以养成了沉默少言的习惯。平时上朝也不怎么说话，但每次讲话都要精心准备，一定言之有物，孙权评价说："顾君要么不说话，一说话必定一言命中。"顾雍也从不饮酒，所以他的同僚们就特别害怕饮酒过多，酒后失态，有顾雍在场，大家都不敢恣情狂饮。甚至孙权都说："顾君在座，大家乐不起来。"顾雍就是这样为人们所敬畏，这正是他为官的尊严。

这种谦虚谨慎不骄不躁的作风深得孙权喜爱。孙权对张昭是敬畏，对顾雍则是发自内心地尊敬和信任。

有一次，孙权向大臣们询问政事，张昭便陈述他所查访到的情况，毫不留情地说吴国现行的法律过于苛细，刑罚也太重了，认为应该删减。顾雍沉默不语，孙权就回头看着顾雍说："您认为如何？"顾雍回答："臣听到的和张昭陈述的一样。"孙权于是下诏讨论减轻刑罚。

孙权称帝以后，对手下大臣的态度也变了。无论是对北方南来的，还是南方土著的大臣，他都不放心。将领带兵出外守边，他会要他们把老婆孩子交出来做人质。他还养了一批叫做作校事、察战的人，专门监视文武大臣。孙权最信任一个叫吕壹的人。史书上说，此人"性苛惨，用法深刻"。吕壹后来当了中书，掌管检阅各州府的文书，仗着皇帝的宠信，干了很多坏事，还专门诬陷好人，就连丞相顾雍也逃不了他的手心。吕壹上奏说顾雍的坏话，顾雍就被软禁了。

当时黄门侍郎谢雄问吕壹："顾公的情况如何？"吕壹答："情况不会好。"谢雄又问："依您之见，谁会接替顾公呢？"吕壹没有回答。谢雄说："莫不是潘太常吧？"吕壹半天才答："差不多吧。"谢雄说："潘太常对您恨入骨髓，要是他接替了顾公，您的好日子可就快到头了。"吕壹非常害怕，很快就放了顾雍。

这个东吴人人切齿的吕壹，后来被下狱，顾雍前往审理。吕壹穿着一身囚装，往日风光不再。顾雍像对平常人一样和颜悦色地跟他对话，像对其他犯人一样正常地审理。一旁的尚书郎怀叙就没这么客气了，当面把吕壹痛骂了一顿。顾雍责备他说："国家自有国家的章法，该怎么办就怎么办就是了，何必这样呢？"顾雍临离开的时候还问吕壹："你还有什么要申诉的吗？"吕壹只是磕头而不说话。

顾雍任相的19年，正是东吴全面发展的时期。他日理万机，不顾年迈多病，为国家尽心尽力地操劳，永远把国家的事放在第一位。在他的精心辅助下，吴国在不长的时间内出现了全面兴盛和繁荣，人称他为"东吴名相"。

顾雍的大儿子叫顾邵，孙权做主把哥哥孙策的女儿许配给了顾邵。后来顾邵被派豫章郡去当太守，由于日理万机，不幸染病不治，客死他乡。

消息传到顾雍耳里的时候，他正在和客人下棋。他见来人送信，又不是儿子的亲笔，便知道儿子已经死了。他的神色没变，仍旧在下棋。"白发人送黑发人"是中国历来最悲痛的事情，顾雍作为一代宰相，一个好父亲，他的悲痛更加强烈，但他连眼泪都没掉。他双手紧紧握着，指甲把手掌都给掐破了，鲜血滴到了褥垫上，棋盘上也滴上了血，但他还是坚持把棋下完。等客人告辞后，顾雍悲恸欲绝。

赤乌六年（243），76 岁的顾雍病逝。顾雍在宰相位上一共 19 年，直到老死，为孙吴政权的稳定发展做出了重要贡献。可见，在那个人才辈出的年代，明相贤相何止诸葛亮一人，《三国演义》真是埋没了不少人才。

江东诸葛瑾

诸葛瑾（174—241），字子瑜，汉族，琅邪阳都（今山东沂南）人。三国时期吴国重臣，诸葛恪之父，诸葛亮之兄。兄弟俩各为其主，在历史上留下了一段佳话。

公元 195 年秋，为逃避战乱，诸葛瑾举家东渡，落户曲阿，与当地名人张承、步骘等相友善，渐渐有了名气。

公元 200 年，孙权的姐夫在曲阿向诸葛瑾请教问题，对他的才华非常惊异，便向孙权推荐。于是，诸葛瑾投到孙权门下，与鲁肃等一起为孙权出谋划策。他先为孙权长史，后转中司马。而他的弟弟诸葛亮直到 8 年后，才投奔刘备。

后来，刘备派遣诸葛亮出使吴国，孙权对诸葛瑾说："您和孔明是兄弟，且弟随兄，是符合道理的，何不把孔明留下来呢？"

诸葛瑾回答道："我的弟弟亮已经跟了刘备，又无二心。他不可能留下，就像我不可能往他那面去一样。"

孙权对诸葛瑾的为人更加敬重了。

公元 215 年，孙权派遣诸葛瑾出使蜀国通好刘备，兄弟俩在公馆见了面。这时，诸葛亮已是刘备的军师了，运筹帷幄，风度儒雅。兄弟各侍其主，以公事为重，对私家之事都不提一词。

公元219年，诸葛瑾跟从吕蒙讨关羽，收复荆州，立下了战功。公元222年十二月，孙权受封吴王，诸葛瑾迁绥南将军，封爵宣城侯，以绥南将军代吕蒙领南郡太守，驻守公安。

公元222年，刘备以为关羽报仇为名，向吴国大举进军。孙权求和，诸葛瑾给刘备写了一封信，信上说："陛下老远来到白帝城，就是因为吴主收回了荆州，危害了关羽。所以陛下就怀着仇恨，不肯讲和，这是小人之心啊。试为陛下论其轻重及其大小。陛下您要想抑威损忿，计可立决，不用让诸将议决。陛下您以为关羽之亲超过先帝吗？荆州与海内相比哪个大哪个小？俱应仇疾，谁当先后？陛下您要是明白了这些，做决断当易如反掌。"

虽说诸葛瑾这封信没能使刘备取消进攻东吴的计划，但诸葛瑾做出了努力，孙权还是很感激他，说："我与子瑜有死生不易之誓，子瑜从未辜负于我，就像我从来没有辜负过子瑜呀！"

同年，孙权升诸葛瑾为左将军，督公安，假节，封宛陵侯。孙权称帝，封诸葛瑾为大将军、左都护，领豫州牧。

诸葛瑾晚年，德行尤纯，颇受同僚敬重。孙权颁诏各州，推举"贤人君子"，诸葛瑾名列榜首。公元241年，诸葛瑾去世，享年68岁。他死前嘱咐买棺服、办丧事要简约。

在三国纷乱的政治局势下，诸葛氏三兄弟皆名重一时。诸葛亮仕于蜀，拜丞相，武乡侯，领益州牧；亮兄诸葛瑾，仕于吴，拜大将军，左都护，领豫州牧；亮从弟诸葛诞仕于魏，为吏部郎，累迁扬州刺史、镇东将军、司空。兄弟三人"并有盛名，各在一国。于时以为，'蜀得其龙，吴得其虎，魏得其狗'。"《世说新语》解释说：狗乃"功狗"之狗，虽非龙虎之比，亦甚有功之人，故曰并有盛名。《三国志》的作者陈寿说："诸葛瑾以德度规检见器当世。为人有容貌思度，于时服其弘雅。"

平民丞相——步骘

步骘（？—247），字子山。临淮郡淮阴县（今江苏淮阴西北）人。三国时期孙吴重臣。他生当乱世，当然也逃脱不了战乱的困扰，为了避难，他只身来到江东，靠种瓜养活自己。他白天在田里劳动，晚上则诵读各种典籍。所以，他虽然躬耕田里，却是个博学多才的人。也许是受了同乡——汉代名将韩信的影响，他也能忍辱负重，卧薪尝胆。

一次，步骘和朋友带着好瓜去拜见当地一个叫焦征羌的豪强。焦征羌瞧不起他们，对他们的态度极其恶劣。朋友受不了了，就要回去。步骘说："我们到这来的本意是惧怕他的门客横行霸道，如果因为他对我们摆架子就回去了，他会以为我们清高，只能结怨了。"等了好久，焦征羌才露面，但只是让他们在窗外坐着，对他们不理不睬。朋友感到更加耻辱，步骘则神态自若。吃饭时，焦征羌自己坐在大桌案前，吃着珍肴美食，却只用小盘子盛了一点饭和一点素菜给他们吃。朋友吃不下，步骘却毫不在乎地把菜饭吃完，然后才告辞。朋友对步骘发怒，说："你怎么能忍受这样的待遇！"步骘说："现在我们贫贱，人家用对待贫贱者的方式对待我们，有什么不对呢！"

这种能屈能伸的性格，使步骘在以后的仕途生涯中受益匪浅。

不久，步骘开始追随孙权。因为政绩突出，他的官职一路上升，先后任车骑将军东曹掾、鄱阳太守、交州刺史，受封广信侯。

孙权称帝以后，拜步骘为骠骑将军，领冀州牧，代陆逊都督西陵20年。

步骘无论到何处为官，都十分注重休养边民，威而不伐，老百姓拥护他，邻敌也敬重他。

步骘贫贱时能忍豪强的凌辱，为官后对权奸却从不屈服。孙权的宠臣吕壹为害朝廷，对许多官员打击陷害，很多人不知为什么就厄运临头，致使人人自危，连丞相顾雍和左将军朱据都被他冤枉下狱。步骘看了十分痛心，他不顾自己的安危上书给孙权说："从前的狱官只有贤人才能担任，所以，没人会受冤枉而入狱。现在那些小官却不同了，办案断狱看贿赂，轻视人命，玩忽职守，然后把罪过推给朝廷。这对国家是很不利的。"步骘提出："从今以后判刑断狱，在都城应该征求顾雍的意见，在武昌就向陆逊、潘濬咨询。他们持心公正，认真专一，不徇私情，能把事情弄清楚。我步骘把他们三位当作明哲之人，引为同类，即使为此受罚又有何恨！"

可是，孙权对吕壹太宠信了，对步骘的上书根本不理会，朝中大臣慑于吕壹的权势，也不敢作声。步骘不顾这一切，再三向孙权上书。他诚恳地对孙权说："丞相顾雍、上大将军陆逊、太常潘濬，忧国深知责重，忠心竭力，日夜操劳，寝食不安，一心想安定国家，造福百姓，他们是国家安危的社稷之臣。陛下应该让他们担当重任，虽然他们也可能有考虑不周的地方，但绝不能让奸臣专权弄柄，欺瞒主上啊！"

为了防止吕壹这样的小人当权，步骘提出依法治国，运用法律必须实事求是，秉公执法。他说："现在是小人靠各种关系当上了官，他们不奉公守法，反而作威作福，他们的存在是国家的大患，必须把他们全部罢免。"

步骘数十次上书，孙权对吕壹的恩宠渐渐减少了，最后杀了吕壹。

吕壹被杀死了，步骘觉得自己的责任还没有完成，他还是一再地上书，为曾经遭受吕壹迫害的人鸣冤。虽然孙权不能全部采纳，但也不时接受他的意见。很多人因为得到步骘的帮助才得以平反昭雪。

公元246年秋九月，丞相陆逊去世，平民出身的步骘被任为丞相，这在重视门第出身的东吴来说是绝无仅有的。

靠女人往上爬的皇家子孙

如果说鲁肃、顾雍、陆逊、诸葛瑾、步骘等人是以其才华、忠诚、品德影响了吴国的历史，实现和巩固了东吴三分天下有其一的局面，那么，孙峻、孙綝兄弟则是以其即得的权力，加速了吴国的灭亡，他们无疑是对历史起着相反的阻碍作用。

孙峻（219—256），字子远，是孙坚之弟孙静的曾孙。出生于宗室之家，条件优越，他从小就善于骑射，精明果敢，而且有胆识能决断。孙权末年，孙峻担任武卫都尉、侍中，逐渐涉足朝政。

不过，孙峻能在众多皇室子孙中脱颖而出，全赖一个女人，她就是鲁班公主。

鲁班公主是孙权的妃子步氏所生，先嫁给周瑜的儿子周循，周循早死，她又嫁给卫将军全琮，所以一般称她为全公主或全主。全公主性淫，又好权术。她几次劝孙权废掉太子孙和，另立孙亮为太子。孙权对这个女儿很宠爱，就任由这个女人内外挑唆，也不怎么管她。赤乌十二年（249），全公主的丈夫全琮死了，年届四十的全公主便和年轻英俊的皇室子孙孙峻勾搭成奸，两下里你欢我爱，做了一对野鸳鸯。

孙峻也在公主枕边风的吹动下，在孙权面前肆意诬陷太子孙和。公元250年，孙权废掉孙和，另立孙亮为太子。全公主的目的终于达到了，她和孙峻也享受到了荣华富贵。

东吴神凤元年（252），吴大帝孙权去世，享年71岁。在一片哀乐声中，少主孙亮即位，大将军诸葛恪奉孙权遗命辅佐少帝。孙峻也接受遗诏辅佐国政，兼任武卫将军，主持宫廷宿卫、守卫等要害部门，他还受封都乡侯。

诸葛恪是诸葛瑾的儿子，也是很有才能的，可是他缺少他父亲那种严谨的作风。辅政伊始，诸葛恪还做了几件顺应民心的事，一时获得了朝野的称赞。比如，建兴二年（253），他率军打退了曹魏的三路兵马，歼敌数万。

有了功劳了，诸葛恪渐渐忘乎所以。他以为北伐是翘首可待的事，因此不顾国疲民困，断然拒绝了他的前任们一贯奉行的休兵养民政策，举全国之力，发兵20万北伐曹魏。结果大败，士兵伤亡累累，物资器械损失无数。霎时间，怨声四起。

诸葛恪的失败给孙峻提供了机会。他趁着百姓怨恨、众人嫌忌诸葛恪之机，诬陷诸葛恪要谋反，与少主孙亮策划，谋诛诸葛恪。他们假装宴请诸葛恪，请他入宫，事先在帷帐中埋伏兵士，做好准备。孙峻亲自把诸葛恪迎入帷帐，入吴主孙亮一见诸葛恪就说:"朕好久没有见到爱卿了,想和你商量一件秘事。"诸葛恪根本不把幼主放在眼里,漫不经心地回奏道:"什么事啊?"孙亮说:"先喝几杯吧。"孙亮命孙峻作陪。酒至数巡,孙亮假称自己有事,先出去了。孙峻假称上厕所,脱去长袍,身着短衣,手提利刃走出来,一上殿便大呼:"天子有诏诛逆贼!"诸葛恪措手不及,为孙峻所杀。

孙峻由此掌握大权,升为丞相、大将军,督察内外一切军务、礼节,晋封为富春侯。

孙峻是聪明人,巧借皇帝之手,除掉了政敌诸葛恪。可是,他向来没有什么好名声,骄傲阴险,滥施刑杀,朝廷内外对他恨之入骨。

孙峻淫乱宫女,和全公主私通,也引起很多人的不满。

五凤元年(254),吴侯孙英谋杀孙峻,但因事情泄露,被迫自杀。第二年,蜀国使节来访问,将军孙仪、张怡、林恂等人又准备趁着会见的时机杀掉孙峻,不幸事情又暴露了,孙仪等人自杀,受牵连而死的有数十人,一同牵连致死的还有公主鲁育。

当初处心积虑得来的权势富贵,并没有让孙峻的日子过得更好,反倒天天为自己的小命担忧,他感觉到了日益迫近的危险。

这一年,魏将毌丘俭、文钦率众反叛,与魏国军队发生战斗。孙峻率领骠骑将军吕据、左将军留赞袭击寿春,遇上文钦兵败,文钦投降吴国,吴军就返回了。

第二年,文钦劝说孙峻征讨魏国,孙峻派遣文钦与吕据、车骑大将军刘纂、镇南将军朱异、前将军唐咨率军从江都经水路进入淮河、泗水,以便谋取青州、徐州。孙峻和将军滕胤来到石头城,顺便为将士设酒食送行,带领随从人员100余人进入吕据军营。吕据统率的兵士队伍齐整,可是孙峻看了却表现得很厌恶。他没做停留,就对吕据说:"我心痛得很,要休息。"然后便离去了。

不久,孙峻梦见自己被诸葛恪击中,吓得浑身颤抖不已,茶饭不思,夜不入寐,很快就发病而死,死时38岁。

自取灭亡的皇家子孙

公元 256 年，孙峻死了。孙峻死前，把权力交给了自己的堂弟孙綝（230—258）。孙綝便代替孙峻掌管内外一切军务、政务。这年，孙綝年仅 26 岁。把至关国家利益的权力交给一个这么年轻的人，可见孙峻对这个堂弟也是非常欣赏的。

孙峻的名声很不好，好不容易得暴病死了，令不少人出了一口恶气。可是，孙峻的堂弟却继兄执掌权柄，引起了其他大臣的不满。吕据首当其冲，与众督将联名，共同举荐滕胤为丞相，企图以此限制孙綝的权力。孙綝针锋相对，改任滕胤为大司马，代替吕岱驻武昌。吕据不满，领兵返回，派人报知滕胤，准备联合起兵，灭了孙綝。

孙綝得到消息，马上派堂兄孙虑率兵到江都迎击吕据，又命令文钦、刘纂、唐咨等人带兵联合进攻吕据。接着，孙綝又派遣侍中左将军华融、中书丞丁晏去告诉滕胤，吕据已被围困了，让滕胤即刻到武昌赴任。滕胤感到大祸临头，与吕据相约攻打孙綝，然后将华融、丁晏等人全部杀死。可是，就在滕胤整顿军队，等待吕据援助的当晚，狂风大作，一直到拂晓，吕据都没有来。孙綝派军队发起进攻，滕胤及其将士数十人被杀。孙綝随即诛灭了滕胤三族。

滕胤被消灭了，孙綝和堂兄孙虑的矛盾又激化了。孙虑曾参与诛杀诸葛恪的谋划，事后孙峻一直厚待他，封他为右将军，许多政务都和他商量。可是，孙峻死了，孙虑把滕胤也给消灭了，更加骄横跋扈了。孙虑对这个堂弟有怨恨，便和将军王惇合谋要杀掉孙綝。事情谋划不周，反被孙綝先下手，杀了王惇，孙虑不得不服毒自杀。

经过这几次事件，孙綝逐步消灭了自己的政敌，巩固了自己的地位。他更加目空一切，不可一世了。

公元 257 年，孙亮开始亲自处理政务，15 岁的皇帝已经有了一些自己的主张，对孙綝呈送的文书经常责难盘问。

孙亮确实不是个庸俗的少主。他选拔了年龄在 15 岁到 18 岁的士兵子弟 3000 多人，指派有能力的将领训练他们，还说："我建立这支军队，就是要和他们一起成长。"

这个举措，让孙綝内心十分恐慌。他回到建业后，经常托病不朝见皇帝，在朱雀桥南建造房屋，指派他的弟弟威远将军孙据进入苍水门值班守卫。他的弟弟武卫将军孙恩、偏将军孙干、长水校尉孙闿分别屯驻各兵营，他以为这样就可以稳固自己的权位。

可是，孙亮并不就此罢休。他借口追究公主鲁育被杀的原因，责怪虎林督朱熊及朱熊的弟弟外部督朱损没有阻止孙峻，以至公主被杀，下令丁奉在虎林杀掉朱熊，又在建业杀掉朱损。本来，孙綝上书劝谏孙亮，孙亮根本没听他的。孙亮与权臣孙綝的矛盾一触即发。

为了稳定政权，孙亮马上又与公主鲁班、太常全尚、将军刘承商议，要诛杀孙綝。可是，孙亮的一个妃子是孙綝堂姐的女儿，她把丈夫的计划告诉了孙綝。

九月的一个夜晚，孙綝派人袭击了全尚，把全尚给抓了起来，派遣他的弟弟孙恩在苍水门外杀掉了刘承，跟着就包围了皇宫。孙亮总和自己过不去，孙綝一心想要废掉他。

孙綝召集大臣们说："少主放纵糊涂，不能让他身处皇位，继承祖先事业。我已经禀告先帝废除他。各位大臣如果有不同意的，请提出来。"大臣们在孙綝刀剑的威逼下，哪敢言语，连声表示赞成。尚书桓彝不肯签名，孙綝一怒之下杀了他。

孙綝又指使中书郎李崇夺下孙亮的皇帝印绶，将孙亮的罪状分发到全国各地。

皇帝孙亮就这样被孙綝给废了。孙亮只做了 3 年皇帝。好在孙綝没有杀孙亮，而是让他当了会稽王，派将军孙耽把他送到封国。参与孙亮谋划事件的其他人，都受到了惩治：公主鲁班被迁徙到豫章（今江西南昌），全尚被迁徙到零陵。

孙亮被废了，国不可一日无君。典军施正劝说孙綝迎立琅琊王孙休为帝。孙休是孙权的儿子、孙亮的哥哥。孙休听说孙綝要迎立自己做皇帝，惊恐得半天说不出话。这时，一个老翁对他说："帝位是众人仰慕的，谁不想当皇帝呢？事情耽搁久了，不定发生什么变化，皇上还是赶紧上路吧！"

孙休就这样当上了皇帝，这年是公元258年。

之后，孙綝完全控制了中央大权，他也更加胡作非为，派人烧掉了伍子胥庙，又毁坏佛寺，处斩道士。

孙綝自称在野臣民，给孙休上书说："臣的才能不足以捍卫国家，只因为是皇族，才获得了人臣中最高的地位，真有些损害国家形象，败坏皇帝名声。每想到这些，臣真是夜不能寐。臣请求退归乡土，避让贤良。"孙休知道他在玩花样，就下诏褒扬他的功德，加封他为丞相、荆州牧。孙綝的弟弟们也因此得势，一家之中有五人封侯，都执掌皇帝的亲兵，权势超过了君主。这在吴国朝臣中从来不曾有过。

孙休是在孙綝的迎立下当上皇帝的，按说他对孙綝应该充满感激之情。可是，孙綝太跋扈，让孙休很不高兴，他即位之初就想除掉孙綝，可是时机不成熟，便暂时拖延。但这一天的到来是迟早的事。

有一天，孙綝携带好酒好肉进献孙休，孙休没有接受，他就带到了左将军张布那儿。喝了点酒，孙綝的不满就上来了，他说："当初废掉少主时，许多人都劝我自立为帝。我以为皇上贤明，因此迎接他。今天的皇帝没有我就立不了，可我今天给他奉献好酒却遭拒绝，看来我在皇帝的心中与其他大臣没有什么区别，我应该另做打算了。"

张布将孙綝的话告诉了孙休，孙休听后表面不露声色，暗地却在做准备。孙綝想去武昌驻守，孙休就答应他，命令他统领的中营一万多精兵与他随船同往。将军魏邈劝孙休说："孙綝屯驻外地一定会有变乱。"武卫士施朔又报告说："孙綝准备造反已有迹象。"孙休暗中询问张布，张布和丁奉商议除掉孙綝。

永安元年（258）十二月初七日，建业城中有民谣说明天腊日祭祀将会发生事变，孙綝听到了，心里不痛快。当夜，大风拔起树木，飞沙走石，孙綝更害怕了。初八日的腊祭，孙綝假装说有病，孙休却执意要请他，派出十多批使者。孙綝迫不得已，准备前往，手下人都阻拦他。孙綝说："国家屡发诏令，不能推辞。你们要先布置好军队，叫府中假装失火，这样我就可以即刻返回了。"

孙綝刚到祭祀的地方，他的府中果然起火，孙綝要求回去，孙休说："外面有那么多兵卒，不用劳烦丞相亲自回去。"孙綝执意回府，起身离席。丁奉、张布示意左右武士一拥而上，就把孙綝给捆住了。

孙綝磕着头说："我愿意流放交州。"孙休说："你当初为什么不把滕胤、吕据流放，而要杀死他们呢？"

孙綝赶忙又说："我甘愿没身充当官府奴隶。"

孙休又说："为什么不将滕胤、吕据没身为奴呢？"

孙休命令处斩了孙綝，又诛灭了孙綝家族。这年，孙綝才28岁。

孙綝是中国古代史上最年轻的丞相，他的一生富有戏剧性，他的一举一动在三国历史上都是独一无二的。他热衷于权术，也能驾驭权术，可惜没用在正道上，最终落得个身死族灭的下场，可悲可叹。

"千古江山，英雄无觅，孙仲谋处。"辛弃疾的词写得何其慷慨！只可惜孙权谢世之后，吴国国情竟是如此的不堪。孙峻、孙綝兄弟在铲除权臣诸葛恪之后，本应为吴国社稷安宁做出一番大事业，可惜兄弟俩都是昏庸骄奢之辈。吴国在他们的手上，进一步地衰弱了。

西晋

西晋帝系表

265—317

武帝（司马炎）	泰始（10）	265
	咸宁（6）	275
	太康（10）	280
	太熙（1）	290
惠帝（司马衷）	永熙（1）	290
	永平（1）	291
	元康（9）	291
	永康（2）	300
	永宁（2）	301
	太安（2）	302
	永安（1）	304
	建武（1）	304
	永安（1）	304
	永兴（3）	304
	光熙（1）	306
怀帝（司马炽）	永嘉（7）	307
愍帝（司马邺）	建兴（5）	313

司马昭之心——路人皆知

司马昭（211—265），字子上（小说《三国演义》为子尚），河内温县（今属河南）人。三国时期曹魏权臣，西晋王朝的奠基人之一。为晋宣帝司马懿与宣穆皇后张春华次子、晋景帝司马师之弟、晋武帝司马炎之父。司马昭是个幸运儿，出生于显赫的世家，他的父亲司马懿在魏文帝曹丕时代，官运通达，位至太尉。到魏明帝曹叡时更受到万分器重。魏明帝死时，还把朝政尽托付给他和大将军曹爽。在曹叡的儿子废帝曹芳时期，司马懿和曹爽处于对立面。

司马昭

司马昭因出生于这样的家庭，也理所当然地步入了仕途。在明帝曹叡时期，司马昭就受封新城乡侯。在废帝正始初年（240），司马昭任洛阳典农中郎将。前任皇帝曹叡生活腐化，大兴土木、营造宫室，搞得民不聊生。司马昭出任主管农业的官员，大胆免除了老百姓的苛捐杂税，鼓励他们从事农业生产，百姓有了主业，生活有了一定保障，对司马昭很是感激、信赖，司马昭也成了"为官一任，造福一方"的好官，为司马氏家族增添了不少光彩。

随后，司马昭进入了军界，这是很自然。他的父亲司马懿就是个军事家，他也当然继承了其父的军事才能。

当时，朝政大权尚在大将军曹爽手中。曹爽本是个平庸无能之辈，但却想借伐蜀以提高自己的威望。司马懿是不同意伐蜀的，原因很简单，魏还不具备大规模伐蜀的条件。可是，司马懿知道，如果此次出兵被劝阻的话，将会成全曹爽。司马懿便有意不理会曹爽的放纵行为，以使其丑行充分暴露，为自己诛

杀他寻找合适的理由。所以他表面干脆辞职，养病在家，暗地里却与两个儿子加紧准备，以待夺取曹爽的权力。

正始五年（244），魏以司马昭为伐蜀将军，作为夏侯玄的副将，发兵七万，大举攻蜀。这年刚好有日食，朝臣多以为此年出兵不祥。司马懿对儿子司马昭说："此战凶多吉少，不可贪功，能进则进，不能进则退。"

司马昭随曹爽出骆谷（今陕西周至县），驻军兴势（今陕西洋县）。这时，蜀将费祎占据了山谷中的险要位置，魏军入谷数百里，处于被动状态。蜀将王林夜袭魏军营地，司马昭假装睡觉，神色若定，运筹帷幄。王林无功而返。

司马昭对夏侯玄说："费祎据险拒守，我军进不能战，攻不能胜，应立即撤军，以后再做图谋。"但曹爽的亲信李胜等人却不同意，他们在曹爽面前，极力劝说，一定要继续打下去，不消灭蜀军，绝不收兵。司马昭无奈，只得困守谷中。这时，魏军的给养发生了严重的困难，送给养的马和驴大都累死了，百姓们拉不动，扛不起，不得不看着给养在路上哭号。面对这种情形，司马昭再次向曹爽请求，撤兵回关中。曹爽虽然非常不高兴，但也只能如此了。

果然，魏军刚撤兵，费祎便率蜀军占领了三岭等险关，断绝了魏军的退路。司马昭一马当先，率军奋力突围，才突破蜀军的防线，冲出重围。

这次伐蜀，曹爽的无能暴露无遗，司马昭则尽显其军事天才，为魏军突围立下了汗马之功，运朝后被任命为议郎。

正始十年（249）正月，司马懿趁曹爽及其兄弟亲信等跟随废帝曹芳出城拜谒明帝陵之机，发动政变，诛杀了曹爽等人，司马昭率领将士保卫两宫，再立新功。从此，司马氏父子三人不可一世，成为曹魏权臣。

司马懿杀了曹爽，过了两年，他也死了。接替他职位的是他的儿子司马师。魏国大权落在司马师和司马昭兄弟两人手里。

嘉平六年（254），中书令李丰、皇后的父亲张缉和皇帝曹芳一起，密谋除掉司马师，以太常夏侯玄代替司马师辅政。但还没有等曹芳动手，司马师就察觉了，立即诛灭李三、张缉和夏侯玄，杀掉张皇后，废了曹芳，另立曹丕的一个孙子、13岁的高贵乡公曹髦为帝。

司马氏专权引起了不少地方势力的反对，于是，在司马师废去曹芳后，就有扬州刺史文钦和镇东将军毌丘俭在寿春起兵，声讨司马师。司马师抱病亲征，打败了文钦和毌丘俭。但是在回师许都之后，司马师也得病死了。纵横一时的司马氏父子三人现在只剩下司马昭，这也给他留下了充分施展自己才能的政治舞台。

司马师东征时，司马昭兼中领军留镇洛阳。司马师在许昌病重时，司马昭到许昌探望兄长。司马师死后，曹髦命司马昭镇守许昌，令尚书傅嘏率领六军回洛阳。司马昭采纳钟会的计谋，率军回洛阳。司马昭进位大将军。曹魏政权的权柄掌握在司马昭一人手里。

司马氏仍不能取得完全的主宰地位。

甘露二年（257），镇东大将军诸葛诞联合东吴，在扬州起兵，以十万兵力拒守淮南，反对司马昭。司马昭亲自率领二十六万人南征，经过半年多的征战，平定了诸葛诞的叛乱。

来自外部的威胁基本解除，司马昭开始向最高权力迈进。

甘露三年（258）四月，司马昭班师回到洛阳。废帝曹髦为了表彰司马昭的武功，封其为晋公，加九锡，进位相国。司马昭辞了九次才作罢。他的儿子没有爵位的都一律封侯。司马昭一人几乎独揽朝政。

曹髦已经认识到自己地位的危机了，他是一国之君，却什么事也做不了主，司马昭和自己平起平坐，这让他很是气不过。加上年轻气盛，对司马昭就越来越不能容忍了。有一天，他把尚书王经、侍中王沈、散骑常侍王业等大臣召进宫里，气愤地说：“司马昭之心，路人皆知，我不能坐等他来收拾我。今天，我要同你们一起去讨伐他。”

大臣们知道要跟司马昭作对，简直是鸡蛋碰石头，就劝他忍耐，不要闹出大祸来。

哪知曹髦年轻气盛，根本不听劝阻，他从怀里掏出一道预先写好的诏书，扔在地上，说：“我决心已定，就是拼个死也不怕，再说还不一定谁死呢！”说完，走进内宫去禀报太后。

事实上，曹髦是枉费心机的，司马昭的权势已无人能抵挡，朝廷上下到处都是他的耳目。曹髦还没行动，王沈、王业就已经把这事向司马昭做了详细的汇报。司马昭并不惊慌，他召护军贾充等做准备。

20岁的曹髦，根本不懂得怎样处治司马昭。他集合了宫内的禁卫军和侍从太监，吵吵嚷嚷地从宫里直奔相府杀来，声称要讨伐司马昭，谁敢动手，就灭了他的全族。

贾充带了一队兵士赶来，挡住了禁卫军的去路。双方打了起来，贾充的手下兵士不敢出手，有的还准备逃走。

贾充手下有个叫成济的，跟贾充说："事情紧迫，您看怎么办？"

贾充厉声说："司马公豢养你们这些人，不正是为了今天吗？还有什么可说的！"

贾充这一说，成济才胆大了，拿起长矛就直向曹髦的御车刺去，刺穿了曹髦的胸膛，皇帝当场死于车内。

司马昭听说他手下人杀了皇帝，也有点着慌，连忙赶到朝堂上，召集大臣们商量。老臣陈泰说："只有斩了贾充的头，才能向天下谢罪。"

司马炎

司马昭很为难地说："还有没有其他办法，您再想想。"

陈泰说："只有这个是上策，没有其他办法了。"

司马昭再三权衡，还是把罪归到成济名下，斩杀了成济。

司马昭又趴在死去的曹髦身上号啕大哭，还启奏太后说："我听说人臣之节，宁死不能有二心，圣上死难，不能逃避。变故突然而至，祸事如同发箭，我真想委身守死，唯命运裁决。然而，高贵乡公的本意是要危及皇太后，倾覆宗庙。我当元辅，职责是安定国家，所以不断下令，不得迫近舆辇，而成济枉

入阵间，造成大变，悲哀痛恨，五内摧裂，杀死成济也不能抵他的罪恶。"

司马昭除掉了曹髦，另外从曹操的后代中找了一个15岁的曹奂接替皇位，这就是魏元帝。

这一年是公元260年，即魏元帝曹奂景元元年。元帝晋封司马昭为相国，封晋公。

景元四年（263），司马昭灭蜀。元帝进司马昭为晋王。

司马昭进一步施展他的政治才能，他上奏皇帝，将各种烦琐苛刻的禁令和不合乎时代的法式都尽行废除，对魏国的各项政治制度进行改革。

咸熙二年（265），司马昭辞世，终年55岁。

这一年，司马昭的儿子司马炎逼迫魏元帝曹奂禅让。曹魏的天下终于变成了司马氏的天下。西晋实现了中国的短暂统一。

傻太子娶丑媳妇

一看到这个题目，你也许会问：这可能吗？太子乃一人之下、万人之上的人物，选妃子岂不是易如反掌？怎么可能娶个丑媳妇呢？

可是这却是真事，就出在晋朝。

公元265年，曹操的后代曹奂被迫让位于司马懿的后代司马炎，司马炎改国号为晋。

当了皇帝的司马炎纵情享乐，尝到了做皇帝的甜头，同时他也不忘自己的同宗弟兄，大大小小封了20多个王。此时的司马炎真可谓是春风得意。但一个人不可能事事如意。司马炎贵为天子也有不如意的事，那就是长子是个傻子，不能立为太子。于是他便暗中观察，想从剩下的几个儿子中选一个机灵的立为太子。他做这件事的时候，小心翼翼，不敢走漏半点消息，因为他怕皇后杨艳知道。

皇后杨艳就是司马炎的长子司马衷的亲生母亲。"子贵母荣"，谁不知道太子的母亲等太子登基坐殿了便是皇太后呢？谁不想让自己的儿子成为太子呢？

尽管杨艳知道自己的儿子是个傻子，但她却并不想轻易放弃机会，反而紧锣密鼓地行动起来。

一天，司马炎去皇后杨艳的寝宫。进去一看，皇后和她的表妹杨芷正摆了一桌酒席要吃。他也不等二人行礼请安，便嘻嘻地笑着入座道："难得二位美人凑在一处，陪朕吃几杯如何？"其实，这是杨艳精心布置好了的。她早通过皇上身边的小太监得知了皇上要另立太子一事，便慌忙去找表妹杨芷商量。二人商量来商量去便想出一计，买通皇帝身边太监，想法让皇上今晚来杨艳的寝宫，二人事先打扮好，给司马炎来了个美人计。

此时二人一听司马炎此言，正中下怀，慌忙让座，三人推杯换盏喝了起来。杨艳与杨芷你一杯、我一杯一会儿把司马炎灌得晕头转向。醉眼蒙眬之中，司马炎见二人盛装的样子，不觉越看越爱。二人见他如此，越发劝他多饮。司马炎也不推辞，酒酣耳热，正喝到兴头上，杨艳忽然长叹一声，司马炎一愣，忙问道："爱妃因何而叹？"

"皇上，今日你我三人坐在一处，何等快乐，且不提那伤心事也罢。"

杨艳欲擒故纵，本是一计。司马炎已喝得乱了方寸，哪能想到？见她如此，愈发着急，道："皇后你身为六宫之主，究竟有何伤心事？说出来，朕与你做主！"

"皇上，臣妾只是心疼您啊！知儿莫如母，司马衷有点实心眼，这在平常人也没什么，可是要做太子万万不成，可他又偏偏是长子。我知道，这让皇上您为难。皇上——"说道，杨艳深情地看了司马炎一眼，见司马炎正呆呆地看着自己，很显然已经被自己打动了，忙继续说下去："皇上，臣妾想，为了不让皇上您为难，不如赐臣妾与衷儿一处宅院，我们母子两个相依为命，对外就谎称病故。皇上您为了国家社稷就成全了我们母子，另选太子吧！"说到这儿，她竟"扑通"一下跪在地上，眼中泪光点点。

杨芷见状，忙也跪倒在地，哭道："皇上开恩，让臣妾也和皇后一起去吧！"

司马炎哪见这这阵势？听了皇后一番哭诉，竟是处处为自己着想，想起自己以前竟想瞒着皇后另立太子，不免惭愧。又见两个美人哭得梨花带雨，更显

妩媚，忙把二人搀起，当即说道："古之先例，立长子为太子，怎可废衷儿另立他人？两位爱妃又怎能舍朕而去呢？就冲两位爱妃的贤德，也只能立衷儿为太子，否则我岂不被天下人耻笑？"就这样，杨艳终于让傻儿子司马衷登上了太子的宝座。

司马炎虽然日后也觉得自己酒后冲动，但皇上的话就是金口玉言，怎好随便更改，也只得作罢。然而，他却不知道正是自己这一念之差，为晋朝惹来了滔天大祸。

转眼，太子司马衷到了选妃的年龄，哪知此时鲜卑族头领秃发树机能起来造反。司马炎只得将选太子妃一事暂且搁置，全力对付秃发树机能。而当务之急就是派谁担任征讨大元帅，有人建议贾充担当此任，武帝司马炎便降旨，命令贾充率大军出兵平息叛乱。

贾充本是个酒囊饭袋，哪知领兵打仗的道理？而且他又害怕死在战场上，不肯带兵出征。无奈，皇上有旨，违抗君令，同样也要杀头，只得硬着头皮上。临行前，好友荀勖忽然来找他，他便将一腔苦水都倒了出来。荀勖微微一笑道："你不就是不想去打仗吗？这有什么难的？万岁正在选太子妃，你家南风不是正好出嫁吗？把她送进宫去……"

"这怎么行？"不等荀勖说完，贾充就嚷嚷道，"不行，不行，绝对不行！"

是他舍不得女儿吗？非也。要知道那贾南风是贾充的第三个女儿，长得又丑又凶，平常人家也未必愿意娶。贾充很有些自知之明，因此连说"不行"。可是，荀勖并不死心，而是附在他耳边，悄悄说出一计。贾充一听，立刻眉开眼笑，着手去办。

再说司马炎自派贾充去征讨鲜卑叛军后，免去了后顾之忧，便一门心思开始为自己的傻儿子挑一个好媳妇。本来他已选中了卫瓘的女儿。卫瓘一家世代忠良，女儿长得身材婀娜，貌如天仙，各方面都无可挑剔。可当他正要降旨，杨皇后又来插手了。

"皇上，臣妾听说那贾充之女贤德淑惠，美貌非凡，这太子妃不如就选了她吧！"杨皇后将贾南风吹成了一朵鲜花。

可是这次司马炎却不肯听她的了，上次立太子事件，他就有些后悔。所以任杨皇后说什么，他也不同意选贾南风为太子妃。但杨皇后胸有成竹，她开始走出第二步棋，让武帝找几个大臣来帮忙出主意。武帝听她说得有道理，也不想再和她纠缠，便欣然同意。

第二天便宴请群臣，商量为太子选妃的事。没想到，武帝刚刚说明选太子妃一事，满朝文武便七嘴八舌地赞美贾充的女儿。武帝一听大家都称赞贾充之女，便也动了心。酒席之后，便降下圣旨，与贾充结亲，召贾充之女贾南风进宫。

贾南风又凶又丑，为什么满朝文武却还一律称赞她呢，甚至连精明的杨皇后也属意于她呢？原来这就是荀勖为贾充出的计策。他怂恿贾充之妻郭槐买通杨皇后身边的侍女，把贾南风说得像天仙一样。然后，他又四处活动，与大臣们串通好，欺瞒武帝。难道他们不怕犯欺君之罪吗？不怕。一则罚不责众，武帝不可能把说贾南风好的人全杀掉，因为人太多。如果把人都杀了，朝中无人，司马炎还想坐稳他的江山吗？二则木已成舟，纵然有事，太子妃贾南风也会想办法进行庇护，武帝也不好怎样。

不久，贾南风便入宫与傻太子成亲。武帝这才见她长什么样，大呼上当，但为时已晚矣。司马衷傻，大概也分不出美丑，见给他说了个媳妇，高兴得手舞足蹈。

杨皇后看到贾南风，虽然也有些后悔，但一想立太子和选太子妃这两件事，皇上都依从了自己，又感到满足。

傻太子娶丑媳妇，实际上就是宫廷权力斗争的结果，但正是这个结果给晋朝带来了祸患。尤其令杨皇后想不到的是，正是自己费尽心思选的这位又凶又丑的太子妃害得她表妹杨芷被诛灭三族，死无葬身之地。

石崇比富

晋武帝司马炎荒淫无度，朝政腐败，甚至一度出现了卖官鬻爵的现象。他

将各级官衔明码标价，按给钱多少决定封官大小。有的人为了当官，甚至拉着成车的金银财宝去贿赂武帝。而武帝也来者不拒，今天收了银子，明天就给送钱者封官。

朝中也不乏有识之士，对武帝的这种做法甚感担忧，屡屡相劝。武帝非但不听，有时甚至大发雷霆，将劝谏者大骂一通，然后治罪。众人见状，也都心灰意冷，无人再劝。

正是在这种情况下，大臣们渐渐也都安于享乐，搜刮民脂民膏。这还不算，朝廷中竟渐渐掀起了比富之风。今天看你家的车用 5 匹马拉着，明天我一定驾着 10 匹马拉的车出去。今天见你的大门用银子镀成，明天我家的大门就改为镀金的了。更有甚者竟用人奶喂猪，总之奢靡之风盛行，晋朝已呈现国将不国的颓势。

而在众多的大臣中，有一个名叫石崇的，是皇帝的顾问，钱财最多，连他自己也不知道自己到底有多少钱财。为了显示自己的财富，他每每寻找对手与之相比，参比者总是乘兴而去，败兴而归。石崇为此扬扬自得。

而石崇此举可激怒了一个人，那就是皇帝的舅舅王恺。贵为皇亲国戚，王恺家里也富豪无比。连他家的下人、干粗活的都穿的是绫罗绸缎，吃的是山珍海味。王恺心想：我身为皇亲国戚，不信就比不过他石崇。

石崇也听说了王恺有与他比富的意思，毫不示弱，两个人就暗暗较上了劲儿。为此石崇还专门派一个人去探听王恺家的情况。探听的人回来报告说，王恺家洗碗涮锅用糖水，石崇便立刻命令家人用蜡烛当柴烧；说王恺家用上好的胭脂粉墙，石崇便立刻要家人用金粉将门外的院墙再重新粉刷一遍……

如此这般，暗地里较量了几次，王恺便沉不住气了，他决定公开与石崇比试一番。这一天，王恺家张灯结彩，热闹异常，难道他家要娶媳妇吗？非也。只不过是王恺要出去游玩，借此机会炫耀一番，杀一杀石崇的锐气。他命家人把那马棚里的宝马牵出 10 匹，全给配上金络头，再将家里那顶用 180 颗珍珠穿成轿帘的红顶轿子抬出来跟在身后。然后，在已用细黄土铺过的路两旁设了 40 里的紫丝布步障。一切准备就绪，他这才雄赳赳、气昂昂地上路了。他满以为这次一定可以比过石崇了，所以特意从石崇门口绕了一圈，岂知一看他便傻了眼。

原来，石崇早就得到了消息，早就命家人在马棚内牵出50匹宝马配上金鞍、金络头，又抬出10顶八抬大轿，那轿帘竟都是用两百颗大小相同、小拇指肚大小的珍珠穿成。然后用净水泼街，再铺上一指厚的珍珠粉，路两旁设了50里长的锦缎步障。布置完毕，石崇便稳稳地坐在轿中，专等王恺来此了。

再说王恺，见石崇样样将自己比了下去，游玩的兴致也没有了，二话没说，掉转马头，便打道回府，身后传来石崇"哈哈"的笑声。

那王恺回到府中，越想越不是滋味。一气之下，竟病了。家人见了，都很着急。其中有一个机灵的家人，便附在王恺耳边，悄说一计。王恺闻听大喜，第二天病就好了，整理衣冠，匆匆奔皇宫而去。

原来，那个家人是叫王恺去宫中看看。皇上的东西一定是最好的，有谁能比得过呢？而且王恺是皇上的亲舅舅，向他借一两件，皇上没有不给的。果然，王恺向武帝诉说了比富参败的事后，武帝不但不为他们的奢靡生气，反而也产生了浓厚的兴趣。立刻叫人取出一株域外的珊瑚树，送给王恺，让他再去与石崇一比高低。并且对他说道："珊瑚树生于海底，本不易得到。况且这棵珊瑚树颜色鲜艳，长得又高，更是少之又少。你拿去和石崇比，定能将他比下去。"

王恺听了，满心高兴，立刻带着珊瑚树去了石崇家。落座片刻，王恺便说："石兄，近来小弟得了一件稀世珍品，不敢一人独享，特送来与石兄共同赏玩一番。"说罢命人将珊瑚树小心翼翼地抬进来。石崇早知他来意，一见之后，毫不搭话，随手抄起茶几上的金如意一扔，居然将那珊瑚树砸碎了。王恺见状勃然变色，破口大骂道："石崇老贼，你比不过俺，也不该将这稀世珍品砸碎……"

石崇微笑着等他骂完，也不辩解，命家人道："去，将咱家后院摆的那几棵应景的珊瑚抬来，给王将军随便看看。"家人立刻下去，不一会儿，厅中便摆满了各种各样的珊瑚树，个个都比王恺带来的那棵不知要好多少倍。

石崇见王恺脸色忽青忽白，笑着说道："王兄若喜欢，就请赏脸带回几棵去随便摆在院子里应个景吧！"王恺明知石崇在奚落自己，但又不好发作，只从鼻

子里"哼"了一声，便起身回府了。

石崇跟王恺斗富，以王恺的惨败而告终，而石崇因此大出风头。但他也好景不长，不久就因与参与宫廷斗争的贾谧有联系而丢了官，最终在西晋频仍的宫廷斗争中葬送了性命。

武帝选美

晋武帝司马炎（236—290），字安世，河内郡温县（今河南温县）人。晋朝开国皇帝（265—290 年在位），晋宣帝司马懿之孙、晋景帝司马师之侄、晋文帝司马昭嫡长子，晋元帝司马睿从父，母为文明皇后王元姬。司马炎刚刚即位时，很注意吸取前朝教训，励精图治，勤奋节俭，一心想治理好国家，做个好皇帝。可是渐渐地，他尝到了做皇帝的甜头，便开始为所欲为，特别是露出了好色的本性。

泰始九年，他下诏：公卿以下大臣凡是有达到婚配年龄的女儿，都必须入宫候选，不准私自在听选之前嫁人。这一诏令使忠良忧愤，奸佞为之兴奋。许多奸臣小人不管自己女儿的死活，将之送到皇宫那见不得人的地方，好以此作为向上爬的资本。

按理说，这个范围也已不小了。宫中已是美女如云，可是司马炎还不满足。不久，又下诏令：举国之内，凡有达到婚配年龄者，均送入宫中候选。而且更为荒唐的是：在选美期间，全国人不得婚配。

平民家的女儿，有几个想去那伴君如伴虎的地方呢？而且即使被选入宫中，十人倒有九人见不着皇帝，就老病而死。所以，凡有女儿的家庭都人心惶惶。许多人都不等女儿到婚配年龄便将女儿嫁出去，以防落入虎口。还有的人家，女儿本来长得很漂亮，但为了不入宫，也顾不得挑拣，随便找个人家便嫁了，因此也制造了不少家庭悲剧。而且那时，女多男少，一时之间，全国上下竟出现了抢女婿的风气。一家只要有个儿子，说媒者便踏破了门槛。

武帝的选美活动使老百姓怨声载道，许多忠良的大臣都上书劝谏武帝，但武帝非但不听，反而更加我行我素。武帝此举也惹恼了一人，那就是皇后杨艳。

杨皇后是一个极有心计的人，从立傻子司马衷为太子一事便可见一斑。她深知，皇上选的美女越多，对自己就越冷淡，而对自己的威胁也就越大。但她又不敢明着阻拦，只好强装笑脸，装出一副贤德的模样，然后暗中使坏，千方百计加以阻拦。武帝每看上一个，只要她在旁边，都会动心眼给搅黄。

一天，武帝连看十几个美女，均不如意，非常气恼，便传诏将余者送回驿馆，明日再看，自己便坐在椅子上闭目养神。杨皇后急命小太监奉茶。也是阴差阳错，武帝端起茶碗正要喝的时候，忽然一眼瞥见门外闪过一个美妙的身影，险些魂儿都被勾走了。直呆呆愣了半晌，方传命：将刚才走过去的那个女子召回来。小太监去将那女子领了回来。司马炎一看，不禁心花怒放。只见这女子气质如兰，容貌出众，可不正是自己想要的人吗？想到此，他就想下诏，将这个女子留在宫中。但一旁的杨皇后见他如此，早已急了，忙阻止道："皇上，选妃事关重大，不可草率行事，为了皇上的安全起见，我看还是询问她几句。"

司马炎一听有理，便道："那就由爱妃对她考察一番吧！"

杨皇后一听大喜，因为她早已心生一计。于是又道："皇上，为了以后皇上的龙子着想，臣妾还想对她的个人问题进行更全面的考察，还请皇上另赐臣妾一室为好。"

司马炎一听，哈哈大笑道："还是爱妃想得周到，好，就依你。"

杨艳便带着那女子走了，且不说她如何盘查那女子。只说这司马炎左等也不见杨艳回来，右等也不见她回来，心中起疑，正要亲自去看看，忽见杨艳一脸惊慌，急急而来。

"皇后，何事惊慌？"司马炎忙问道。

"皇上——"杨艳忽然跪倒在地道，"皇上，刚才那女子姓卞，此女万不可选入宫中！"

"为什么?!"司马炎大声问道。

"那卞氏之女和魏室有亲戚关系。一旦入宫，对皇上会有不利。"杨皇后不愧为六宫之首，一语便击中要害。

司马炎这个皇位是在魏室手中抢来的，他怎么敢将同魏室有瓜葛的人选入宫中，这不是拿自己的性命当儿戏吗？所以他一听这个姓卞的女子与魏室有关系，纵然不舍，也只好忍痛割爱了。

其实这只不过是杨皇后妒火中烧使得一计罢了。但她尽管颇有心机，也不能制住司马炎的好色之心。不久，司马炎又看中一个叫胡芳的女子，杨皇后也想不出什么好主意再反对，也只得勉强同意。

自从胡芳入宫，武帝整日与之厮混在一起，不久就册封她为贵妃。这胡芳也非常能讨武帝欢心，因此武帝渐渐把杨皇后忘在一边。那杨皇后哪里受过这个？抑郁成疾，竟一病不起。

杨皇后的病日益严重，她想自己可能不久于人世了，唯一牵挂的便是自己的傻儿子，她怕自己一死，皇上宠幸胡芳，将她扶为正宫皇后，那肯定要影响自己的儿子将来当皇帝。她想来想去，想出一个好主意。

这一日，司马炎正在胡芳寝宫与她厮混，忽然有个小太监急匆匆跑来，想说什么事，但似乎又不敢。司马炎一眼瞥见，便问道：“有什么事吗？”

“皇后她，她——”小太监一急之下，一时竟说不出话来。

司马炎早就听说皇后生病了，但想不过是小病，也没有看望。今见小太监如此，心里一惊，忙道：“奴才，快说，皇后她怎么样了？”

小太监见皇上生气了，几乎吓破了胆。不过这一吓，说话倒痛快了：“皇后病危。”

司马炎一听大惊，也顾不得和胡妃调笑了，急急奔皇后寝宫而来，一路走还一路想：皇后虽然有些爱吃醋，可她一心为朕着想，想不到她这么早就要舍朕而去。想到此，竟不禁掉下几滴泪来。

一进皇后寝宫，看皇后杨艳已是奄奄一息。看到皇上来了，她的眼睛忽然亮了一下。司马炎走到杨艳床前，不胜唏嘘地道：“爱妃，你还有什么未了的心愿吗？说出来，朕一定替你完成。”

“皇上，臣妾死不足惜。只是臣妾放心不下皇上，放心不下大晋江山。臣妾死后，不知皇上想扶哪位贵人为正宫皇后？”杨艳气喘吁吁地问道。

司马炎本来想说胡芳，但一看杨艳的样子，便知她想让自己的表妹杨芷为正。再看杨艳那满眼的渴望，想起她平时的种种好处。良久，方开口道："我看就立杨妃吧！"

杨艳点点头，仍挣扎着说道："皇上圣明，杨妃贤德，众所周知，我大晋江山一定会千秋万代……"说完，慢慢闭上了眼睛，仿佛是睡着了。

宫廷里就是这样，充满了欺诈和争夺，贵为皇后的杨艳临死还在这个旋涡中苦苦挣扎。

傻太子即位

晋武帝立长子司马衷为太子，皇后杨艳遂了心愿，满朝文武各怀心机。忠义之士为此唏嘘不已，奸佞小臣暗暗高兴。

那傻太子究竟有多傻呢？这样说吧，他除了吃喝玩乐，其余一概不懂。他的傻气不仅在宫中，甚至在全国百姓中传为笑谈。有一天，司马衷在众人簇拥之下到皇家猎场打猎，听到鸟叫便道："这是官鸟，还是私鸟？"众人一听，均偷偷暗笑，又不敢笑出声来。其中一个反应快的忙答："禀太子，这皇家猎场中的鸟就是官鸟，那外面的鸟就是私鸟。"傻太子一听，马上叮嘱一句："那官鸟多喂点猪肉。"众人一听都撑不住了，忙捂上嘴，躲到一边，笑完了再若无其事地转出来。一行人继续前行，傻太子喜欢热闹，一边走，一边命人讲故事。其中一个人就讲了一个人穿越沙漠、最终渴死的故事。故事刚一讲完，傻太子就一跺脚道："这人怎么这么傻呀！喝点水他不就渴不死了吗？！"

就像这样一个傻子，如果他当了皇帝，岂不天下大乱吗？许多大臣为此忧心忡忡。偏偏武帝又由于整日围着美女转，纵欲过度，身体状况一天不如一天，终于大病一场，太子即位的事也就被迅速提到议事日程上来。

武帝的弟弟司马攸在朝中威信高，能力也很强，朝中许多大臣都暗中希望他能继承哥哥的皇位。特别是张华、卫瓘两位忠臣。武帝其实也知道太子呆傻，不适合做皇帝。但他毕竟是自己的儿子，兄弟再亲，也不如儿子亲呀。但他又

怕文武大臣从中阻拦，所以便常常有意对大臣进行试探。

一天，他问大臣张华："张爱卿，朕百年之后，你看谁可托付重任？"

"论贤，论威望，没有一个比得过齐王司马攸的，我看……"张华不知武帝是一计，而且他是有名的忠臣，从不欺瞒皇上。见皇上问下话来，便脱口而出，保举齐王司马攸。谁知此话在武帝听来句句刺耳，没等他说完便拂袖而去，将张华晾在那里。

不久，几个太子派的人便趁机奏了张华一本，想置张华于死地。武帝念他劳苦功高，没有大过，免去死罪，调离京都。

卫瓘本来也想举荐齐王，但一看张华的下场，也不敢妄动。但他并不放弃，为了晋朝江山，他耐心地等待机会，机会终于来了。有一天，武帝与卫瓘等几位大臣在一起饮酒，有说有笑，气氛融洽。卫瓘觉得时机成熟，便佯装喝醉，跪在武帝面前，指着武帝的座位说道："此座可惜、可惜呀……"武帝立刻明白他要说什么，恐怕他说出对太子不利的话，忙连说："瓘公醉了，下去歇息吧。"

通过这件事，武帝更加明白，让傻太子顺利登基不是件容易的事，于是他整日冥思苦想，最后终于想出一计。

一天，武帝又召见卫瓘。先与他聊了几句闲话，忽然长叹一声道："瓘公，太子忠厚，日后恐难当重任。但要废掉，也需有个名目。"

卫瓘闻听此言大喜，以为武帝终于转过弯来，激动得刚要跪地叩头，忽听武帝继续说道："瓘公，我苦思几日，终于想出一个办法，那就是让你出一张考卷考考他。但他毕竟是太子，不能像平常人一样考试。这样吧，你出完考卷，派人密封送入宫中。我再派人严密监考，让他答完再密封送到你那审阅。如果答得还可以，就算他有造化，无论如何也要让他顺利登基，我想别人也没有什么可说的。如果答得不好，也罢，就废去太子，另立他人。"

一番话说得卫瓘忽喜忽悲，喜的是皇上终于明白过来。可听到后来，他才明白，皇帝根本不想废太子，只不过想借助自己在朝廷中的威望，要自己与他共同作弊、欺瞒众人。想到此，他闷闷不乐回到府中。有心不出考卷，但君令不可违，只好勉强应付了一张，派人送到宫中。

即使这样，那傻太子也是一道题答不上来，急得抓耳挠腮，不知如何是好。太子妃贾南风见状，气得火冒三丈，大骂道："傻东西，这不是和尚头顶上的虱子——明摆着的事嘛?! 皇上既让把考卷送入宫中，又根本不派人来监考，你还不知道是什么意思?!"

傻太子平时就怕贾南风，此时听她大骂，他也不敢吱声，半晌才低声咕哝道："我，我还是不知父皇是什么意思。你，你倒说说看。"

贾南风一听，气极而笑，一边冷笑一边恨恨地说道："哼，怪不得人都说你傻，果真是上不了大台面的!"说完，一把抓过考卷扭头竟走了，只剩那个傻太子坐在那儿呆呆地发愣。

你道那贾南风去哪了？原来，她是找她爸贾充去了。贾充和贾南风当然希望傻太子继位，这样对他们可是大有好处。他们同荀勖等几个大奸臣都属于太子派的，谁反对傻太子继位，他们都怀恨在心，伺机报复。上次张华被调离京都就是他们暗中搞的鬼。贾南风找到她父亲将情况一说，贾充立刻就笑了，口中连称"好办，好办"。安慰了贾南风一下，便让她回宫静候佳音。

果然，没几天贾充便命人悄悄将答好的卷子送入宫中。贾南风大喜，忙命傻太子又抄了一遍，派人送给武帝。

武帝当然满意，交给卫瓘审看。卫瓘已知武帝之意，又有张华之事为警，不敢再有异议，只好违心地说："太子果然进步了。"武帝又命人将卷子拿给大臣们看，大臣们也顺武帝之意纷纷称赞，武帝这才稍稍放了心。

但是，武帝对弟弟司马攸却很不放心，于是便找贾充、荀勖等几个人商量。这一帮人都是太子派，很快便给武帝出了一条毒计。

几天之后，武帝突然下诏，将齐王调离京都，去青州督军。司马攸为人聪明，早已看透了哥哥的心思，宁可让傻儿子当皇帝，也不会让位于自己。这次突然下诏，一定是疑心到了自己。尽管他很有才华，又是皇上的亲弟弟，但是宫廷斗争丝毫不讲这些。古语道："君让臣死，臣不得不死。"只要皇上一句话，他就很有可能得立刻死于非命。一想到这些，他就惊恐不安，心灰意冷，后来干脆向武帝辞去所有职务，自愿去守太后陵墓。

本来，这也是司马攸没有办法的办法了，以此向哥哥表明自己绝无非分之想，唯求保命而已。但武帝却不这么认为，他觉得弟弟又在耍花招。非但不批准他的奏请，反而将他叫到宫中，训斥了一通。警告他不要忘了手足之情，妄想得到皇位。司马攸见哥哥倒打一耙，又气又恼，回家后一病不起，没多久就吐血而死，年仅36岁。

害死了弟弟，武帝司马炎没有什么后顾之忧了，更加沉迷酒色，不久就因纵欲过度，一命呜呼了。

公元290年，傻太子司马衷终于登上了皇帝宝座，即晋惠帝，改年号为永熙。

堕泪碑

在岘山顶上有一座石碑，上书：晋故持节侍中太傅巨平侯羊公之碑。

这便是西晋时期有名的大忠臣羊祜之碑。传说他死的时候，晋武帝司马炎放声大哭，并且身穿素服，亲自参加葬礼，襄阳城里的百姓和士兵也都哭成一片。人们为了纪念他，在岘山顶上立了一座碑，并纷纷来此碑之下凭吊羊祜。镇南大将军杜预见状，便命此碑为"堕泪碑"。

羊祜到底是何许人也？为何获此殊荣呢？

原来，西晋皇帝司马炎从曹奂手中夺过皇位，刚开始的时候还知道吸取教训，勤俭治国。时间一长，尝到了做皇帝的甜头，便开始纵情享乐，奢靡无度。结果上行下效，满朝文武也逐渐形成了一股奢靡腐化之风，这下可苦了天下百姓，一时怨声载道。

但是，即使是再腐化的朝廷，也有为官清正者。羊祜就是这样一位清正廉洁、受人爱戴的好官。

他在襄阳为官时，经常微服出巡，明察暗访。发现谁有才干，便向朝廷举荐。而且每次举荐完了，他都将奏章的底稿烧掉，为的是不让人知道，但时间久了，这个秘密便传了出来，人们便纷纷猜测羊祜为什么不想让被举荐人知道。

但怎么猜也猜不透。正巧有一天羊祜的好友张华请他饮酒，酒席宴上，张华忍不住问羊祜道："素闻羊公举荐人才每每烧掉奏章底稿，不知可有此事？"羊祜一听，笑而不答。

"弟以为，羊公如此定是不愿让被举荐人知道是蒙兄之恩，但这却又是为何呢？"张华见羊祜的样子，知道此事是真的，便继续问道。

羊祜喝了一口酒，方慢慢答道："举荐贤能之人，本是你我的本分。而被举荐者若真能得到重用，那也是朝廷所为。要让他知道是我举荐，必对我存报恩之心，把那尽忠朝廷的心减去了几分。我烧掉奏章底稿，他不知是我举荐，必以为是皇上的圣明，定能全力报国。如若这样，不比报我之恩强上十倍、百倍吗？"

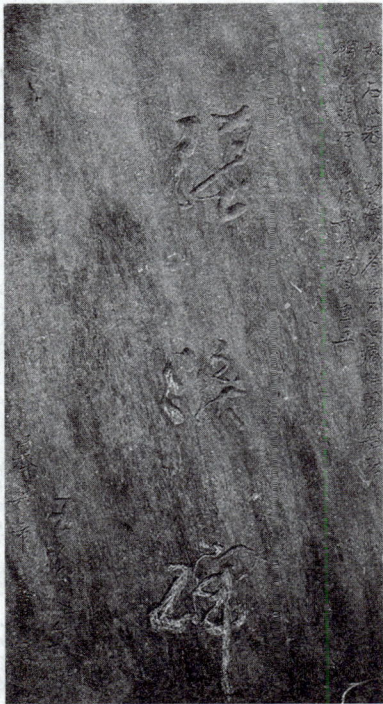

堕泪碑

一席话，说得张华连连点头，从此更加敬重羊祜，并且以羊祜为榜样，忠言直谏，勤政爱民，也成为晋代有名的大忠臣。

羊祜不仅为官举贤顾得人们的称赞，而且深谙领兵征战之道。

司马炎从曹奂手中夺过皇位之后，三国鼎立的局面已不复存在。三国仅剩一国，即东吴。东吴当时是孙皓当权。孙皓昏庸无能，不善治国，吴国处于风雨飘摇之中。而司马炎刚刚即位不久，雄心尚存，便于他登基后的第五年，即公元 269 年，派大将羊祜镇守襄阳，做灭吴的准备。

当时吴国边境的领军主帅是大将陆抗。此人很会用兵，经常带兵在边境挑衅，以图入侵晋朝。而羊祜到了襄阳，发现军粮不足，军心不齐，虽然明知陆抗挑衅，却认为作战时机不成熟，不肯贸然出战，反以友好的态度对待陆抗和吴国边境的军民。

但是为了早日实现晋朝的统一大业，羊祜一到任就开始暗暗改善边境情况。首先他开始整顿军队，建立赏罚分明的制度；然后与军民一起开荒种地，供应部队给养；又趁机修筑要塞，以备战用。为了笼络人心，他还警告军士：不得侵犯吴境百姓。这一年，正赶上吴境大旱，颗粒无收，军士将这一消息报告给羊祜。羊祜听完，沉吟半晌。忽然一挥手，命令道："开仓放粮，赈济灾民！"军士们都非常惊奇大帅为何如此对待敌国的人。但是大帅有令，不得违抗，只得依令去做。不久，就有许多曾得到过羊祜赈济的灾民前来军中效力，军士们这才暗赞大帅目光长远。

吴军主帅陆抗本来对羊祜怀有敌意，时时处于警备状态，但后来见羊祜并不侵扰吴境百姓，还帮助赈灾。特别是有一次自己生病，非常厉害。羊祜听说后，立刻送来好药，免去自己的疾病之苦，就是自己的国君也没有因为自己长年戍边而对自己这样好过。因此，逐渐受了感动，减去敌意，与羊祜的关系也缓和下来，甚至还经常回赠些礼物。

可是羊祜并不是真正要与吴国交好，他所做的一切，都是为了晋朝的统一大业。几年后，陆抗病死，他的四个儿子接替他领兵。这几个人不会带兵打仗，而吴主孙皓也不会治理国家，任意杀戮大臣，残害忠良，不管百姓死活。而此时襄阳的晋军兵强马壮，粮草丰足。羊祜认为出兵伐吴、统一晋朝的机会来了，便立刻上表武帝。

武帝雄心已减，朝廷又有贾充、荀勖等奸臣当道，羊祜的上表竟没有被批复。但武帝也深知羊祜忠心耿耿，一心为国，怕他寒心，便加封他为征南大将军，以示安慰。

羊祜受到加封并不高兴，他接到武帝"暂缓出兵"的诏书，心情异常沉重。他对手下众将说道："机不可失，时不再来。我们以后恐怕没有这么好的机会了！"

羊祜虽对武帝的答复感到失望，但他仍不气馁，而是接连上书要求出兵，但朝廷却是连理也不理了。

转眼，羊祜镇守襄阳已经八年了。他为国家鞠躬尽瘁，累出了一身的病。

又想到自己年事已高，他估计自己的时间不会太长了，便进京面奏武帝，亲自分析敌我双方的情况，阐述现在出兵必胜的理由。

武帝终于被羊祜所感动，又加上张华等人的支持，武帝决定，出兵伐吴，只是要等羊祜病好之后。

但是，羊祜却等不到那一天了。他听到武帝出兵伐吴的命令又高兴，又遗憾，勉强支持病体，写了一生中最后一道奏章。他在奏章中向武帝表达了自己盼望晋朝尽快统一的急切心情，同时举荐杜预接替自己的职位。武帝准奏，立刻封杜预为镇南大将军，都督荆州诸军事。

然而杜预还未来得及出征，羊祜便与世长辞了。想到羊祜一生为国操劳，弥留之际，尚不忘为国举贤，武帝禁不住泪流满面，恸哭失声……

不久，武帝按羊祜生前战略战术，大举兴兵伐吴，被羊祜提拔重用的王濬将吴主孙皓生擒，立下头功。东吴宣告灭亡。

晋宫内乱

司马炎建立的晋朝，历史上称为西晋。西晋刚一建立就不稳定。

司马炎登基坐殿之后，为了使司马家族免遭同曹氏家族一样的厄运，他大封同姓宗族大大小小的同姓王，封了有20多个，这也就为以后的争权斗争埋下了种子。

自从剪除了傻太子司马衷顺利登基的隐患司马攸之后，武帝司马炎免去了后顾之忧，更加纵情酒色、荒淫无度。太熙元年（公元290年）4月20日晚，这位纵欲过度的皇帝终于走到了尽头。此时他反倒从久病的昏睡中清醒过来，命杨芷皇后的父亲杨骏传旨，留下太宰汝南王，在京同辅朝政。这杨骏在武帝病重期间就早已大权独揽。今见皇帝如此，知他是回光返照，哪里肯听他的。可怜武帝虽贵为万圣之尊，临死想见司马亮一面的心愿竟也未能实现。

武帝一死，杨骏便扶持司马衷继位，即晋惠帝，改年号为永熙。那司马衷本来就是个傻子，不仅不理朝政，反而任凭杨骏摆布。从此杨骏说一不二，俨

然太上皇一般。这可惹恼了一个人，那就是晋惠帝的皇后贾南风。

这贾南风长得又凶又丑，但却颇有心计。她早就有心干预朝政，只等武帝一死她便要控制司马衷独揽大权。岂知被杨骏占了先，于是她便与同杨骏素来有仇的中郎将孟观、李肇两人密谋"杀杨骏、废太后"。

永平元年（公元 291 年），楚王司马玮和东安王司马繇突然接到惠帝密诏让他二人火速进京帮助清除君侧逆贼杨骏。二人不疑有他，也因平素不满杨骏专权，便立即带人进京将杨府包围，然后不问青红皂白，见人就杀。一时之间，杨府之内尸体遍地，血流成河，但是唯独不见宰相杨骏。原来杨骏一听说有人杀进来，早就吓得屁滚尿流。他见官兵不问青红皂白，见人就杀，自己无处可藏，便一头钻进了马棚。正巧司马玮带人一路搜查过来，一眼瞥见了马棚中似乎有个人影在蠕动，便大喝一声："是谁？赶紧滚出来，饶你不死！"杨骏一听，立刻吓破了胆，哪里还敢出来？司马玮便一声令下，乱剑齐发，然后拖出尸体一看，正是杨骏，不禁大喜。命人割下首级，又在杨府点了一把大火，扬长而去。

杨骏死了，太后杨芷实际上只是徒有虚名了，但贾南风还不满足。她想，既然诛杀杨骏的计谋得逞，干脆一不做，二不休，把杨太后也废掉，以除后患。于是她便让惠帝下诏一封，将杨芷废为庶人，囚禁到金墉城。惠帝既傻又软弱，已任人摆布惯了，岂有不听之理？第二年，这也曾享受荣华富贵的杨太后就在金墉城冻饿而死。临死她还痛悔自己不该帮助表姐杨艳立傻子司马衷为太子，更不该为他选贾南风做太子妃，可是悔之晚矣。杨家被灭三族，连 80 岁的老母庞氏也惨遭厄运，她只有到阴间去向表姐哭诉了。

除掉了杨骏家族，皇后贾南风便让自己的侄儿贾谧与司马玮、司马繇共同参与朝政。但这些人却没有一个有真才实学的，只能参政，却不懂治国之道。无奈，贾南风只好重新启用汝南王司马亮和元老卫瓘。

但是司马亮本来就是一个颇有心机的人。他见惠帝痴傻，早已心存专权之念，但苦于没有机会。这次贾南风重用他，他便趁机笼络人心，大肆封官。又见贾后专横，便暗暗剪除其羽翼。正巧东安王司马繇见贾后残暴，早已心生不满，便密谋废掉贾后。不料事发，被贾后知道，大怒，立刻命司马亮将其除掉。而司马繇本来帮贾后杀过杨骏，司马亮早已将他归为贾后党羽。虽见司马繇与贾后等人行事颇有不同，但一想司马繇拥有兵权，不管怎样，对自己都是一个威胁。于是便顺水推舟，借贾后之命将其除掉。

渐渐地，司马亮将大权抓到了手里，便露出了本来面目，大事小情，一人说了算。司马衷又成了傀儡，而司马亮俨然就是第二个杨骏。贾后见此，心中又生不满，意欲除之而后快。

卫瓘为西晋老臣，也见朝廷重用自己，仍忠心耿耿，一心报效朝廷。他虽对司马亮专权也有些不满，无奈朝中只有他们两位辅政大臣，有事还是和他商量。他见楚王司马玮杀人成性，有所警惕，便和司马亮说："楚王自恃有功，日益骄纵，留在京城，恐为后患。"司马亮闻之，颇觉有理，便欲奏明惠帝，让楚王离京，到原来的襄阳为官。

不料，隔墙有耳，两位大臣的密谋被司马亮的家人听到了。这个人有一次因办事不力被司马亮狠狠教训了一番。从此他怀恨在心，伺机报复。一听二人此言，便立即跑到司马玮处告密。司马玮一听大怒，大骂司马亮和卫瓘。他的谋士公孙宏见状便上前相劝，要他先下手除掉二人，并且又为他献上一计。

公孙宏的计谋便是借贾后之手除掉二人，因为他早就看出司马亮专权，贾后不满。而卫瓘是个忠臣，多少阻碍了贾后干一些见不得人的勾当，并且卫瓘曾劝武帝废掉太子司马衷，武帝还曾因卫瓘的女儿貌美不愿选贾南风为太子妃。贾后是个妒忌成性、心胸狭窄的人，岂能忘掉这些呢？重新启用卫瓘，不过是权宜之计。此时新仇旧恨加在一起，她必先除之而后快。

果然，贾后一听心腹李肇代司马玮转述的意图，正合她的心意，立刻让呆皇帝发诏诛杀司马亮、卫瓘二人。

次日，司马亮吃过早饭，刚要上朝，李肇、公孙宏便带人杀来。一见司马亮便将其乱刀砍死。司马亮一家除小儿子逃脱外，无一生还。而卫瓘虽一世忠臣，却也落得个满门抄斩的悲惨下场。

满朝文武闻听大惊，整日战战兢兢，唯恐稍不留神便招来杀身大祸。而此时的楚王司马玮除掉司马亮、卫瓘之后，更加不可一世，甚至动了谋反之心。大臣张华闻听，便通过贾后的心腹董猛转奏惠帝和贾后说："司马玮手握重兵，且杀人成性。现在杀了司马亮和卫瓘，他又恃功自傲，恐将成祸害。皇上若不现在除之，等他渐渐成了气候，动了谋逆之心，皇上以什么自保呢？"贾后借司马玮之手除掉政敌之后，见楚王越来越骄横，本也有除掉他之意，只是不知如何下手，张华便献上一计。

这一天，楚王司马玮正率领部下杀人，忽然跑来一支举着驺虞幡的禁军。驺虞幡是皇帝独有的，是权威的标志。楚王见状，正在纳闷，忽见禁军首领带队向自己这边走来。司马玮尽管专横，但他此时毕竟还是个臣子，立刻下马跪在路旁，迎候皇上。但禁卫军来到了近前，竟不由分说，先将司马玮捆了起来，缴了他部下的兵械。然后宣读诏书说司马玮打着皇帝的旗号私自行事，按律当斩，就地处决。就这样，杀人如麻、不可一世的魔头司马玮稀里糊涂地被贾后给杀了。从此，贾皇后便专断朝政，无人敢管。她对帮助自己铲除异党的有功之人大加封赏，然后对满朝文武严加监控。大臣们都唯求保全自己，不敢稍有放纵，这竟也使京都混乱的局势渐渐安定下来。

义庆王周处

周处（236—297年），字子隐，义兴郡阳羡县（今江苏宜兴市）人。西晋大臣，东吴鄱阳太守周鲂之子。因少时无人管教，长大后虽武艺超群，却不通事理，只知我行我素，平时见谁不顺眼，抬手就打，张口就骂，横行乡里。老百姓敢怒不敢言，背后称他为一害。

一日，周处吃醉了酒，踉踉跄跄往家走。走到巷子拐角处，忽见一群人在那里议论什么，有的还不时摇头叹息，显然是在谈什么不愉快的事。周处虽然混，但也只是缺少管教，本质上却是侠义之人。见众人如此，便乘着酒兴凑上前去喝道："喂，你们这帮龟孙儿，碰到什么不开心的事啦？说给爷爷听听，爷爷帮你们出气就是！"岂知众人不见他便罢，一见他，竟一哄而散。周处更觉奇

怪，一把拽住一个跑得稍慢的老头，问道： "老头儿，你跑什么?!"

老头一见自己逃脱不开，脸色大变，忙闭上眼睛等着揍。谁知周处一见他的滑稽样儿，竟哈哈大笑道："老头儿，你只要告诉我你们为什么摇头叹息，为什么见我就跑，我就不揍尔。"老头闻听，只得战战兢兢地说："公子

周处

不知，现在乡里有三害，吵得百姓不宁，我们正在谈论这件事儿。"

"哪三害?"周处虽然醉酒，却还清醒，忙追问道。

"一是南山上有一只老虎，经常吃人；二是长桥下有一条巨蛟，经常伤人；这三么……"说到这里，老头偷眼看了看周处。见他醉得两眼通红，样子甚是吓人，便不敢再说。

周处正凝神听着，见老头说到第三害忽然不说了，便急了，非逼着他说，否则就要揍他。老头自知不说也得揍揍，索性豁出去，壮着胆子道："恕小老儿无礼，这第三害，就是公子您啊!"说完，又闭上眼等着揍揍。

不料周处闻听，脑袋"嗡"的一声，他平时只知任着自己的性子行事，但根本就没有想到乡里人这样看待自己。沉思半响，他忽然哈哈大笑，对老头说道："多谢老丈指点。尔不必担心，我周处誓为乡里除去这三害，不除去这三害，我周处誓不为人!"

果然，几天以后就传来消息：南山之虎和长桥之蛟均被人打死，而街面上也不见了周处的踪迹。

那周处到底去哪了呢？原来，周处本来就不是个坏人，只是从小到大缺少好人的指教。听了老头的一番话，知道老百姓将自己同虎蛟一样看待，心里又羞又愧，决心为民除去虎蛟，自己也投名师，重新做人。

由于有一股无形的力量支撑着，再加上周处本身武艺超群，他一口气跑到南山打死了害人的老虎，又去河里斩了巨蛟。自己也不声张，回家里简单地收拾了一下行装便拜访名师去了。

周处经人指点拜著名文学家陆机、陆云兄弟为师。这哥俩循循善诱，对周处耐心教导，最终为他指明了方向。周处从此努力学习，成为一个德才兼备、文武双全的人。

"学会文武艺，货与帝王家。"晋统一后，周处被任命为广议太守、散骑常侍等职。他刚正不阿，秉公执法，为此不知得罪了多少人。许多人对他怀恨在心，梁王司马肜就是其中之一。有一次，司马肜犯了法，因为他是皇亲国戚，满朝文武也不敢吱声，唯有周处如实上奏皇帝。他也因此得罪梁王，为自己种下了祸根。

元康六年（公元296年），由于赵王司马伦任征西大将军时，在当地敲诈勒索，胡作非为，逼得匈奴部落造反，西北战事重开。而司马伦又是个酒囊饭袋，根本不会打仗，战局弄得难以收拾，只好向朝廷告急。朝廷派梁王司马肜接任赵王。司马肜到任后，比司马伦有过之而无不及，不久便激起少数民族更有力地反抗，场面难以支撑，立刻请求朝廷增援。

许多大臣闻知此事，立刻上书奏请皇上派建威将军周处率兵增援梁王。表面看来，他们是为国家社稷着想，实际上他们是嫉贤妒能，公报私仇，想借此机会除去周处。因为他们素闻梁王与周处有怨，想让周处此去，不死在乱军之中，便死在梁王刀下。这正应了那句古语：不怕没好事，就怕没好人。

周处为人在朝中虽遭众人忌恨，但有一个人却对他深为敬佩，这人就是中书令陈准。陈准闻听此事，立刻上朝，揭露内幕，与众大臣据理力争。他说："梁王素与周处不和，周处此去如在梁王帐下，必遭迫害。周处为人忠勇，可执掌帅印，唯此才可平定西北战事，否则，不但西北战事难以预料，朝廷还要失去一位忠义之臣、善战武将！"

当时的辅政大臣张华一听陈准说得有理，有心不派周处，但众大臣坚决反对。又说梁王为了国家社稷不会公报私仇，还说即使梁王真有此心，周处足智

多谋，也定能逃脱。而西北战事，事关紧急，唯有周处去方可平息叛乱。张华一时也动了心，加上不敢得罪多数人，于是奏明皇帝，最终还是派周处去了。陈准为此唏嘘不已，他知道周处此去定是凶多吉少了。

周处接到朝廷命令，立刻去了西北，而梁王早已得到消息，便暗生一条毒计。

梁王一见周处，满脸热情，先将周处吹捧了一番，还说了一通"共同抗敌、互敬互重"之类的话。周处也深知梁王怨恨自己，但一见他如此，也不好说别的。只好寒暄客套了几句，并向梁王表明了为国效力的决心。这正中梁王下怀，立刻便命他作为先头部队攻打匈奴齐万年。

第二天早晨天没亮，梁王便命令周处马上出发，周处和士兵们还都没有吃过早饭，有心不去，又恐违抗军令让梁王借机惩处，只好忍气吞声，下令开拔，唯求此一去，便将那匈奴首领齐万年活捉，然后得胜回朝。

可那齐万年又岂是善类？哪能轻易就被捉到呢？周处率兵深入敌境，齐万年早就得到消息。他也知道周处厉害，就调集了 7 万大军将周处围住。两军交战，周处寡不敌众，况且士兵们又都是饿着肚子，饶是英勇，也抵挡不住 7 万大军。那梁王早知周处被困，可就是不发兵增援。周处见状，知道梁王要置自己于死地，纵是逃出敌军围困，也会死在梁王刀下。与其那样，不如战死，于是命手下军兵能逃的便自己逃命。军兵们素来敬佩周处，宁愿战死也不愿苟且偷生。周处长叹一声，说道："也罢，今日我们就拼了这条性命，为国尽忠！"说完带领军兵杀入重围，奋战了几昼夜，最终又累又饿，死于敌军之中。

就这样，这位忠勇之将被奸臣陷害致死。

消息传到京都，张华、陈准等一干忠良之士为之伤心不已；而那些当道奸臣却为此暗自窃喜，终于除去了眼中钉、肉中刺。但他们却还故做样子，表现得很悲痛，并且纷纷上书，夸赞周处为国尽忠，天地可表，理应受到追封。反正封多大的官，周处也不会再活过来与他们做对了。

可怜这位除三害的英雄，被奸人害死，也没人为他申冤。朝廷根本就没有追究梁王的责任，只不过把周处追封了事。

乱世良史——陈寿

　　陈寿（233—297），字承祚。巴西郡安汉县（今四川南充）人。三国时蜀汉及西晋时著名史学家。他少好学，曾师事著名学者、名士谯周。他熟读《尚书》和《春秋》，更精细地研习了西汉司马迁的《史记》和东汉班固的《汉书》，熟悉了写作史书的方法。同时，他所写的文章又美艳动人，深得前辈赞许。

　　陈寿在蜀汉时曾任卫将军主簿、东观秘书郎、观阁令史、散骑黄门侍郎等职。蜀汉灭亡那一年，陈寿31岁，渐入中年。他留在了故乡南充，闲居家中，埋头读书数年，造诣日深。外面世界所发生的一切极大地丰富了他的视野，也激起了他写史的强烈愿望。《三国志》的构思也许就是从那几年开始的。

陈寿雕像

　　陈寿36岁时离开故乡南充，赶赴晋都城洛阳，担任西晋著作郎，专门负责编撰史书，后官至治书侍御史。

　　西晋一统的政治环境使得陈寿编撰《三国志》的设想成为可能。陈寿出生于蜀后主刘禅建兴十一年，也就是刘备在白帝城向诸葛亮托孤后的第十一年，三国争霸已进入尾声。然而他已经积累了大量有关蜀国的资料，西晋统一后他又得到魏、吴两国资料，这样，一部长达六十五卷的鸿篇史学巨著终能编撰而成。其中《魏书》三十卷，《蜀书》十五卷，《吴书》二十卷，原是各自为书，分别记载三国的历史，一直到北宋才合而为一，改称《三国志》。

　　《三国志》分别记载三国的历史，只有纪传，没有表志。陈寿是晋臣，晋是承魏而一统天下的。所以，《三国志》便尊魏为正统，对魏的君主称帝，吴、蜀

则称主不称帝。在《魏书》中为曹操写了本纪，而《蜀书》和《吴书》则只有传，没有纪。记刘备则为《先主传》，记孙权则称《吴主传》。这是编史书为政治服务的一个例子，也是《三国志》的一个特点。

《三国志》取材谨严，纪事比较真实，叙事有法，文章雅洁，号称良史。然记载过于简略，史实缺略甚多。南朝宋裴松之博引群书为其作注，保存了不少史料。

《三国志》在完成那一刻起就引起了轰动。晋惠帝看过《三国志》后，当即下诏，命令全国百姓每家每户都要抄写一部《三国志》，《三国志》中的故事很快就在民间普及。到唐朝时，社会上出现了一种新兴的行业——说书，又进一步推动了三国故事在民间的普及。明代罗贯中根据《三国志》创作了古典文学名著《三国演义》。

《三国志》在诞生后的1700多年里，不仅被中国人奉为经典，更进而影响整个世界，《三国志》中所体现出来的智慧与谋略现今被世界各国的人们广泛地应用在政治、军事、商业等各个领域。在文学领域，它也具有独树一帜的风采，一再地被改编成小说、戏剧、电影甚至漫画与电子游戏，在世界上更为广泛地传播着。《三国志》不仅展现了那个时代波澜壮阔的历史画面，更为中华民族的智慧宝库增加了壮美的篇章。

《三国志》与《史记》《汉书》《后汉书》号称"中华史学名著前四史"。

武帝宠臣——贾充

贾充（217—282），字公闾，平阳襄陵（今山西襄汾东北）人，三国曹魏末期至西晋初期重臣，曹魏豫州刺史贾逵之子。西晋王朝的开国元勋。他的父亲是贾逵，曹魏时曾任豫州刺史、阳里亭侯，是曹魏政权中很有才识的人物。贾逵晚年得子，欢天喜地，认为他日必有充闾之庆，给儿子取名为充，字公闾。贾充日后果然显贵，贵为丞相。

贾逵死的时候，贾充还很小，他对父亲守丧尽孝令时人非常钦佩。丧期过

后，贾充便开始踏入仕途了，他继承了父亲的爵位，任尚书郎、典定科令兼度支考课。他办事依章法，工作有实效，深受曹魏权臣司马氏的器重。

后来，贾充任司马昭的军中司马、长史等职。这时，司马氏势力极盛，权倾朝野，魏主封司马昭为晋王，更是势压公卿，连君王也忍让三分。高贵乡公曹髦深知司马氏久有篡位之心，就说"司马昭之心，路人皆知"。

贾充很聪明，早就看出魏国气数已尽，曹氏与司马氏再难共存。作为司马昭的心腹，便积极地为其摇旗呐喊。后来，高贵乡公曹髦带人进攻司马昭相府时，贾充对成济说："司马公养了你那么多年，那么重用你，不就是为今天做准备吗？还有什么想不明白的？"成济便一刀杀了曹髦。事后，司马昭虽然假惺惺地诛杀成济三族以表示自己与"谋弑"无关，心中却对贾充这位保全了司马家族、杀掉魏帝曹髦的"幕后黑手"非常感激。

曹髦死了以后，贾充劝司马昭取代曹氏另立朝廷。司马昭以为时机不成熟，仿效当年魏武帝曹操故技，不肯受禅于汉室，另立曹奂做了傀儡皇帝。司马昭也没亏待贾充，在他的一再请求下，贾充晋封安阳乡侯，并且统率城外诸军。钟会在西蜀谋反的时候，司马昭让贾充坐镇关中，当时所有的军国大事，贾充差不多都参与了。司马昭以他为心腹，委托他制定法律。

贾充很有才华，有刀笔奇才。他对晋武帝司马昭的心思揣摩得很透。司马昭曾想立次子司马攸为自己的继承人。贾充劝阻说："司马炎是长子，聪明神武，胆识过人，身材魁梧，有超世之才，又宽仁孝慈，有人君之德，能归附人心，应立他为世子。"这样，司马炎才得以世子身份继承晋王爵位。司马昭临死前，拉着司马炎的手，谆谆嘱咐他说："真正知你者，是贾公闾呀！你不要辜负了他。"贾充因此很得司马炎的倚重，不久被拜为晋国卫将军、仪同三司、给事中，封临颍侯。

魏元帝咸熙二年（265）十二月，司马炎在贾充、裴秀等人的协助下逼令曹奂禅位。司马炎受禅称帝，史称晋武帝，建元泰始，定都洛阳。

泰始年间民谣云："贾（充）裴（秀）王（沈），乱纪纲；王裴贾，济天下。"并加解释说："言亡魏而成晋也。"可见贾充对晋室之重要。

贾充因功被加爵鲁郡公，拜车骑将军、散骑常侍、尚书仆射，后又拜为侍中、尚书令之职，参与枢密机要，一时朝野侧目。

晋朝建立以后，贾充最大的贡献就是由他制定的新法律颁行全国，连诋毁他的《晋书》本传也不得不承认："充所定新律既班于天下，百姓便之。"贾充为此获得了巨大赏赐，他的母亲被封为鲁国太夫人，儿子封侯。他身上荣耀的光环闪闪发亮。

贾充一朝大权在握，当然对选拔官吏也有绝对权力了，可是他不能做到公正无私，而专门以谄媚之人为用。一些正直的大臣如任恺、庾纯等经常批评他，甚至想把他外放出去，以免让他把国家搞乱。

正好赶上关中氐羌反叛，任恺便在一次朝会时，劝说晋武帝派"德高望重"的贾充为都督镇守关中。实际上，这和被贬差不多，远离了政治核心和皇帝，疏于走动，很快就会被人遗忘的。

贾充怀着愤懑的心情就要准备出发时，百官前来送行，贾充把自己的忧虑讲给私交甚好的朋友荀勖，请他给出个主意。荀勖说："您身为国家的宰辅，却受制于一夫，但不必悲观。只是这次外调托词实在太难，只有与太子联姻，才能达成。"贾充明知太子是个傻子，可是为了能保住自己的权势，也只好答应。贾充说："谁能牵线搭桥呢？"荀勖便承诺下来，他不断地向武帝讲贾家的女儿是多么"才质令淑"，贾充老婆郭槐也四处活动，杨皇后又使劲吹枕边风，果然婚事促成。

既然与皇储联姻，贾充当然也不用西行了。他留下来，担任原职。皇帝依然对他宠幸有加，高官厚禄没人能取代，他也得以善终了。

贾充这个当上太子妃的女儿就是中国历史上有名的祸国殃民的皇后贾南风。历史常常出现一些偶然的变数，假如当初贾充不外放，也不会冒出把自己女儿嫁给傻太子的念头，也许就不会出现后来的"八王之乱"了。可是，历史不能假设，如果真追究起来，贾充最多只能说是教女无方，没有培养出一个合格的未来皇后。

贾充作为一代政治家，在晋朝建立以后，毕竟还是做了一些好事。史载他

颇好进士，每有人推荐人才，一定亲自考核，真有才识，他是肯留下的，所以很多有才能的人都投奔他。王恂曾经诋毁贾充，贾充还是很提携他。有人背后说他的坏话，他也照样对其如故。他能进贤荐士终究有利于治国，而能以常心对待背叛自己的人更属不易，说明他是有宰相的器量，有相才兼有相器。

贾充于晋武帝太康三年（282）病死，年66岁。他一生最为人诟病的就是把自己的邪恶女儿贾南风嫁给了白痴皇帝——晋惠帝。而这个女人挑起的一场内乱，差点毁了晋朝。所以有人说他是"魏朝之悖逆，晋室之罪人"。

豪门斗富

以司马氏为首的当权豪贵、高门大族，他们凭借着政治上的特权和经济上的富有，过着穷奢极欲、荒淫无耻、醉生梦死的生活。西晋君臣的荒淫与奢侈，在历史上非常有名。

晋武帝司马炎自从平吴之后，以为天下太平了，可以高枕无忧、尽情享乐了。他开始不关心政事，每次上朝，从不谈如何治理好国家，而是谈些平常琐事。身为一国之君，为了满足自己的淫欲，竟下令禁止天下人结婚，派宦官到民间挑选美女，充实后宫。那些宦官为非作歹，横行霸道，他们不管是大家闺秀，还是小家碧玉，只要稍有姿色，也不管是否婚嫁，一律强行抢入后宫。许多姑娘不愿进深宫，不惜毁容，或故意穿上破烂衣服，逃避选美。选美已成了天下一大公害。灭吴之后，晋武帝司马炎不仅接管了孙皓的土地、人口和财物，而且还将孙皓后宫五千多美女都接纳入宫，他后宫人数多达万余人。

晋武帝不仅生活上荒淫，而且还大肆搜刮钱财，甚至卖官鬻爵。他采用东汉灵帝的办法，规定可以用钱买取官爵，官爵的价钱根据地位高低、职位肥瘦来标定。不过东汉卖官钱归国库，而晋武帝卖官的钱全入自己的腰包。

皇上如此贪心，大臣们更是如法炮制。贪吝和崇侈成为当时社会的时尚。南阳寒士鲁褒曾写了一篇《钱神论》，这千古名篇以辛辣的笔法，揭露了大族、官僚们贪婪、吝啬的丑恶嘴脸，讽刺了金钱至上、金钱万能的社会现象。他说：

那些大族官僚们称金钱为"孔方兄","亲之如兄,字曰'孔方'",这就是今天称钱为"孔方兄"的由来。失去"孔方兄"便贫困潦倒,一事无成;有了"孔方兄"就富有强盛,万事顺达。有了钱可以做高官,处显贵,可解危难,可买生命,可打赢官司,可以起死回生,有钱可使鬼推磨,何况人乎!他说,现在的人什么都不认,只认得钱!

那些贵戚豪族不仅贪婪,而且崇尚奢侈,挥霍无度。他们将奢侈当成一种追求、一种时尚。评价一个大族时,往往都说他们"性豪侈",这成为一种美谈。如晋武帝司马炎小时候的伙伴,羊皇后的亲戚羊琇,素以"性豪侈"而闻名于世,他日常花费的钱无数。他温酒所用的炭都要做成各种各样的动物形状才能用,洛阳的权贵们都纷纷效法他。

司马炎的女婿王济,更以"性豪侈"著称。他不仅喜欢穿华丽的衣服,吃的更讲究。他叫双婢用人奶喂小猪,杀了吃的时候,再用人奶来蒸煮。据说,这种做法,味道异常鲜美,连皇帝司马炎吃后,也感到惊讶不已。每次皇上到他家做客,他家所用的餐具都是用珍贵如玉的"琉璃器",称为"玉食"。他喜欢射马,了解马性,有"马癖"之称。当时洛阳人多地贵,他不惜花很多钱,买块地作为射马场。在射马场周围挖上沟,砌上土墙,从沟底到墙上,都铺满编串起来的铜钱。当时人称之为"金沟"。他喜欢赌博,一次,他和一个贵戚打赌射牛,竟拿出1000万钱做赌注。

不仅皇族贵戚竞豪奢,就是一般的官僚也是奢侈无度。在平吴中屡立战功的大将军王濬原来就很奢侈,平吴后,依仗自己功高位重,更加玉食锦服,纵奢无度。

在豪门奢侈斗富中,何曾也很有名。

何曾(199—278),字颖考,陈郡阳夏人。他是大族出身,从小好学博闻。魏明帝继位以后,何曾做了散骑侍郎。后来,他做典农中郎将,主管农业。他的政治才能在这时开始显露出来,他认为为政之本在于得人。可惜曹魏政权却掌握在司马氏手里,何曾在曹魏朝廷中并未得到重用。

嘉平年间(250—256),何曾担任司隶校尉。有个叫尹模的官员凭借皇帝的恩宠作威作福，朝野上下都惧怕他，敢怒不敢言。何曾不畏惧尹模的权势，上疏弹劾他，得到朝廷上下的一致称赞。

何曾和司马懿私交深厚。曹爽专权的时候，司马懿称病不出，何曾和司马懿采取一致行动，也称病不出。司马懿用计杀了曹爽以后，他才又出来工作。

司马懿死后，何曾继续和司马氏家族保持着非常亲密的关系。

司马昭当权时期，何曾调任尚书。正元年（255—256）中，何曾出任镇北将军，都督河北诸军事，出征时，司马昭派儿子司马炎把他送出去几十里，足见司马氏对他的重视。司马昭被魏帝授予晋王位时，何曾与高柔、郑冲一起为三公。

公元265年，司马昭病死，司马炎继承了晋王位，掌握全国军政大权。何曾被任命为晋丞相，兼侍中。他与裴秀、王沈等多次劝司马炎称帝。不久，曹奂被迫下诏书说："晋王，你家世代辅佐皇帝，功勋高过上天，四海蒙受司马家族的恩泽，上天要我把皇帝之位让给你，请顺应天命，不要推辞！"司马炎假意多次推让。何曾和贾充等人带领满朝文武官员再三劝谏。司马炎多次推让后，才接受魏帝曹奂禅让。

因为在废魏立晋的过程中，作为丞相的何曾起了重要作用，何曾被任为太尉，直至太保兼司徒，爵位也由侯晋封为公。

晋朝建立之时，何曾已经年过花甲了，对朝廷的一再提拔，何曾心有感触，他多次以自己老迈为由，执意辞让。为此，皇帝特意下诏表彰他："太傅明朗高亮，执心弘毅，可谓旧德老成，国之宗臣也。"

武帝特命何曾在朝会之时，享受坐车佩剑的特权，说是仿"汉相萧何、田千秋、魏太傅钟繇故事"。何曾真可谓一人之下，万人之上。

帮助司马炎建立了晋朝，可是，何曾又开始为晋朝的长久统治不安了。新朝建立了，皇帝司马炎不禁开始奢靡浮华的生活，何曾作为皇帝器重的老臣，经常陪侍晋武帝饮宴。有一天，他回家后对儿子们说："皇上开创大业，理当流传久远。但是我每次陪侍他饮宴，从未听他谈过经略国家的远大计划，只说日常琐事，恐怕他的子孙会很危险。事业止于本身而停滞，子孙堪忧。你们还可

以得以善终，"又指着孙子们说，"你们必定有灾祸临身。"

后来何曾的孙子何绥在"八王之乱"中被东海王司马越杀害，何曾的另一个孙子何嵩哭着说：'我的祖父实在非常圣明啊！'

看来，这位年迈的政治家的确很有远见。

何曾自己的私生活可谓非常严谨。他和自己夫人一年不过见三四次面。每次见面都像接见外宾一样隆重。何曾打扮整齐，何夫人也穿上凤冠霞帔，两人面对面地坐好，互相敬酒，祝对方长寿。表达完自己的美好祝愿之后，就各自退席，然后就几个月不见面。这样的夫妻，得到了史书的表扬，称赞何家"闺门整肃"。

不过，到了晋武帝统治的中后期，国家无事，文恬武嬉，大臣们也就奢侈无度，何曾身为宰相，一日三餐最少要花费一万钱，还愁没有可吃的菜，以致经常无处下筷子。以当时的购买力，一万钱相当于一千个平民百姓一个月的伙食费，何曾奢侈的程度可想而知。

有其父必有其子，何曾的儿子何劭青出于蓝而胜于蓝，这个高门阔少"食之必尽四方珍异，一日之供，以钱二万"，每日的伙食费是他老父亲的两倍。何曾的另一个儿子何遵也承父风，"性豪侈"。何遵的儿子何绥也是"奢侈无度"。

何曾以宰相之高位在上面垂范，西晋王朝的各级官吏也不再把安邦治国济世安民当回事了，而是把全部精力用于追逐纸醉金迷、竞相斗富的荒唐生活。西晋很快就走下坡路了。

何曾活着的时候，这样的苗头他已经看到了，但随着他的死，西晋以后的发展就不是他所能把握得了的了。

咸宁四年（278），何曾去世，年80岁。

对于大臣们争相奢靡的现象，晋武帝司马炎不但不管，而且还助纣为虐，推波助澜。在他的亲自导演下，皇亲王恺和权臣石崇演出一幕历史上著名的"崇恺争豪"的丑剧。崇，即石崇（249—300），字季伦，司徒石苞之子，原籍渤海南皮（今河北南皮），生于青州（今山东淄博），小名"齐奴"。他足智多谋，搜刮钱财不择手段。做荆州刺史时，他令衙役扮成强盗，打劫豪贾巨商，

拦路抢劫，赃物归入私房，遂成暴富。人称之"石氏之富，方比王家"。

石崇在生活上豪侈无比，他在洛阳修建一幢豪华绝伦的别墅，取名"金谷"，世称"金谷园"。他和他的朋友们经常在这里吃喝玩乐，人们把他们称为"金谷二十四友"。

恺，即王恺，字君夫，东海（今山东郯城）人。曹魏兰陵侯王肃之子，是晋武帝的亲娘舅。他做过龙骧将军、后军将军。作为皇亲国戚，更是挥霍无度，为所欲为。他听说石崇家非常富有，且奢华无比，决定与石崇一比高低，结果王恺自愧不如。

石崇和王恺不仅争豪斗富，而且还杀人取乐，毫无人性。

一次，王恺请一些豪贵到他家喝酒，为助酒兴，他叫女伎吹笛伴奏。女伎吹笛稍微走了点声韵，王恺便立即叫人把女伎拉到台阶下打死。女伎苦苦哀求，痛苦地惨叫，而宴会上的那些豪贵们却熟视无睹，神色自若，王恺更是面不改色，从容饮酒。

石崇在杀人取乐方面更不比王恺逊色。他有成百上千的奴婢，他可以任意使用、杀戮。石崇也经常宴请宾朋，以显示自己的豪侈。在宴饮时，他让美女劝酒，如果哪个美女劝酒而客人不喝，他便杀死劝酒的美女。一次，大将军王敦到石崇家做客，为看石崇杀美女以取乐，故意不肯饮酒。石崇连杀三人，王敦仍然面不改色，有人劝他快把酒饮了，他却说："石崇杀的是他自己家的人，与我何干！"

豪门权贵的贪婪、奢侈和残暴，引起一些较为正直大臣的担忧，他们知道，如果当权者再这样继续腐败下去，就有亡国的危险。大臣傅咸上书武帝，说如今奢侈的消费，比天灾还厉害。武帝却熟视无睹，听之任之，继续过着骄奢淫逸、醉生梦死的生活。西晋政权在这些蠹虫的蛀蚀下，迅速地成为空壳，很快便走向灭亡。

贾后专权

太熙元年（290），晋武帝司马炎病死，他的儿子晋惠帝司马衷继位。这个

晋惠帝天生弱智，称为白痴皇帝。从他即位那天起，他就没有真正掌过权，他一直是外戚和宗室诸王手中的傀儡。

惠帝本来就又呆又傻，可晋武帝却偏为他选了一位凶悍狡诈的妃子，那就是权臣贾充之女贾南风。贾南风非常有心计，善于使用权术和智谋。贾南风入宫后，牢牢地控制傻太子，她非常妒忌、酷虐，经常乱杀宫女，武帝对此很恼怒。

晋武帝病危时，知道儿子司马衷难以独自把持朝政，外戚杨氏权势过大，贾妃又那么酷虐，很为儿子担忧。他想让官僚王佑为北军中侯，掌握中央禁军，让太子的亲弟弟秦王司马柬都督关中，楚王司马玮、淮南王司马允都镇守要害地带，来辅佐王室。又下诏让汝南王司马亮和皇帝的舅舅杨骏共同辅佐弱主。但一切都已经晚了，以杨骏为首的杨氏后党羽翼已丰满，他们不愿意别人和他们分享权力，杨骏和杨皇后趁武帝病死之机，伪造遗诏，由杨骏独自辅政，从此，杨氏后党掌握了朝政大权。

武帝死后，太子司马衷在杨氏后党辅佐下，登上了皇帝宝座，杨皇后被尊为皇太后，贾妃也成了皇后。皇上成了杨氏手上的傀儡。当时朝廷内部矛盾重重，杨氏后党、贾氏后党和司马氏诸王都在暗中蠢蠢欲动，一场你死我活的斗争随时会爆发。

永平元年（291）三月，晋惠帝即位还不到一年，贾后便联合楚王司马玮，发动了宫廷武装政变，消灭了杨氏后党。

杨氏被铲除后，贾后成了后宫之主，独揽六宫大权，而朝政则由汝南王司马亮与老臣卫瓘来执掌。西晋的政权在宗室王、贾氏后党及朝中老臣中重新分配。以汝南王司马亮为太宰，太保卫瓘录尚书事，二人负责主要朝政。以秦王司马柬为大将军，东平王司马楙为抚军大将军，楚王司马玮为卫将军，下邳王司马晃为尚书令，东安公繇为尚书左仆射，并晋爵为王。贾后党羽董猛为武安侯、李肇为积弩将军。贾后的堂兄贾模为平阳乡侯、舅父郭彰为散骑常侍。这些人在铲除杨氏过程中捞到了好处，但分赃并不均，尤其是楚王司马玮，他认为自己是铲除杨氏的主力，而没有获得太多的权力，心有怨恨。而汝南王司马

亮和卫瓘知道，司马玮凶猛残暴，难以控制，是他们执政的主要威胁，所以，他们两人便想让司马玮等诸王返回自己的藩国，这更引起了司马玮的不满，他决定投入贾后怀抱，扳倒汝南王司马亮和卫瓘，重新分配权力。

就在铲除杨氏后三个月，即公元291年六月，阴险毒辣的贾后诬陷司马亮和卫瓘要废皇上，另立新君，假造诏书，令楚王司马玮带领守卫京城北部的禁军即北军，夜间围攻司马亮和卫瓘，杀死汝南王司马亮及卫瓘全家。随后，贾后否认曾下过令司马玮诛杀司马亮和卫瓘的诏书，诬陷是司马玮伪造诏书，杀死辅政大臣，图谋不轨，将司马玮处以死刑。从此，贾后从后宫走到前台，夺得了朝廷全部大权，开始了她的女主专政。

贾后专政期间，西晋朝政更加腐败不堪，那时候，道德法纪没人遵守，贪污贿赂公开进行，有权有势的小人横行霸道，为所欲为。朝中正直贤良的人受排挤、受迫害，一切都乱了套。贾皇后尝到了做女主的甜头，野心越来越大，她为了永远把持朝政，竟害死了惠帝唯一的儿子——太子司马遹。

贾后的阴险残暴激起了宗室诸王和满朝文武大臣的愤恨。尤其是那些姓司马的宗室王，在贾后执政期间，被排挤在政权之外，大都回到自己的封地，招兵买马，扩充实力，甚至不惜引狼入室，勾结胡族贵族，暗中随时准备出击。贾后杀死太子的消息传来，这些"龙子龙孙"们认为争夺皇位的时机到了，便纷纷举兵，战火再次燃起。

公元300年四月三日夜，赵王司马伦和梁王司马肜、齐王司马冏以"为太子报仇"为旗号，带兵闯入后宫。他们先把惠帝抢到手，然后逮捕贾后。贾后及其党羽都被赵王司马伦处死，从此，西晋政权便在宗室王之间进行争夺。这种争夺变得更激烈、更残酷，战乱已经不仅局限在宫廷，且延伸到地方，它将整个北方都推入了战争的深渊。

狗尾续貂

"狗尾续貂"是个成语，它的表面意思就是拿狗的尾巴代替貂的尾巴，现在常用来比喻在好的文艺作品后面接续一个不如原作的结尾。其实，这个成语源于晋朝，这其中还有一个典故。

西晋的赵王司马伦一石二鸟，害死了司马允，毒死了贾南风之后，便控制了傀儡皇帝司马衷，从此大权独揽，说一不二。按理，他也该满足了，可他还有更大的野心。他和心腹孙秀密谋，要模仿司马炎当年逼迫曹奂让位的做法，逼惠帝让位给自己。

永康二年（公元301年），司马伦让孙秀派义阳王司马威去夺皇帝手中的玉玺，自己则带几万军兵在城外配合。惠帝呆傻而又软弱，乖乖地交出了玉玺。正月初九，司马伦宣布登基坐殿，把废帝司马衷尊为太上皇，但这只不过是表面文章，实际上却将其送至易名"永昌宫"的金墉城软禁。

篡位之后，司马伦开始滥封滥赏，其封赏程度，真可谓是空前绝后。比如：历朝历代都曾有过靠地方推荐而后又由朝廷选拔为官的事，但到了他这一朝，事情就简单了。只要地方推荐，朝廷无须再选拔就可为官；太守、县令这些原本卑微的小官现在也全部封侯；尤其是侍中、散骑常侍等一级高官，过去只设4人，而今竟设了一百多人。这一级高官的帽子本该用貂尾装饰，可官多貂少，只好用狗尾巴代替，这便是成语狗尾续貂的来历。

皇帝狂封滥赏，为官的竭尽全力搜刮民脂民膏。此时朝廷内外，风气比武帝时期还要恶劣。由于遍地都是官，官对人们已经没有太大吸引力，人们致力于聚敛钱财。南阳才子鲁褒曾写过著名的《钱神论》一文："……钱字孔方，相亲如兄……危可使安，死可使活，贵可使贱，生可使杀。无论何事，非钱不行……"可谓一针见血地指出了当时唯钱是"尊"的极度丑恶腐化现象。

司马伦大肆封赏，本想笼络人心，没想到反而使朝中上下一片混乱。他不过是手握兵权的一个莽夫，根本没有治国安邦之道。朝中如此混乱，他也知道，但没有一点办法，只好听孙秀的。孙秀比他也强不到哪儿去，许多事朝令夕改，弄得满朝文武怨声载道。时间一长，积怨越来越多，便威胁到司马伦的皇位。

孙秀意识到如果皇族宗室此时起兵，那司马伦的皇位定然不保，便建议司马伦派人去安慰最有实力的皇族三王：驻守邺城的成都王司马颖，驻守许昌的

齐王司马冏，还有驻守长安的河间王司马颙。

但是齐王司马冏根本不买账，反而将司马伦加官晋爵的诏书一把撕碎。他为什么这样呢？原来，齐王司马冏在帮司马伦夺权的过程中立过大功，可司马伦称帝后大肆封赏，唯独对他只封了个游击将军，将他排斥在京城之外。他便知司马伦是个"用着人朝前，不用人朝后"的货色，发誓再也不帮他。又见司马伦朝政混乱，他便起了讨伐之心。

驻守邺城的成都王司马颖也收到司马伦加封晋爵的官书。他深知司马伦之意，但他同时也收到了司马冏共同讨伐司马伦的檄文。他素来与司马伦没有什么大的矛盾，又不想得罪司马冏，左右为难。这时他的部下卢志说道："王爷，自古道'顺天者昌，逆天者亡'。司马伦谋权篡位，倒行逆施，必遭民怨。如今朝中又一片混乱，我看他维持不了多久。不如和齐王一起顺应民意，讨伐司马伦，定能取胜。那时王爷也是千秋万代的有功之臣啊！"司马颖平时很欣赏卢志，如今一听他这样说，也觉得颇有道理，当下发兵响应齐王。

齐王司马冏知道自己力量不足以对付司马伦，便同时联络了成都王司马颖和河间王司马颙。那司马颙是个反复无常的人物，刚开始他不想与齐王一起讨伐司马伦。听说安西将军夏侯夷要起兵响应齐王，就把他骗来杀了，又扣押了齐王派来的使臣，让部将张方押着去洛阳向司马伦请功。可张方走没多久，他就听说成都王司马颖和齐王司马冏联合起兵，全国各地还有许多人响应。他吓得又立刻派人快马追回张方，放了齐王使臣，然后宣布响应齐王起兵。

在洛阳的司马伦和孙秀，得知三王发兵，吓得魂飞魄散。又知道三王此番定然不会放过他二人，便急忙调兵死命抵抗。两军在洛阳城外，激战两个月，不分胜负。此时，朝中大臣人心惶惶。坏消息一个接着一个，许多人便纷纷自寻退路。左卫将军王舆和尚书司马漼见司马伦、孙秀大势已去，便决定除掉他俩，与三王来个里应外合。司马伦、孙秀只顾与城外大军周旋，哪里料到城内有变，猝不及防，被他二人捉个正着。至此，曾经不可一世的司马伦、孙秀兵败被杀。

三王获胜，齐王司马冏迎回惠帝，惠帝重新登殿，这位被废不久的呆皇帝

又恢复了帝位，神气起来。想起自己当初被逼的情景，仍心有余悸。他想狠狠报复一下，无奈司马伦、孙秀二人已死，便将怒气发在曾帮司马伦从自己手中抢走传国玉玺的义阳王司马威身上。赐司马威禁食而死，而且下令将其满门抄斩、诛灭九族。

傻太子归天

几番沉浮，惠帝终于又重新登上了金銮宝殿，但这也并不意味着他从此就可以威仪天下，高枕无忧了，因为他的命运始终操纵在别人手中。

自从三王征讨司马伦，左卫将军王舆和尚书司马漼里应外合，将孙秀、司马伦二人杀死之后，齐王司马冏迎回惠帝司马衷，入朝辅政，从此说一不二。这就激怒了河间王司马颙。不久，他就联络在洛阳的长沙王司马乂，对司马冏发动进攻。两军在京城展开激战。一时间洛阳火光冲天，箭飞如雨。混战几日，齐王司马冏兵败被杀。

司马颙想借此控制惠帝，但一转念又放弃了这个念头。反而以低调行事，不以功臣自居。杀败司马冏的第二天便上书惠帝，要求封成都王司马颖为皇太弟，即皇帝的接班人。惠帝自己没有子嗣，唯一的太子司马遹已被贾后害死，司马颖本来就是自己同父异母的弟弟，又念他在司马伦谋逆时救驾有功，立刻就答应了。

司马颖闻之，只道司马颙是真心拥戴自己，心里非常得意。他把惠帝留在邺城，自己做起了皇帝梦。可是好景不长，守北将军王浚带领大军来攻，并且引来鲜卑、乌桓的头领，共10万大军，还有并州刺史司马腾前来助战。司马颖大惊，忙派人抵抗，但寡不敌众，仓皇而逃。

他想河间王司马颙一向敬重自己，便带着惠帝投奔司马颙。谁知此时司马颙的态度发生了根本性的变化。他原来敬重司马颖，还保荐他为皇太弟，是因为看到司马颖重兵在握，不敢轻易得罪他。这下见他惨败，只带着惠帝逃出来，哪里还把他放在眼里，立刻找个理由让惠帝废了司马颖。他有心自己当皇太弟，

但一想自己和惠帝是远亲，恐难服众。于是又推荐惠帝的同父异母弟预章王司马炽为皇太弟。晋惠帝无处投奔，只有依靠司马颙，住在河间王的王府。人在屋檐下，不得不低头，只好听从司马颙摆布。从此，大权又落到了司马颙手里。但是，此时司马颙军中实际掌握兵权的人物是张方。他早就不把河间王司马颙放在眼里，又见成都王司马颖兵败，落架的凤凰不如鸡，就更不把他放在眼里。不管他们同意不同意，他就私自迁都长安，这样就引起了司马颙的不满，总想找机会除掉他。

再说东海王司马越，也是皇室宗族。因见朝廷内乱，早就生了谋逆之心。今见成都王败走洛阳，惠帝落到司马颙手中，便联络各方藩镇力量，共同密谋攻打。各地小头目纷纷响应，东海王实力越来越大。但他知道司马颙身边的张方拥有重兵，此人又能征善战，他不敢贸然出兵，而是先想了一计，要除掉张方。

一天，司马颙府中来了二人。他们是司马颙的亲戚缪胤和缪播。一见司马颙就声泪俱下地哭诉道："王爷，您赶紧早做打算吧？"

司马颙知他二人是司马越的人，闻言大惊，忙追问是怎么回事。

缪播叹息一声道："王爷，都是那张方害的，东海王司马越听说张方在洛阳洗劫财物，劫持惠帝，以为这都是受王爷您指使，马上就要派10万大军来攻打。正巧被我和缪胤偷听到他们的密谋，想到毕竟我们和王爷是亲戚，特此冒着生命危险前来告知，还希望王爷早做定夺。"

河间王一听吓破了胆，不知如何是好。良久，只听缪胤说道："王爷，我倒有一计，只不知可不可行？"

"快说，快说！"

"我想那司马越并不是真要攻打王爷，他想打的人是张方。王爷不如派人将他杀了，然后带着他的首级去向司马越议和，司马越没有不退兵之礼。"

河间王虽然早想除掉张方，但也知他能征善战，不忍下手。况且如今大敌当前，又需大将，不想杀他。可想来想去，觉得缪胤的话也颇有道理。一时左右为难，不知如何是好。正在这时，他的参军毕垣说道："王爷，当断不断，必

有后患。况且我听说张方与亲信督邺早有谋逆之心。殿下应尽早处置，否则定为张方所误！"

河间王一听，便下了决心。但他杀张方也要有理由，有证据，于是便命人到灞上秘密将督邺召到长安。毕垣先把督邺拉进密室，威胁他说："王爷已掌握张方谋反的证据。你要想活命，不管王爷问什么，你只回答'是'，我自然会救你。否则谁也没办法救你！"督邺一听吓坏了，立刻答应照办。

果然，河间王问他张方是不是想造反，督邺看了旁边的毕垣一眼，立刻回答"是"。河间王也不再问别的，就当即命令督邺回去，亲自杀掉张方。

督邺不敢不从。当晚回去，趁张方不备，杀了张方。

张方一死，司马颙立刻命人去告知司马越。不料司马越听了哈哈大笑，竟把司马颙的使者给杀了，然后立刻带 10 万大军攻打灞上和长安。司马颙一听，知道是中了离间计，几乎气炸了肺，立刻找缪播等人算账，可缪播甚至毕垣早已踪迹皆无。只抓到了督邺，也不待他分辩，亲手一刀将他砍死。他自知打不过司马越，便扔下惠帝，自己仓皇出逃，带着自己的兵将去了麋晃。

司马越的先锋祁弘先进驻长安，在城内烧杀抢掠，无恶不作。烧够了，抢够了，才找辆老牛车，将惠帝拉到洛阳。

回到洛阳，惠帝拜司马越为太傅，主持朝政。

东海王司马越终于达到了掌权的目的，但是他知道成都王司马颖、河间王司马颙二人未死，迟早会卷土重来。于是他又组织力量，于公元 305 年，再次起兵攻打逃到麋晃的司马颙。司马颙联合司马颖反抗，结果战败而逃。

时间不久，成都王被太守冯嵩抓住，送到邺城囚禁。参军刘舆等人假传圣旨，把成都王和他的两个儿子一起处死。

成都王死后不几天，一天晚上，惠帝吃了几个甜饼，突然肚子剧痛，大喊大叫几声，口鼻流血而死。终年 48 岁，在位 16 年。

惠帝死后，东海王司马越也不追查凶手，马上让皇太弟司马炽即位，是为晋怀帝，国号光熙。光熙元年（公元 306 年），司马越又让弟弟南阳王司马模杀了河间王司马颙和他的 3 个儿子。至此，历时 16 年，在西晋历史上有名的"八王之乱"终于宣告结束，晋朝也由此走向了灭亡的前夜。

不知当年武帝大封同姓王，千方百计立司马衷为太子的时候，可曾想过，自己此举会使晋朝如此动荡不安，而儿子做了皇帝也是担惊受怕，且正值壮年便被人毒死。如果他早知这样，恐怕就不会这么办，而天下百姓也会因此少遭些涂炭。

谈玄之风

"正始"是魏废帝曹芳的年号（公元240—248年），习惯上所说的"正始文学"包括"正始"以后直到西晋立国（公元265年）这一段时期的文学创作。

正始时期，玄学开始盛行。玄学中包含着一种穷究事理的精神，导致了对于社会现象的富有现实性的清醒态度，破除了拘执、迷信的思想方法。同时，庄子所强调的精神自由，也为玄学家所表现。当时，有主张"越名教而任自然"的一派，即崇奉发自内心真诚的道德，而反对人为外在的行为准则；也有主张名教与自然相统一的一派，即要求个性自由不超越和破坏社会规范，但至少"自然"这个前提是被大家所公认的。

然而，这一时期的政治现实却极其残酷。从司马懿诛杀曹爽而实际控制政权，到其子司马师、司马昭相继执政的十多年间，酝酿着一场朝代更替的巨变。他们大肆杀戮异己，政治气氛极为恐怖。"天下名士，少有令者"，许多著名文人死在这一场残酷的权力斗争中。另一方面，司马氏集团为了掩盖自己的残暴行为，并为夺取政权制造舆论，竭力提倡儒家礼法，造成严重的道德虚伪现象。

西晋时期玄学家的代表人物是向秀和郭象。向秀著有《庄子》，后来郭象又加以补充发挥。但二人此时所谈之玄与正始时期所谈之玄已有本质不同。他们的思想实际是代表了西晋门阀士族利益，是为现存的统治秩序辩护，是为司马氏政权歌功颂德。例如：他们认为一切现存的事物，如政治机构、社会组织上下之分都是合理的；现存的"名教"是"自然"的最好表现；当权的"帝王"就是最理想的圣人；等等。

但是，面对恐怖和虚伪的现实，知识分子阶层的痛苦又表现得尤为尖锐、深刻。他们以清醒和理智的思维，以昂扬的姿态追求个性解放。最具代表性的就是当时号称"竹林七贤"的阮籍、嵇康、山涛、王戎、向秀、刘伶、阮咸。他们具有音乐家和诗人的气质，而能融哲学、美学、音乐和诗赋为一体。于正始之后历史激烈动荡年代，开竹林风气与正始之音相媲美。既继承发扬正始玄学，又突破儒道思想，倡自然与名教不可调和。他们的思想更为倾向《庄子》，对西晋之后《庄》学大兴，以及进一步冲击礼法名利，起到重要作用。总之，无论从文学史还是从哲学史来看，他们都在当时有显著地位，而又对后来产生深远影响。魏晋谈玄之风别开生面。《文心雕龙·时序》说："自中朝贵玄，江在称盛，因谈余气，沆成文体。"此所指中朝，即惠帝以后时期。《诗品序》亦说："永嘉时，贵黄老，稍尚虚谈，于时篇什，现过其辞，谈乎寡味。"永嘉前后，为西晋清谈盛行时期。西晋谈玄中期，谈玄名士首推王衍和乐广。

　　王衍崇尚玄学"贵无"思想。《晋书·王衍传》记载："魏正始中，何晏、王弼等著述《老》《庄》，立论以为'天地万物皆以无为本。无也者，开物成务，无往不存者也。阴阳恃以氏生，万物恃以成形，贤者恃以成德，不肖恃以免身。故无之为用，无爵而贵矣。'衍甚质之。"意思就是说王衍谈玄的理论依据是王弼、何晏玄学的核心思想，即"以无为本"。王衍还"常自比子贡……唯谈《老》《庄》之事"，具有调和玄、儒的倾向。

　　乐广谈玄，义理较王衍高。当时谈玄，要以简练的言辞表达深远的义理，所谓"清辞简旨""玄约旨远"，王衍与乐广谈玄，便觉己之烦，说明他义理尚有不能畅。当时谈玄，放荡不羁已成风气，而乐广反对此风。他以"名教内自有乐地"加以非难，是调和自然和名教的主张，认为旷达而不必越礼。

　　玄学家们在当时的所谓谈玄之风，又被称为清谈之风。他们所谈内容大多是脱离现实的空洞议论。清谈时，一般分主宾两方，采用"主""客"问难方式。谈主首先摆出一项讨论的内容并叙述自己的见解，称为"竖义"或"立义"，然后一客或数客诘难。而且主与客，特别是"竖义"的"主"必须手持麈尾做道具，以助谈锋。

西晋这股清谈之风实际上是由当时残酷的争权斗争，恐怖的政治气氛造成的。文人才士没有言论自由，没有施展才能的机会，稍不留神，便有杀头之祸，他们只有以空洞的清谈聊以自慰。

刘渊代晋

晋朝的八王之乱，以东海王司马越的胜利而告终。但他倒行逆施，也没能坚持多久。

自从惠帝死后，东海王司马越让皇太弟司马炽即位，是为怀帝。那怀帝可与惠帝不同，他不但是个健全的人，而且有自己的头脑，颇懂治国安邦之道，又懂得吸取教训。虽然是司马越拥立他为皇帝，可他深知，自己只不过是司马越的傀儡，是他手中的一粒棋子。而要摆脱这种地位，便要培植自己的力量，伺机除掉司马越。

司马越根本没把怀帝放在眼里。他自封为丞相之后，便坐镇许昌，后来又移师荥阳，遥控身居洛阳的怀帝。他认为怀帝是自己掌中之物，还能有什么作为呢？不料怀帝趁他不在洛阳之机，培植了一大批心腹，主要有：散骑常侍王延、尚书何绥、太史令高堂冲、中书令缪播、太仆卿缪胤。他们见怀帝是个人物，便同心同德扶持他。有了他们的支持，怀帝的羽翼逐渐丰满，但是消息很快传到司马越耳中，这下可惹恼了他。

永嘉三年3月的一天，东海王率大军气势汹汹回到洛阳。身佩利剑直闯皇宫，对怀帝说，缪播等人谋反，应当立即处死。怀帝极力否认此事，东海王见他如此，便火了，派部将王景统兵三千将皇宫团团围住，硬逼怀帝召集大臣上殿。怀帝无奈，只得照办。

缪播、缪胤等大臣刚一露面，东海王便命人将他们捆起来，然后让怀帝降旨处斩。怀帝一言不发，默默地反抗。一时相持不下，朝上气氛非常紧张。满朝文武大部分是东海王的党羽，有少数不是，但此刻唯求自保，哪里还敢吱声？良久，东海王突然大声吼道："王景听令：命你将这些乱臣押赴刑场处决，不得

有误！"说完，离开金殿，扬长而去。

怀帝身为皇帝，却无力庇护自己的这几个忠心耿耿的大臣，只能听凭东海王摆布，一时气极，潸然泪下。他走到大臣们面前，一一抚摸手臂，君臣顿时哭成一片。那王景不管这些，遵东海王之令，将这些大臣押下殿去杀了。

这些被杀的大臣，大多都正直而又有才干，特别是缪播、缪胤还是对东海王有功之人，他们曾冒着生命危险到河间王司马颙那里巧使离间计，使河间王杀了统兵大将张方，东海王才得以不费吹灰之力取得胜利。而此刻他竟不念旧情，翻脸不认人，将二人诛杀。由于他一贯实行"顺我者昌，逆我者亡"的政策，看谁不顺眼，即刻杀之，凌驾于皇帝之上，致使满朝文武心怀不满。

而此时，有一股力量正在迅速崛起，时刻威胁着西晋的安全，那就是原在成都王部下为官的刘渊。永嘉二年10月3日，刘渊在蒲子城称帝，国号大汉。东海王司马越只顾在朝廷内部争权夺利，控制怀帝，丝毫没有注意到刘渊的动向。而刘渊却一直虎视眈眈窥视着司马越，窥视着西晋王朝。他听说司马越倒行逆施，滥杀无辜，致使上下怨声载道，心中窃喜，觉得晋朝离灭亡不远了。于是拜刘景为灭晋大将军，率领大军向洛阳逼近，又派大将石勒进攻巨鹿（今河北平乡西南地区）、常山（今河北正定南部地区）。

不料刘景非常残忍，所到之处，奸淫烧杀，无恶不作。汉主刘渊是个有仁人之心的人，闻之大怒，立刻罢免了刘景的大将军之职，让儿子刘聪接任。

石勒大军则捷报频传，非常顺利，刘渊闻之大喜，但他最终也没有看到汉军灭了西晋。汉河端二年（公元310年），这位做了4年汉王、3年皇帝的汉主突然患病，不治身亡。太子刘和继位，但不久便死于同室操戈。重兵在握的灭晋大将军刘聪继位，改元光兴。

晋怀帝听说刘聪来伐，有心抵抗又苦于没有掌兵实权，便命人请东海王来商量。那东海王军早就听说刘聪、石勒大军所向披靡，锐不可当，他可不愿为了一个怀帝而丧失自己的实力。于是对怀帝说，自己要带大军出洛阳讨伐石勒、刘聪。怀帝知道他想带兵逃走，根本不想与晋朝江山共存亡，但仍苦苦挽留。东海王才不理他这一套，径自带着许多大臣和10万精兵走了，丢下了怀帝和一

东海王走后，晋廷乱成一片。有些奸佞小人乘机挟持怀帝，在皇宫里胡作非为，抢劫钱财，奸淫宫女，甚至连武帝的女儿广平公主也不放过。怀帝被人囚禁，手中无兵，敢怒不敢言。

石勒得知晋廷情况，加紧征讨步伐，先后攻下江夏、许昌，危及洛阳，晋廷一片恐慌。怀帝忙命河北诸镇援助洛阳。青明都督苟晞得知朝中情况，立即起兵，先讨伐东海王。经过连日激战，杀掉了囚禁怀帝的东海王亲信刘曾、程廷，吓跑了潘滔。

永嘉五年3月，苟晞率兵直捣东海王的驻地项县。此时东海王已陷入绝境，一面是苟晞，一面是石勒，两支劲旅对他形成夹击之势。东海王看不到希望，又急又怕，忧虑成疾，竟一命呜呼了。

他的手下王衍派人送东海王的尸体回东海国，路遇石勒大军。石勒痛恨东海王，觉得晋廷大乱、生灵涂炭，都是此人过错，生不得活擒，死也要惩处。于是命人将东海王的尸体焚烧，然后将骨灰扬掉。以此恶人下场，惩戒后人。

至此，西晋八王之乱随着最后一个王——东海王司马越的覆灭宣告彻底结束。

石勒纳贤

石勒（274—333），字世龙，上党郡武乡县（今山西榆社县）人。十六国时期后赵政权建立者，羯族部落首领周曷朱之子，中国历史上唯一一位奴隶皇帝。石勒从小就善骑射，长大后虎背熊腰，身强体壮，武艺超群。

但是"金无足赤，人无完人"，石勒从小家境贫寒，无钱读书，因此便显得胆识有余、谋略不足。他身世坎坷，早期曾在洛阳等地当过小商贩。那时土匪路霸特别多，为了确保货物安全，同行的人都推举武艺超群的石勒为他们的头儿。

石勒斗得过那些土匪路霸，却斗不过官府。有一年，青州刺史司马腾派人

抓苦力，石勒为了躲避官府，离开家乡，四处漂泊。但是身无分文的他要想活命，谈何容易？俗语说得好，一分钱难倒英雄汉。一个冬天的晚上，石勒又累又饿，昏倒在一户人家门口。也是他命不该绝，这家的主人心地善良，乐善好施，是那一带有名的郭敬郭大善人。他救起了石勒，又见石勒一表人才，非常喜爱，细心照顾，待他如亲人一般。石勒不过是又累又饿，身体虚弱，没几天身体就康复了。他非常感激这一家人，不愿他们因为自己受到连累，就在一个晚上偷偷走了，心想这大恩大德只好容日后再报了。不料，他走出没多远就被官军抓住，卖给茌平一个富户。

这位富户见石勒不是等闲之辈，倒也不找他麻烦，还派给他比较轻的活干。石勒从小就在马背上长大，学会了相马之术，因此与专门养马的牧场头目汲桑一见如故。二人互为对方吸引，越谈越投机，最后索性拜了把兄弟。他二人都不甘为人下之人。不久，就组织了十多位羯族奴隶起义，杀富济贫，与官府作对，名气越来越大，渐为人知，被人们传颂为"十八骑"。当时的官府差员只要一听"十八骑"无不变脸变色。

但是光凭这散兵游勇的"十八骑"究竟成不了大气候。石勒便与汲桑商量去投奔公师藩。公师藩原是成都王司马颖的部下，后来成都王兵败邺城，他不忘旧主，收罗了几百骑兵，要去攻打占领邺城的王浚。石勒见状，想他日后与成都王会合，定成大计，更欣然前往。而他的名字也是在这时候由原来的匋改为石勒的。

公师藩的队伍不久就攻到平阳郡（今河北省大名），郡守李志率人马拦住去路。公师藩深知李志厉害，正自思量，让谁出马方能取胜，身边一匹枣红战马早已蹿了出去，定眼一看正是石勒。公师藩知道石勒武艺高强，也不阻拦。不一会儿，石勒与李志厮战在一起，打到一处，直杀了五十多个回合未分胜负。公师藩正自着急，忽见石勒败下阵来，心里一惊，便要派人去接应。但人还未派出，却听李志大叫一声，中箭身亡。原来石勒见久战不胜，便使了一个败中取胜的计策，假败逃走，引李志来追，趁他不备，射出一箭，正中咽喉。那李志果然中计，送了性命。公师藩见状大喜，命部队乘胜开拔，很快又占领了平

阳、攻下汲郡（今河南汲县）。但在攻打邺城时腹背受敌，大败而归，回到鄃县休整。

不久，公师藩、石勒、汲桑再度发兵，企图与成都王相会，但被兖州刺史苟晞所阻，公师藩力战苟晞，不敌而亡。汲桑、石勒见状，只好率残部逃回牧场避难。但他们并没有就此罢手，而是在牧场招兵买马，不断扩充实力。

永嘉元年（公元307年）夏，新燕王司马腾坐镇邺城。司马腾在并州贩卖奴隶时，曾抓过石勒，由于石勒奋起反抗，便让人将其毒打一顿，然后戴上木枷卖到山东，石勒为此吃尽了苦。得知司马腾镇守邺城，便又与汲桑前来攻打。此时的石勒可不是以前的石勒了。现在他率几万精兵，锐不可当，而且"仇人见面，分外眼红"，石勒就如一只下山的猛虎，将司马腾父子全杀死在战场上。

司马腾父子死后，石勒、汲桑占领邺城。但好景不长，很快他们就遭到苟晞和"乞活军"的攻击，战败而逃。汲桑不想再打仗，回到牧场，却被乞活军抓住杀了。石勒说服乌桓部落张伏利度率两千多人一起投奔刘渊。

汉主刘渊早就听说石勒英勇善战，今日一见，果然是一表人才，暗中喜欢，便封他做辅汉将军。石勒不负众望，帮刘渊打了许多胜仗。

一天，石勒率大军驻扎在常山附近，有一个书生要求晋见。石勒自己没有文化，却对读书人非常敬重，忙命人请进来。石勒见来人双目有神、气质不凡，一看就是有学问的人，便施了一礼问道："不知先生光临，有何赐教？"来人也是一揖回道："晋室衰微，群雄竞相犯乱，而这群雄之中无一人能比将军，所以特来投奔。"

石勒闻言大喜，忙细问了姓名。来人姓张名宾，学富五车，才高八斗，能与兴汉室的张良相媲美。他这一来，对石勒这个老粗来讲可谓雪中送炭。此人足智多谋，没过几天，石勒就在他所出的妙计之下，连连取胜。石勒对他更加刮目相看，也充分认识到读书人的作用，便下令在军队中设立"君子营"，让张宾负责，招揽文人墨客。消息传出，许多人前来投奔，还真为石勒招揽到不少贤士。

后赵中兴

再说前面提到的苟晞，自打败石勒后，自封为太子太傅，烧杀淫掠，无恶不作。人们都非常痛恨他，但都慑于他的淫威，不敢反抗。

而此时，石勒大军连战连捷，又有君子营辅佐，更是如日中天。听说苟晞作恶，也为报当初战败之辱，便亲率大军前来讨伐。那苟晞闻之，竟不慌不忙地说："不就是石勒吗？他是我手下败将，不值一提，来，喝酒，喝酒！"说完继续搂着他的侍妾喝酒取乐。他哪里知道，现在的石勒已今非昔比了。他糊涂，他手下的将领可不糊涂，他们早就听说石勒厉害，又是义勇之军。今见统帅如此，便纷纷弃他而去，投奔石勒去了。苟晞只顾饮酒作乐，竟不知自己早已是个光杆司令了。石勒大军赶到，轻而易举就捉到了喝得烂醉的苟晞。石勒把他和他的弟弟用铁链拴住脖子，像牵狗似的，牵到街上示众。百姓们见到，都朝他们吐口水，扔砖块，最后将他二人活活砸死。他二人坏事做绝，也算是罪有应得。

处死了苟晞兄弟，又杀了六州都督王弥，石勒接管了两处军队，力量又壮大了，便打算攻取建康。他率大军来到长江岸边的葛陂，准备渡江。不料，天气突变，阴雨绵绵，连续三个月不晴天。士兵疲累，又加上天气不好，瘟疫开始在军中流行，几乎天天有人病死，一时军心涣散。有人主张回去，也有人主张干脆投靠建康的琅琊王。石勒知道长久下去，大军必然溃散，便召诸将前来商议对策。

右长史刁膺率先发言，说出早已想好的话："末将以为，我军来到长江岸边，便遇三月阴雨，此时军中瘟疫流行，死伤无数，此乃天意。不如顺天而行，归顺琅琊王。"他话音刚落，立刻遭到众人的反对。

石勒听了，皱了皱眉。他知道军中有这种想法的人不止刁膺一个，要想制止归降的想法，必须找一个人充分陈述不降的理由，于是他将目光投向了"赛张良"张宾。张宾早已成竹在胸，见石勒用目光示意自己，便上前施礼道："眼

下投降绝不可行，马上出兵也不是好办法。凡事应从长打算，灵活应变，琅琊王确实颇具声望，不易对付，但我们也并非只有归降这一条路可走。河北地域宽广，晋朝力量薄弱。依我之见，不若先回河北，一则稳定军心，二则稍做休整。之后再下江南，定能取胜。"

一番话说得众将口服心服，石勒当即令大军回师河北。众军士一听，欢呼雀跃，锐气大增，不久便顺利进入襄国（今河北邢台）。

石勒将襄国作为大本营，休整军队，严明军纪，又令减轻百姓杂税，鼓励农耕。不久，军强马壮，粮草充足。张宾便建议他进攻幽州。谁知，石勒尚未出兵，坐镇幽州的王浚却让他的亲家鲜卑首领段疾陆眷率5万骑兵前来攻打襄国。

石勒没想到鲜卑族部队会来攻打襄国，慌忙出城应战。哪知鲜卑族士兵个个骠勇善战，石勒大败，退回城中，避门不出。段疾陆眷便命军兵将襄国团团围住，整日在城外叫骂。

石勒知道，总是闭门不出也非长久之策，总有一天粮草用尽，大军会不战而亡。于是，他便招来将领，苦思退敌之计，但将士们面面相觑，谁也没有好的办法。最后，众将都道："将军，干脆我们出城去和他们拼了！"石勒一听，连连摇头苦笑，挥手命众将退下。

一天，他正在帅府为此事茶不思，饭不想，忽然侍卫来报，张宾求见。石勒一听，便豁然而起，鞋也顾不得穿，跑出来迎接。一见张宾就拉着他的手问："先生可是想出了好办法？"

张宾笑而不答，而是先帮石勒穿戴好，方附在石勒耳边，悄说一计，乐得石勒拍手大叫："好，好！"

再说鲜卑族大将段末，勇猛顽强。奉哥哥段疾陆眷之命连日在城外叫骂。但是石勒自从一败之后，闭门不出。段末觉得石勒没有想象中的厉害，渐渐起了轻敌之意，放松了警惕。这一日，他让几十名嗓门粗大的士兵骂完阵后，见城内毫无反应，大队人马也疲惫不堪，便令军士就地放松，自己也下马解甲休息。可正在此时，忽闻城内一声炮响，杀出一队人马。他不由得一惊，定睛细

看，更是魂飞魄散。原来，不知何时城门两侧突然开了许多突门，从中随着大队人马杀出成千上万的兵士，眨眼已到眼前。鲜卑军慌忙应战，措手不及，纷纷败退。

段末又惊又恼，狂叫一声，上马冲杀。段末是员猛将，临危不惧。石勒军将领孙苌见状，掉转马头往城里跑，士兵也连忙跟着主将迅速往回撤，眨眼撤入城内。段末以为石勒军胆怯，不堪一击，催马急追，也不看身后有几人追随，就跟着冲入城中。他一入城，石勒军便拉起吊桥，紧闭城门。段末此时才回头一看，发现只有几个骑兵跟在身后，大部分人马没跟着进城，这才知道上当了。但为时已晚，石勒军一拥而上，几个回合，便将其生擒活捉。

城外的鲜卑军本来被打得措手不及，纷纷溃逃，但后来见将军段末将敌人吓了回去，就都转回头来，向城内冲杀。正杀得起劲，却突然发现城门关上了。不一会儿，一个眼尖的就发现自己主将段末被绑上城楼。军无主帅，顿时又乱作一团，几乎同时，城门里侧的突门又同时大开，孙苌带着人马去而复回，此次可与上次不同，以排山倒海之势强压过来。鲜卑族军士，群龙无首，阵脚大乱，纷纷逃命，一时死伤无数。

石勒反败为胜，全凭张宾那天献的两条计策。原来张宾见大敌压境，石勒茶饭不想，自己一时也想不出什么妙计，就回到君子营，与众多谋士日夜研究，终于研究出两条妙计："突门巧战"，即在城墙里挖洞，只剩下最外面一层砖，洞内隐藏骑兵，到时战士突然破墙而出；"关门擒虎"就是把敌军主将诱进城内捉住，这两招果然灵验。

石勒本想将段末杀了，但又爱惜他是一员虎将，有些舍不得。又有张宾从旁劝阻道："将军是我主霸业之人，如今军力虽然强大，但从长远来讲，切不可树敌太多，还是以段末为人质，迫他哥哥段疾陆眷讲和为好。"石勒点头称是。

段疾陆眷见弟弟被擒，正自着急，忽见石勒派人来讲和，怎不高兴？立即带厚礼见石勒求和。英雄惜英雄，两军交战，均已深知对方厉害，暗自为对方心折。这样，两伙兵戎相见的敌人，最终成了朋友。

石勒在张宾等人的辅佐下，连打胜仗，心里非常高兴，决心像刘邦一样成就一番大业。张宾等见状，也纷纷表示要像张良辅佐刘邦一样辅佐他。

大军继续南征北战，惩贪官，杀污吏，深受百姓爱戴。有许多流民义军前来投奔，石勒也坦诚相待。只是有一点，不收"乞活军"，并且见"乞活军"必杀。因为一见他们，石勒就想起惨死的把兄弟汲桑，发誓杀尽"乞活军"为之报仇雪恨。这一天军兵又提到一些"乞活军"，打算晚上活埋。石勒突然心血来潮，想看看活埋人死前是什么样子。趁着朦胧的月色，他忽然看见"乞活军"中有一个人的相貌非常眼熟，那人似乎也觉得他面熟，两人互相看了一会儿。石勒忽然扑过去，抱住那人叫道："郭先生，你还认得我吗？我就是当年您救过的人啊！"

那人果然就是曾救过石勒的郭敬，他也认出了石勒，只是不敢相信当年那个四处逃命的奴隶现在成了叱咤风云的大将军，也不敢贸然相认。今见石勒如此，便也抱住石勒热泪盈眶。两人抱头痛哭了一阵，石勒一把抹去眼泪道："郭先生对我有再造之恩，今后就请留在军中，与我同享荣华。"

郭敬听了，竟不言语，而是低下头去。石勒不解，忙问："郭先生有什么为难之事吗？"

他不问不要紧，他这一问，郭敬居然"扑通"一声跪在地上，泣不成声地哭道："石将军，今日我和几个兄弟被将军擒到，还请将军念在往日的情分上，给我那几个生死患难的兄弟一条生路吧！"

石勒这才明白，郭敬不愿丢下兄弟自己偷生，更加感动。忙搀起郭敬，命令军兵道："还不把人放了！给他们拿些盘缠，愿意回家的，不要难为；愿意留下的，就编入军中！"郭敬这才破涕为笑，从此留在石勒军中效力，石勒也将其奉为上宾。

再说幽州的王浚，整天想着当皇帝，不顾百姓死活。他的女婿更不是好东西，只知搜刮民脂民膏，弄得怨声载道。一天，他忽然收到石勒的一封信，信中表示愿意归顺他，并拥戴他当皇帝。王浚一看大喜，双方商定于建兴三年（公元314年）3月，石勒率大军到幽州归顺。

3月3日早晨，石勒率大军赶到幽州的蓟城，顺利进入城中，将王浚府第包

围。王浚这才恍然大悟，知道中计，慌忙从后门逃走，但已经晚了。石勒早派人等候在那儿，见他出来，一起围上，将其活捉。然后带着王浚班师回襄国，割下他的首级，挂在竹竿上示众 3 日。

至此，黄河中下游地区的 8 个州中，石勒占了 7 个。

咸和五年（公元 330 年）石勒在众部将的强烈请求下称帝，改元建平，历史上称为后赵。而刘渊称汉王至刘熙被俘时计 26 年为前赵。

石勒在襄国称帝后，一心治国，鼓励农耕，发展经济，减轻赋税，爱护百姓，深得民心。他既听正言，亦纳逆语，君臣关系和睦融洽，成为历代皇帝的楷模。东方的高句丽、肃慎等国，西域各部落纷纷表示自愿称臣。

石勒能成此大业，主要是他善于用人，广纳贤才的结果。其中对他最有影响的便是张宾。不久，张宾故去，但君子营还在，继续辅佐石勒，使他的事业如日中天。

刘娥以死保忠臣

汉主刘渊（？—310），字元海，新兴郡（今山西忻州北）人，匈奴族。五胡十六国时期前赵开国皇帝（304—310 年在位），匈奴首领冒顿单于后代，南匈奴单于于夫罗之孙，左贤王刘豹之子，母为呼延皇后。

文武双全，擅长骑射。父亲死后，接掌部属。八王之乱时，趁着西晋诸王内乱，割据并州，建立汉国，设置百官，追尊汉朝皇帝。永嘉二年（308 年），正式称帝，年号永凤。用贤纳谏，恭俭勤劳。河瑞二年（310 年）患病而亡，其子刘和继位，但不久也死于宫廷夺权斗争。刘和死后，灭晋大将军刘聪即位，改元光兴。

刘聪本来是刘渊最喜欢的一个儿子，他从小就活泼聪颖，长大后又足智多谋。但他自从当了皇帝，却仿佛变了一个人。他觉得当了皇帝，天下就是他们家的了，从此可以高枕无忧，尽情享乐了。他命令大臣们把家里的美丽少女都送入宫中，供他玩乐。有的大臣家里竟有姑姑、侄女同被选入宫中的现象。他整日纵情歌舞，不思进取，还嗜杀成性。谁要是稍有反抗，便会获罪赐死。有时甚至仅仅因为饭菜咸了、淡了，茶水沏得烫了，他便要杀人。而且他杀人时，如果有人从旁求情，也要一同处死。一时，满朝文武战战兢兢，唯恐稍不留神便惹恼了这位杀人狂。

而在满朝文武中，有一个叫陈元达的老臣，他不愿看到祖先的基业毁在刘聪手上，便想寻个机会劝劝他。正巧，一天刘聪下令要为皇后刘娥建造一座豪华的凤仪宫。这是一件劳民伤财的事，满朝大臣都心存反对之意，但又不敢直谏，恐怕惹祸上身。陈元达一看，却觉得这正是向皇上劝谏的好机会，于是冒死进谏。

他对刘聪说道："皇上，历代王朝凡是安于享乐、纵情酒色的都不免亡国；只有励精图治，勤政爱民者才会永昌。先帝（指刘聪父亲刘渊）在位时，爱民如子，自己平时只穿布衣，皇后、妃嫔也不着罗绮，所以才使我朝国势强盛，如日中天。可陛下登基后，仅仅3年时间，后宫佳丽已人满为患，现在却还在广选美女。富丽堂皇的宫殿、楼观大大小小已建了40座之多。眼下军费紧张，军粮不足，况且连年灾荒，百姓贫病交加，无以生计。陛下岂忍再大兴土木，修建凤仪宫？"

群臣一听，均大惊失色，为陈元达捏一把汗。果然刘聪大怒，他自登基之后，还未被人如此指责过，岂能放过陈元达？立刻命令武士把陈元达和妻子儿女一块儿押到刑场处死。

陈元达没等武士动手，忽然自己扭身向殿外跑。跑到殿外一棵粗壮的大树下，从怀里掏出事先准备好的铁链，把自己锁在树干上，武士们自然拉不动他。他却还昂着头冲着殿内的皇帝喊："老臣一番忠言，全是为了江山社稷，皇上若是想背负残害忠良的骂名，尽可以将臣杀了。但皇上日后可有脸面去见先帝吗?！皇上真的忍心江山社稷毁在自己手中吗?！"说罢声泪俱下。

刘聪隐隐约约听到他在殿外的喊声，更是火上浇油，怒不可遏。冲着满朝文武吼道："朕贵为天子，难道建一座宫殿这样的小事也做不了主，也不可以吗?"堂上大臣初时惧怕皇上，恐惹祸上身，见皇上要杀陈元达，也没人敢求

情。可是现在都被陈元达的气魄和忠心所感动，又加之他们都想如果陈元达死了，以后恐怕没有第二人敢这样劝谏皇上，长此以往，还不亡国？于是纷纷跪下，为陈元达求情。刘聪正在气头上，虽见满朝文武均为陈元达求情，也还是一言不发，一时双方僵持不下。

正在这时，一名内侍匆匆走来，呈给皇上一张进表。刘聪有心不看，但一瞥见那进表上的字迹，忙拿了起来。

原来这进表是皇后刘娥呈给皇上刘聪的。皇后刘娥不仅年轻貌美，而且知书达礼。她早晨起来正在花园中散步，忽闻皇上大怒，便问所为何事。一听是由于皇上要为自己修建凤仪宫，老臣陈元达劝谏，皇上要杀他全家，不由得花容失色。她深知陈元达是有功之臣，如果因为此事被斩，自己岂不成了千古罪人？于是也顾不得多想，便匆匆写了一张谏表，命内侍无论如何立刻转呈皇上。

再说刘聪，他本来就非常宠爱皇后刘娥，那凤仪宫就是为她而建。今见皇后呈上一张谏表，不由得奇怪，忙展开细看。一看之后，不由得倒吸一口冷气，只见上面写道："老臣元达功不可没，今冒死劝谏，可见其为国之心，精忠可嘉。而皇上竟弃江山社稷于不顾，为区区一凤仪宫而枉杀忠良。若元达被斩，臣妾罪莫大焉！还望皇上网开一面，成全臣妾，也可使皇上免负骂名。自古以来，常有妇人误国之事，妾深以为恨。谁知如今臣妾竟也做了此等误国之人，故恳陛下赐妾一死，以补臣妾之过！如若皇上誓斩元达，又不肯赐臣妾死，臣妾只有自绝，以谢世人。"

刘聪一看慌了，忙下旨放了陈元达。自己又将皇后进表细看一遍，思量一番，也觉自己做得有些不妥，便红着脸给陈元达道了歉。又降诏，将陈元达锁树的宫园改为"纳贤园"，一场风波终于平息了。众人得知陈元达被赦免的原委，也不由得为皇后刘娥的壮举所叹服。

刘聪当然不会将皇后杀了，反而更加宠爱和敬重她了。刘娥也因此成为后代贤德妃的榜样。

刘曜灭西晋

我们知道西晋从武帝司马炎建国时基础就没打好，特别是他的傻儿子司马衷当了皇帝之后，宫廷斗争更是愈演愈烈，到了第四代皇帝司马邺登基时，晋朝江山已是摇摇欲坠，内有各路诸侯作乱，外有匈奴兵进攻，这一切时刻威胁着愍帝司马邺的江山。

这一日，愍帝正在内宫饮酒，内侍来禀，麴允要求觐见皇上。愍帝忙传他进来。只见麴允神色慌张，见了愍帝跪下磕头道："皇上，臣得闻消息，匈奴统帅刘曜率军前来攻打长安！"愍帝一听，如五雷轰顶，半晌才回过神来，说道："麴爱卿，想当初就是这个刘曜攻克洛阳，俘获怀帝，杀我西晋王公以下三万余人，此人甚是厉害。如今朝中无人，还请麴爱卿为朕分担些忧愁。"

麴允一听忙说："臣万死不辞，这就出城抗敌！"愍帝听罢，心下稍安，立即封麴允为大都督；又降旨封索綝为都督京城诣军事，帮助曲允守卫长安城。

但是愍帝也知道，光凭麴允、索綝，长安是守不住的。这一天，新任太守张寔忽然带5000兵马和钱粮来到长安，声言护驾。愍帝真是喜出望外，立刻封张寔为都督陕西诸军事。

建兴四年（公元316年）7月，刘曜大军逼近长安，包围了长安北地，大都督麴允忙率兵前去增援。远远便看见北地浓烟滚滚，麴允想：完了，北地肯定失守了。但又不甘心，心存侥幸地拦住几个百姓模样的人询问情况。几个百姓七嘴八舌地说，匈奴兵占领了北地郡，现在正放火烧城呢！要不是跑得快，他们也被烧死了。

麴允信以为真，慌忙带人马退回长安。

其实，这是刘曜的一计：他让人在野地里放火，又让兵士假扮百姓迷惑麴允，麴允果然上当。

没有援兵，北地郡很快就被刘曜攻占。不久，刘曜又来到离长安只有十几里远的池阳（今陕西泾阳西北）安营扎寨。晋廷君臣慌了手脚，急得上蹿下跳，

四处求援。虽有几小路人马出动，但一见刘曜军士威武，也不敢贸然交战，只是远远观望。

刘曜见此，便大胆包围了长安城。只几天时间，就攻下了外城，晋廷只好被迫退进内城。

此时长安城内，早已断粮，连草根树皮都被吃光了。黄金已不是值钱的东西了，因为一两黄金换不到几两米。天天有人饿死，甚至有些人开始吃人肉充饥。愍帝也已饿得奄奄一息。麴允见状，便挣扎着到仓库四处搜索，终于在墙角找到一点酿酒用的酒曲，碾碎了煮成粥，给愍帝吃。没想到愍帝见了，竟狼吞虎咽，吃得津津有味，还连夸"好吃"。麴允在旁边看着，想起皇上往日的奢华，今日如此，不由得暗暗垂泪。愍帝吃完了，对麴允说："麴爱卿，你将满朝文武召来，我们还是共同商议一个对策吧！"

麴允明知商量也没用，但还是硬撑着将群臣一个个召集到金銮殿上。此刻愍帝有了点精神，便对大臣们说："众位爱卿，现在刘曜大军压境，我们内无粮草，外无援兵，看来是天绝我也。唉——既然如此，我们还是让城中百姓少遭些涂炭，降了吧！"说到最后，他的声音已经很小，像是自言自语一般。但"降了吧！"这三个字还是很清晰地传入众人耳中。一时之间，殿上传来唏嘘之声。不一会儿，有人率先哭出声来，愍帝也禁不住泪流满面。

最后，愍帝止住哭泣，命令宗敞起草降书。宗敞压抑住满腔悲痛，写了降书，心情沉重地走往宫门。遇见索綝向他要降书，宗敞表情木讷，呆呆地将降书给他，便转身回府。索綝看着他失魂落魄的身影，心里暗笑一声："蠢材，升官发财的好机会，还不知道把握。"

索綝回到家，立刻让儿子去刘曜军营。他儿子依计而行，见了刘曜说："刘将军，我是丞相索綝的长子。我父亲让我转告您，如果您愿意封我父亲为车骑将军并万户侯，他就帮你说服愍帝投降，否则，你是攻不破长安的。因为城中粮草至少可以再用一年，而且……"

"住嘴，你休要在此胡言乱语！"未等索綝的儿子说完，刘曜便道："素闻索綝狡诈，今日一见果然如此。长安城中早已饿殍满地，你还想骗谁?！来人，将

这不义之臣的逆子给我推出去斩了!"索綝的儿子一听要杀自己,吓得大呼救命。刘曜一见,更加瞧不起,命人立刻行刑,然后将人头送入长安城索綝府中。

索綝一见儿子首级,痛得大叫一声,昏了过去。许久,方醒转过来,知道自己的升官梦不但没有做成,反而枉送了儿子一条性命,只好乖乖交出降书,让宗敞出城送交刘曜。

史书上载,建兴四年（公元 316 年）,汉国统帅刘曜攻克长安,俘晋愍帝,击灭西晋。

东晋

东晋帝系表

317—420

元帝（司马睿）	建武（2）	317
	大兴（4）	318
	永昌（2）	322
明帝（司马绍）	永昌	322
	太宁（4）	323
成帝（司马衍）	太宁	325
	咸和（9）	326
	咸康（8）	335
康帝（司马岳）	建元（2）	343
穆帝（司马聃）	永和（12）	345
	升平（5）	357
哀帝（司马丕）	隆和（2）	362
	兴宁（3）	363
海西公（司马奕）	太和（6）	366
简文帝（司马昱）	咸安（2）	371
孝武帝（司马曜）	宁康（3）	373
	太元（21）	376
安帝（司马德宗）	隆安（5）	397
	元兴（3）	402
	义熙（14）	405
恭帝（司马德文）	元熙（2）	419

"书圣" 王羲之

　　王羲之（321—379，或 303—361），字逸少，号澹斋，原籍琅琊临沂（今属山东），后迁居山阴（今浙江绍兴），王家为世代大族。他曾为右军将军，世称"王右军"，是东晋伟大的书法家，被后人尊为"书圣"。王羲之从卫夫人学书，《笔势传》记载："羲之学三年，日进十二功。"卫夫人见太常王策，语曰：'此小儿必见用笔诀，近顷观其书，便智若老成'。因流涕曰：'此子必蔽吾书名。'"王羲之的书法博采众长，备精诸体，自成家法，得千变万化之神，为书林圣手。后世誉为"飘若浮云，矫若惊龙""铁书银钩，冠绝古今"。

王羲之

　　王羲之 7 岁练习书法，勤奋好学。17 岁时，他把父亲秘藏的前代书法论著偷来阅读，看熟了就练着写，他每天坐在池子边练字，送走黄昏，迎来黎明，写完了多少墨水，写烂了多少笔头，每天练完字就在池水里洗笔，天长日久竟将一池水都洗成了墨色，这就是人们今天在绍兴看到的传说中的墨池。

　　关于王羲之，有很多传说。王羲之有个特殊的癖好，非常喜欢鹅，不管哪里有好鹅，他都有兴趣去看，或者把它买回来玩赏。山阴有个道士打听到王羲之喜欢白鹅，就特地养了一批品种好的鹅。王羲之听说道士家有好鹅，就跑去看了。那群鹅在水面上悠闲浮游，一身雪白的羽毛，映衬着高高的红顶，实在逗人喜爱。王羲之请求道士把这群鹅卖给他。道士说："倘若右军大人想要，就请代我书写一部道家养生修炼的《黄庭经》吧！"王羲之求鹅心切，欣然答应了。这就是"王羲之书换白鹅"的故事。

　　王羲之善草隶、八分、飞白、章、行诸体，其楷书以《黄庭经》《乐毅论》

为最；行书以《兰亭序》为最；草书以《快雪时晴帖》《初月帖》等为最。

永和九年的三月三日，王羲之为会稽内史时，与一些文人到兰亭的河边修禊。大家一面喝酒，一面作诗。作完了诗，文人们把诗汇集起来，合成一本《兰亭集》，又公推王羲之作一篇序文。这时王羲之已经醉了，他趁着酒意，挥笔作书。这篇序文，就是名震千古的《兰亭集序》。

时间到了唐代，玄奘和尚西天取经回国后，唐太宗李世民亲自撰文的《大唐三藏圣教序》盛赞玄奘壮举。文章写成了，谁有资格来书写皇上的文字呢？由于文字内容和佛教有关，责任便落到佛门。长安佛界经过反复商讨，最终把皮球踢给弘福寺的怀仁和尚。这可难坏了怀仁。想来想去，怀仁突然灵机一动：皇上酷爱书圣王羲之，书圣虽然已逝，但当时留下的墨宝却很多，何不集"王"字呢！于是，怀仁从内府借得王羲之书迹，从中逐字寻找，然后精心描摹，一丝不苟。据说怀仁在集字过程中，有几个字怎么也找不到。不得已，他奏请朝廷昭示天下，谁能献出碑文中急需的一字，赏千金。书家写字要求一气贯之，字与字之间都有安排照顾。集字则不然，需要在若干个同样的字里选择出最适合的字出来，排列组合。这个过程，需要花费的心血可想而知。怀仁呕心沥血，殚精竭虑，历时二十四年，终于完成了这项浩大工程。《圣教序》至今仍然是学习王羲之行书最好的范本字帖。

可惜，王羲之真迹今已难觅踪影。

据说，举世闻名的《兰亭序》殉葬昭陵了。贞观二十二年（648），唐太宗李世民病危时，还念念不忘王羲之的《兰亭序》。于是，在临终时召见了太子李治。太宗说："吾欲从汝求一物，汝诚孝也，岂能违吾心愿。吾所欲得兰亭，汝意如何？"据说李治也非常喜爱收藏书画名品，何况王羲之的《兰亭序》，那可是天下最值得收藏的稀世奇珍。可是，太宗的语气看似请求，实是非取不可，如果不把《兰亭序》作为陪葬，就是不孝啊。听了父亲的话，望着父亲期盼的眼神，作为儿子的李治，只好把《兰亭序》装入玉匣之中，亲自放在太宗面前。据说，举世闻名的《兰亭序》，就这样随着唐太宗的死而殉葬昭陵了。

王羲之评价自己的书法："吾书比之钟繇，钟当抗行；草书比之张芝，犹当雁行耳。"尝与人书云："张芝临池学书，池水尽黑；假令寡人耽之若此，未必后之。"可惜，王羲之真迹多不传。

祖逖闻鸡起舞

东晋初年，北方匈奴等少数民族贵族指挥军队，到处烧杀掳掠，使人民生命财产受到严重摧残。北方广大人民奋起反抗，山西流民集团号称"乞活"，在陈午领导下坚决抗击石勒军；有一些汉族官吏如刘琨等，也起来对抗少数民族统治者。广大汉族人民迫切盼望东晋朝廷出兵北伐，消灭异族割据势力。

但是东晋以司马睿为首的统治集团只图苟安江南，司马睿"素无北伐之志"，只求维持长江以南的半壁江山。一些南方大族更是不想北伐。

在东晋统治集团中也有一些深明民族大义、充满爱国精神、坚决主张北伐的人，祖逖就是其中的杰出代表。

祖逖，范阳遒县（今河北深水北）人，大族出身，上代做过二千石的大官。他幼年读书并不用功，但能帮助人，乡亲们有困难，他常常接济。长大后，开始博览群书，通晓古今。他与刘琨是好朋友，两人同睡一张床，每天清早听到鸡叫就起床，在院中舞剑练功，这就是"闻鸡起舞"成语的来历。

洛阳失守后，祖逖率领宗族乡里南渡到江南。途中，他常把衣粮车马让给老弱病残，深得大家爱戴。祖逖到江南后，被任命为军谘祭酒，居于京口（今江苏镇江市）。他看到国破家亡，就上书司马睿说："晋室之乱，不是因为上无道而下怨叛，而是由于宗室争权，自相鱼肉，才使戎狄乘机入侵中原。今北方遗民遭受蹂躏，人自思奋，大王如能命将出师，让我当统帅去北伐，北方人民与郡国豪杰必然会望风响应！"但是司马睿不想北伐，又不好推托，就给祖逖一个"奋威将军、豫州刺史"的空头头衔，另给一千人的口粮和三千匹布，让他自己招募士兵去北伐。

祖逖虽然既无兵卒，又无武器，但他怀着收复中原的爱国之心，在建兴元年（313）率领自己南渡时带来的部曲百余家渡江北上。船行至长江中流，祖逖

击楫（木桨）发誓说："祖逖如不能扫清中原的敌人，就像大江一样有去无回！"言辞壮烈，大家都被他深深感动了。在爱国主义精神的鼓舞下，祖逖率领众人奔赴北伐的最前线。

祖逖渡江以后，驻屯在淮阴（今江苏清江市南）。先在那里修筑起冶铁炉，铸造兵器，同时招募到两千名战士，编成营伍。祖逖开始有了一支坚强有力的部队。

祖逖从淮阴向北进发，首先遇到的是黄河南岸的许多坞壁主。这些坞壁主在石勒军事力量的威慑下，正观望徘徊。坞主张平、樊雅占据谯城（今安徽亳县），与祖逖相持一年。祖逖争取张平部将杀了张平，又使樊雅出降，进据了谯城。不久，又打退了石虎的进攻，取得了初战的胜利。

大兴二年（319），陈留地方的坞主陈川投降了石勒，祖逖进攻陈川占据的蓬陂（今河南开封市附近）。石勒派兵五万援救。祖逖兵败，退到淮南郡（治寿春），石勒派桃豹守蓬陂。次年，祖逖派大将韩潜击败桃豹兵，夺得了蓬陂的东台，桃豹死守西台，双方各占领了半个城，战斗了40天，相持不下。双方粮食都发生了困难，祖逖为了战胜敌人，与韩潜商量了一条计策。

祖逖叫部下用许多麻袋装上土，假装是粮食，派千余士兵运上了东台，又派几个士兵搬运几袋真米，故意装得疲劳的样子，走到与桃豹交界的路上休息。桃豹的士兵见了米就来争夺，祖逖士兵赶快逃走。桃豹的士兵抢到了米，很高兴，立即埋锅做饭。他们一边吃着香喷喷的米饭，一边谈论着祖逖军队粮食充足；而自己营里早已断了粮，因而军心动摇了。

石勒知道了情况后，为了稳定军心，赶快派了一千多头驴子组成运粮队，运送粮食接济桃豹。祖逖得知这个消息，立即派人去袭击，夺得了全部粮食。桃豹听说粮食被劫，吓得连夜逃跑了。

就这样，祖逖军在艰苦的条件下，经过三年多的战斗，依靠北方人民和部分坞壁主的支持，基本上收复了黄河以南的领土。看到祖逖部队士气高涨，深得人民拥护，石勒不敢再渡江进犯。

祖逖在淮河流域坚持斗争，有效地抵御了北方少数民族的南侵，使东晋政权得以存在，这是祖逖的历史功勋。可是正当祖逖练兵积谷，准备继续向北进军的时候，东晋朝廷内部的斗争愈演愈烈，以王敦为首的军事集团在武昌正欲发动变乱，建康方面司马睿急于调兵遣将。大兴四年（321），晋元帝派戴渊为征西将军，出镇合肥，防备王敦，祖逖也要受其节制。东晋境内大规模的内战阴云密布，使祖逖感到夙愿难以实现，忧愤成疾；但他仍继续经营虎牢，修筑城垒，坚持不懈，最终死于雍丘（今河南杞县），时年56岁。他死后，河南地区又重新被石勒占领，北伐的成果被断送。

桓温北伐

在东晋，桓温是一个数一数二的人物，他不仅是个军事家，在政治上也很有建树。虽然他的文治远不如他的武功著名，但他力主北伐，本身就是一个很有远见的政治举措。

桓温（312—373），字元子（一作符子），谯国龙亢（今安徽怀远龙亢镇）人。东晋政治家、军事家、权臣，谯国桓氏代表人物，东汉名儒桓荣之后，宣城内史桓彝长子。桓彝为北方士族，西晋永嘉之乱后随晋元帝南渡，很得信任，先后任中书郎、尚书吏部郎等职，名显朝廷。明帝时，桓彝拜散骑常侍，曾与明帝密谋平定王敦之乱，因功被任为宣城内史。桓温不到1周岁时，名士温峤见到他，说："这孩子有奇骨，让他哭一声我听听。"听到他的哭声，温峤称赞道："真是英雄人物啊。"因为得到温峤的赏识，桓彝就给他取名为桓温。

桓温生性豪爽，风骨盖世，容貌伟岸，文韬武略兼具。时人刘惔认为他是稍逊于"孙仲谋、晋宣王之流"的人物。苏峻作乱时，桓彝被苏峻部将韩晃和江播杀死。桓温那年才16岁，他"枕戈泣血，志在复仇"。18岁这年，江播病死，江播的三个儿子为他守丧，桓温手拿刀刃，进去就把这三个儿子给杀了，父仇终报。桓温由此为时人所称。

桓温成人以后，娶了明帝之女南康长公主，他也因此拜驸马都尉，又袭父爵为万宁县男。成帝咸康元年（335），桓温出任琅琊太守，登上仕途。这一年，

桓温仅23岁，累迁徐州刺史。

桓温和外戚庾翼相处得好，他们经常在一起讨论国家大事，桓温对政治的敏感和才能深得庾翼的赏识，他向明帝建言："桓温年少有雄略，希望陛下不要以平常人对待他，而应委以大任，让他承担起振兴社稷的责任。"

庾翼死后，桓温出任安西将军、持节，都督荆、司、雍、益、梁、宁六州诸军事，领护南蛮校尉、荆州刺史。从此，他坐镇荆州。

荆州地处长江中游，其地民风劲悍，兵强财富"届天下之半"，素为东晋重镇。东晋在江南立国，以建康为京都，以荆、扬为根本，而荆州地处扬州上流，常能对京师建康形成威胁。把荆州交给桓温，可见东晋王朝对桓温的信任。

桓温不负所望，率大军西伐占据巴蜀并已日渐衰微的李氏成汉政权，并取得胜利。那一年是永和三年（347），桓温在李氏大殿上大办酒宴，款待参战的将佐参僚，当地缙绅皆来庆贺。桓温生性豪爽，气度不凡，加上新平蜀地，志得意满，宴会上，他更是神采飞扬，历数古今成败由人，存亡系才之事。他"音调英发""其状磊落，一座叹赏。既散，诸人追味余言"。

桓温驻军蜀地，驻留1个月。他把成汉政权中的贤才引为己用，百姓无不称赞。这也表现了年轻的桓温在政治上的才干。永和四年，桓温以平蜀之功，进位征西大将军、开府，封临贺郡公，一时威名大振。

永和五年（349），后赵主石虎病死。内部发生大乱，后赵大将冉闵称帝，建立了魏国，历史上称为冉魏；鲜卑族贵族慕容儁建立的前燕又灭了冉魏。公元352年，氏族贵族苻健也乘机占领了关中，建立了前秦。

后赵灭亡的时候，桓温向晋穆帝上书，要求带兵北伐。实际上，这时桓温已自江陵出屯安陆（今湖北安陆），遣诸将经营北方。对东晋统治者来说，他们只想偏安江南，并没有一统中国的远大志向。晋穆帝表面上提升了桓温的职位，实际上又猜忌他。桓温要求北伐，晋穆帝没有同意，却另派了一个殷浩带兵北伐。桓温很愤怒，他了解殷浩，这人是个只有虚名、没有军事才能的文人。他不怕殷浩，他声言要北伐，带着四五万人顺流而下，行至武昌。简文帝司马昱当时是抚军，写信给桓温言明社稷大计，桓温才回军。桓温又上书朝廷，言明

自己报效国家之志。

殷浩这时出兵到洛阳，被羌人打得大败，死伤了一万多人马，连粮草武器也丢光了。

桓温又上了道奏章，要求朝廷把殷浩撤职办罪。晋穆帝没办法，只好把殷浩撤了职，同意桓温带兵北伐。

桓温第一次北伐，水军从襄阳到均口，到南乡，步兵从淅川进征关中。所到之处，秋毫无犯，老百姓很感激，一路上，拿酒宰牛迎接桓温的军队。皇帝也派侍中黄门到襄阳慰劳桓温。可惜，赶上桓温老母去世，北伐暂时搁置。

公元354年，桓温统率晋军四万，再次北伐。晋军从江陵出发，分兵三路，进攻长安。前秦国主苻健派兵五万在峣关抵抗，被晋军打得落花流水。苻健只好带了六千名老弱残兵，逃回长安，挖了深沟坚守。

桓温胜利进军，到了灞上，长安附近的郡县官员纷纷向晋军投降。桓温发出告示，要百姓安居乐业。百姓欢天喜地，都牵了牛，备了酒，到军营慰劳。自从西晋灭亡以后，北方百姓受尽混战的痛苦。他们看到桓温的晋军，都高兴地流着眼泪说："想不到今天还能够重新见到晋军。"

桓温驻兵灞上，想等关中麦子熟了的时候，派兵士抢收麦子，补充军粮。可苻健也厉害，他料到桓温的打算，就把没有成熟的麦子全部割光，叫桓温收不到一粒麦子。

桓温的军粮断了，待不下去，只好退兵回来。但是这次北伐毕竟打了一个大胜仗，晋穆帝把他提升为征讨大都督。

公元369年，桓温最后一次进攻前燕，一直打到枋头（今河南浚县西南）。因为东晋统治集团内部钩心斗角，破坏北伐，加上粮道被前燕切断，北伐遂告失败。

桓温长期掌握东晋的军事大权，野心越来越大。有一次，他自言自语地说："大丈夫如果不能流芳百世，也应当遗臭万年。"

桓温有个亲信，向他献计，说："明公既居重任，天下之责将归于公矣。若不能行废立之事，为伊、霍之举者，不足镇压四海，镇服宇内，岂可不深思哉!"意思是要提高自己的威信,就先得学西汉霍光的办法,把现在的皇帝废了,自己另立一个皇帝。桓温同意了。

那时,在位的皇帝是晋废帝司马奕,平素谨慎,没有过错。太和六年,桓温带兵到建康,找个借口就把司马奕废了,另立司马昱当皇帝,这就是晋简文帝。桓温当了宰相,带兵驻在姑熟(今安徽当涂),而谋位之心不变。

简文帝只当了两年皇帝就死了,留下遗诏由太子司马曜继承皇位。这就是晋孝武帝。桓温本来以为简文帝会把皇位让给他,听到这个消息十分失望,不得不奉诏回建康。

这时,桓温已经老了,身体也很不好。宁康元年,桓温病逝,年62岁。

扪虱谈天下的王猛

晋朝有一位能力赛过孔明的奇才怪人。说他怪,是因为他有定国安邦之道,却不守为人之礼,常常不拘小节,因此时常被人传为笑谈,此人就是王猛。

王猛(325—375),字景略,东晋北海郡剧县(今山东潍坊寿光东南)人,后移家魏郡(今河北临漳)。十六国时期著名的政治家、军事家,在前秦官至丞相、大将军。他从小家境贫寒,以卖簸箕为生。但他酷爱读书,只要有一点零钱便攒起来买书,所以学问非常渊博。长大后他又去华阴山拜访名师学道,终成一代高人。

这一天,东晋征西大将军桓温为了收复中原失地,率军打到灞上,军士忽然来报,有人要求见。桓温也是一个很重视人才的人,心想一定是什么奇人高道,便命人传见。不料,来人一进来,桓温便微微有些失望。这人长得倒是身材魁梧、面目不凡,可是衣衫褴褛,举止随便,不等让座自己便坐在桌边。桓温问他姓名,他说叫王猛。桓温想,从未听说过这个名字,不会是个骗子,来军营里混饭吃的吧!我可不吃这套,待我问他几个问题,答不出来,就轰出去。想到此就提出几个难题,让王猛答。

不料王猛滔滔不绝、侃侃而谈,从国家大事、政治军事形势到普通百姓生活，谈得头头是道，最后甚至谈到了桓温此次收复中原之事。他指出，当前优势在晋朝而不在胡人，应趁此机会大举进攻，收复中原。桓温一听，大惊，这才知道遇到了高人，恳请他留在军中。王猛此番来正是要找一个贤能之人打天下，改变晋廷动乱、民不聊生的局面。王猛见桓温挽留，也不推辞。

王猛

但王猛说话时，一只手伸进衣服里又摸又抓。原来他的破衣服里长满了虱子，他是在抓虱子呢！众部将见他行为怪异，不拘小节，均窃笑不止。王猛"扪虱谈天下"的事，由此传开了。

自此，王猛在桓温军中效力，但不久，他就发现桓温不是一个可以依托大任的人，他缺少雄才大略，难成大事。于是不辞而别，回华阴山隐居去了。

升平元年（公元357年），与东晋形成对立之势的前秦皇帝苻生，滥杀无辜，荒淫无道。苻坚将其杀死，夺过前秦军政大权，自称大秦大王。此人是一个有雄才大略的大英雄，他很早就听说过"扪虱谈天下"的王猛，一心想得到此人，便派人到华阴山去盛邀王猛共举大事。王猛下山，见到苻坚，与之谈论天下大事，发觉甚是投机，相见恨晚，便有心辅佐。苻坚见王猛讲起打天下的理论，有根有据，头头是道，也由衷叹服，便把王猛当作诸葛亮对待。王猛终于得遇知音，便留在苻坚军中，决心竭尽全力辅佐苻坚创建大业。

当时苻坚统辖下的始平县秩序混乱，几任县令均因无力治理而罢官。王猛听说，自愿请求去治理始平县。苻坚正为此事发愁，见王猛如此，便欣然派他前往。王猛到任不久，就严明法治，将许多横行乡里的恶霸绳之以法，老百姓拍手称快。此后他又鼓励农桑，发展经济，凡事均要躬身亲事，很快始平县就一片生机盎然，井然有序。

王猛治理始平县有功，苻坚赏罚分明，立刻将他升为京兆尹。

京城有个出名的恶霸叫强德，是太后的弟弟。王猛早就听说此人的恶行，决心先拿此人开刀。他一上任就收集了强德的数条罪状，审问完了，一一属实，且均为死罪。数罪归一，立即处死。刚开始强德还自恃皇亲满不在乎，问什么都如实回答，他想王猛怎么也不敢杀他。最后一听王猛真要杀他，早吓得屁滚尿流。苻坚闻说要杀强德，忙派人来说情，但已经晚了。他派的人赶到时，强德早已人头落地。苻坚对强德平日作为也有所耳闻，只是碍于太后之面，不便追究。今见王猛如此，也除去了一块心病，所以对王猛把强德处死睁一只眼闭一只眼，并不怪罪。皇亲国戚见此，纷纷自检有无过失，恐怕被王猛查出来。一时之间，京城风气大好。苻坚更加欣赏王猛，一年之内居然连升他五次官。从京兆尹到吏部尚书，再到尚书左仆射、辅国将军，一直升到中书令。

苻坚一再提升王猛，引起许多人不满，特别是一些开国老臣。樊世竟当着苻坚的面骂王猛："老子打江山你做官，我们种地你白吃饭，真是会投机钻营!"王猛不说什么，苻坚却很生气，但念他是开国老臣，只是轰了出去，并不治罪。

樊世见苻坚不治他的罪，更加有恃无恐。没过几天，又当着苻坚的面大骂王猛，而且比上次还难听。王猛这次也忍无可忍，反唇相讥。一时之间，两人争执得不可开交。最后，樊世理论不过王猛，便要动手打人。苻坚在旁一看，几个老臣都趁劝架之机打了王猛几拳，踢了王猛几脚，不由得大怒，心想：这还了得?!看来不给他们点颜色看看是不行了。当即命人将樊世推出去斩了，并且下令：谁要求情一并斩首。这下，那些老臣们才老实了，再也不敢对王猛说三道四了。

苻坚在王猛的辅佐下，凡事抓根本，从长计议。提出兴教育，办学校，并亲自到学校督察此事。他还在王猛的影响下，关心百姓疾苦，注意宫廷节俭，深得民心。

这一年，东晋征西大将军率军攻打前燕国，前燕国派人来向苻坚求救，并答应击退晋军之后，将虎牢关以西赠给秦国。苻坚一时难以定夺，便召君臣前来议事。朝上大多数人表示：当初我们秦国有难，向燕求助，他们坐视不管；

现在他们自食恶果，我们宁可不要虎牢关以西的土地也不帮他们。但是，王猛却一言不发。

苻坚便将王猛叫到后庭，单独询问。王猛才说："燕国肯定不是东晋对手，但是如果桓温打败燕国，侵占中原，他会更强大，这对我们秦国非常不利。到那时桓温要攻打我们，我们也恐难取胜。不如现在联合燕兵，共退晋军，再伺机灭燕，中原唾手可得，不知大王意下如何？"苻坚一听连连称是。

不久，秦国帮燕国打退了晋兵，可燕却违背前盟不想将虎牢关以西地区送给秦国。王猛立刻上奏苻坚：正可以此为借口，大举伐燕。苻坚大喜，立刻命王猛为统帅，督统镇南将军杨安等十员大将率6万骑兵讨伐前燕。

王猛准备充分后，于太和五年6月出兵伐燕。一路上势不可当，连战连捷。

但是杨安在晋阳却遇到麻烦。他率军攻城，死伤1000多人，仍久攻不下。王猛闻讯赶到，察看了一下地形，道："晋阳城高池深，易守难攻。我们不可强攻，只可智取。"

当天夜里，王猛令300士兵由城下挖地道进入城内，打开城门。秦军蜂拥而入，燕军猝不及防，晋阳眨眼之间被王猛占领。

燕主慕容暐得知晋阳失守，大吃一惊，命太傅慕容评率40万大军抗击秦军。慕容评深知王猛厉害，便屯兵潞州（今山西潞城东北），不敢再前进。王猛就派游击将军郭敬带领5000人于深夜绕到燕营后，点着了他的军粮。

慕容评听到声音惊醒，看到漫山遍野的秦军拿着火把杀过来，以为王猛亲率军兵而来，吓得只带十几人夺路而逃，一口气跑回邺城。

王猛大军继续前进，很快包围邺城，同时将捷报传与秦王苻坚。苻坚大喜，亲率10万大军赶赴邺城，为王猛助阵。

燕主慕容暐见大敌压境，朝中无将，邺城危在旦夕，只得长叹一声，弃城逃走。燕国的州郡牧守见国王都逃走了，也无心抵抗，纷纷降秦，前燕就此灭亡。前燕自公元317年慕容德封公算起，至公元370年慕容暐亡国为止，共计53年。

前秦王苻坚在王猛的辅佐之下，力量由弱变强，地盘由小变大。吞并前燕之后，又先后使成汉国、前凉国臣服，攻占了晋兵掌握的襄阳等，统一了北方大部分地区，拥有了大半个中国的土地。大宛、肃慎、天竺等国和海东强国也都畏惧大秦的势力，纷纷贡献丰厚的礼品，以求和睦相处，免遭侵扰。

苻坚终于创立了自己强大的基业，这与怪人奇才王猛是分不开的。

谢安东山再起

谢安（320—385），字安石，陈郡阳夏人（今河南太康），东晋时期著名的政治家、书法家，官至宰相，是著名的"淝水之战"的指挥者之一。

谢安出身名门大族，他的祖父谢衡以儒学知名，官至国子监祭酒；父亲谢裒，官至太常。谢安4岁的时候就露出了将相气质，名士桓彝看到他后赞叹地说："此儿风神秀彻，将来不会比王导差。"

谢安童年时，就穿梭于高官名士之间，他的天才和智慧，他的超群见识，他的敏锐思想，他那不凡的气宇，他那优雅风度，一手漂亮的行书，无不令人敬服。王导、桓彝都很器重他，期待他长大后能建立不世之功。可是，谢安就是不出仕。他迷恋山水，志趣高雅，淡

谢安

泊名利。东晋朝廷先是征召他入司徒府，接着又任命他为佐著作郎，都被谢安以有病为借口推辞了。士大夫们都说："安石不出，当如苍生何！"

后来，谢安干脆隐居到会稽东山，和名士王羲之、许询、僧支遁等频繁交游。文人相聚，志趣相投。他们出则游弋山水，入则吟咏作文，挟伎乐优游山林，仿佛就在世外桃源。

东晋

谢安用诗表达自己此时的生活和精神追求：

> 朝乐朗日，啸歌丘林。
>
> 夕玩望舒，入室鸣琴。
>
> 五弦清激，南风披襟。
>
> 醇醪淬虑，微言洗心。
>
> 幽畅者谁？在我赏音。

谢安的名气太大了，时任扬州刺史的庾冰仰慕谢安的才华，几次三番地命郡县官吏请他出山，谢安不得已，勉强赴召。仅一个多月，他就告假回到了会稽。后来，朝廷又曾多次征召，谢安仍然予以回绝。这激起了不少大臣的不满，他们上疏指责谢安，朝廷因此取消了他入仕的资格。

谢安却不屑一顾，更忘情于山水。在江南的绿水青山之中，这逍遥的生活转眼就过去了，谢安已到了不惑之年。

司徒司马昱听说后说："谢安既然能够与人同乐，就一定不会不与人同忧，征召他一定会就任。"

谢安的妻子刘氏是名士刘恢的妹妹，眼看谢氏家族中的谢尚、谢奕、谢万等人一个个都成了朝廷的要员，只有自己丈夫不求进取，就对谢安说："夫君难道不应当像他们一样吗？"谢安掩着鼻子说："只怕难免吧。"果然，升平三年（359），因为谢万被黜事件，谢安不得不步入仕途。这年，谢安都40多岁了。

谢万是谢安的弟弟，也很有才气，又擅长自我炫耀，年纪轻轻就已经位高权重。升平二年（358），谢安的哥哥谢奕去世，谢万便被任命为西中郎将，监司、豫、冀、并四州诸军事，兼任豫州刺史。然而他只是个文人，不懂得安抚将士。结果在这一年，谢万打了败仗，损兵折将。不久，就被罢免为庶人。

谢奕病死，谢万被废，谢氏家族权势堪忧。升平四年（360），征西大将军桓温邀请谢安担任自己帐下的司马，谢安接受了。谢安出山的消息传出以后，朝野轰动。谢安将从新亭前往江陵，许多朝士都赶来送行，中丞高崧挖苦说："卿屡次违背朝廷旨意，高卧东山，人们时常说：'安石不出，当如苍生何！'如今苍生又将如卿何！"谢安坦然对之。

从此，谢安开始了长达20多年的仕途生涯。

桓温见到谢安十分兴奋，两人都是有抱负的人，谈起来也特别投机。桓温曾自豪地对手下人说："你们以前见过我有这样的客人吗？"

桓温准备北伐，正赶上谢万病死，谢安离职回家。不久，他征拜侍中，进礼部尚书。

咸安元年（371），对东晋朝廷来说，是十分关键的一年。桓温因在北伐中一度取得战果，就有了取晋室以自代的想法。他在咸安元年废黜了司马奕，另立会稽王司马昱为帝，是为简文帝。谢安已身处朝廷中枢位置，对桓温的野心深刻洞悉。虽然他明知简文帝比司马奕也强不了多少，但他和王坦之忠心匡扶朝廷，竭力阻止桓温篡权。

咸安二年（372），即位不到一年的简文帝就在忧惧中死去，太子司马曜即位，是为孝武帝。满心期待着简文帝临终前会把皇位禅让给自己的桓温大失所望，他借口奔丧率兵入京，将军队驻扎在新亭，他还在新亭预先埋伏了兵士，下令召见谢安和王坦之，想找机会除掉他们。

王、谢两人早已听说桓温事前埋伏了一批武士，想杀掉他们。王坦之到了相府，浑身出冷汗，连衣服都湿透了。

谢安却十分镇静。进了厅堂坐定之后，他对桓温说："我听说自古以来，讲道义的大将，总是把兵马放在边境去防备外兵入侵，桓公为什么却把兵士藏在壁后呢？"

桓温只得尴尬地下令撤除了埋伏。由于谢安的机智和镇定，桓温始终没敢对二人下手，不久就退回了姑熟。迫在眉睫的危机，被谢安从容化解了。

桓温看到建康的士族中反对他的势力还不小，不敢轻易动手，不久，抱憾而死。

桓温死后，谢安被任命为宰相，实际上总揽了东晋的朝政。为了缓和矛盾，稳定政局，谢安继续执行王导"镇之以静"的政策，轻徭薄赋，与民休息，发展江南经济。他没有趁桓温病死的机会剪除桓氏集团，仍然信任和重用桓温的弟弟桓冲，让他担任都督徐、豫、兖、青、扬五州诸军事和徐州刺史，负责镇守京口，后来又转为都督七州诸军事，兼任荆州刺史。桓冲也深明大义，认为自己的德望不及谢安，心甘情愿地以镇守四方为己任。在谢安和桓冲的共同努力下，东晋出现了少有的安定局面。

淝水之战

公元 383 年七月，前秦国君苻坚不顾群臣反对，一心想统一天下，下诏大举攻晋。八月，苻坚亲率 60 万大军南下，水陆齐进，直逼淝水，京师为之震惊。东晋的宰相谢安虽然外表镇定内心也十分忧虑，他对东晋的家底盘算了一下，觉得还有几分希望：名将桓温的弟弟桓冲将军带着 10 多万人马镇守荆州，应该可以守住我大晋的西大门。至于东部防线，有我的堂弟谢石和侄子谢玄率领的北府兵，北府兵从江淮之间的流民中募集，战斗力很强，应该能跟秦军拼上一拼！

谢安拿定了主意，命令谢石为主帅，谢玄为前锋，统领谢琰、桓伊、刘牢之等将领率着 8 万人开赴淮水一线抗击秦军。谢安早已料到，秦军来势凶猛，晋军不管怎样英勇，肯定要先吃几个败仗，至于后来情势如何发展，只好交给老天去决定。谢安的估计没错，十月，苻融的军队渡过淮河，攻下了淝水（淮河南岸支流，流经今安徽淮南西）西岸的军事重镇寿春（今安徽淮南西），然后又派部将梁成率领 5 万人向东进驻洛涧（淮河南岸支流，流经今安徽淮南东）。这时，谢玄也率兵赶到了这里，他有些害怕屡战屡胜的前秦梁成将军，于是在洛涧东岸与秦军隔河对峙。

亲率大军已经到达项城（今河南沈丘）的苻坚，密切关注着战场动态。这时，苻融向他报告，说抓住了困守硖石（今安徽寿县西北）的晋军将领胡彬的一个信使，获得胡彬粮草缺乏、兵力单薄的绝密情报，建议秦军迅速开进，以防敌军逃遁。苻坚乐开了花，撇下大部队，亲率骑兵 8000 疾驰寿春。可能是觉得自己胜券在握，苻坚就派降臣朱序到晋营策反主将谢石。可没想到身在曹营心在汉的朱序反而向谢石等人密告了秦军的情况，并建议谢石等人乘秦军主力

未到发起攻击，一鼓作气击败苻坚。

谢石、谢玄经过一番商议，就派名将刘牢之率领精兵 5000 人，先对洛涧的秦军发起突然袭击。守在洛涧的秦军不是北府兵的对手，勉强抵挡一阵，败了下来，秦将梁成被晋军杀了。秦兵争先恐后地渡过淮河逃走，大部分掉在水里淹死。

洛涧大捷后，谢石、谢玄一面命令刘牢之继续援救硖石，一面亲自指挥大军，乘胜前进，直到淝水东岸，把人马驻扎在八公山边，和驻扎寿阳的秦军隔岸对峙。

苻坚派出朱序劝降以后，正在扬扬得意，等待晋军的投降，突然听到洛涧失守，感到十分意外，有点沉不住气。他要苻融陪着他到寿阳城楼上去看看对岸形势。

苻坚在城楼上一眼望去，只见对岸晋军一座座的营帐排列得整整齐齐，阵容严整威武。再往远处看，对面八公山上，隐隐约约不知道有多少晋兵。其实，八公山上并没有晋兵，不过是苻坚心虚眼花，把八公山上的草木都看作晋兵了。苻坚有点害怕了。打那以后，苻坚命令秦兵严密防守。晋军没能渡过淝水，谢石、谢玄十分着急。于是谢玄派人给苻坚送去一封信，说："你们带了大军深入晋国的阵地，现在却在淝水边按兵不动，这是想打仗吗？如果你们能稍往后撤一点，腾出一块地方，让我军渡过淝水，双方就在战场上比一比，这才算有胆量！"

苻坚一想，要是不答应后撤，不就是承认我们害怕晋军吗？他马上召集秦军将领，说："他们要我们让出一块阵地，我们就撤吧，等他们正在渡河的时候，我们派骑兵冲上去，把他们消灭。"

谢石、谢玄得到苻坚答应后撤的回音，迅速调集人马，准备渡河进攻。

约定渡河的时刻到来了，苻坚一声令下，苻融就指挥秦军后撤。他们本来想撤出一个阵地就回过头来总攻，没料到许多秦兵由于厌恶战争，加上害怕晋军，一听到后撤的命令，撤退就跑，再也不想停下来了。

谢玄率领八千多骑兵，趁势飞快渡过淝水，向秦军猛攻。

符融气急败坏地挥舞着剑，想压住阵脚，但士兵像潮水般地往后涌来。晋兵从后面赶上来，把他一刀杀了。阵后的符坚看到情况不妙，只好骑上一匹马拼命逃走。不料一支流箭飞来，正好射中他的肩膀。符坚顾不得疼痛，继续催马狂奔，一直逃到淮北才松了口气。

经过这场大战，强大的前秦元气大伤。符坚逃到洛阳，收拾残兵败将，只剩下十几万。不久，符坚被部下姚苌所杀，前秦统治瓦解，北方又重新陷入分裂和混战的状态。

罗什传佛法

姚苌逼死符坚，自己在长安登基做了皇帝。与此同时，符坚的族孙符登也在陇东宣布继承前秦王位。一国两秦，争战5年不相上下。后来姚苌病死，符登便趁机发兵，不料被姚苌的孙子姚兴在交战时一刀斩于马下，至此前秦亡。从公元350年符坚建国到公元394年符登被杀，前秦历时44年。

姚兴杀了符登，正式继任大秦皇位。做了皇帝的姚兴很注意治理国家，勤于纳谏，广开言路。

这一天，姚兴正在东堂与来自各地的儒士名流谈经论义，忽然有人来报：西域著名高僧鸠摩罗什前来传布佛法。姚兴忙命人快请高僧罗什进入东堂。众人一看，只见他身高过丈，相貌不凡，举止洒脱飘逸，一派佛家正气，不由得让人自然而然心生敬意。姚兴见身披百衲禅衣的罗什双手合十，立于堂下，忙命人安排他落座，然后又一一把众儒生向他介绍。儒生们都小声议论，不知这位气宇不凡的和尚到底有什么本领。

姚兴一见，恐对高僧不敬，便让人将罗什引到逍遥园休息。

罗什是天竺国（印度）人，7岁出家。他学习经义，过目不忘，通晓多种经言。20岁被奉为国师，经常到各国传经布道，因此声名远扬。

长安僧人得闻天竺国的鸠摩罗什前来讲经，蜂拥而至，来到逍遥园，一睹大师风采。姚兴也饶有兴味地跟在众僧之后听讲佛经义理。

罗什见大家聚精会神，讲解得更加认真。他说："……众生本为佛，皆有佛梁觉体。只因被客尘烦恼蒙蔽，所以流转生死，未能成佛。只要拂除客尘，湛然客静，本有的觉体也就自然显现，自然成佛了……"

姚兴听到这里，暗想，既然众生本体都是佛，那皇帝就更是佛了。没成佛是因为被世尘烦恼所扰，只要消除烦恼，自然就成佛了。只不知如何才可消除烦恼？想到这里，他起身想走到前边听清楚一些。而罗什大师一见皇上起身走来，以为他有什么问题，于是就停下来，将他引到后堂。姚兴见此，便趁机询问，那罗什大师有问必答，耐心讲解，令姚兴茅塞顿开，豁然开朗。高兴之际，当即降旨封罗什为国师，并在逍遥园、西明园修建讲经殿、译经阁，以供罗什专用。

罗什从此在长安潜心研究，传经布法。在长安的日子里，他多次对长安流行经卷译本中的错误予以修改更正，还与弟子一起用了十几年的时间，译出70多部经籍，对佛教的传播做出了极大的贡献。长安的僧尼因之增加到一万之众，罗什的名字在中原也从此家喻户晓。

由于罗什的影响，姚兴开始崇尚佛法，不仅广修寺院，而且多次出版佛经典籍。一时关西信佛蔚然成风，十家中有九家是佛教信徒。也正是由于佛家讲究慈悲为怀，与人为善，因此使关西一带出现国泰民安的景象，社会秩序井然，很少有打架斗殴、杀人放火的不良现象。而与关西毗邻的关东一带连年征战，互相残杀，闹得民不聊生，怨声载道。不知与关东之民不信佛事有无直接联系。

这种一个时代、两种天下的局面至今仍是历史学家们所研究的一个热点。

虎头捐款

虎头，是晋朝无锡人顾恺之的小名。顾恺之（348— 409），字长康，小字虎头，汉族，晋陵无锡人（今江苏省无锡市）。杰出画家、绘画理论家、诗人。顾恺之博学多才，擅诗赋、书法，尤善绘画。

精于人像、佛像、禽兽、山水等，时人称之为三绝：画绝、文绝和痴绝。

谢安深重之，以为苍生以来未之有。顾恺之与曹不兴、陆探微、张僧繇合称"六朝四大家"。顾恺之作画，意在传神，其"迁想妙得""以形写神"等论点，为中国传统绘画的发展奠定了基础。

顾恺之文章做得不错。小时候曾写过一篇《筝赋》，时人称其可与晋著名诗人嵇康的《琴赋》相媲美，但他最擅长的还是画画，人称三绝画家，即画绝、文绝、痴绝。

顾恺之曾随晋朝著名的大画家卫协学画，很快就技压群雄，并超过了老师。而他真正声名远扬却是源于一次为佛寺捐款。

兴宁二年（公元 363 年），东晋京都建康修建了一座瓦宫寺。众僧在寺院落成当天请人施舍。达官显贵闻讯而来，这个 3 万，那个 5 万，最多的一个人捐了 10 万，还声言要拿个头捐。

顾恺之

此时，从寺外踱来一人，只见此人两手空空，进了寺院便向僧人要过化缘簿子，然后大笔一挥，写下"一百万"三个大字。众僧一看都唬得直了眼，半天才回过神来，都争着看落款，心想不定是哪门子皇亲国戚呢！谁知一看，竟谁都没听说过这个名字，原来顾恺之写的是自己的小名"虎头"。

如果顾恺之签上自己的大名，那人们就一定会知道他了。一来他已在当时小有名气，二来他父亲就是当朝的尚书左丞。尚书左丞公子的大名京城有几人不知呢？但是顾恺之不想这么做，他想借此机会看看，自己的画技究竟达到了什么水平，于是故意签上不为人知的小名"虎头"。

众僧见他既然签了"一百万"，就让他立即拿出来。那些达官显贵，特别是那个想得头捐的人都觉得他如此年轻，拿不出这 100 万，便也纷纷在旁起哄，催他掏钱。顾恺之见状，不慌不忙，对住持说："你先在后殿给我准备一面墙壁吧！"住持不知何意。顾恺之便附在他身边小声解释了一番。住持将信将疑，但那100万实在太诱人了，况且后殿正有一面空着的墙壁，所以也就由他。

顾恺之将自己关在后殿一个月，在后殿那面空墙上画了一幅巨大的佛像壁画。然后出来，对住持说："明天后殿可以开放了，不过前来观看佛像者必须捐款。第一天每人10万，第二天每人5万，第三天可随意布施。"那老住持早已暗中偷看过几次顾恺之所作之画，觉得他并不是在吹牛，立刻同意。

第二天，人们都来观看佛像。他们中有许多人都想看看这个说大话的年轻人这次怎样出丑，又如何收场。但是他们想错了，后殿大门一开，壁画中的佛像顿时光芒四射，仿佛整个寺院都被照亮了。众人不由得口服心服，二话不说，纷纷掏钱，不一会儿捐款就超出了100万。至此，人们才明白这个小伙子是凭自己的真本事捐出这100万的，并非空口说白话。欣羡之余便纷纷询问这人到底是谁。住持其实也早想知道他是谁，便走到顾恺之面前，双手合十道："施主为本寺捐资100万，老衲不胜感激。请施主吝赐真实姓名。"顾恺之闻听，微微一笑，在壁上挥笔题上"顾恺之"三字，然后扬长而去。

自此，顾恺之的名气才享誉全国，而瓦宫寺也因此声名大振。

顾恺之成名之后，大司马桓温和荆州刺史殷仲堪先后请他为参军。在为官期间，他仍刻苦钻研画技，尤善画人。画人时往往最后画眼睛。有时好几年也不画瞳仁，画则有神，活灵活现，真正是点睛之笔。而且他画像时，不让人必须规规矩矩坐着、一动不动，而是可以随意走动，他照样画得非常传神，惟妙惟肖，令人心折。顾恺之还曾得到谢安的赞誉："恺之之画，苍生以来从未有过啊！"

顾恺之的画不仅在晋朝，就是在他以后的历朝历代，直至今天都是有着深远影响的。这位三绝画师，为我国灿烂的文化宝库增添了绚丽的一笔，为世人所景仰。

陶渊明的"世外桃源"

　　晋宋之际，正当文坛上盛行雕琢绮丽的形式主义文风时，出现了一位现实主义诗人，他就是陶渊明。他留下的120多首诗中，大多真实地反映了对现实生活的态度和思想感情，没有华丽或艰涩的词句，语言自然平易近人；许多吟咏农村景色和村居生活的诗，平淡、朴素，散发着泥土的清新气息。由于他的诗大多描写田园的悠闲生活，因此被称为"田园诗人"。田园诗也就成为中国诗史中的一大流派。

　　陶渊明（365—427），字元亮，号五柳先生，晚年更名潜。柴桑（今江西九江西南）人，曾祖陶侃做过大司马，祖父陶茂、父陶逸曾做过太守。但到陶渊明时，家道中落，生活艰难。

　　陶渊明受到传统儒家文化的熏陶，少年时就怀着建功立业的壮志，"忆我少壮时……猛志逸四海"。东晋太元十八年（293），他29岁时，出来做本州江州的祭酒，不久辞归。元兴三年（404），陶渊明到了40岁，又出任刘裕的镇军参军。次年又任刘敬宣的建成参军。在官场，他目睹了统治阶级内部的钩心斗角，争权夺利，谄上骄下，污浊腐朽，感到这个黑暗的社会是和他的个性格格不入的。因而三次出仕，又三次归隐。在他41岁时，由于家贫，子女幼小，为生计所迫，他又出任彭泽县令。到任不久，他就感到内心十分矛盾。"饥冻虽切，违己交病。"吃饭穿衣虽然重要，违反本性，则是精神上更大的痛苦。一天，郡里督邮到县，县吏劝他"应束带见之"，以示恭敬。陶渊明本性正直耿介，说："我岂能为五斗米的俸禄而折腰向乡里小儿！"当天就离职还乡。这次出仕仅80天，从此，他不再出来做官，以后20年，在农村度过余生。颜延年《陶征士诔》说陶渊明"薄身厚志"，概括出了他的个性。

　　陶渊明回家后，写了一篇《归去来兮辞》，描写他归家后的喜悦心情。同时，他认为过去出仕是"心为形役"，即心志为形体役使，为生活所迫违反了本愿。现在则是"悟已往之不谏，知来者之可追。实迷途其未远，觉今是而昨非"，下决心与腐败的官场决裂。这是陶渊明思想上的一次飞跃。以后，他经常参加劳动，接近劳动人民，从生活中汲取了养料，他的作品具有真实感情和强烈的生活气息。他的许多杰出作品都是在归隐后写的。

他归隐后写的有名的《归园田居》，以兴奋的心情写出了田园景物的美好和他对生活的热爱。其中第一首写道：

　　少无适俗韵，性本爱丘山。误落尘网中，一去三十年。

　　羁鸟恋旧林，池鱼思故渊。开荒南野际，守拙归园田。

　　方宅十余亩，草屋八九间。榆柳荫后檐，桃李罗堂前。

　　暧暧远人村，依依墟里烟。狗吠深巷中，鸡鸣桑树颠。

　　户庭无尘杂，虚室有余闲。久在樊笼里，复得返自然。

在诗人笔下，农村里的田园景物是多么美好。十多亩宅地，八九间草屋，堂前是桃李，屋后榆柳成荫。远处炊烟袅袅，近处几声鸡鸣狗吠。诗人不厌其烦地叙写住宅远近景物，正是为抒发刚从尘世中脱身回到自由境地的一种欢愉心情。更重要的是，诗人流露出不愿与现实的官场同流合污，不愿违心地随波浮沉的思想倾向。他把仕途称为"尘网""樊笼"，他感到离开他所憎恶的污浊世俗，就好像鸟儿飞归山林，鱼儿游回池塘。

陶渊明弃官归隐后，在44岁那年家中遭到一场火灾，旧居被烧毁，他的农田又不断地受到灾害。这时他"夏日长抱饥，寒夜无被眠"，有时甚至不免于乞食。但难能可贵的是，即使在这样困难的境地里，他仍然洁身自守。有一天，他卧病在床，已有几天断粮。江州刺史檀道济送来了米和肉，对他说："贤者处世，天下无道则隐，有道则至。今天你何苦如此呢？"劝他出仕。陶渊明答道："我哪敢与贤人相比呀！"拒绝了檀道济的劝说，对檀道济送来的米肉，亦"挥而去之"，表现了诗人不愿意与这些贵族官僚沆瀣一气的高尚气节。不久，陶渊明在贫病交迫中去世，终年63岁。

陶渊明的代表作品中有一篇是《桃花源记》。那是《桃花源诗》的序，是一篇优美的散文。故事大意是：东晋太元年间，有一个武陵捕鱼人，沿着溪流划船前行，走迷了路，忽然发现一片桃花林。渔人十分奇异，继续往前走。桃花林的尽头正是溪流的源头，有一座小山，山边有一小洞，洞口隐约有光。渔人下船入洞，开始很窄，走了一段，眼前突然开阔明亮。里面土地平坦，房屋整齐，风景秀丽，男女老少衣着与众不同，个个安适自乐。他们见了渔人，十分惊奇，问从何而来。渔人一一回答。于是便邀请渔人至家中，杀鸡温酒款待。渔人从谈话中知道他们的先人是避秦末战乱住到这里来的，久而久之，遂与外人隔绝，不知道世上已经历了秦汉魏晋等朝代。村人得知外界消息，个个叹惋不已。数日后，渔人告辞。在回家路上处处做了标记，到了武陵郡见了太守，说了如上情况。太守立即派人随渔人前往，寻找标记，结果迷了路，什么也没找到，以后就再也没有人到过桃花源。

陶渊明醉归图

这是一篇美丽动人的寓言，描写了一个乌托邦式的理想社会。桃花源的社会是多么令人向往！那里没有官吏，没有捐税，"春蚕收长丝，秋熟靡王税"，没有压迫，没有欺诈，"怡然有余乐，于何劳智慧"，一切都是淳朴安乐。这与现实社会中的尔虞我诈、欺压剥削、钩心斗角、争权夺利、动荡不安，对比多么鲜明！对这个理想社会的向往，曲折表达了陶渊明对现实社会的不满。

陶渊明的诗表达了对劳动人民的同情，反映了对黑暗现实的强烈不满。他的坚贞不屈的精神，是我国知识分子高尚品质的体现，对后世文人有一定的教育意义。他的诗的思想内容和艺术风格，对后世的影响也是巨大的。陶渊明的

诗确实是中国文学的瑰宝。

司马道子父子乱政

在东晋后期，皇族中曾有一个数一数二的人物，他就是司马道子。司马道子（364—402），皇族出身，河内温县（今河南温县西）人，父简文帝司马昱，兄孝武帝司马曜。按说这样的出身，他也该从小就是一个花花公子。可是，司马道子是个例外，也午是受那个时代的影响，他少年时清雅、淡泊，曾受到谢安的称赞。

司马道子 10 岁的时候，就被封琅琊王，孝武帝时，他又改封为会稽王，晋升骠骑将军。

那时候，公卿们都认为皇族中出了这么一个人真是不容易。他既亲贵又贤德，没有第二个人比得上他，应该让他当司徒。司马道子本人则百般推辞，谦虚地说自己的能力不够，但他还是录尚书六条事，兼领司徒。

淝水之战以后，谢安趁前秦崩溃的时机，派谢玄收复黄河流域大片失地。这时，谢安的名望达到了极点，孝武帝就开始猜忌谢安了。谢安父子、叔侄虽立下了大功，日子反倒难过了。身为会稽王的司马道子，不知是受了他哥哥的指使，还是自己本身就有野心，反正这时他是竭力排挤谢安，使谢安不能施展他的才能。

公元 385 年，谢安去世，司马道子的机会也来了。孝武帝下诏书说："宰辅新近去世，国家还未统一，不是贤德圣明的人难以使国家安定。司徒、琅琊王司马道子，顺应自然，见识高远，实在可以承担辅佐成王的周公、召公那样的重任，适合于总理内外。"于是，司马道子被任命为宰相，坐在了东晋王朝最重要的位子上。

司马道子掌权后，他的所作所为却让世人大大地失望了。孝武帝虽身为一国之君，却不亲理国政。他和道子一起，终日畅饮欢歌，道子便有机可乘了。他广树党羽，宠信奸臣，以致政刑紊乱。重用王国宝、赵牙、茹千秋等奸佞小人，动用巨资，营造园林，卖官鬻爵，横行霸道。他还特别宠信佛教，亲近僧尼，用度极为奢侈，弄得老百姓苦不堪言。孝武帝几次想要废黜道子，都被皇太妃制止了。道子一生都受着这个女人的爱护，从不讲什么皇家礼仪。他要求什么都可以办到，只因为他有这么一个爱他如命的母亲。母爱是没错的，但如果以母亲的名义干政，那可是会误了国家的。

武帝后期，道子更肆无忌惮了，皇上也奈何不了他，他还有什么可怕的呢？于是，他把政务都交给了那些小吏，和尚、尼姑、奶妈争着引进自己的亲朋党羽，接受贿赂，做着各种不法勾当。东晋从上到下，更是混乱不堪了。

道子自己则常作通宵之饮，经常酩酊大醉，蓬头散发，眼睛都睁不开了，什么政事都不管了，任由下面的小人为所欲为。

有一次，桓温的儿子桓玄来拜见司马道子，正赶上道子喝得大醉。当时宾客满座，他勉强睁开眼睛，对着众人说："桓温晚年要当贼，你们说怎么办？"吓得桓玄跪在地上汗流浃背，不敢起来。长史谢秉赶紧替他打圆场，说："过去宣武公罢黜昏庸，选拔圣贤，功劳超过伊、霍，道路上的议论，应该加以区分。"道子点头道："我知道，我知道。"随后就端起酒杯，给桓玄敬酒。桓玄这才站了起来，但从此，桓玄对司马道子恨之入骨。

隆安元年（397），安帝即位，因年幼，由司马道子辅政，操纵实权。皇帝颁诏，内外政事，都得请示司马道子。

安帝成年后，司马道子还政于帝，然实权仍操于亲信王国宝之手。兖州刺史王恭举兵讨伐王国宝。司马道子吓坏了，赶紧派人收捕王国宝和他的弟弟王绪，将他们一并处斩，用来向王恭谢罪，王恭便撤军了。第二年，司马道子16岁的儿子司马元显平定叛乱，斩杀王恭。

司马道子最强劲的敌人被儿子消灭了，他更是没什么可怕的了。此后，他每天耽于酒色，大权渐渐被儿子司马元显夺去了。

公元399年，会稽郡一带爆发了孙恩领导的农民起义，过了两年，起义军十几万逼近建康，东晋王朝出动北府兵，才把起义镇压下去。

这时候，东晋的统治集团内部又乱了起来。桓玄占领了长江上游，元兴元

年（402），桓玄举兵东下攻入京师建康（今江苏南京）。桓玄进城，司马道子被放逐，后被毒死。司马道子死时，年39岁。

桓玄带兵攻进建康后，废了晋安帝，自立为帝。过了三四个月，北府兵将领刘裕打败桓玄，迎晋安帝复位，打那以后，东晋王朝名存实亡。

司马元显是司马道子的儿子，他从小就具有与众不同的天赋。他聪明智慧，深得那些善于阿谀奉承之流的赞赏。他年仅16岁就担任侍中。隆安二年（398），兖州刺史王恭举兵讨伐司马道子，殷仲堪、庾楷、桓玄、杨佺期等举兵响应。他被举为征讨都督，率王珣、谢琰等剿灭王恭，他派遣将领坚守京师建康，迫使殷仲堪、桓玄西奔，解京师之困。小小年纪，立下如此大功，皇帝大喜，诏司马元显带甲杖百人入殿，不久，加散骑常侍、中书令，领中领军。自此，司马元显逐渐掌握了军政大权。

司马元显的权力当然是从他父亲司马道子手里夺来的。那时，司马道子已经疾病缠身，天天喝酒，昏睡不醒。元显知道，他的父亲大势已去，就想夺取父亲的权力。他暗示皇帝免去道子扬州刺史、司徒的官职，皇上居然同意了。道子昏睡着还不知道怎么回事，等他醒来，才知道自己的官丢了，而且是被自己的儿子抢去了，很生气，把儿子骂了一通也就作罢了。

元显知道自己太年轻，怕一下子权太重了，引起外界议论，就耍了个手段，让安帝的弟弟琅琊王司马文德当司徒，自己做扬州刺史。为了处理政事，他招揽了善于起草文书的刀笔才子当谋士，多方拉拢人才，培植自己的势力，树立自己的形象。许多达官贵人趋炎附势，也都纷纷投到他的门下。

元显从小就性格苛刻，喜怒无常，任意生杀。他的谋士张法顺多次劝他，他从没有悔改之意。公元399年，他征调江南诸郡已免除奴隶身份的佃客移置京师，以充兵役，称为"乐属"，从而激起孙恩起义。

元显奉命镇压孙恩起义后，又加录尚书事。道子整天只惦记着喝酒，政事也懒得管，索性把权力都交给儿子了。当时称司马道子是东录（录尚书事），元显为西录。元显住西府，每日车水马龙，谄媚的人不绝于门；道子住东府，门前冷落车马稀。

本来元显从小就骄横放纵，刚愎自用，他从来没有良师益友，正直的言论他从来听不到，溜须拍马的声音却日日萦绕耳旁。有的说："您是当世的英杰，没有人比得上您。"有的说："您是风流名士，年轻儒雅，少年有为啊。"他听了心旌摇曳，便自认为天下无双，骄傲得尾巴都快翘上天了。

元显和他父亲一样喜欢聚敛财产，当时司马元显家已经富过帝室。

元兴元年（402），朝廷拜元显为征讨大都督，以刘牢之为前锋讨伐桓玄。元显出征的那一天，安帝身穿戎装亲自到西池为元显饯行。元显刚登船，桓玄就到了新亭，元显赶紧丢了船只，退到国子学堂。次日，元显把军队陈列在建康宣阳门外。僚属们这会儿都纷纷逃走，部众也溃散了，只有张法顺跟着他。元显进入宰相府，向他的父亲司马道子问计："父亲哪，事到如今，我们该怎么办啊？"司马道子看着儿子只是哭，一个字也没说。桓玄派太傅中郎毛泰扣捕了元显。可怜元显骄横一世，这会儿只得乖乖地被带走。

元显被送到新亭，绑在船前，历数他的罪行。元显和他父亲一样，竟把罪责推给了张法顺。桓玄命把元显交付廷尉。结果，元显和他的 6 个儿子都被杀死。司马道子一脉自此断子绝孙。

司马元显死时，年仅 21 岁。

南朝·宋

宋帝系表

420—479

武帝（刘裕）	永初（3）	420
少帝（刘义符）	景平（2）	423
文帝（刘义隆）	元嘉（30）	424
孝武帝（刘骏）	孝建（3）	454
	大明（8）	457
前废帝（刘子业）	永光（1）	465
明帝（刘彧）	景和（1）	465
	泰始（7）	465
	泰豫（1）	472
后废帝（刘昱）	元徽（5）	473
顺帝（刘準）	昇明（3）	477

刘裕建宋

刘裕（363—422），字德舆，小名寄奴。他很小的时候，父亲就去世了。作为寒门出身的孩子，刘裕要想成就一番事业，只能走从军的道路，于是他一狠心，就告别了妻子和母亲，参加了赫赫有名的北府兵。

公元399年，东晋王朝出了一件大事。五斗米道教首领孙恩率领教徒起义，攻占了上虞、会稽两郡，起义军很快发展到几十万人。北府兵的名将刘牢之奉命前去镇压。其手下的参军刘裕带领几十名斥候（侦察兵）前往侦探敌情，半路上遇到了孙恩的先头部队。激战中刘裕的部下全部战死，刘裕一看再不拼命就要没命了，于是挥舞着长刀，高声怒喝着左冲右突，大肆砍杀。起义军兴兵以来根本没打过恶仗，也没见过这样的亡命之徒，几千人硬是被吓退了，刘裕也因此名声大振。

第二年五月，孙恩再次率领大军进攻会稽，杀死了东晋的统兵大将谢琰。东晋朝廷命令刘牢之再次南征孙恩。刘牢之率兵击退了孙恩后，就派刘裕镇守句章城（今浙江宁波市江北区一带）。当时句章城不过是个武装起来的小城堡，精锐士兵不满千人，刘裕却把这里当成了迈向名将的演练场。每次孙恩大军来袭，他都披坚执锐，冲在士卒的前面，硬是用自己的悍勇把句章城内的疲兵变成了一支骁勇之师。由于多次击败孙恩的起义军，刘裕因功被东晋朝廷提拔为建武将军、下邳太守，可谓一步登天了。

公元402年，刘牢之率领人马投靠了心狠手辣的桓玄。桓玄刚刚占领建康，就开始对刘牢之下手，先是逼迫刘牢之自杀，又大肆屠杀和他关系密切的北府兵将领。大开杀戒之后，桓玄为了笼络人心，就提拔刘裕为宣城内史，希望通过刘裕这样新晋的军官来控制北府兵。

在自认为初步控制了建康政局，安抚住了北府兵后，桓玄就开始谋划篡夺东晋政权。刘裕表面上积极拥护桓玄称帝，暗地里却开始准备起兵事宜。公元404年，刘裕召集了何无忌、魏咏之、檀道济等27名北府旧将在京口起兵，先是杀死了桓玄的亲族桓弘等人，然后又聚集起了一支不满两千人的军队，向建康杀来。桓玄忙派手下的勇将吴甫之和皇甫敷带领几万人马去消灭刘裕。生死存亡时刻，刘裕体内的枭雄之血再次被点燃了，他脱掉上衣，手执长刀，冲锋在前，像极了战场上的亡命徒。一仗下来，吴甫之和皇甫敷全部被杀，桓玄带领人马逃出了建康城。公元405年，被桓玄废弃的晋安帝司马德宗被刘裕迎回建康。刘裕因为匡扶晋室有功被封为侍中、车骑将军，都督中外军事，刘裕从一个北府兵的小武官一跃成了一人之下万人之上的权臣。

尽管有消灭桓玄的功劳，尽管手握重兵，刘裕还是觉得自己的威望和功绩不足以让司马氏乖乖地让出皇帝宝座。于是他决定出兵北伐，利用开疆拓土的军功来压服建康的豪门大族。公元409年，刘裕率领晋军北伐占据山东和河南部分地区的南燕政权，并于次年二月攻下了南燕的都城广固城（今山东益都），活捉了南燕主慕容超。公元416年，刘裕又以盘踞在陕西、甘肃、河南等地的后秦政权为目标发动了第二次北伐。后秦主姚泓还没坚持一年，就被刘裕率领的晋军攻占了长安，自己也被晋军活捉。可就在这个时候，刘裕安排在东晋朝廷内的代理人刘穆之病死。刘裕害怕国内发生政变，急急忙忙退兵回建康，让成功在即的北伐大业再次夭折。

刘裕撤军回到东晋后，想做的第一件事就是铲除异己。当初和刘裕一起起兵的北府兵将领刘毅和诸葛长民都是手握兵权的大将，刘裕觉得这两个人资历和自己相同，很难为自己所用，就先后杀了他们。东晋的平西将军、荆州刺史司马休之是皇族成员，而且手中握有兵权，刘裕怕他有异心，就率领大军讨伐司马休之，最终将其杀死。公元418年，刘裕觉得准备得差不多了，就派人勒死了晋安帝，改立晋安帝的弟弟司马德文为帝。公元420年，刘裕逼迫司马德文禅位，正式称帝，改国号为宋，建都建康，史称宋武帝。

刘裕即位之后采取了很多减轻人民负担的措施，多次下诏减免赋税；同时还减轻刑罚，废止了一些惨无人道的酷刑。每当遇到灾荒的年景，刘裕还命令各州县赈济百姓，禁止豪强封固山泽。刘裕征战一生，积劳成疾，当了皇帝没两年就去世了。刘裕的儿子宋文帝刘义隆延续了父亲与民休息的政策，使南朝出现了政治清明、人民安康的"元嘉之治"。

白衣素服的帝女

宋刘裕做了开国皇帝，国都为建康，改晋元熙二年为永初元年。

刘裕觉得自己最终能登上皇帝宝座，傅亮功不可没，于是降诏将傅亮升为中书省专典诏命，任总国之权。傅亮满心欢喜，从此对刘裕更是尽心尽力。

刘裕登基后并没有心满意足，他总觉得晋恭帝司马德文虽然被废，但他还活着，活着就是一个祸患。司马德文不除，他寝食难安。

这一天，刘裕正在御花园苦思除掉晋废帝司马德文之计。傅亮忽然来到刘裕面前，提出要陪他到聚凤殿散散心。聚凤殿是原恭帝的妃嫔、宫女、美人待的地方，恭帝虽然出宫，但只有皇后和少数几个妃嫔和他同往，其余大部分人都被留在那里。刘裕一听傅亮要他去聚凤殿，低头思忖了一会儿，说道："好吧！"

刘裕和傅亮一同来到聚凤殿，嫔妃们一听说新皇帝来了，纷纷搔首弄姿，以期引起皇帝的注意。但是，有一位白衣素服的少女却与众不同，既不扭捏作态，也不露出一丝笑容。但她长得却是绝妙的冷艳，对皇帝也是视而不见。刘裕不禁被她吸引，驻足细瞅了一会儿，不停地捋须点头。傅亮最善察言观色，忙介绍说："此女是恭帝……不，是陵零王司马德文的女儿，名叫海盐，今年16岁。"

刘裕一听是恭帝之女，心立刻凉了半截。转身离去，走了几步，忽又问道："当初，陵零王出宫时，为何不带走海盐公主？"傅亮忙道："臣见她长得颇有姿色，特意为皇上留下了。"刘裕听罢才微觉放心。

不一会儿，他们又来到后殿，这里的嫔妃均被恭帝宠幸过。两人发现庭院无人，堂上也无人，正自纳闷，忽听里间屋里传来男女的嬉笑之声。进去一看，刘裕不由得大怒，原来，正有两男两女在干那苟且之事。一见有人来，都吃了一惊。因为自晋恭帝走后，后宫混乱，自顾不暇，也就没有人管他们了，所以

才敢如此放肆。

傅亮见他们如此情景，也明白是怎么回事，大声喝道："圣上驾到，你们这些混账东西……"四人一听，吓得魂飞魄散！也顾不得穿衣服，忙跪地求饶。刘裕冷笑一声："奸夫淫妇！这皇宫之内，岂容你们如此玷污！"说毕，命刑部割去两个男人的阳具，终生罚做苦役；两个女人赐白绫自杀。

那两个男的一个叫褚秀之，一个叫褚淡之，是原恭帝司马德文褚妃的弟弟。二人均是奸淫好色的无耻之徒，一听说要受酷刑，知道生不如死。情急之中，慌不择言，编造出一个天大的机密：恭帝令二人卧底宫中，一旦遇到良机便与恭帝里应外合，除掉刘裕。

刘裕一听大喜，他正愁想杀恭帝而没有理由呢，便示意傅亮逼审他们俩。傅亮会意，便向二人保证：只要他俩说出全部计划，并签字画押，留下证词，便保他二人不受酷刑，而且还可升官发财。二人一听更加胡编乱造，将一切罪全推到恭帝身上。

审完之后，刘裕立即下令让褚秀之、褚淡之兄弟俩去处死司马德文和褚妃等人，也就是他俩的亲姐夫和亲姐姐。

这兄弟俩为了活命，不顾廉耻，违背人伦，带着毒酒来到姐姐、姐夫面前。司马德文听他二人说明来意，似早有所料，毫不慌张，说道："这也是天意，当初我司马家族祖上逼曹氏家族让位，今日报应在我身上……"言罢，饮毒酒而亡。那褚妃刚生过孩子不久，身体虚弱。见恭帝饮酒身亡，勉强支撑来到两位弟弟面前，嘱咐道：'今日，我也随皇上而去，还望你们两个念骨肉之情，将我的孩子抚养成人。也不必告知他生身父亲是谁，只求他平平安安一生也罢！"说完，竟向弟弟施了一礼。两人相视一看，忙说："姐姐放心好了。"褚妃听他二人如此说，方从容举杯饮尽而亡。

二人立即放火焚尸，他们都已丧尽天良，哪里还记得姐姐临死前的嘱托，见那小太子号哭不已，干脆也一把丢进火海之中。然后返宫，向刘裕汇报情况。二人实指望刘裕一定会重赏他二人，最少也能封个一官半职的。岂料刘裕听他二人讲完，说道："你二人为了活命，竟不惜杀姐弑君，违背天理人伦，你们这等无耻之徒，留着何用。来人，推出去斩了!"二人坏事做绝，被刘裕斩首也是罪有应得。

刘裕毒死恭帝，总算去了心腹之患，又想起了貌美的海盐公主，便立即降诏将其选为太子妃。海盐公主本欲一死了之，可是惊闻父王已死，悲痛无比。随之想道：倘若我死了，还有谁能为父王报仇呢？想到这里，她不动声色，隐忍下来，周旋于刘裕父子身边。

永初三年（公元 422 年）春，67 岁的皇帝刘裕患病卧床不起。张皇后、太子义符、太子妃司马氏（海盐公主）等人轮流守护。这天夜里，只剩海盐公主，她见四周无人，觉得此时正是下手的机会。她嘴角带着一丝冷笑，一步步向刘裕逼近……

刘裕蒙眬中感到呼吸困难，勉强睁开眼睛，不禁吓得魂飞魄散，因为他看见晋恭帝似乎正站在床前，掐住他的脖子，向他索命，大叫一声，昏死过去。

第二天，刘裕就精神错乱，神智昏迷，不时地胡喊乱叫。一时说这个向他索命，一时说那个向他追魂。一直折腾了十几天，才平静下来，直瞪瞪地望着太子义符，说了句"别做坏事"，便气绝身亡。

刘裕仅仅当了两年皇帝，尚未过足皇帝瘾，便撒手而去了。

荒唐皇帝刘义符

刘裕死了，尽管他临终前嘱咐太子刘义符"不要做坏事"，但是他永远也不可能知道刘义符会以怎样的行动去履行他的话，而等待他大宋江山的又将是什么了。

再说刘义符继位之后，整日不理朝政。朝政大事就渐渐把持到中书监尚书令傅亮、司空徐羡之、领军将军谢晦手中。他自己本身就是个不务正业、喜怒无常之人。这下做了皇帝更是唯我独尊，想干什么就干什么，行为举止荒唐至极。

刘义符自己觉得玩腻了，便从宫外又找来一些胡作非为的少年来陪他玩。

这些人都是些市井无赖，什么阴险的损招都使得出来。一天，一个恶少见刘义符闲暇无聊，便卑躬屈膝地走到他面前，小声说："皇上，我听人说商朝时候有个漂亮的美女叫妲己，纣王非常喜欢她。但她很不开心，纣王就命人给妲己设'虿盆'玩，一下就把妲己逗笑了。我想这'虿盆'一定非常有趣，不然，我们也试试？"刘义符一听，小眼睛一转，立刻拍手道："好，我们今天就玩'虿盆'！"

他们在紫云殿前设了一个巨大的铜缸，又令人捉来毒蛇、蝎子等五毒虫无数投入缸中，最后又从死囚牢里提出一个大汉，剥光衣服，丢进缸中。是人哪受得了五种毒虫在身上乱咬乱爬呢？这大汉又痛又怕，悲恸欲绝，而这帮恶少却围在缸边又跳又笑，无比开心。不一会儿，这大汉就连惊带吓，加上身中剧毒，气绝身亡。刘义符便又命人丢进去一个老头儿。如此几次三番，弄得紫云殿上鬼哭狼嚎，那声音无比凄厉，闻听之人无不动容变色！大臣们知道此事后，忧心忡忡，但均知小皇帝喜怒无常，也不敢相劝。

又一天中午，刘义符在紫云殿上假寐，忽然一块漆皮掉下来，正好落在他的眼皮上。他一下就蹦了起来，满肚子火无处可泄，便命内侍敲响了景阳钟。

这景阳钟可不是随便乱敲的，群臣一听景阳钟响，以为出了什么大事，纷纷惊慌，三步并作两步跑上金銮宝殿。到了金銮殿上一看，只见小皇帝刘义符正气定神闲地坐在龙椅上，不时还捏捏鼻子，挖挖耳朵。大臣们面面相觑，不知道这小皇帝又要耍什么新花样。

刘义符见大臣们都急急而来，那无名之火，早已泄了一半，此时便阴阳怪气地说道："掐指算来，朕登基已四月有余，可现如今仍住在破破烂烂的紫云殿里，"说到这儿，他环视了一下满朝文武，见无人搭话，忽然就生气地接着说道，"那哪是人住的地方？！朕现在住在紫云殿里整日寝食难安，噩梦连连。而你们却都住在华美的府院，只知自己享受，置朕的大宋江山于不顾，我今限你们三个月之内，拆掉紫云殿重建，至少要比现在的大4倍！"说毕，好像长出了一口恶气，靠在龙椅上闭目养神。

众大臣一听，皆知他不定又从哪儿冒出这么一个主意。此时一派胡言乱语，用不了多久又该改章程了，可是又不敢轻易出言相劝。正都犹疑不定，只见一人走出朝列，众人不禁都松了一口气。出来之人正是中书监尚书令傅亮。他对刘义符说道："现在国库空虚，北方战事不断，不如过几年，国库富足，再大兴土木不迟！"话音刚落，徐羡之、谢晦也站出来，支持傅亮的意见。

刘义符听罢，心里蹿火。正在此时，不知是谁在这静悄悄的金銮殿上放了一个响屁，刘义符一听，气极而笑，道："谁如此大胆，在金銮殿上放狗屁！给我斩了！"

文武大臣一听这很不像话，但无可奈何，纷纷跪地，请皇上开恩。刘义符眼睛翻了翻，然后指着傅亮、徐羡之、谢晦三人说："留着你们的狗头也行，来人！脱下他们的裤子，用手绢将他们的屁眼给我堵上！"

众大臣一听，更不像话，又哭笑不得，只有仍然跪在地上为三位大臣求情。刘义符见满朝文武替三人求情，自知不能做到了，便伸伸懒腰道："算了，饶你们这一回。但明天都得给我拆紫云殿去，不去还得斩！"

散朝以后，三位大臣憋了一肚子火，便聚集在傅亮家中，商量来商量去不由商量出一条计策：干脆一不做二不休废了他，让刘裕的小儿子继位。

于是三人开始总结刘义符的罪状。这非常容易，俯拾皆是。他们把那罪大恶极的条目写清楚了，准备奏请张皇后。正在此时，家人送进一件公文，展开一看是庐陵王刘义真（刘裕的二儿子）写来的，内容大意是指责三位大臣擅权欺君，识相的就拨出重银修建庐陵王府，否则就要不客气。三位大臣看罢，肺都要气炸了，又恨又怒，一致决定，连刘义真一块废掉。

刘义符与刘义真哥俩矛盾极深。傅亮等人便欲假刘义符之手先废刘义真。第二天，他便来找刘义符，但是左找也找不见，右找也找不见。正当傅亮走到神武门不想再找，想先回府再做道理的时候，忽然看见前面宫门不远处的宫场府下非常热闹。他心里起疑，走到近前一看不由得大怒。只见眼前做买的做卖的，人来人往，俨然是一个集市。这还了得！是谁这么大胆，把集市搬到了皇宫之内了?! 他正要发作，忽然被一个卖豆腐的拽住，还不停地嚷道："来呀，新鲜的豆腐，又热又嫩，来一碗喽！傅亮听着声音耳熟，定睛一看，不禁气得

浑身哆嗦，卖豆腐的主儿正是当今皇上刘义符。不过很快傅亮就平静下来，心想：这是天要灭你，你这皇帝还能当多久?! 他也不问刘义符别的，递上"废庐陵王奏陈书"让刘义符过目。刘义符此时正在卖豆腐的兴头上，正沉迷在今天这个新游戏中，哪还管这事？不耐烦地对傅亮说："你没看我忙着吗？废就废吧，这事你负责办就行了！"

傅亮一听，也不搭讪儿，到后宫找到刘义符最宠幸的司马皇后传了皇上口谕，要过传国玉玺，盖上玉印，就当即派人去寿阳将刘义真废为庶人，押往新安（今江苏省万安西北）。途中又密令将其勒死，下一步，就准备废刘义符。

机会很快就来了。一天傅亮听说皇上从华林园打猎回来去了天渊池边，登舟夜饮，并在舟中留宿。他立即于次日清晨带人将刘义符押回紫云殿，当堂宣读废帝诏书，然后解往吴郡（今江苏省苏州市）。途经金昌，刘义符这个年仅18岁，刚刚坐了一年金銮殿的皇帝，被傅亮事先布置下的人用箭射死。就这样，这位荒唐皇帝永远地退出了政治和人生舞台，这也是他咎由自取。

小皇帝智斗三弄臣

宋朝刘裕死后，大权旁落到傅亮、徐羡之、谢晦手中。三人密谋除掉了刘义真，废黜了荒唐皇帝刘义符，将15岁的刘义隆推上了政治舞台。他们万万没有想到，正是这个15岁的小皇帝使他们命丧黄泉。

公元424年秋，刘义隆正式登基，坐上皇帝宝座，改元元嘉。

刘义隆可和他的两个哥哥不一样，从小聪明好学，饱读诗书。刘裕非常喜爱他，只是他不是长子，所以没能立为太子。刘义隆人小鬼大，他深知当今朝政大权都把持在傅亮、徐羡之、谢晦手中，自己只不过是个傀儡，而两位哥哥也均因没有实权被三人害死。他心里非常痛恨三人，但表面上却虚与委蛇，强装笑脸，与之周旋。他深知自己现在还不是他们的对手，稍不留神就会落得与哥哥同样的下场。所以步步小心，处处留意，对三人表现得毕恭毕敬，大事小情都找他们三人商量。

　　三人本来做贼心虚，处处提防刘义隆。但见他凡事唯唯诺诺，不像个成大气候的人，而且他们早已商议好让谢晦坐镇荆州，一旦京城有变，立马出兵发难，所以渐渐地就放松了警惕。

　　一天早朝，傅亮又要求皇帝纳自己的女儿淑惠进宫为妃。刘义隆当即表示同意，还煞有介事地非要选个黄道吉日册封她为贵妃，以表重视。这样，傅亮与皇帝刘义隆就有了亲戚关系，他更加免除了后顾之忧。

　　这刘义隆可不是等闲之辈，他见三大臣逐渐放了心，便立即积极行动，暗中调兵遣将，伺机除掉三人。他先把自己的亲信王华、王昙调任侍中（皇帝近侍官），又从襄阳调来亲信到彦之到京都任中领军（掌管宫中禁军），并让到彦之设法与谢晦结成朋友。

　　谢晦的两个女儿分别嫁给了朝中两位高官，这样他在京城就有了耳目。小皇帝又将他的儿子封为秘书郎，留在宫中，他非常高兴。到彦之从襄阳来到京都，他不疑有他。到彦之又有意结交，他二人很快就成为朋友。

　　这一天，傅亮、徐羡之在早朝之上突然对小皇帝刘义隆声称年事已高，要求辞官归隐。刘义隆不知他二人之意是真是假，便极力挽留。傅亮、徐羡之闻之更加放心，况且他俩也果真因年事已高，没有精力掌管朝政，就再三上表，向小皇帝请准。小皇帝见他俩态度坚决，不像耍阴谋诡计，便答应了。

　　退了早朝，小皇帝可乐坏了，在紫云殿痛饮一场，连呼"天助我也"，开始了灭除三位重臣的行动。

　　次日清晨，宫中传来小皇帝请傅亮、徐羡之入宫议事的手谕。傅亮因昨夜睡梦之中恍惚听见有人在窗外对他说，如果皇帝明日请入宫不要去的话，他将信将疑，对内侍推说夫人病重，服完药再入宫。内侍走后，他思忖再三，心想：宁信其有，不信其无，派人告知徐羡之，自己骑马逃出城外。

　　傅亮逃出100多里，来到一座山前，下了马，见四周无人，便在马屁股上拍了一掌，让它跑走，自己则钻入树林，来到一座坟前，按动机关，挪动墓碑，自己钻入坟中。

　　原来这是几年前傅亮为二哥修建坟墓时设计下的。他恐怕日后遭遇不测，便在修墓时巧设机关，而且藏匿了大量的衣食用品。

小皇帝刘义隆左等傅亮也不来，右等也不来，便知情况有变，立即命侍卫包围傅府。得知傅亮逃走，便向家人逼问去向，一位老家人受刑不过，说出了秘密。

刘义隆派郭泓带兵追到傅亮藏身之处，让士兵挪开墓碑，不料从墓中射出一箭，正中兵士胸部。郭泓知道墓中有机关，就心生一计，命人点草顺着墓口向内放烟。一时浓烟滚滚，傅亮本来年岁就大了，哪受得了这个。不一会儿就一边用手抹着被烟呛出的眼泪，一边咳嗽着从墓中乖乖走出，束手就擒。刘义隆即命处死，并暴尸三天，下场悲惨。当初他见风使舵，逼恭帝让位于刘裕，没想到今日死在15岁的刘义隆手中。

再说徐羡之得到消息也匆忙逃命，但跑不多远，便见大批追兵渐渐地越来越近。他自知难以活命，解下裤带，上吊死了。这位曾帮助刘裕打天下的开国元勋自以为机关算尽，却也死得这般可怜。

在江陵握有兵权的谢晦，得知傅亮、徐羡之均死于非命，惊怒之余，立即调兵要发难京都。同时给好友檀道济和到彦之传话，让他们配合起兵，二人立即复话表示同意。

谢晦非常满意，统率战舰来到彭城洲（今湖南湘县西北长江南岸）时，就远远看见朝廷舰队迎了上来。而且那舰队浩浩荡荡，足有几十里。又惊闻朝廷大军的先锋就是自己的所谓好友到彦之和檀道济，这才明白自己中了小皇帝刘义隆之计。又气又怕，自知不是敌手，无奈之下，仓皇而逃。他手下的军兵见主帅逃走，也都各自逃命。几天后，已是孤家寡人的谢晦便被抓住处死，年仅37岁。临死，他也没弄明白，自己的老朋友檀道济怎会率军攻打自己。

原来，这檀道济曾经有过诛杀刘义符、刘义真的行动，可谓谢晦等人的死党。但是小皇帝刘义隆为了报仇、匡复国势，不计前嫌，对檀道济恩宠有加，又委以重任，主管军事，很快便将其从谢晦身边拉拢过来。这一切又都在秘密之中进行，饶是谢晦耳目众多，又岂能料到一个15岁的小孩子能有如此心机？所以谢晦至死也没悟透其中的奥秘。

至此，三位当朝弄臣都死在一个 15 岁的小皇帝手中，得到了应有的下场。

元嘉之治

公元 424 年，宋文帝刘义隆即位，在位三十年，年号"元嘉"。他继续实行刘裕的治国方略，积极奖励农业，如提倡在江南种麦，注意蚕桑的培植，推广区田法，兴修水利等。同时注意减轻农民负担，放宽了刑罚，对灾荒地区也给予一定救济。这样就使宋初的统治比较稳定，社会生产发展较快，南方出现了东晋以来少有的兴旺景象，被史家称为"元嘉之治"。

自长安被大夏占去后，南方政权失去关中。北魏灭夏后占有关中，从此与宋接壤。永初三年（422），魏趁刘裕死去的机会，大举进攻宋的青、兖二州。宋军虽拼力抵抗，但终因孤立无援，寡不敌众，城被攻陷。滑台、洛阳、虎牢三个重要军镇先后落入北魏之手，宋失掉了整个河南。

元嘉七年（430）春，刘义隆派到彦之率 5 万军兵北伐，一路从水路攻洛阳，一路由陆路以骑兵为先锋直捣虎牢。魏军主动退出河南，宋军暂时收复三镇。同年冬，魏主拓跋焘利用气候条件，用骑兵渡河反攻，到彦之败退，三镇又复失陷。宋寸土未复，却增加了南方人民的负担。

元嘉二十七年（450），宋又派王玄谟北伐，兵分两路，东路是王玄谟统率的主力，渡河攻碻磝（今山东茌平西南）、滑台，西路由柳元景率军进攻关中。

当时王玄谟军容很盛，装备也比较精良，北魏刚刚发生大规模农民起义，统治很不稳定，尤其是北方人民积极支持宋的北伐，所以形势对宋非常有利。可是王玄谟却"多行杀戮"，又勒索群众，造成将士离心，人民不满，在拓跋焘亲自率军反击下，王玄谟东路军惨遭失败。西路军虽然进军顺利，一度转战进至潼关，但因东路军的失败，失去侧应，也不得不撤兵。拓跋焘乘胜南下，包围了宋的彭城、盱眙，宋将臧质等人孤军坚守盱眙，魏军久攻不下。拓跋焘于是率兵径至长江，兵临瓜步（今江苏六合），声言渡江，由于宋加强江防，加以臧质在魏军背后的牵掣，拓跋焘被迫退兵，临行前将江北地区掠夺一空，然后

退还淮北。

这次战争是淝水之战后南北之间又一次大规模的战争，由于刘宋的失败，南兖、徐、兖、豫、青、冀六州人民，惨遭魏军蹂躏，当时"自江淮至于清济，户口数十万，自免于湖泽者，百不一焉。村井空荒，无复鸣鸡吠犬……六州荡然，无复余蔓残沟。至于乳燕赴时，衔泥靡托，一枝之间，连窠数十"，到处是一片荒凉景象。元嘉以来这一地区的经济繁荣，从此衰落下去，刘宋在江淮地区的防御力量大大削弱。

泰始三年（467），宋将薛安都以彭城降魏，宋失掉淮北四州及豫州淮西之地，南北力量对比开始发生显著变化，北强南弱的局面开始出现。

宰相刘穆之

刘穆之（360—417），字道和，小字道民，东莞郡莒县（今山东莒县）人。东晋末年大臣，汉高祖刘邦庶长子齐悼惠王刘肥后代。

世居京口（今江苏镇江），博闻强识。刘穆之深受刘裕倚仗，更屡次在刘裕领兵在外时留守建康，并且总掌朝廷内外事务，官至尚书左仆射。义熙十三年，卒，追赠侍中、司徒、南昌县侯。刘裕受禅，追封为南康郡公，谥号文宣。刘穆之自称是西汉皇族的后裔，是否真实，当时已不可考。他的妻子是高门士族出身，由此可见，他的出身应该不会太寒酸。他从小就爱好《书》《传》，以博览群书而名闻故里。他和刘裕、何无忌都有交往。

据说，刘穆之曾在扬子江的船上过夜。一天晚上，他梦见两只船合拼成一只大游舫，上头盖着华丽的篷子，装饰得十分讲究，游舫刚刚升天，天就亮了。这时，有一位老妇人问他："你昨天夜里是不是做了个美梦？"刘穆之以实相告。老妇人笑着说："你一定能够当上宰相。"老妇人说完就不见了。

刘穆之心想，我都30多岁了，穷得连饭都快吃不上了，哪儿去当宰相啊。

不久，刘裕反桓玄，攻入京城。他对何无忌说："我急需一名主簿，谁能胜任呢？"何无忌说："刘道民最合适。"刘裕说："我也认识他。"立即就派人去征召他。

刘穆之这天一早就听见京城方向的叫喊声，不知出了什么事，出门正好遇到信使。他直视使者，默不作声。过了好久，他才回家把平时穿的旧衣服改成军服去见刘裕。刘裕对他说："我举大义，刚开始十分艰难，急需一名军吏，您看谁合适呢？"刘穆之说："贵府刚刚建立，军吏应该是有才干的人，目前应该没人能超过我。"刘裕大喜，说道："您能自屈，我一定能成功。"

从此，刘穆之开始辅佐刘裕，跟着他南征北战，献计献策，尽心竭力。刘裕也把刘穆之看作心腹，每一次重大行动都和他商量。

此后不久，刘裕攻克建康，重新恢复了晋统。刘裕作为讨伐桓玄的盟主，自然掌握了处理朝廷大事的权力。刘裕出身戎族，没怎么学过经学，论军事才能自然相当出色，文化程度却不高，当时史臣称"高祖虽累叶江南，楚言未变，雅道风流，无闻焉尔"。让他处理朝廷大事确实也很不容易，刘裕就把一系列大事全部交给了刘穆之。史称："诸大处分，皆仓卒立定，并穆之所建。"

东晋末年，尤其是会稽王司马道子执政以来，社会风气败坏，纲纪废弛，朝廷威严不再，高门大族胡作非为，平民百姓无以立足。虽然从王导以来，东晋王朝一直是宽纵豪右，但是到如今老百姓已经不能忍受了，这对政权而言也是很危险的。桓玄执政的时候认识到了这一点，但他虽然订立了繁密的法令，仍然没有见效。刘穆之处理朝政以后，"斟酌时宜，随方矫正"，刘裕也带头遵守新制度，不出十日，京城的风俗就有了很大的改观。能在短时间内创造出这么优秀的成绩，刘裕对刘穆之更加信任了，把刘穆之升为主簿、记事录事参军、兼堂邑太守。

平灭桓玄后，刘裕以镇军将军、侍中、徐兖二州刺史、都督十六州诸军事回镇丹徒（治京口），何无忌镇江州、刘毅领豫州、诸葛长民督淮北、孟昶任吏部尚书（后晋仆射）。曾经的战友如今各据一方，成了政治上的对手，虽然还没有撕破脸，将来互相残杀的苗头却隐然而现。

义熙三年（407）末，扬州刺史王谧去世。王谧出身高门，声望甚隆，扬州刺史既是宰相之位，辖区又是江左诸朝的主要财政来源，自然极其重要。王谧

的死，使刘裕在朝中失去了一颗重要的棋子。王谧死后，对于谁应该入辅，出现了几种意见：刘裕入辅，按照规矩是合理的；刘毅却想以自己同党谢琨领州；多数朝臣则主张将朝政仁与孟昶，因为孟昶在朝3年，本身与朝臣联系紧密，工作又相当称职，比刘裕或者刘毅更容易为人所接受。

究竟该怎样决定，朝廷也拿不定主意，就派尚书右丞皮沈到丹徒询问刘裕的意见，皮沈知道刘穆之是刘裕的心腹谋士，所以先来探他的口风。

和皮沈的会见中，刘穆之什么也没说，中途找了个借口出去，派人给刘裕送去张便笺，笺上只有一句话："皮沈刚来，他的话不能听。"

刘裕马上询问为什么，刘穆之分析道："晋朝失政不是一天两天，又经过桓玄篡位，天命已不在晋。您重兴晋祚，功劳太大了；功劳一大，就有高位；功大位高，就难以长期保持。以现在您的情况，岂能退让去做一个守边将领？况且刘毅、孟昶那几位，跟您一样都是起自布衣，一起建功立业，本心都想扶助君王以取富贵，因为参与定谋和举兵有先后，所以推您做盟主，不是因为对您心悦诚服，已经定下君臣分际。如今大家势均力敌，将来一定会互相吞噬。扬州是国家根本，不可交给别人，当年授刺史与王谧是一时权变，哪里是因为本来就该这么做呢？如今若再让他人做刺史，必然会受制于人，权柄一失，再不可得；而您功劳太大，又不能放在一边，朝廷既疑复畏，彼此间产生矛盾，将来的危难，难道还不值得仔细考虑吗？"

刘裕认为刘穆之的分析太有道理了，在和皮沈会见时，按照刘穆之的嘱咐，说："扬州是国家根本所在，宰相地位重要，这是兴亡所系之事，人选应该仔细选出。既然是大事，也不好隔得这么远来商量，我会短时间入朝，大家一起说说自己的想法。"随后，刘裕赶紧入城，果然被任命为扬州刺史，成为东晋末年的宰相，从而真正控制了政局，这时正当义熙四年正月。

这是刘裕取得的一次具有决定性的胜利，由此也可以看出刘穆之作为一个政治家的远见卓识。刘穆之为此官职也一路上升。

公元415年，刘穆之被任命为尚书右仆射。转年，刘裕北伐，留世子为中军将军，让刘穆之担任左仆射，领导坚军、中军二府军司。

这时，刘穆之总理朝政。他为刘裕的军事行动提供各种保障，处理政事更是决断如流。各种各样的人物都来找他，各种各样的事情都要他处理。他经常是宾客盈门。他自己呢，则眼睛看着文书，手里做着答复，言谈举止，丝毫没有倦怠的表情，他的才能足以应付这些复杂的公务了。

唯一的不足就是，刘穆之生性豪爽，又喜好和宾客交往。所以，每顿饭都有不少人跟着吃喝。他自己对刘裕表白说："我家本来贫寒，经常缺粮断米，自从跟了您以来，朝夕所需，都很丰厚，花销也大了。除了这一点，没有一丝有负于您的。"

公元417年，刘穆之病重。刘裕听说了，派正直黄门郎前来问候。但还是没能留住刘穆之的生命。这一年，刘穆之58岁。

刘穆之逝世时，刘裕在长安听到噩耗，悲哭了好几天。

公元420年，刘裕称帝。回想起刘穆之为刘宋政权建立的功勋仍唏嘘不已，下诏封刘穆之为南康郡公，谥号文宣公。

檀道济唱筹量沙

宋武帝刘裕在南方建立了宋朝后，过了十九年，北魏太武帝拓跋焘（拓跋是姓）灭了十六国中最后一个小国北凉，统一了北方。从东晋灭亡后的一百七十年的时间里，我国历史上出现了南北两个政权对峙的局面。南朝先后换了宋、齐、梁、陈四个朝代；北朝的北魏，后来分裂为东魏、西魏；东魏、西魏又分别被北齐、北周代替。历史上把这段时期合起来称为南北朝。

宋武帝做了两年皇帝，到第三年，就病死了。武帝的儿子宋文帝即位以后，北魏大举渡过黄河，进攻宋朝，在黄河以南占领了大片土地。宋文帝派檀道济率领大军抵抗。

有一次，北魏兵进攻济南，檀道济亲自率领将士到济水边，在二十多天里，跟魏军打了三十多仗。宋军节节胜利，一直追到历城（在今山东省）。

这时候，檀道济骄傲起来，防备也有点松懈了。魏军瞅个机会，用两支轻骑兵向檀道济的宋军前后两翼发起突然袭击，把宋军的辎重粮草，放了把火烧了。

檀道济的将士虽然英勇善战，但是断了军粮，就没法维持下去，准备从历城退兵。

宋军中有个兵士逃到魏营投降，把宋军缺粮的情况告诉了北魏的将领。北魏就派出大军追赶檀道济，想把宋军围困起来。

宋军将士看到大批魏军围上来，都有点害怕，有的兵士偷偷逃跑了。檀道济却不慌不忙的命令将士就地扎营休息。

檀道济

当天晚上，宋军军营里灯火通明，檀道济亲自带领一批管粮的兵士在一个营寨里查点粮食。一些兵士手里拿着竹筹唱着计数，另一些兵士用斗子在量米。

有人偷偷地向营里望了一下，只见一只只米袋里面都是雪白的大米。

这个消息马上被魏兵的探子听到了，赶快去告诉魏将，说檀道济营里军粮还绰绰有余，要想跟檀道济决战，准是又打败仗。

魏将得到情报，以为前面来告密的宋兵是假投降，来诱骗他们上当的，就把投降的宋兵杀了。

其实，魏将中了檀道济的计。檀道济在营里量的并不是白米，而是一斗斗的沙土，只是在沙土上覆盖着少量白米罢了。

到了天色发白，檀道济命令将士戴盔披甲，自己穿着便服，乘着一辆马车，大模大样地沿着大路向南转移。

魏将被檀道济打败过多次，本来对宋军有点害怕，再看到宋军从容不迫地撤退，吃不准他们在哪儿埋伏了多少人马，不敢追赶。

檀道济靠他的镇静和智谋，保全了宋军，使宋军安全地回师。以后，北魏也没敢轻易进攻宋朝。

檀道济在宋武帝和宋文帝两代，都立过大功。但是由于他功劳大，威望高，却引起了宋朝统治者的猜疑。

有一次，宋文帝生了一场病。宋文帝的兄弟刘义康就跟心腹商量说："如果皇上有什么三长两短，留了檀道济总是一个祸根。"

他们就用宋文帝的名义下了一道诏书，硬说檀道济收罗坏人，企图谋反，把檀道济逮捕起来，要办他死罪。

檀道济在他被捕的时候，气得瞪圆了眼，愤怒的目光像要喷射出火焰来，他恨恨地把头巾拉下，摔在地上，说："你们不是在毁坏自己的万里长城吗？"

檀道济终于被杀了。这个消息传到北魏，魏朝的将士都高兴得互相庆贺，说："檀道济一死，南方就没有叫人害怕的人啦！"

后来，宋文帝也很后悔。有一次，北魏的大军打到江北的瓜步（今江苏六合），宋文帝在建康的石头城上瞭望远处，很感慨地说："如果檀道济还活着的话，不会让胡骑横行到这个地步。"

宰相王弘与诗人陶渊明

王弘（379—432），字休元，琅琊临沂（今山东临沂）人。南朝宋大臣，书法家，东晋丞相王导曾孙，中领军王洽之孙，司徒王珣长子。

王弘年少好学，以清悟知名，会稽王司马道子辟为主簿，迁江州刺史，省赋简役，百姓安康。刘裕即位，以佐命功，封华容县公，进号卫将军、开府仪同三司。宋文帝即位，进位司空，进号车骑大将军，扬州刺史。元嘉九年（432年）进位太保，领中书监，同年卒于官，赠太保、中书监，谥号文昭，配食武帝庙庭。

王弘天生就是做宰相的料，因为他有这样一个家庭，为他准备了进身仕途的一切条件。王弘小时候长得清秀恬静，就像个女孩，跟谢琨是好友。弱冠之年，父亲就推荐他到司马道子手下任骠骑参军主簿。这时候，王弘就表现出了

不同一般的政治远见，他极力主张屯田。可是，生当乱世，他自己又没有直接操纵权力，他的设想和建议不可能得到实践。尽管如此，他的政治才干还是引起了司马道子的注意。司马道子想提拔他任黄门侍郎，他推辞了。理由是，自己还很年轻。也许年纪轻轻的他，就已经看出司马道子那不可能光明的前程了。

王弘的父亲王珣喜欢聚敛钱财，在民间放高利贷，让自己家富裕无比。王弘却清心寡欲，看不惯父亲的这种行为。等到父亲一死，他就把家中所有的田契账本一把火烧个精光，把家业田产全都交给弟弟们。在服丧期间，司马道子父子多次给以高官厚禄征召他，都被他拒绝了。

后来，桓玄占领建康，把司马道子废为庶人外放，满朝文武都避之唯恐不及，只有王弘敢去送别。他攀上司马道子的囚车哭得涕泗滂沱，世人对他更加佩服了。

晋安帝元兴三年（404），王弘进入刘裕的镇军将军府，任咨议参军。这时，王弘才20多岁。刚好这一年，当时非常有名气的大文学家陶渊明也投奔到刘裕帐下，王弘认识了陶渊明。陶渊明对那些游手好闲夸夸其谈的世族子弟，历来都是侧目而视白眼对之。王弘是王导的曾孙，王珣的长子，可谓世族子弟中的头面人物，陶渊明因此对他有偏见，不愿跟他交往。

王弘是王氏家族的继承人，本人又很有政治才能，所以，刘裕对他很赏识。他跟随刘裕平定卢循，讨伐刘毅，官越做越大，一直做到吴国内史。刘裕西征后秦，他又到军中任太尉长史，旋即转为左长史，逐渐成为刘裕的心腹。刘裕拿下洛阳后，就派他回建康去活动，示意朝中官员要求朝廷封刘裕为宋公加九锡，王弘出色地完成了任务。刘裕从长安返回彭城，马上任命他为彭城太守，刘裕一度还想让他接替刘穆之主管朝政，被人劝止了，可见年轻的王弘是很有才能的。

刘宋建国后，王弘出任尚书左仆射。公元418年，王弘被派到江州当刺史，可谓扶摇直上，官运亨通。但王弘知道水满则溢的道理，一直谦恭退让，不让别人抓到自己的把柄。到江州后，他减轻了百姓的赋税和劳役，使饱经战乱的江州终于有了一点安宁的景象，老百姓也渐渐安居下来。

在江州，王弘和陶渊明这一对相差 30 多岁的人曾一度相处甚好。

那时，王弘时常邀请庐山上的隐士到他的刺史府邸谈经论道，在闲谈中听闻了陶渊明的一些事迹，也了解到府里的治中庞遵是他的同乡好友。他想起这位陶渊明还是自己 15 年前镇军将军府里的旧相识，就下了个帖子，派庞遵去请他到刺史府来。陶渊明根本不买他的账，坚决不肯前去。王弘就亲自去陶家探望。陶渊明不见，对他人说："我生性不会取悦于权贵，隐居虚名，怎敢以王公造访为荣呢？"王弘虽身居高位，但并不像一般权贵那样盛气凌人，并且，他是真心想结识陶渊明这样的隐逸高士。尽管碰了个软钉子，可他也不在意，而是另想主意。

王弘听说陶渊明见了酒就走不动了，于是，暗中派人打探陶渊明的行踪。他得知陶渊明要前往庐山，便让陶渊明的同乡庞遵之带上酒到半道拦截。陶渊明如期而至。果然，他一见有酒，随即停下，在道旁狂饮了起来，竟忘了赶路。王弘趁陶渊明酒兴正浓之时，从一旁闪出，装作偶然相遇，也凑上去一块喝了起来。王弘见陶渊明没穿鞋，就让手下人为他做一双。人家要给陶渊明量尺码，陶渊明一边喝酒，一边大大咧咧地伸出脚来让他们量。王弘邀请他到州府中一坐，问他乘坐什么，陶渊明满不在乎地答道："我的脚有毛病，出远门坐抬椅。"说着，让两个儿子和一个门生抬起抬椅向州府走去。沿途赏景谈笑，无一丝羡慕华轩之意。这一往一来，两人开始有些交往。王弘愈加敬重陶渊明，陶渊明也待他当作一个朋友。王弘如果想见陶渊明，便在路旁林间相候。至于酒米之类，王弘也时常周济，使陶渊明困苦的生活一度得到改善。

永初元年（420），王弘兼任散骑常侍。两年后，从地方调入朝廷。在一次君臣聚会上，刘裕感慨地说："我身为布衣，没想到会有今天。"别的大臣都争着歌颂他的功德，只有王弘说："这就叫天命，求之不可得，推之不可去。"短短的几句话，叫人不能不佩服。

文帝刘义隆即位后，为了制定国策，安定社稷，任命王弘为侍中、司徒、扬州刺史，录尚书事。

王弘在政治上推崇儒学，主张加强皇权。在他的大力推行下，儒学在这个时期渐渐地复兴了。

王弘对百姓生活很关心，在法律制度方面提出了许多建设性的意见，目的是使法度宽减有度，使刘宋王朝能长久地持续下去。刘裕把他的意见交给大臣们讨论，后来都付诸实施了。

王弘本为刘宋的开国功臣，在刘义隆朝升任首辅，但后来皇帝又不信任他了，他便自请退出了权力中心。

公元432年，王弘云世，年54岁。

皇家子弟刘义恭

刘义恭（413—465）是宋武帝刘裕的第五个儿子。他从小就聪明颖悟，风姿端雅，容止可观。中书郎范述见到他，惊叹地说："真是荆楚仙人啊！"

刘裕对这个儿子非常钟爱，饮食寝起，常不离于侧。刘裕生活很俭朴，对儿子们的要求很严格，规定儿子们的饮食不能超过5盏盘，但刘义恭却例外，想取多少就取多少。刘义恭也乖巧，经常多取一些送给兄弟们，所以兄弟们对他也很顾念。

元嘉六年（429），19岁的刘义恭就被任命为都督、荆州刺史。这时，他已经是个文才兼备的美少年了。他广泛涉猎各种知识，尤其是他的诗写得越来越好。

但刘义恭有个特点，生性骄奢挥霍，不加节制。所以，在他赴任之前，文帝亲自下诏告诫他："你要像汉高祖那样礼贤下士，豁达大度，而不要像魏武帝那样猜忌偏激，千万不要把自己的喜怒强加于人。如果你能始终秉公办事，一定会受到民众的赞美。如果独断专行，夸耀自己的能力，只会弄巧成拙。"

刘义恭就这么带着皇上的期待和叮嘱上任去了。他的仕途生涯一帆风顺。到元嘉二十年（443），他已经被提为太尉，领司徒。这时，他办事还是很小心谨慎的。就是挥霍太甚，朝廷赏给他多少都不够他用，文帝刘裕也对他格外照顾，经常给他拨款。有一次，有人献给文帝500匹马，文帝当时就慷慨地赐给了

刘义恭。

刘义恭在父皇的恩宠下，踌躇满志。他用诗表达着自己的心情。如下面的一首《元嘉七年以滑台战守弥时遂至陷没乃作诗》：

> 逆虏乱疆场，边将婴寇仇。
>
> 坚城效贞节，攻战无暂休。
>
> 覆沈不可食，离机难复收。
>
> 势谢归途单，于焉见幽囚。
>
> 烈烈制邑守，舍命蹈前修。
>
> 忠臣表年暮，贞柯见严秋。
>
> 楚庄投袂起，终然报强仇。
>
> 去病辞高馆，卒获舒国忧。
>
> 戎事谅未殄，民患焉得瘳。
>
> 抚剑怀感激，志气若云浮。
>
> 愿想凌扶摇，弭旆拂中州。
>
> 爪牙申威灵，帷幄骋良筹。
>
> 华裔混殊风，率土浃王猷。
>
> 惆怅惧迁逝，北顾涕交流。

元嘉二十九年（452）冬，刘义恭被召还朝廷。第二年，当了30年皇帝的文帝刘义隆被他的儿子刘劭所杀。刘劭连自己的父亲都敢杀，刘义恭当然很怕他，不停地表忠心，刘劭就任命他为太保。

刘劭坐上金銮殿后，采用血腥手段镇压反抗，不久，他的弟弟刘骏兴兵讨伐刘劭。刘劭挟持刘义恭出战，结果被刘骏的军队打得落花流水，刘义恭独自出逃。残暴的刘劭竟杀了刘义恭的10个儿子。刘义恭走投无路，只得投奔了刘骏。

刘义恭协助刘骏当上了皇帝，是为孝武帝。孝武帝为了答谢刘义恭，授他为太尉，录尚书六条事，后来又进位为太傅。

这时，孝武帝的朝政主要依靠刘义恭，他对刘义恭非常重视，曾亲下指示，

凡太子东宫的文案，必须先经过刘义恭过目。刘义恭成为宫中实权人物。他也是刘宋宫廷里数一数二的文才，大明年间，他撰写国史，孝武帝亲自为他写了传记。

刘义恭就是骄奢的禀性不改，他在做南兖州刺史时，曾修楼宇馆所，华丽无比，堪与王城相媲美。

刘骏的凶暴不亚于他的哥哥刘劭，而性情更为卑劣。皇宫里有一个小型博物馆，刘裕把他贫贱时给人当佣工使用的灯笼麻绳之类的东西，陈列在那里，目的是让他的后裔子孙们触目心惊，因而体念祖先创业的艰苦，特别警惕。刘骏即位后不久，前去参观，随驾群臣齐声赞扬，可是刘骏却羞愧难当，认为是莫大耻辱，指着老祖父刘裕的遗像说："他不过一个庄稼汉，混到这个地位，岂不有点过分？"

伴随着这么一个皇帝，刘义恭不得不十分小心，对皇帝也是极尽逢迎。孝武帝什么事做的本来不对，他说，皇帝是对的。孝武帝高兴了，就把刘义恭进位为太宰，领司徒，刘义恭是一人之下，万人之上了。

公元464年，刘骏逝世，16岁的儿子刘子业继位。刘子业即前废帝，这也是个无道的家伙，他的母亲王太后病重将死，派人唤他，他说："病人住的地方鬼多，我怎么能去？"王太后大怒："拿刀来剖开我的肚子吧，怎么生出这种畜生？"

刘义恭是刘子业的叔祖，刘子业暴虐无道，刘义恭就想废了这个小皇帝，不料事情暴露。刘子业亲自率领军队到刘义恭家，把刘义恭和他的4个儿子一起杀死，然后把刘义恭的尸体肢解，剖出肠胃，又挖掉眼睛，泡在蜂蜜里，名"鬼目粽"。

刘义恭是一个有政治才能的人，辅佐文帝达30年，使刘宋政权相对安定下来。他死后不久，刘宋既没有好皇帝，也没有有才能的大臣，结果很快就灭亡了。

刘义庆与《世说新语》

魏晋士大夫好老庄，好玄学，竞尚清谈，还特别喜欢对别人的言行举止进行品评，品评人物的风气很浓。有时候，名重人物的只言片语，或许就能成就或者毁掉一个人的名声。于是，有人就把一些知名人物的言行逸事汇集起来，就成了逸事小说。一些贵族子弟为了求取功名仕进，也必须学习名士的言谈、风度，那就需要参考书，于是，《世说新语》诞生，并且成为当时士人必读的"教科书"。有些帝王新贵也很看重品评人物之道，对《世说新语》很追捧。

在《世说新语》之前，有三国魏邯郸淳撰写的《笑林》、东晋葛洪撰写的《西京杂记》、东晋裴启撰写的《语林》等，可惜大都已经散佚。《世说新语》却完整地保存了下来。

《世说新语》是宋临川王刘义庆编撰的。他是宋武帝刘裕的侄子，长沙景王刘道怜的次子，后来又被过继给临川王刘道规，袭封为临川王。与南朝其他王室相比，刘宋宗室人才俊杰较少，而临川王刘义庆却是个出类拔萃的才俊。他自幼聪敏过人，伯父刘裕非常赏识他。曾经夸奖他："此我家之丰城也。"

刘义庆从年轻的时候就跟着刘裕南征北战。刘宋政权建立后，他更是官居显要。不过他不是靠出身赢得政治地位，而是靠自身的才学立足于世，他被认为是刘宋宗室中最优秀的人物。他生活俭朴，晚年奉养沙门。更可贵的是，他对文学之士非常敬重，在他身边，聚集了一大批名儒硕学。他和这些文学之士一起完成了一部千古流传的《世说新语》。

《世说新语》是我国魏晋南北朝时期"志人小说"的代表作，依内容可分为"德行""言语""政事""文学""方正""雅量""识鉴""品藻""规箴"等三十六类，每类收有若干则故事，全书共一千多则，每则文字长短不一，有的数行，有的三言两语。包含的内容极其丰富，其中很多故事，如"周处除害""兰亭会""曹植七步成诗""东床快婿""王子猷雪夜访戴"等，早已是妇孺皆知了。

《世说新语》讲了一千多则故事，比较完整地记录了汉末至刘宋初年上起帝王将相，下至士庶僧道，尤其是士族阶层的清谈、品德、交游、为政、隐逸以及他们消散、放诞、简傲、放旷的性格特征和人生追求，也就是我们通常所说的魏晋风度。编者对品评的人物是有一定的标准的，有着明显的褒贬。

细读《世说新语》，可以发现所说的魏晋风度，包含以下内容。

德行：

《德行》第九讲了这么一个故事：荀巨伯远道探望生病的朋友，恰逢胡人攻打城池。朋友对他说："我今天就要死了，你可以离开了。"荀巨伯说："我远道来是看你的，你让我离开，败义求生，怎么是我的行为呢？"很显然，编者对荀巨伯重义轻生的品质是赞赏的。

《管宁割席》也是一则常被人提起的故事：管宁与好友华歆一日同在园中锄地时，同时发现"地有片金"，管宁看都不看，视为瓦石，而华歆却拾起察看之后才甩掉。管宁认为华歆见利而动心，非君子之举。又有一次，门外有官员的轿舆前呼后拥而过，管宁读书如故，华歆却忍不住放下书本跑出去看了一下热闹。管宁认为华歆"心慕官绅"，亦非君子之举。于是，管宁毅然对华歆说"看来你不是我的朋友"，并割断座席，与之断了交情。编者用这两件小事做对比，揭示管宁、华歆两人对金钱、权势的不同态度，也委婉地表达了自己所持的态度。重义轻利，重名尚节，这正是魏晋风度的体现。

豁达智慧：

太元末，长星见，孝武心甚恶之。夜，华林园中饮酒，举杯属星云："长星！劝汝一杯酒，自古何时有万岁天子！"自古以来，天子都被人"万岁万岁万万岁"地捧着，有的求药，有的求仙，就是没见有一人真的成仙不死，真的到了"万万岁"。孝武帝肯说出这样的话，足见其看透了人生不过几十年。

《雅量》记载：谢公与人围棋，俄而谢玄淮上信至，看书竟，默然无言，徐向局。客问淮上利害，答曰："小儿辈大破贼。"意色举止，不异于常。

前方千军万马在厮杀，谢安与人照常下围棋。喜讯传来，神色不变，可见其从容镇定。

《雅量》还记载：文帝尝令东阿王七步中作诗，不成者行大法。应声便为诗曰："煮豆持作羹，漉豉以为汁。萁在釜下燃，豆在釜中泣。本自同根生，相煎何太急？"帝深有惭色。

东阿王曹植，字子建，建安时期最杰出的诗人，也是中国文学史上第一流的大文豪。他在文学上天分极高，十岁的时候，便能出口成诗，落笔成章。不过诗人率情任性，放荡不羁的性格，使他最终在立储争夺战中败给了曹丕。于是，就有了"七步诗"这样一次人性的发泄。

《言语》篇记：顾悦与简文同年而发早白。简文曰："卿何以先白？"对曰："蒲柳之姿，望秋而落；松柏之质，凌霜弥茂。"

机智巧妙，简约含蓄的言语中透露着对自然的尊重，对人生的淡定。

任诞放情：

刘伶恒纵酒放达。或脱衣裸形在屋中，人见讥之。伶曰："我以天地为栋宇，屋室为裤衣，诸君何为入我裤中？"这个故事被人们不厌其烦地提起，无非是说竹林七贤之一的刘伶多么放诞不羁。可是想想他所面对的严酷的政治环境，作为一个名士，想正儿八经地活着，恐怕也不是一件容易事。刘伶的见识让人佩服，但读之不免让人心生悲凉。

《雅量》又有下面一则：顾和始为扬州从事，月旦当朝。未入，顷停车州门外。周侯诣丞相历和车边，和觅虱夷然不动。过，反还，指顾心曰："此中何所有？"顾搏虱如故，徐应曰："此中最是难测地。"周侯既入，语丞相曰："卿州吏中有一令仆才。"

顾和在周侯面前搏虱而谈，竟被视为有令仆才，可见当时评价人的标准。《世说新语》记载了阮籍、嵇康等一大批名士种种狂放与不拘礼法的魏晋风度，从中正可以窥见他们痛苦忧愤的心灵。

豪侈冷漠：

《汰侈》中有一段记载：石崇每要客燕集，常令美人行酒。客饮酒不尽者，使黄门交斩美人。王丞相与大将军尝共诣崇，丞相素不能饮，辄自勉强，至于沉醉。每至大将军，固不饮以观其变。已斩三人，颜色如故，尚不肯饮。本相

让之，大将军曰："自杀伊家人，何预卿事！"

石崇杀人劝酒，王敦冷漠观看，以此为豪阔，真是骇人听闻。《汰侈》中还记载王武子用人乳喂猪，连皇帝都看不过眼了。可见这些高门士族、皇亲国戚的生活是何等的豪奢。

魏晋几百年的风流事，说也说不尽。《世说新语》尽可能多地记录了那个时代的风情画面，使我们可以窥见那个时代的历史风貌。《世说新语》记录的方式，形神毕肖的比喻，细腻幽微的心理描写，通俗易读的文字，使得它足以成为一部经典之作。

"大小谢"的山水诗

南朝诗风，愈加追求华丽的辞藻和奢靡的形式。齐梁间更是以宫体诗为代表，专写宫廷女子的体态、闺阁女子的怨思，时伤轻艳，近于浮靡。不过，在一片华丽的咏叹中，也出现了不同的情调，就是刘宋元嘉时期谢灵运开拓的摹山状水的山水诗，和萧齐谢朓开拓的清丽山水诗，是为"大小谢"的山水诗。

谢灵运（385—433），东晋名相谢玄之孙。因从小寄养在钱塘杜家，故乳名为客儿，世称谢客。他在晋时袭封康乐公，所以又称谢康乐。刘裕建宋以后，降公为侯。少帝时曾出为永嘉太守，后辞官，隐居会稽。

元嘉三年（426），文帝刘义隆为巩固其统治，对世家大族采取笼络政策，谢灵运由于名气大，被征召为秘书监，还被指定撰修"晋史"。不久，谢灵运辞官归始宁。因为他看出皇帝对他表面

谢灵运

上尊重，实际上只是要他充当一名文学侍从罢了，不会在政治上重用他，而朝

中真正受重用的却是那些名望才干远不如他的人。

归隐后的谢灵运以攀登幽静险峻的山峰为乐趣。他登山时常穿一双木制的钉鞋，上山取掉前掌的齿钉，下山取掉后掌的齿钉，于是，上山下山分外省力稳当，这就是著名的"谢公屐"。唐代大诗人李白还有"脚著谢公屐，身登青云梯"的诗句。

刘宋文帝元嘉八年（431），宋文帝又让他出任临川内史，但他还是不理政事，终日出游，被地方官员弹劾，要治他的罪。谢灵运不服，反把有关吏员扣押起来。他还赋诗一首：

> 韩亡子房奋，秦帝鲁连耻。
>
> 本自江海人，忠义感君子。

谢灵运将刘宋王朝比作暴秦政权，并以张良、鲁仲连自比，暗示要像他们那样为被灭亡的故国复仇雪耻。这种行为和言论，加重了他的罪名，被判免死，流放广州。可是刚到广州，朝廷的公文又到了，诬他又犯下了新的叛逆罪，命令将他就地正法。元嘉十年（433）10月，谢灵运在广州被当街斩首，死时仅49岁。

谢灵运的山水诗，绝大部分是其做永嘉太守之后写的，永嘉、会稽、彭蠡湖等地的优美清丽的自然景色都化入他的笔端，成为富丽精工、清新自然的诗篇。鲍照赞其诗"如初发芙蓉，自然可爱"。著名的诗篇如《登池上楼》写初春清新景色：

> 潜虬媚幽姿，飞鸿响远音。
>
> 薄霄愧云浮，栖川怍渊沉。
>
> 进德智所拙，退耕力不任。
>
> 徇禄反穷海，卧疴对空林。
>
> 衾枕昧节候，褰开暂窥临。
>
> 倾耳聆波澜，举目眺岖嵚。
>
> 初景革绪风，新阳改故阴。
>
> 池塘生春草，园柳变鸣禽。

祁祁伤豳歌，萋萋感楚吟。

索居易永久，离群难处心。

持操岂独古，无闷征在今。

谢灵运留下了很多脍炙人口的诗句，如"春晚绿野秀，岩高白云屯"（《入彭蠡湖口》）之写暮春光景；"野旷沙岸净，天高秋月明"（《初去郡》）之写秋；"明月照积雪，朔风劲且哀"（《岁暮》）之写冬等，都从不同角度揭示出自然之美，给人以艺术的享受。

继谢灵运之后，谢朓进一步发展了山水诗。

谢朓（464—499），字玄晖。出身世家大族，祖母是史学家范晔之姐，母亲为宋文帝之女长城公主，与谢灵运同族。初任豫章王太尉行参军，后在随王萧子隆、竟陵王萧子良幕下任功曹、文学等职，颇得赏识，为"竟陵八友"之一。他们的诗号为"永明体"诗。曾出任宣城太守，故有谢宣城之称。谢朓虽然在文学方面颇有才能，但他为人很不好，在政治上朝三暮四，败得很惨。他揭发岳丈，卖父求荣，连妻子也要杀他。最终，他死于狱中。

谢朓与谢灵运一样，也是士族文人，诗的思想内容也大致相同，而在艺术上却有新的发展。他的名篇如《晚登三山还望京邑》写春江日暮景色，细致逼真，状物传神，受到唐代大诗人李白的赞赏；《之宣城郡出新林浦向板桥》写其离京赴宣城任所时的情景等，都较少雕琢，较少玄言成分，有清新自然的特点。钟嵘的《诗品》指出，他的诗"一章之中，自有玉石"。《暂使下都夜发新林至京邑赠西府同僚》最为传诵：

大江流日夜，客心悲未央。

徒念关山近，终知返路长。

秋河曙耿耿，寒渚夜苍苍。

引领见京室，宫雉正相望。

金波丽鳷鹊，玉绳低建章。

驱车鼎门外，思见昭丘阳。

驰晖不可接，何况隔两乡？

风云有鸟路，江汉限无梁。

常恐鹰隼击，时菊委严霜。

寄言蠖罗者，寥廓已高翔。

谢朓写景名句很多，如"大江流日夜，客心悲未央"句很受后人推崇。唐代大诗人李白对谢朓非常赞赏，他在登华山落雁峰的时候，感慨地说："恨不携谢朓惊人句来，搔首问青天耳。"

才秀人微鲍参军

鲍照（约414—466），字明远，南朝宋人。宋文帝元嘉十六年（439），20多岁的鲍照怀着建功立业的梦想，来到临川王刘义庆幕府，献诗言志，颇得赏识，被任为国侍郎。刘义庆在这一年任江州刺史，他也在同年秋到江州赴职。元嘉二十一年（444），刘义庆病逝，他也随之失职，只好在家赋闲。

最后在孝武帝大明五年（461），鲍照做了临海王刘子顼的参军，故称鲍参军。孝武帝死后，刘子顼作乱被赐死，鲍照亦为乱兵所害。

鲍照一生自命不凡，热衷功名，有着强烈的建功立业的渴望，终因家世低微，长期受压抑。他的作品中常常为那些满腹才学、郁郁不得志的知识分子鸣不平。钟嵘在《诗品》中评价他"才秀人微，故区湮当代"。

鲍照一生仕途坎坷，但他的诗文，在生前就颇负盛名，对后来的作家更产生过重大影响。他的《拟行路难》十八首最有名。

鲍照不仅是一位杰出的诗人，也是一位杰出的辞赋与骈文大家。他的《芜城赋》与《登大雷岸与妹书》，都是盛传不衰的杰作。

《芜城赋》以夸张笔法将广陵城昔日的繁荣与它在宋代两次遭到兵祸后的荒凉景象相对照，哀叹战争的惨重破坏和世事的变迁无常，透露了非常沉重的时代的伤感，同时也有讥刺权势者繁华如梦的意味。尤其是写战乱之后景象的一节，作者将主观情绪渗透在客观景物之中，以悲怆的语调、峭拔的气势、阴森狰厉的形象，描摹这座荒弃的城市：

泽葵依井，荒葛罥涂。坛罗虺蜮，阶斗麏鼯。木魅山鬼，野鼠城狐，风嗥雨啸，昏见晨趋。饥鹰厉吻，寒鸱嚇雏。伏暴藏虎，乳血飡肤。崩榛塞路，峥嵘古馗。白杨早落，塞草前衰。棱棱霜气，蔌蔌风威。孤蓬自振，惊沙坐飞。灌莽杳而无际，丛薄纷其相依。通池既已夷，峻隅又已颓。直视千里外，唯见起黄埃。凝思寂听，心伤已摧。

所有的景物都经过有意选择，并包含一定的虚构与夸张，以求达到作者所需要的效果。所以，这座"芜城"在作者笔下，并不是一座死城，而是一座惊心动魄的恐怖之城。这种描写，在乐府诗《代苦热行》中也出现过，在这篇赋中更为突出。它不仅表现了明确的思想主题，还体现了一种特殊的审美趣味。这就是通过有力的语言构造出阴森可怖的意象，达到震撼人心的特殊美感，表达作者"边风急兮城上寒，井径灭兮丘陇残。千龄兮万代，共尽兮何言"的深刻悲叹。

宋文帝元嘉十六年（439年）四月，临川王刘义庆出镇江州。同年秋天，鲍照从建康（今南京）赴江州（今江西九江）就职，途中登上大雷岸，远眺四野，即景抒情，挥毫写下了《登大雷岸与妹书》。当时，鲍照才26岁，意气风发，满怀热情。但因出身卑微，又不免对前程忧虑。

这篇写给妹妹鲍令晖（也是一位女诗人）的家书，除首尾略述旅途之感受外，基本上是对所见自然景色的描写，运用赋体的手法，是当时文章的新体。语言风格，与作者其他诗文相类，色彩瑰丽，用词雄健有力。描写庐山一段，尤为稀见：

西南望庐山，又特惊异。基压江潮，峰与辰汉相接。上常积云霞、雕锦缛。若华夕曜，岩泽气通，传明散彩，赫似绛天。左右青霭，表里紫霄。从岭而上，气尽金光，半山以下，纯为黛色。信可以神居帝郊，镇控湘汉者也。

此文画面阔大，气象万千，群山众水，均呈动势，光色耀目，令人应接不暇。作者驾驭文字的才华，确实不凡。

这封信远远超出了家书的范围。它描写风景，暗寓自己旅途的凄苦："涂登千里，日逾十晨，严霜惨节，悲风断肌。去亲为客，如何如何！"惨烈的抒情气氛令人心悸。

大发明家祖冲之

从宋孝武帝即位之后，宋王朝很快就衰落了。在这个时期，却出了一个杰出的科学家祖冲之。

祖冲之的祖父名叫祖昌，在宋朝做了一个管理朝廷建筑的长官。祖冲之长在这样的家庭里，从小就读了不少书，人家都称赞他是个博学的青年。他特别爱好研究数学，也喜欢研究天文历法，经常观测太阳和星球运行的情况，并且做了详细记录。

宋孝武帝听到他的名气，派他到一个专门研究学术的官署"华林学省"工作。他对做官并没有兴趣，但是在那里，可以更加专心研究数学、天文了。

祖冲之

我国历代都有研究天文的官，并且根据研究天文的结果来制定历法。到了宋朝的时候，历法已经有很大进步，但是祖冲之认为还不够精确。他根据长期观察的结果，创制出一部新的历法，叫作"大明历"（"大明"是宋孝武帝的年号）。这种历法测定的每一回归年（也就是两年冬至点之间的时间）的天数，跟现代科学测定的相差只有五十秒；测定月亮环行一周的天数，跟现代科学测定的相差不到一秒，可见它的精确程度了。

公元462年，祖冲之请求宋孝武帝颁布新历，孝武帝召集大臣商议。那时候，有一个皇帝宠幸的大臣戴法兴出来反对，认为祖冲之擅自改变古历，是离经叛道的行为。

祖冲之当场用他研究的数据回驳了戴法兴。戴法兴依仗皇帝宠幸他，蛮横

地说："历法是古人制定的，后代的人不应该改动。"

祖冲之一点也不害怕，他严肃地说："你如果有事实根据，就只管拿出来辩论，不要拿空话吓唬人嘛。"

宋孝武帝想帮助戴法兴，找了一些懂得历法的人跟祖冲之辩论，也一个个被祖冲之驳倒了。但是宋孝武帝还是不肯颁布新历。直到祖冲之死了十年之后，他创制的大明历才得到推行。

尽管当时社会十分战乱不安，但是祖冲之还是孜孜不倦地研究科学。他更大的成就是在数学方面。他曾经对古代数学著作《九章算术》做了注释，又编写了一本《缀术》。他的最杰出贡献是求得相当精确的圆周率。经过长期的艰苦研究，他计算出圆周率在 3.1415926 和 3.1415927 之间，成为世界上最早把圆周率数值推算到七位数字以上的科学家。

祖冲之在科学发明上是个多面手，他造过一种指南车，随便车子怎样转弯，车上的铜人总是指着南方；他又造过"千里船"，在新亭江（在今南京市西南）上试航过，一天可以航行一百多里。他还利用水力转动石磨，舂米碾谷子，叫作"水碓磨"。

祖冲之死后，他的儿子祖暅、孙儿祖皓都继承了祖冲之的事业，刻苦研究数学和历法。据说祖暅在研究学问的时候，全神贯注，连天上打响雷也听不到。他常常一面走路，一面思考问题。有一次，他在路上走，前面来了个大官僚徐勉。祖暅根本没有发觉，一头就撞在徐勉身上。等到徐勉招呼他，祖暅才像梦中惊醒一样，慌忙答礼。徐勉知道他研究出了神，也没有责怪他。

祖冲之晚年的时候，掌握宋朝禁卫军的萧道成灭了宋朝。

公元 479 年，萧道成称帝，建立南齐，他就是齐高帝。

"山中宰相"陶弘景

提起南北朝时期的道教，就不能不提陶弘景这个名字。他是南朝齐、梁时期的道教茅山派代表人物之一，也是著名的道教思想家、医药家、炼丹家、文学家。

陶弘景（456—536），字通明，号华阳隐居。他从小就非常聪明，10 岁时读了葛洪的《神仙传》，为之深深吸引，便立志养生。15 岁时，他就写了《寻山志》。20 岁被引为诸王侍读，后拜左卫殿中将军。

陶弘景 36 岁的时候，梁代齐而立，他便隐居句曲山（茅山）华阳洞。梁武帝早年便与陶弘景认识，知道陶弘景的学问才识，称帝之后，想让他出山为官，辅佐朝政。

陶弘景不愿入仕，就画了一张画。画中，两头牛，一个自在地吃草，一个戴着金笼头，被拿着鞭子的人牵着鼻子。梁武帝一见，就知道陶弘景的用意了，不再勉强他出山了。但这位皇帝和陶弘景书信不断，常以朝廷大事与他商讨，当时人就把陶弘景称为"山中宰相"。

陶弘景是一名道士，不受世俗羁绊，一生遍历名山，寻访仙药，经常出没于山谷溪涧之间，读书万余卷，对阴阳五行、天文地理、医药都有深入研究。他的著作很多，如《帝代年历》《古今州郡记》《效验方》《集药诀》《养性延命录》《肘后百一方》等。

陶弘景对《神农本草经》中的药物做了仔细的校订和整理，并结合自己的经验，对这些药物新的用途和不同的记载做了一一的鉴别和补充。同时，他又根据魏晋以来新发现的 365 种药物，写成《名医别录》一书，也作为《本草经集注》的一部分。这样，《本草经集注》共有 7 卷，所收药物由原来的 365 种增加到 730 种，增加了一倍。

《本草经集注》的主要特点是：

首先，改进了药物的一般分类。从《神农本草经》中三品分类，改为按药物自然来源和属性来分类，共分七大类，即玉石、草木、虫兽、果、菜、米食、有名无用。最后一类是一些当时未经实际验证的药物。这种分类方法具有一定的科学性，是药物分类的一个进步，对后世影响很大。

其次，对于药物的性味、产地、采集、形态、鉴别诸方面的论述，有显著提高。

《神农本草经》中说药有五味：酸、咸、甘、苦、辛。这是勉强与阴阳五行理论相联系，陶弘景把药性分为8种，即寒、微寒、大寒、平、温、微温、大温、大热。他提出了"甘苦之味可略，有毒无毒易知，唯冷热须明"的说法，表明他对药物的寒热特别重视，而对所谓甘苦等"五味"认为关系不大，这种认识很有进步意义。

最后，他总结了诸病通用的药物。在书中提出了一个"诸病通用药"列记表，分别列举了80多种疾病的通用药物。不仅给临床医生处方用药提供了方便，而且也首创了按药物主治作用进行分类的方法。后世比较大型的本草著作，都把这种办法沿用了下来。

陶弘景一生的活动大都和炼丹有关。梁武帝送给他很多黄金、朱砂、曾青、雄黄等原料，让他炼丹。他在炼丹过程中掌握了许多化学知识。比如他记载的硝酸钾的火焰分析法，在世界化学史上属于首次。

南朝·齐

齐帝系表

479—502

高帝（萧道成）	建元（4）	479
武帝（萧赜）	永明（11）	483
鬱林王（萧昭业）	隆昌（1）	494
海陵王（萧昭文）	延兴（1）	494
明帝（萧鸾）	建武（5）	494
	永泰（1）	498
东昏侯（萧宝卷）	永元（3）	499
和帝（萧宝融）	中兴（2）	501

齐高帝萧道成

南朝齐的开国皇帝萧道成（427—482），字绍伯，小字斗将，东海郡兰陵县（今山东省临沂市）人。自称西汉丞相萧何二十四世孙，齐宣帝萧承之之子。他的家族在魏晋时并非名族，但这个家族繁衍很快，成为一个庞大的家族。萧道成的父亲萧承之是刘宋皇朝的外戚，公元嘉十七年（440），萧承之任汉中太守。那年，宋文帝刘义隆与彭城大将军刘义康兄弟二人发生矛盾，宋文帝一怒之下将刘义康贬为江州刺史，出镇豫章，派萧承之率军前去防范监护刘义康。14岁的萧道成跟随父亲执行任务。从此，萧道成跟随父亲南征北战，以其机智勇敢屡立战功，成长为将帅之才。

公元465年，宋明帝继前废帝刘子业被弑后登基，朝廷内部发生了权力争斗。此时，萧道成已官至右将军，他审时度势，决定站在明帝一边，他对左右说："皇上（明帝）虽势单力薄，形势危急，乃为一国之君，亦有诸王鼎力相助。若我为皇上效力，可助皇上平定天下，定能功成名就；若追随叛军，虽有成功之可能，但将来各路叛将之间难免倾轧，刘子勋未必重用我们。"

他的想法得到手下幕僚的赞成，当然也得到了明帝的嘉许。不日，他便被提升为辅国大将军，随即宋明帝派遣他和张永等将领带大军前去讨伐叛军。平叛大功告成，宋明帝大喜，对平定叛军的功臣悉数提拔重用。公元467年，萧道成被委任南兖州刺史，防御北魏，成为镇守一方的大员。

泰始六年（470），有人传说萧道成有奇异的相貌，当为天子。宋明帝征他入京，萧道成害怕，假称北魏军要进攻，硬是留在淮阴没动。

萧道成

当明帝大杀兄弟、子侄时，萧道成一直在淮阴坐镇。明帝临死那年，萧道成被征入朝，任右卫将军，与尚书令袁粲、扩军将军褚渊等共掌机密。后废帝时，先后发生明帝弟江州刺史桂阳王休范、南徐州刺史建平王景素等叛乱，都被萧道成平定，萧道成因功升为中领军、尚书左仆射，掌握禁军。

元徽五年（477），萧道成命亲信王敬则等把小皇帝刘昱杀死，迎立安成王刘準，安成王年仅11岁，即宋顺帝，大权掌握在萧道成手里。

昇明三年（479），萧道成逼顺帝退位，自己称帝，建立齐王朝。

萧道成总结刘宋后期骨肉相残和奢侈腐化从而亡国的教训，即位后很想有所作为。他禁止宗室诸王封山占水，减免一些赋役，安抚流民，还乡生产，整顿户籍，修建学校，禁止将帅招募部曲，等等。他特别提倡节俭。过去皇帝礼服上佩戴一种叫"玉介导"的装饰品，据说是避邪的，萧道成认为玉制品会产生奢侈，叫人把它打碎。又下令后宫原用铜制的器物和栏杆，改用铁制，把内殿的绣花绫罗帐改作黄纱帐。皇帝銮驾上华盖的镶金装饰品也去掉了。他说："让我治天下十年，当使黄金与泥土同价。"

鉴于宋王朝的骨肉相残，萧道成特别注意教育子孙互相团结。建元四年（482），萧道成重病，他命人招来太子留下遗言说："吾儿，汝不日即位，当铭记骨肉不可相残；宋氏亲族如不是骨肉相图，岂能被他族乘其衰敝而取代之，汝深戒之！"

萧道成虽然想有点作为，可惜，他做皇帝不过4年就病死了。他被后人称为齐高帝，庙号"太祖"，死后被厚葬于武进县泰安陵。

东昏侯萧宝卷

齐高帝萧道成死后，太子萧赜继立，即齐武帝。齐武帝继续萧道成的一些改革措施，如减免赋役，奖励农业生产，重视发展学校，恢复百官禄田俸秩，与北魏通好，等等。在齐武帝统治的永明（483—493）年间，社会比较安定繁荣，历史上称为"永明之治"。

"永明之治"持续的时间很短，便在内讧中急速衰亡；高祖萧道成最担心的皇室子弟内讧还是发生了，而且比起宋朝是有过之而无不及。

齐武帝萧赜死后，皇太孙萧昭业继位，即郁林王。由武帝堂弟西昌侯萧鸾辅政。萧昭业十分荒淫，任意挥霍钱财。武帝时库中积钱数亿万，金银布帛无数，不到一年，几乎挥霍一空。他赏赐亲信，动辄几十万几百万。萧昭业为寻欢作乐，竟让何后和他的宠姬取出宝器，互相投掷。宝器都被击碎，萧昭业狂笑不止。萧鸾当时总管尚书事，掌握实权，早就有野心了，乃于隆昌元年（494）杀萧昭业，另立其弟萧昭文，过了不久，又废杀萧昭文，自己称帝，就是齐明帝。

齐明帝因为自己不是正统的皇位继承人，亲子皆幼小，皇室的其他子孙日渐长大，兄弟子侄间便杀戮不断，明帝更是杀戮无数。

永泰元年（498），明帝在位4年而死。太子萧宝卷继位，是为东昏侯。

萧宝卷当太子时，就不喜欢读书，经常以捕鼠为乐，常通宵达旦。明帝死后，他吩咐赶紧下葬，大臣劝他，他才勉强拖延了一个月。临丧的时候，萧宝卷没有一点哀戚之色，每当哭时，就称喉痛。

萧宝卷继位后常外出游玩，但又不许百姓看见，所经过的道路，把居民都驱逐开，犯禁者格杀勿论。自万春门至东宫以东至于郊外，几十里内，屋室尽空。有一次到沈公城，一妇女临产，没法离开，他竟残忍地命剖腹验胎，辨视男女。还有一次到定林寺，一老僧病不能行，藏匿草间，他就命令左右把他射死。

萧宝卷生活奢侈荒淫。他大起宫殿，都穷极绮丽，刻画雕彩，麝香涂壁，锦幔珠帘。在阅武堂起芳乐苑，山石皆涂上五彩，楼观壁上画男女私亵之像。他宠爱潘贵妃。潘妃的服饰上需用珍宝，皇家库里不够用，便高价向民间购买，一个琥珀钏，值170万。他命用金制成莲花贴在地上，让潘妃在上面行走，说是"步步生莲花"。他称潘妃父宝庆为阿丈，宝庆仗势作奸，乘机兼并田宅资财。

萧宝卷在位时，由始安王萧遥光、尚书令徐孝嗣、尚书仆射江祏、右将军萧坦之、侍中江祀、卫尉刘暄同辅政，称为"六贵"。萧宝卷喜怒无常，杀戮不在话下，六贵相继被杀。齐老臣宿将没有活路，便不断起兵。

永元元年（499），太尉江州刺史陈显达在寻阳起兵，后至建康败死。次年，豫州刺史裴叔业起兵，以寿阳降北魏。平西将军崔慧景奉命讨寿阳，到广陵举兵还攻建康，后被豫州刺史萧懿所败，逃亡被杀。萧懿为尚书令，不久也被萧宝卷毒死。齐政权处于风雨飘摇之中。

永元二年（500）十二月，萧懿弟雍州刺史萧衍在襄阳起兵，次年三月，在江陵立萧宝融为帝，即和帝。萧衍率兵东下，包围建康。城中内变，东昏侯被杀，齐政权终于在复杂的社会矛盾中为梁所取代。齐仅延续了23年，是南朝4个政权中最短命的王朝。

范缜反对迷信

南北朝时期，佛教渐渐盛行起来。南齐的朝廷里，从皇帝到大臣，都提倡佛教。南齐的宰相竟陵王萧子良就是一个笃信佛教的人。

萧子良在建康郊外的鸡笼山有一座别墅，他常常在那里招待名士文人，喝酒谈天。有时候，也请来一些和尚，到他那里讲解佛教的道理。萧子良还亲自给和尚备饭倒茶水。人家都认为他这样做有失宰相的体统，他却并不在乎。

有宰相一提倡，佛教的势力自然更大了。这些和尚宣传人死了以后，灵魂是不会死的。还说一个人的富贵或者贫贱，都是前世的因果报应，穷人受苦受罪，都是命里注定，没法抗拒的。

当时，有一个大胆的读书人名叫范缜，起来揭露这一说法是一种迷信，要

范缜

大家别信那一套。

范缜的堂哥范云就是经常在萧子良家里走动的。萧子良听到范缜竟敢跟他唱对台戏，反对佛教，十分恼火，叫范云把范缜找到他家来。

萧子良问范缜说："你不相信因果报应，那么，你倒说说，为什么有的人生下来富贵，有的人生下来就贫贱呢？"

范缜不慌不忙地说："这没有什么奇怪。打个比方，人生好比树上的花瓣。花经风一吹，花瓣随风飘落。有的掠过窗帘，落在座席上面；有的吹到篱笆外，落在茅坑里。"

萧子良瞪着眼睛，一下子还听不懂范缜说的是什么意思。范缜接着说："落在座席上就像您；落在茅坑里的就像我。富贵、贫贱，就是这么一回事，哪里有什么因果报应呢？"

范缜从萧子良那里回来，觉得虽然驳斥了萧子良，但是还没有把他反对迷信的道理说透彻，就专门写了一篇文章，叫作《神灭论》。文章里面说：

"形体是精神的本质，精神只是形体的作用。精神和形体的关系，好比一把刀和锋利的作用。没有刀，就不能起锋利的作用。没有形体，哪里有什么精神呢？"

范缜在那篇文章里，还断定人死以后灵魂是不存在的，什么因果报应，都是骗人的话。

这篇文章一出来，朝廷上上下下都闹翻了天。一些萧子良的亲信、朋友，都认为非把范缜狠狠地整一下不可。萧子良又找了一批高僧来跟范缜辩论，但是范缜讲的是真理，那些高僧到底还是辩不过范缜。

有个佛教信徒王琰讽刺他说："唉，范先生啊！您不信神灵，那您就连祖先的神灵在哪里也不知道了。"

范缜针锋相对地嘲笑王琰说："可惜呀，王先生。您既然知道您的祖先神灵在哪里，为什么不早点去找他们呢？"

萧子良怕范缜的影响太大，会动摇大家对佛教的信仰。隔了几天，他派了一个亲信王融去劝说范缜，说："宰相是十分赏识有才能的人的，像您这样有才干的人，要做个中书郎，还不容易！何苦一定要去发这样违背潮流的议论呢。我真替您可惜。我看您还是把那篇背时文章收回了吧。"

范缜听了，仰起头哈哈大笑，说："我范缜如果放弃自己的观点去求官，那么要做更大的官也不难，何必在乎您说的中书郎呢。"

萧子良拿范缜没有办法，也只好由他去了。

南齐王朝只经历了齐高帝、齐武帝两代，就发生内乱。雍州刺史萧衍起兵攻进建康，公元502年，萧衍灭了南齐，建立梁朝，这就是梁武帝。

南朝·梁

梁帝系表

502—557

	天监（18）	502
	普通（8）	520
	大通（3）	527
武帝（萧衍）	中大通（6）	529
	大同（12）	535
	中大同（2）	546
	太清（3）	547
简文帝（萧纲）	大宝（2）	550
元帝（萧绎）	承圣（4）	552
敬帝（萧方智）	绍泰（2）	555
	太平（2）	556

萧衍建梁朝

梁武帝萧衍（464—549），字叔达，小字练儿，南兰陵郡武进县东城里（今江苏省丹阳市访仙镇）人。南北朝时期梁朝的建立者（502年—549年在位）。出身兰陵萧氏，为西汉相国萧何的二十五世孙。梁武帝萧衍是一个多才多艺、学识广博的学者，尤其是在文学方面很有天赋。当时，他和另外七个好友被称为"竟陵八友"，其中包括历史上有名的沈约、谢朓、范云等。

萧衍不仅仅是一位学者，还是一位政治家。他出生于皇族，他的父亲萧顺之就是齐高帝的族弟。那个时候非常注重门第，不是世家大族的人，想做官，门都没有。萧衍有先天的家族背景，所以起点就高，升官的机会比其他人要多。在齐朝的时候，萧衍就做到了黄门侍郎，地位显赫。

北魏孝文帝南征的时候，萧衍亲自上阵，摇旗擂鼓助威，鼓舞士气，结果北魏军大败。

再后来，无能的东昏侯被杀，萧衍发兵进入都城建康，拥立齐和帝，因此升任大司马，掌管中外军国大事，还享有带剑上殿的特权，也不用向皇帝行叩拜大礼。

萧衍是有才能的人，而且工于心计。既然大权在握，就想废和帝自己做皇帝。他的好朋友沈约洞察他的心事，委婉地向他提起这事。萧衍装糊涂，推辞过去了。

又有一天，沈约又提起了这事，说："如今与古代不同了，不可以期望人人都能保持着淳古之风，士大夫们无不攀龙附凤，都希望能有尺寸之功。现在连小孩牧童都知道齐的国运已经终结了，明公您应当取而代之，而且天象预兆也非常显著了。天心不可违，人情不可失。假如天道如此安排，您虽然想要谦逊礼让，恐怕也是办不到的。"

萧衍这才吐露说："我正考虑这事呢。"

沈约又说道："明公您刚开始在樊、沔兴兵举事，在那时是应该思考的，可是如今王业已经成功，还有什么可顾虑的呢？如果不早点完成大业，将来只要有一人提出异议，也会有损于您的威德。况且人非金玉，世事难测，万一您有个什么不测，难道仅以安郡公这么一个封爵留给子孙后代吗？如果天子回到京城，公卿各得其位，君臣之间的名分已定，他们就不再会怀有异心了。君明于上，臣忠于下，哪还会有人再同您一起做反贼呢？"沈约这么一说，萧衍非常赞同。

萧衍让沈约出去之后，萧衍又把范云招呼进去，把自己的心思跟他讲了，征求他的看法，范云的回答与沈约所说的意思差不多。至此，萧衍才对范云讲道："智者所见，不谋而合。您明早和沈休文再来。"

范云出来后，把萧衍的话告诉了沈约，沈约说："您可一定要等我呀！"范云答应了。

没想到，第二天早晨，沈约自己提前去了，萧衍命令他起草关于受禅让的诏书，沈约立即从怀中取出已经写好的诏书以及人事安排名单，萧衍看了看，一点也没做改动。

不一会儿，范云从外面来了，到了殿门口，因为要等沈约，自己也不好先进去，等来等去不见沈约前来，只好在寿光阁外徘徊，嘴里还不停地发出奇怪的声音。沈约总算出来了，范云这才明白沈约已经赶在自己之前进去了，就问他："怎么安排我的？"沈约举起手来向左，意思是尚书左仆射，范云就笑了，说："和我希望的差不多。"

过了一会儿，萧衍传范云进去，当着范云的面赞叹沈约的才智，说："我起兵至今3年，各位功臣将领确实有功劳，但是帮助我成就帝王之业的，只是你们两人啊！"

不久，齐和帝到姑熟，下诏禅位于萧衍。

公元502年四月，萧衍正式在都城的南郊祭告天地，登坛接受百官跪拜朝贺。萧衍就是梁武帝。

萧衍是南北朝时期一位很有作为的皇帝，初期的政绩非常显著。他勤于政务，生活节俭，善于纳谏，重视官员的选拔。

后来，萧衍迷恋上了佛教，不近女色，不吃荤，还要求全国效仿，自己几次入寺做和尚，还精心研究佛教理论，这使得他没有精力再理朝政，奸臣被重用，造成朝政昏暗。

太清二年（548），侯景作乱，第二年，打进都城，派人监视萧衍，限制他的供应。萧衍连饿带病加生气，闭眼西去，终年85岁。

太子萧统编《文选》

梁武帝萧衍的长子叫萧统。武帝天监元年（502），萧统仅两岁的时候就被立为太子，他5岁就遍读五经。长大后，喜引纳才学之士，讨论篇籍，商榷古今，又好文章著述。于时东宫有书籍三万卷，名才兼集，文学之盛，为晋宋以来所未有。可惜他31岁就死了，还没有来得及即帝位。萧统死后，萧衍非常痛心，给他加谥号昭明，世称昭明太子。

萧统是一个博通众学的大文豪，他的《文选》三十卷是选择最精的文学总集。他编选《文选》时，曾招集许多文学家一起进行工作。据《梁书·刘勰传》说他对刘勰"深爱接之"。可能这个编选工作刘勰也曾参加过，并提出建议。在文学见解方面，刘勰、钟嵘等人的主张对萧统都有一定的影响。

《文选》是现存最早的一部古代文章总集，因为它是昭明太子萧统所选，所以世称《昭明文选》。

《文选》是正统派的文集。萧统继承《诗大序》的论点，认为"诗者，盖志之所之也，情动于中而形于言"（《文选序》）。他又认为"情动于中"的原因，是由于客观事物所引起的。他说："或夏条可结，睹于邑而属词；冬雪千里，睹纷霏而兴咏。"（《答湘东王求文集及诗苑英华书》）在对文学的内容与形式的关系上，他也主张文质并重，认为"夫文典则累野，丽亦伤浮，能丽而不浮，典而不野，文质彬彬，有君子之致"。

《文选》的选录，从时代说，上起先秦，下迄于梁普通七年以前。从文章分体说，计分赋、诗、骚、七、诏、册、令、教、策文、表、上书、启、弹事、

搜、奏记、书、移、檄、对问、设论、辞、序、颂、赞、符命、史论、史述赞、论、连珠、箴、铭、诔、哀、碑、墓志、行状、吊文、祭文三十八类，大致概括为诗歌、辞赋和杂文三大类。

本书的特色在于，在著作众多的情况下，撰者进行了一次比较有意义的总结工作，既反映出当时的文学风尚，也反映了撰者的文学倾向。

《文选》所选作家，除无名氏外，共选一百二十九家，都是各个时代有代表性的人物。如屈原、宋玉、司马相如、司马迁、扬雄、班固、张衡、曹操父子、刘桢、王粲、陆机、潘岳以至任昉、沈约诸作家和他们的作品。同时他又详近略远，故所选作品以晋以后为多。其中也有选得精而约的，如一类中仅选一二作家或一二篇目。如晋代以后，选陆机一百一十三篇，谢灵运四十一篇，江淹三十三篇。

《文选序》里讲到选录标准，可概括为六点：经书不选；诸子不选；繁博的记言文不选；记事的传记不选；文集增多了，取舍必须从严；史书里可选的只是赞、论、序、述。

萧统认为经史诸子等都以立意纪事为本，不属于辞章之作；只有符合"事出于沉思，义归乎翰藻"的标准的文章，才能入选，这也就是说只有善用典故成辞，善用形容比喻，词采精巧华丽的文章，才合乎他的标准。

但《文选》也有很大的局限性，由于它的选录标准，把子史中许多有文艺性的作品全都排斥，又如两汉、南北朝的乐府民歌和一些优秀的文章，《文选》里很多就没有入选，对于铺张扬厉夹杂着许多怪字的汉赋倒选了不少。又分类过多，不免烦琐。

宋代有"《文选》烂，秀才半"的谚语，说明《文选》的影响之大。《文选》对唐以后的文学也有深远的影响。

画龙点睛

南朝梁武帝时，都城金陵（今江苏南京）的安乐寺门前，有一天，万头攒

动，人群拥挤，人们都在翘首以待地等待着观看一场什么精彩的表演。

原来安乐寺经过彻底翻修后，将大门两侧的院墙粉刷雪白，请当时的著名画家张僧繇（502—549）在左右粉墙上分别画了两条墨龙。龙头高昂，吞云吐雾，矫健而有生气。但人们总觉得墨龙的身上还缺少点什么。仔细一看，才发现四条墨龙的眼内都没有点睛（眼珠），因而无论怎样表现龙爪飞舞，龙姿腾跃，总令人感到墨龙缺乏神气，少了精神。安乐寺的住持和尚一再请求张僧繇为墨龙点画龙睛，张僧繇始终不肯，说是如果点画了龙睛，墨龙就会破壁腾空飞去。张僧繇是全国闻名的画龙圣手，寺门两侧的墨龙也确实画得活灵活现，栩栩如生，但说是点画了龙睛，墨龙就会破壁飞去，这就未免有点太悬乎了。有的人干脆不信，有的人半信半疑。有人向住持和尚说，大约是给的酬银少了，张僧繇又不便明说，所以才故意不为墨龙点睛的。住持和尚认为说的有道理，赶紧向张僧繇表示，只要他为墨龙点睛，再加酬银 10 万钱。张僧繇虽然一再说明不是嫌酬银太少，确实是担心墨龙破壁飞去，但住持和尚就是不相信。张僧繇无奈，只好答应来为四条墨龙点画龙睛。消息传开，金陵城的市民，只要走得动、脱得开身的人，几乎都拥到安乐寺前来看热闹。

上午时分，阳光普照，雪白的粉墙反射着银光。四条墨龙则似在云雾中沉没、腾跃。张僧繇在住持和尚的陪同下，从大殿中来到寺门前。他在两个年轻和尚的扶持下，登上了还未拆除的脚手架，然后躬身从小和尚手中接过毛笔，在砚台中掭了掭墨。当人们还未及反应过来时，张僧繇已挥笔点完两条龙的眼珠。他正要去到另一侧点睛，突然一阵电闪雷鸣，一个霹雷把粉墙击穿成洞，刚刚点画龙睛的两条墨龙忽地腾空而起，乘着云雾飞上天去了。人群先是一阵惊慌，接着又为张僧繇的神技欢呼雀跃。住持和尚再也不敢让张僧繇继续点画龙睛，于是，留下了两条未点睛的墨龙在寺壁之上。

梁武帝做和尚

北魏发生内乱以后，南方的梁朝曾经几次起兵北伐。但是梁武帝指挥无能，

不但不能恢复土地，反而死伤了无数军民。北魏分裂后，也没有能力再进攻南方，梁朝才有一个比较长的安定时期。

梁武帝看到宋、齐两个朝代都因为皇族之间互相残杀而发生内乱，他就对自己的亲属格外宽容。皇族中有人犯罪，他只好言好语教训一番，从不办罪。梁武帝有个六弟临川王萧宏，是个贪得无厌的人，尽情搜刮财富。临川王府内室后面有几十间库房，平日锁得严严实实的。有人怀疑里面藏的是兵器，向梁武帝告发，说萧宏私藏兵器，准备造反。

梁武帝听说他弟弟要夺他的权，也有点吃惊，亲自带领禁军去搜查。萧宏一见梁武帝，神色慌张。梁武帝更加起了疑心，就命令萧宏把库房全部打开，让他挨间检查，打开库房一看，发现其中三十多间库房里都堆满了钱，共有三亿万以上，其他的库房里囤积着布、绢、丝、绵等杂货，更是多得不计其数。

萧宏跟在梁武帝后面，心惊胆战，怕梁武帝发现了他的赃物，要办他的罪。想不到梁武帝检查完了，转过身来，笑嘻嘻地对萧宏说："阿六，你的日子过得不错嘛！"

打那以后，他知道萧宏不会谋反，反而对萧宏更加信任了。

梁武帝对亲属和士族百般纵容，对待百姓就完全是另外一套，谁触犯当时的法律，就要严办。如果一个人逃亡，全家人都要罚做苦工。这样，贵族官僚有恃无恐，更加横行不法，有的甚至在大街上公开杀人，都没有人敢干涉。

有一个正直的官员贺琛上了一个奏章，对梁武帝提出四条意见，说现在各地州郡官吏搜刮残酷，百姓实在受不了；官员穷奢极侈，浪费太严重；奸臣当道，作威作福，陷害好人；大造官府，没完没了，百姓终年服役不得休息。

贺琛说的条条是事实，但是梁武帝一句也听不进。他口授一道诏书，责备贺琛。在那份诏书里，他把自己说成一个天底下少有的贤明君主，又是勤劳，又是节俭，把贺琛的意见顶了回去。

梁武帝也是个佛教信徒。他在建康建造了一座规模宏大的同泰寺，每天早晚到寺里去烧香拜佛，讲解佛法，说这样做是为了替百姓消灾积德。到了他年老的时候，更干出一件奇怪荒唐的事来。

有一次，他到同泰寺舍身，也就是要出家做和尚。皇帝做和尚，这还是破天荒第一次。可是皇帝说要出家，谁敢反对！再说，那时候佛教盛行，皇帝肯做和尚，还表示他对佛法的虔诚哩。

梁武帝做了四天和尚，宫里的人把他接回去了。后来他一想，这样做不妥当。因为按当地的风俗，和尚还俗，要出一笔钱向寺院"赎身"。皇帝当了和尚，怎么能够例外。第二次，他又到同泰寺舍身，大臣们请他回宫，他就不答应了。

后来，大臣们懂得他的意思，就凑了一万万钱到同泰寺给这位"皇帝菩萨"赎身。寺里和尚能够收进一大笔钱，怎么不高兴，当然同意他还俗。大臣们就排了仪仗，到寺里把他接回来。

第三次，梁武帝又想个新花样，他到同泰寺舍身的时候，说他为了表示他对佛的虔诚，不但自己的身子舍了，还把他宫里人和全国土地都舍了。

舍得多，赎的钱当然应该更多。过了一个月，大臣们就凑足了两万万钱去把他赎了回来。

说巧也巧，正好在那天晚上，同泰寺里的一座塔被火烧了。和尚赶快报告梁武帝。梁武帝合着手掌，说这一定是恶魔干的。他又下了一道诏书说："道越高，魔也越盛。我们要造更高的塔，才能压住魔鬼的邪气。"

过了一年，他又舍了一次身，大臣们又花了一万万钱把他赎回来。梁武帝前后做了四次和尚（一说是三次），大臣们一共花了四万万赎身钱。这笔钱，当然转嫁到老百姓身上去了。

梁武帝热衷做和尚，把朝廷大事弄得混乱不堪。有个野心家就利用他的昏庸，发动了一场空前的大叛乱。

反复无常的侯景

梁武帝最后一次出家那年的一天晚上，他做了一个梦，梦见北朝的刺史、太守都来向南梁王朝投降，这当然只是他日思夜想造成的幻梦。第二天上朝，

他就把这件事告诉大臣，说："我这个人很少做梦，这个梦一定是个好兆头。"

过了二十多天，恰好西魏的大将侯景派人来，说他跟东魏、西魏都有冤仇，决心向南梁投降。还表示愿意把他控制的函谷关以东十三个州都献给南梁。

侯景本来是东魏丞相高欢手下的一员大将。高欢让他带兵十万，镇守黄河以南。高欢临死的时候，怕侯景靠不住，派人把侯景召回洛阳。侯景听到高欢死了，就不接受东魏的命令，带着人马投降了西魏。

西魏丞相宇文泰也不信任侯景，一面接受侯景的献地，一面召侯景到长安去，准备解除他的兵权。侯景不肯上宇文泰的当，又转向南梁投降。

梁武帝接见了侯景派来的使者以后，马上召集大臣商议。大臣们大多认为南梁和北朝多年相安无事，现在接纳了北朝叛将，只怕引起纠纷。但是梁武帝却认为接纳了侯景，可以乘机恢复中原，再想起他做过的一个梦，认为这是佛祖来帮助他了。他就不听大臣的劝阻，接受了侯景的投降，把侯景封为大将军、河南王，并且派他的侄儿萧渊明带兵五万去接应侯景。

萧渊明带兵北上，受到东魏的进攻。梁军多年没有打仗，纪律很差，跟东魏一交锋，几乎全军覆没，萧渊明也被俘虏了。

东魏又进攻侯景，侯景大败，只剩下八百人逃到南梁境内的寿阳。

东魏派使者到南梁，主张双方重新讲和，说他们愿意把萧渊明送回来。侯景知道这件事，害怕起来，派一个人冒充东魏使者送信到建康，提出用萧渊明交换侯景。梁武帝不知道这是侯景的试探，写了一封信交给使者，说只要把萧渊明放还，就立即把侯景交给东魏。

侯景本来不是真心投降南梁，看到梁武帝的信，就决定叛变了。

被东魏打得走投无路的侯景，对付腐败的南梁倒还很有力量。他的人马很快就打到长江北岸。梁武帝派他的侄儿萧正德在长江南岸布防抵抗。

侯景派人诱骗萧正德说，只要他肯做内应，在推翻梁武帝之后，就拥戴他做皇帝。萧正德鬼迷心窍，秘密派了几十艘大船，帮助侯景的叛军渡过长江，还亲自带领叛军渡过秦淮河。侯景顺利地进入建康，把梁武帝居住的内城台城包围起来。

侯景用尽办法攻台城，台城里的军民坚决抵抗。叛军放火烧城，城里的军民用水浇灭。叛军用木驴（一种攻城用具）掩护攻城，城上的人丢大石块，把叛军逼回去。叛军又在城东城西堆起两座土山，想从土山上攻进城去，城里的人也筑土山对付。

这样，双方相持了一百三十多天。台城刚被围的时候，城内还有百姓十几万人，兵士两万多。到了后来，有的在打仗中死去，有的病死饿死，剩下的不满四千人。城里到处是尸体，没人掩埋。大家都盼着南梁各州的诸侯王军队来救援。

哪知道各地来救援的诸侯王带了二三十万人马，在建康周围按兵不动。大家都推三阻四，说要等别的救兵来。临时被推为大都督的柳仲礼，躲在自己家里，每天喝酒作乐。

有一次，梁武帝问大臣，有什么办法打退侯景。这个大臣老实回答他说："陛下的王公大臣，都是一些不忠不孝的人，怎么能对付叛贼呢？"

到了这个时候，谁也没法挽回这个局面了，叛军攻进了台城，梁武帝也成了侯景的俘虏。

侯景自封为大都督，掌握了朝廷大权。他先杀了那个一心想做皇帝的同伙萧正德，又把梁武帝软禁起来，连吃的喝的也给他很少。梁武帝要什么没什么，最后，活活饿死在台城里。

梁武帝死后，侯景又先后立了两个梁朝皇帝当傀儡。公元551年，自立为皇帝。

侯景到处屠杀掠夺，给百姓带来深重的灾难，百姓对侯景切齿痛恨。第二年，梁朝大将陈霸先、王僧辩率领大军从江陵出发，进攻建康，侯景的叛军立刻土崩瓦解。最后，侯景只带了几十个心腹乘了一只小船狼狈逃走，半路上被他的部下刺杀了。

南梁王朝经过这场大乱，内部四分五裂。公元557年，陈霸先在建康建立了陈朝，这就是陈武帝。

大才子沈约

沈约（441—513），字休文，吴兴郡武康县（今浙江德清县）人。南朝梁开国功臣，政治家、文学家、史学家。沈约历仕宋、齐、梁三朝。助梁武帝登位，为尚书仆射，封建昌县侯，后至尚书令，死后谥号"隐"，后世称他"隐侯"。他也是齐、梁文坛公认的文坛领袖，所著《宋书》流传至今，是"二十四史"的一种。

沈约的父亲沈璞，刘宋时为淮南太守，元嘉末年于皇族争权夺位之乱中被害，沈约年仅13岁。失去父亲，生活无以为继，他的母亲就带着他逃亡。母子客居他乡，相依为命。虽然家境贫困，但沈约寒窗苦读，博通群籍，写得一手漂亮的好文章。当时的济阳名士蔡兴宗赞赏他的才华主动和他结交。

刘宋时代，蔡兴宗担任郢州刺史，就想方设法把才子沈约召来做记室，蔡兴宗经常对他的儿子们说："沈记室操行好，堪为人师表，你们应该好好向他学习。"后来，蔡兴宗调任荆州刺史，又把沈约带在身边。

公元479年，大将军萧道成发动政变，废了宋顺帝刘准，建立齐朝。沈约担任文惠太子萧长懋的家令。这时，太子东宫人才济济，沈约却受到特别的优待。很多王侯想见太子都不容易，沈约却可随时晋见。太子对他说："我生平懒得早起，你是知道的，可是有机会和你谈论，我能忘却睡眠。"

后来，沈约投到竟陵王萧子良门下，他与谢朓、王融、萧衍、任昉、范云、萧琛、陆倕号为"竟陵八友"。

隆昌元年（494），沈约出为东阳太守。齐明帝萧鸾即位，沈约官至兵部尚书，迁国子祭酒。齐东昏侯萧宝卷永元中（499—501），沈约再次担任司徒左长史。

齐国的统治很短暂，社会动荡不安，农民起义连绵不断。永元三年（501），雍州刺史萧衍率兵进入建康，任大司马录尚书事。第二年，萧衍自立为帝，是为梁武帝，国号梁。在萧衍称帝过程中，沈约起了非常重要的作用。

梁武帝萧衍和沈约本来有旧交。萧衍进入建康后，就请沈约为骠骑将军。萧衍势力越来越大，众望所归，大家自然都想拥立他当皇帝。沈约也旁敲侧击，可是萧衍就是不答应。有一次，沈约对萧衍说："现在齐的气数已尽，天文人事都显出了国运征兆的变化，东昏侯永元以来，尤其明显。有谶语说：'行中水，作天子。'这分明是说您该登大位了。天命不可违，人心不可失啊。"

萧衍说："容我再考虑考虑。"

沈约说："从前武王一进入朝歌，人们便称他为吾君，武王不违背人们的意愿。您一进入京都建康，气数也定了，只是较周王早晚不同而已。如果不早定大业，违背了天人之望，万一有人另有异议，反而有损您的威德。况且人非金石，您就满足于当个建安郡公，把这个封号传给子孙吗？如果天子还都，公卿列位，君臣名分已定，您就难于成大事了。"

萧衍同意沈约的意见。沈约告辞后，萧衍约见范云，范云也表达了同样的意思。萧衍说："智者如此契合，你明天和沈休文一起来。"

范云出来后，马上找到沈约，把事情经过说了一遍。

第二天一早，沈约就先到了。萧衍让他草拟诏书。沈约马上从怀里拿出已经拟好的诏书，还安排了各种人选，萧衍基本上都没动。

过了一会儿，范云到了。萧衍对范云说："生平和沈休文相处，没觉得他有异于常人之处，今日才知道他才智纵横，见识高远。"

范云说："您今日认识沈约，无异于沈约今日认识您。"

萧衍感慨地说："我起兵至今已3年，功臣诸将都有功劳，然而能使我成帝业的是你们二位啊！"

萧衍建立梁朝后，沈约被任为尚书仆射，封建昌县侯，后迁尚书令，领太子少傅，后转任左光禄大夫。当初，沈约历任尚书、中书、门下三省要职，就有志于宰相之位了，可梁武帝始终没有同意。所以，他一直也没达到一人之下、万人之上的崇高地位。

沈约政治地位很高，加上耆年硕望，深于世故，所以成为当时公认的文坛领袖。他不仅是一位有成就的诗文作家，而且也是一位渊博的学者，著有《晋

书》110卷、《宋书》100卷、《齐纪》20卷、《高祖纪》14卷、《宋世文章志》30卷，以及《四声谱》等。《宋书》流传至今，是"二十四史"中的一种。人们往往把沈约当一名学者。

其实，沈约为政也有自己的一套。他是个历宋、齐、梁三朝的高官，熟悉旧的典章制度，当世往往以他制定的制度为准则。

虽然沈约对梁国的建立有大功，但他的仕途生涯还是举步维艰。他不会饮酒，没什么嗜好，生活很节俭，每次进官加位，他都苦苦请退，可还是不能让皇帝满意。

梁武帝对张稷心存旧怨。张稷死后，武帝还对沈约提起这件事。沈约就说："左仆射出使边州刺史，也算是对他的惩罚了，何必再提呢。"武帝认为沈约包庇自己的亲家，大怒道："你还算忠臣吗?"说完就回了内宫。

沈约回到家里，忧惧万分，得了一场大病。梦中见齐和帝萧宝融用剑割断了自己的舌头，吓得他连说禅代之事不是自己出的主意。

以后，梁武帝多次难为沈约。天监十二年（513），沈约病故，年73岁。

范晔遭贬修汉书

公元439年，拓跋焘统一北方，与南方的宋朝形成南北对峙局面，史称南北朝。

此时南朝宋的当朝皇帝为刘义隆。刘义隆少年有为，才智过人，然而现在却是今非昔比了。由于他沉溺于宫中嫔妃之中，几乎将身体完全弄垮掉了，连朝政也主持不了。只有把彭城王义康召进京都，维护朝纲。同时应召入京的还有刘湛、殷景仁，二人分别升任领军将军、尚书仆射。

彭城王义康在入京之前就了解到朝中最有才华的人当属秘书监谢灵运、中书侍郎裴松之和太子詹事范晔。于是，到京第二天便准备与他们见面，商议朝中大事。

但是，俗话说得好，不怕没好事，就怕没好人。与彭城王义康同时进京的领军将军刘湛本身就是一个鸡鸣狗盗的投机分子，他忌妒谢灵运等三人的才华，又怕他们提升后会阻碍自己仕途的发展。因此，他前一天就跑到彭城王义康那里，说此三人虽略有文才，但傲慢自负，平素连皇上都不放在眼里，更何况是你刚入京城的彭城王呢？

彭城王一听就有些犹疑不定，半晌道："那依你之见呢？"

"这种人当然不能委以重任，最好是让他们去修纂史书，以免干预朝政！"刘湛似乎早有准备，转着他那双贼溜溜的小眼睛脱口说道。

第二天，谢灵运、裴松之、范晔三人来到议政殿，等待彭城王会见。但是左等不来，右等不来，正等得不耐烦，忽见刘湛来了。未待三人开口问话，刘湛就道："皇上圣谕，钦命三公修纂史书。"

三人一听大惊，他们觉得这根本不可能，皇上绝不会把他们三人排斥在朝政之外。

刘湛见他三人满脸狐疑，接着说道："皇上命中书郎裴松之为《三国志》作注；命太子詹事范晔撰写《后汉书》；命秘书监谢灵运编纂《晋书》。"

三位大臣都是冰雪聪明之人，未等他说完便已明白个中蹊跷，知道此事一定是刘湛暗中搞鬼。他话音刚落，个性鲜明的谢灵运便立即揭穿刘湛为自己升官发财，将三人当绊脚石踢开的阴谋，同时声明：修纂史书自己胜任不了。言罢，扬长而去，刘湛只能咬牙暗自发恨。

虽然刘湛已假借皇上之口命人去修纂史书，但他深知几位大臣均非等闲之辈，还有些不放心。过了些日子，他借皇帝之名，询问修史进度。裴松之、范晔都手中拿着一个画轴来了。但令刘湛惊讶的是那个声称自己胜任不了的谢灵运也来了，而且手中也拿着一个画轴。刘湛不由得心中暗自得意，心想：你谢灵运到底斗不过我！他也不看谢灵运一眼，径自对裴、范二人道："圣上交代之事，不知二公完成的怎样了？"

裴、范二人明知他做作，也不理他，只将所带画轴展开。刘湛凑上去细看，只见上面写着史书的题目、细则，心中十分满意。这时，谢灵运也忽然将自己的画轴展开对刘湛道："刘公，这像不像你的尊容？"刘湛一见大怒。原来，那

画上一字皆无，却画着一条狗伸着舌头，在舔一个人的光屁股。

刘湛气得浑身发抖，去抢那画轴。谢灵运早料到他有此招，一缩手，将画藏到身后。刘湛见抢不着画，便将一口唾沫吐到谢灵运脸上。谢灵运也不生气，反而嬉皮笑脸地一把将裤子脱到膝盖以下，指着胯间之物道："刘将军，你跟此物差不多吧？哈哈……"

裴、范二人见谢灵运如此，早忍不住纵声大笑。这下，刘湛更加生气，指着他们三人道："好，你们串通一气，戏弄本官，欺瞒圣上，你们等着吧！有你们的好果子吃！"说罢，气冲冲地走了。

这刘湛最善使栽赃陷害的手段。谢灵运只图一时痛快，却不知已招来杀身大祸。刘湛跑到彭城王义康处，说谢灵运怎样瞧不起彭城王，称之为胯间之物。彭城王一听还了得？立即奏请皇帝。皇帝考虑谢灵运诗才出众，便发配广州，以观后效。刘湛岂肯善罢甘休，到底寻个理由将他斩杀了，出了胸中这口恶气。

但是，在这场争权斗争中，刘湛也最终成为一个牺牲品。他想扳倒义隆皇帝，与义康一起谋划篡权。事情败露，被义隆皇帝满门抄斩，比谢灵运下场还惨。彭城王义康也被贬为江州（今江西九江）刺史。

再说范晔，自从得罪彭城王，被贬到宣城（今安徽省宣城市）任太守。上任之后，心绪不佳，不理政务，一心修纂《后汉书》。他在《东观政要》的基础上，参考诸多史籍，历经数年辛苦，最终编得流传百世的《后汉书》，为总结中国民族历史，做出了杰出贡献。

范晔修完《后汉书》，便将其送到义隆皇帝手中，由此得到重用，升任左卫将军兼太子詹事。不但有权参与朝政大事，而且逐步掌握实权。

但是范晔得到实权以后，便忘乎所以起来。不仅生活腐糜，大兴土木修建范府，而且广选美女姬妾。所谓乐极生悲，范晔所作所为很快便被人密报义隆皇帝。皇帝大怒，解除他所有官职，让他做没有什么职务的"放巡"到各地巡视。范晔接到圣旨，好似一下从云端跌到了地面，又后悔又沮丧，极不情愿地告别繁华京都，踏上了"放巡"之路。

如果他就此改邪归正，或许还能官复原职，毕竟皇帝也很赏识他的才华，至少可以保住一条性命。然而事实证明他越滑越远，很快就被遭贬的彭城王拉拢过去，和他一起阴谋策划谋反。但很快被义隆皇帝知道，范晔落了个与刘湛同样的下场。

范晔多年为官，也可谓宦海沉浮，却并未留下什么值得人称道的业绩，但遭贬时修纂的《后汉书》却作为一部很有价值的史书留传至今。

刘勰与《文心雕龙》

刘勰（465—532），字彦和，生活于南北朝时期的南朝梁代，中国历史上的文学理论家、文学批评家。汉族，生于京口（今镇江），祖籍山东莒县（今山东省莒县）东莞镇大沈庄（大沈刘庄）。他曾官县令、步兵校尉、宫中通事舍人，颇有清名。刘勰年轻时家中贫困，不得不在佛门度过十余年，因而精通佛典。

梁初，刘勰出仕，做过南康王萧绩的记室，又任太子萧统的通事舍人，太子萧统非常赏识他。后来，刘勰出家，法名慧地。

刘勰受儒家思想和佛教的影响都很深。《文心雕龙·序志》篇中说，他在30多岁时，"梦执丹漆之礼器，随仲尼而南行，旦而寤，乃怡然而喜"。梦见一回孔夫子，便兴奋不已。他作《文心雕龙》也与他对孔子的崇仰有关，有阐明文章之源俱在于经典的意识。至于佛教，他自幼与和尚住在一起，最终又决意出家，浸染很深。不过，《文心雕龙》以儒家思想为主，偶有佛教语词。

刘勰

刘勰生活于文风绮靡的齐、梁时代，对当时的文学情况很不满意。他从儒

家的立场出发，认为："唯文章之用，实经典枝条，五礼资之以成，六典因之致用。君臣所以炳焕，军国所以昭明。详其本源，莫非经典。"然而当时文坛的情况却"去圣久远，文体解散，辞人爱奇，言贵浮诡。饰羽尚画，文绣鞶帨。离本弥甚，将遂讹滥"（《序志》）。于是，扭转当时浮华的文风，使之归于平实便成为他写作《文心雕龙》的动机。

《文心雕龙》一书包括五十篇，分为几个部分。《原道》《征圣》《宗经》《正纬》《辨骚》五篇为第一部分，讲"文之枢纽"，是全书的总纲。从《明诗》到《书记》二十篇，为第二部分，分述各种文体的源流、特点和写作应遵循的基本准则。其中又有"文""笔"之分。自《明诗》至《谐隐》十篇为有韵之文（《杂文》《谐隐》两篇文笔相杂），自《史传》至《书记》十篇为无韵之笔。从《神思》到《总术》为第三部分，统论文章写作中的各种问题。第二部分以文体为单位，第三部分则打破文体之分，讨论一些共同性的东西，经纬交织。《时序》《物色》《才略》《知音》《程器》五篇为第四部分。这五篇相互之间没有密切的联系，但都是撇开具体的写作，单独探讨有关文学的某些重大问题。最后《序志》一篇是全书的总序，说明写作缘起与宗旨。

刘勰撰《文心雕龙》，立论完全站在儒学古文学派的立场上。儒学古文学派的特点是哲学上倾向于唯物主义，不同于玄学和佛学。《文心雕龙》的根本宗旨，在于讲明作文的法则，使读者觉得处处切实，可以由学习而掌握文术，即使讲到微妙处（"言所不追"处），也并无神秘不可捉摸的感觉。

难能可贵的是，《文心雕龙》十分强调情感在文学创作全过程中的作用。要求文学创作要"志思蓄愤，而吟咏情性"，主张"为情而造文"；反对"为文而造情"（《情采》）。认为创作构思为"情变所孕"（《神思》），结构是"按部整伍，以待情会"（《总术》），剪裁要求"设情以位体"（《镕裁》），甚至作品的体裁、风格，也无不由强烈而真挚的感情起着重要的作用。

《文心雕龙》五十篇（其中《隐秀篇》残缺），总起来看是科条分明，逻辑周密的一篇大论文。刘勰以前，文人讨论文学的著述，如曹丕《典论论文》、曹植《与杨德祖书》、陆机《文赋》、挚虞《文章流别论》、李充《翰林论》，都只

是各有所见，偏而不全。系统、全面、深入地讨论文学，《文心雕龙》实是唯一的一部大著作。

《文心雕龙》是文学方法论，是文学批评书，是西周以来文学的大总结。此书与萧统《文选》相辅而行，可以引导后人更好地了解齐梁以前文学的全貌。

江郎才尽

江淹（444—505），字文通，宋州济阳考城（今河南省商丘市民权县程庄镇江集村）人。南朝政治家、文学家，历仕宋、齐、梁三朝。江淹6岁能诗，13岁丧父，家境贫寒，曾采薪养母。20岁时步入仕途，历仕南朝宋、齐、梁三代。江淹一生坎坷。宋时，他一度被诬受贿入狱，在狱中上书陈情始获释。

坎坷的经历反而造就了一位文学大家。起伏跌宕中的江淹把自己无限的感慨诉诸笔端，生花妙笔令人拍案叫绝，江淹的许多代表作品都写于被贬期间。

江淹在被权贵贬黜到浦城来当县官时，相传有一天，他漫步浦城郊外，歇宿在一座小山上。睡梦中，见神人授他一支闪着五彩的神笔。从此以后，江淹文思如泉涌，成了一代文章大家，当地人称为“梦笔生花”。

中年以后，江淹官运亨通，到梁武帝萧衍代齐后，官至金紫光禄大夫，封醴陵侯。富贵安逸的环境，使他才思减退，很少有传世之作，在历史上留下了“江郎才尽”的典故。

江淹是南朝最优秀的骈文作家之一，他的《恨赋》《别赋》与鲍照的《芜城赋》《舞鹤赋》可说是南朝辞赋的绝唱。

《恨赋》《别赋》都属于抒情短赋，都有浓厚的感伤情调，都是就社会上各式各样人物的愁怨和离情别绪加以渲染，道出各种人物不同的心理状态。在他的笔下，每一类人物都有显著的特色；同时，在这些人物身上又都贯穿着那个时代失意的知识分子的共同情绪。

《恨赋》中写李陵、冯敬通、王昭君等人物，都着重刻画他们不遇知音和有志难伸的痛苦。特别是写冯敬通的一段，最能引起失意者的共鸣。赋的最后满

怀悲愤地发出血泪控诉：

"已矣哉！春草暮兮秋风惊，秋风罢兮春草生。绮罗毕兮池馆尽，琴瑟灭兮丘垄平。自古皆有死，莫不饮恨而吞声。"

"饮恨吞声"从此便成为知识分子尴尬政治处境的代名词。

《别赋》开篇就写道："黯然销魂者，唯别而已矣！"接着写从军边塞的壮士，感恩报主的剑客，服食求仙的道士，桑中陌上的情人等不同身份的人们"黯然销魂"的离别，或刻画临别的衔涕伤神，或描写别后的相思不尽，或慷慨悲歌，或缠绵往复，也同样写得丰富多彩，富丽高华。其熔铸《诗经》《楚辞》、乐府、古诗的词语句法，不露痕迹，而自成一家。

《别赋》最突出的长处是借环境的描写来刻画人物的心情是：

"是以行子肠断，百感凄恻。风萧萧而异响，云漫漫而奇色。舟凝滞于水滨，车逶迟于山侧。棹容与而讵前，马寒鸣而不息。掩金觞而谁御，横玉柱而沾轼。"

写居者是：

"居人愁卧，怳若有亡。日下壁而沉彩，月上轩而飞光。见红兰之受露，望青楸之离霜。巡层楹而空掩，抚锦幕而虚凉。知离梦之踯躅，意别魂之飞扬。"

全文具有极其浓厚的抒情气氛，尤其像"春草碧色，春水渌波，送君南浦，伤如之何"等，更富有感染力。作者抒写身世的牢骚或离别之情，和他早年的经历是有关的，他能够集中地表达那些地位低微的知识分子的感情，并且加以艺术的概括，因此一直打动着旧社会中许多失意者的心灵。

皇家子弟撰国史

《南齐书》是南朝梁萧子显所撰。萧子显（489—537），字景阳，东海兰陵（今山东临沂市）人。南朝梁历史学家，齐高帝萧道成之孙、豫章文献王萧嶷第八子。他13岁的时候，萧齐皇朝被萧衍推翻了。萧衍就是著名的梁武帝。入梁

后，萧子显凭着他的才华、风度、出众的谈吐，受到梁武帝的礼遇和信任，官至吏部尚书。

萧子显是一个"风神洒落，雍容娴雅，简通宾客，不畏鬼神"的人，而且"颇负才气"。他做吏部尚书时，"见九流宾客，不与交言"，只是举起手中的扇子一挥而已。萧子显只活了49岁，在这短暂的生命中，他撰写了五部历史著作：《后汉书》一百卷，《晋史草》三十卷，《齐书》六十卷，《普通北伐记》五卷，《贵俭传》三十卷。遗憾的是，只有《齐书》流传了下来。《齐书》可能就做于萧子显20岁至30岁之间，堪称是一位青年史学家。

萧子显既是萧齐皇朝的宗室，又是萧梁皇朝的宠臣，所以他撰《南齐书》，一方面要为萧道成避讳，一方面又要替萧衍掩饰。例如他写宋、齐之际的历史，就不能直接写萧道成的篡夺之事，只能以曲笔微露痕迹；他写齐、梁之际的历史，则用很多篇幅揭露齐主恶迹，以衬托萧衍代齐的合理。这是他作为齐之子孙、梁之臣子的"苦心"。

尽管如此，《南齐书》的价值还是不可低估。比如列传部分继承了班固《汉书》的类叙法，又借鉴沈约《宋书》的代叙法，能于一传中列述较多人物，避免人各一传不胜其烦的弊病。书中各志及类传，除少数外，大都写有序文，借以概括全篇内容，提示写作主旨。这是一大优点，书中保存了不少原始材料，更是难能可贵。

《南齐书》也很讲究辞藻的华丽，这是那个时代留下的印记。

《南齐书》本名《齐书》，宋以后为了和唐李百药《北齐书》相区别，故加"南"字。纪传体史书。六十卷，唐时亡佚《序录》一卷，今存五十九卷。有《纪》八卷，《传》四十卷，《志》十一卷，各志不全，《食货》《刑法》《艺文》均缺，无表。所记上起南齐建元元年（479），下至齐和帝中兴二年（502），共二十三年史事。

庾信《哀江南赋》

庾信（513—581），字子山，小字兰成。南阳郡新野县（今河南新野）人。

南北朝时期著名文学家。其家"七世举秀才""五代有文集"，父亲庾肩吾为南梁中书令，亦以文才闻名。他自幼聪敏，博览群书，尤好《左传》。他 15 岁时做昭明太子萧统的东宫讲读，19 岁时做萧纲的东宫抄撰学士。他们父子在当时都深得萧纲的宠信，并且是萧纲所倡导的宫体诗的重要作家。

侯景叛乱时，庾信逃往江陵，辅佐梁元帝，官至右卫将军。后奉命出使西魏，在此期间，值西魏和梁发生战争，江陵被陷。北朝君臣一向倾慕南方文学，庾信又久负盛名，因而他既是被强迫，又是很受器重地留在了北方，官至车骑大将军、开府仪同三司；北周代魏后，更迁为骠骑大将军、开府仪同三司，封侯。时陈朝与北周通好，流寓人士，并许归还故国，唯有庾信与王褒不得回南方。所以，庾信一方面身居显贵，被尊为文坛宗师，受皇帝礼遇，与诸王结布衣之交，一方面又深切思念故国乡土，为自己身仕敌国而羞愧，因不得自由而怨愤，直到隋文帝开皇元年（581）死去。有《庾子山集》传世。

庾信是南北朝最后一位重要作家，是总结魏晋六朝传统并"启唐之先鞭"（杨慎《升庵诗话》）的著名诗人。他在把南方诗歌创作的艺术成就带到北方的同时，又吸取了北方文化中刚健的精神，创造了新的风格，在一定程度上体现了北南文学合流的趋势。

大体说来，庾信的文学创作，以他四十二岁时出使西魏为界，可以分为两个时期。前期在梁，作品多为宫体性质，轻艳流荡，富于词采之美。羁留北朝后，诗赋大量抒发了自己怀念故国乡土的情绪，以及对身世的感伤，风格也转变为苍劲、悲凉。所以杜甫说："庾信文章老更成，凌云健笔意纵横。"

庾信在北朝虽为高官，但内心却是痛苦的。故国之思，·乡土之感，以及身世漂泊的感慨，交织心中，体现在他的作品中，就是那种难堪的情绪，华美的语句表现的却是凄楚的意境，更符合那个时代人们感时伤世的情绪。

《哀江南赋》《枯树赋》等都是庾信的代表作品，一直受到人们的高度评价。

《哀江南赋》历叙梁代的兴亡和他自己的身世，情绪十分悲苦：

日暮途远，人间何世！将军一去，大树飘零；壮士不还，寒风萧瑟。荆璧睨柱，受连城而见欺；载书横阶，捧珠盘而不定。

一生经历，化为一声长叹，悲凉无比。接着迭用典故，以一连串的历史人物，比拟自己的遭遇和心情。最后吐露自己的乡关之思，更清楚地显示出自己忍辱含垢地生活的痛苦。

日穷于纪，岁将复始；逼迫危虑，端忧暮齿。

这痛苦的生活，深重的家国之恨，构成了一幅悲凄的画面，让人不忍卒读。《枯树赋》《竹枝赋》《伤心赋》都是忧苦之作，"人生几何，百忧惧至"，悲观主义笼罩在文字之间，尤让后人感叹。

在诗歌方面，女性世界成为诗歌的主要内容，爱情的旖旎风光占据了诗坛。庾信早年的乐府诗，多半是这类题材，而且表现得丰富多彩。如《王昭君》：

> 拭啼辞戚里，回顾望昭阳。
>
> 镜失菱花影，钗除却月梁。
>
> 围腰无一尺，垂泪有千行。
>
> 绿衫承马汗，红袖拂秋霜。
>
> 别曲真多恨，哀弦须更张。

庾信的文学地位非常突出，他是北朝以来的文学第一人，也是北周由南入北的文士领袖。

南朝·陈

陈纪元表

557—589

武帝(陈霸先)	永定(3)	557
文帝(陈蒨)	天嘉(7)	560
	天康(1)	566
废帝(陈伯宗)(临海王)	光大(2)	567
宣帝(陈顼)	太建(14)	569
后主(陈叔宝)	至德(4)	583
	祯明(3)	587

开国皇帝陈霸先

当侯景发动叛乱的时候，梁的诸王及地方豪绅相继起兵割据一方。当时割据的诸王有：江陵的湘东王萧绎，长沙的河东王萧誉，襄阳的岳阳王萧詧，郢州的邵陵王萧纶，成都的武陵王萧纪。他们之间为争夺地盘及皇帝称号，展开了激烈的争夺。先是湘东王萧绎攻河东王萧誉，岳阳王萧詧入援河东王，攻萧绎的江陵，久攻不下，萧詧遂遣使去西魏求为附庸，要求魏出兵相助。西魏宇文泰派兵袭取汉水以东地，萧绎大为恐惧，也向西魏送质求和。之后，萧绎派王僧辩、陈霸先灭掉了侯景。

侯景被杀以后，梁宗室诸王不顾国家灾难，兄弟叔侄间自相火并，梁武帝第七子湘东王萧绎向西魏割地求援，消灭了其他皇族势力，于公元552年在江陵称帝，即梁元帝，史称西梁。当时，江北诸郡多为东魏所侵，梁益两州已并于西魏，萧绎所占的地盘很小。萧绎向西魏表示要收复梁、益，西魏权臣宇文泰大怒，在承圣三年（554）出兵5万攻破江陵，梁元帝向西魏投降，不久被杀。西魏封萧詧为梁王，成立了西魏的傀儡政权后梁，西魏把江陵男女百姓十余万口驱往关中，分赏将士做奴婢；小弱都被杀；又抢走了江陵府库中的全部珍宝。萧詧得到的只是一座空城，西魏又派江陵总管驻扎其地监视他，萧詧不久忧愤而死。

在平定侯景之乱中，陈霸先的势力强大起来。陈霸先，吴兴（今浙江长兴县）人，家世寒微，初为乡里司，后任建康油库吏。他随萧映到广州，任高要（今广东肇庆市）太守。侯景之乱发生后，他起兵沿赣江而下，至湓口（今江西九江市）与萧绎大将王僧辩会合。王僧辩的荆州军缺粮，陈霸先以米30万石接济他，荆州军因此大振。平定侯景后，梁元帝以陈霸先为司空领扬州刺史，镇京口；以王僧辩为太尉，镇石头。王、陈两家过从甚密，并做了儿女亲家。

江陵陷落，梁元帝被杀，绍泰元年（555），王僧辩、陈霸先在建康拥立萧绎之子萧方智为梁王。这时，北齐派兵南犯，并送回被东魏俘虏的萧渊明，要

立为南朝皇帝。王僧辩屈服于北齐，迎萧渊明入建康，即帝位；立萧方智为太子。陈霸先坚决反对。于是发兵攻杀了王僧辩，废萧渊明，重新拥立萧方智。陈霸先这一行动使梁避免成为北齐的附庸，深得江南人民的拥护。

王僧辩死后，他的党羽任约等起兵讨陈霸先，北齐也出兵南下，两方势力联合起来进攻建康。陈霸先大败北齐军，以功为丞相、录尚书事，太平二年（557）十月，经过一番禅让，陈霸先当了皇帝，建立了陈朝。陈霸先即陈武帝。

陈霸先做皇帝不到3年就死了。他为政宽简，非军旅急需，不轻易向人民征发。他生活也很俭朴，后宫无金翠之饰，不设女乐，常膳不过数菜。他建立的陈王朝，使遭到大破坏的南朝经济文化得到了恢复和发展。陈霸先是南朝一位有作为的皇帝。

陈霸先死后，其兄子陈蒨即位，即陈文帝。他重视发展农业生产；再行土断；平定地方割据势力，如盘踞湘州、郢州的王琳，江西的熊昙朗、周迪，福建的陈宝应，浙江的留异、程灵洗等。

侯景之乱以后，江南地方豪族势力兴起。这些豪族往往在离建康、三吴较远的地区，筑坞自保，与中央政权相对立。陈霸先因要对付北齐，不得不对他们采取妥协政策。陈文帝平定了这些地方势力，使江南总算得到了统一。天康元年（566）陈文帝死，伯宗继立，陈顼辅政。太建元年（569）陈顼自己称帝，即陈宣帝。

陈宣帝在位14年。当时北齐已十分腐败。太建九年（577）北周灭北齐。陈又命吴明彻北伐，想取徐、兖，结果失败，吴明彻被俘。周军攻取寿春，陈重失淮南之地。

陈宣帝儿子很多，共42人。太建十四年（582）陈宣帝死，长子叔宝登上帝位，即陈后主。陈政权到他手上更加衰落了。

陈开国皇帝陈霸先

陈后主亡国

陈武帝陈霸先建立南陈王朝的时候，北方的东魏、西魏已经分别被北齐、北周代替。公元550年，东魏高欢的儿子高洋建立了北齐，公元557年，西魏宇文泰的儿子宇文觉建立了北周。北齐和北周互相攻战，到北周武帝时，灭掉了北齐，统一了北方。

北周武帝是个比较有作为的皇帝，但是继承他的周宣帝却是一个荒淫暴虐的人。周宣帝死去后，他的岳父杨坚夺取了政权。公元581年，杨坚即位，建立隋朝。这就是隋文帝。

在北方政治上动乱的时候，南陈王朝获得了一个暂时的安定局面，经济渐渐恢复起来。但是传到第五个皇帝，却是一个荒唐得出奇的陈后主。

陈后主名叫陈叔宝，是个完全不懂国事，只知道喝酒享乐的人。他大兴土木，造起了三座豪华的楼阁，让他的宠妃们住在里面。他手下的宰相江总、尚书孔范等，都是一伙腐朽的文人。陈后主和宠妃经常在宫里举行酒宴，宴会的时候，让他们一起参加。大家通宵达旦地喝酒赋诗，你唱他和，还把他们的诗配上曲子，挑选了一千多个宫女，为他们演唱。

陈后主这样穷奢极欲，他对百姓的搜刮当然非常残酷。百姓被逼得过不了日子，流离失所，到处可见倒毙的尸体。有个大臣傅縡上奏章说："现在已经到了天怒人怨、众叛亲离的田地了。这样下去，恐怕东南的王朝就要完了。"

陈后主一看奏章就火了，派人对傅縡说："你能改过认错吗？如果愿意改过，我就宽恕你。"

傅縡说："我的心同我的面貌一样。如果我的面貌可以改，我的心才可以改。"

陈后主就把傅縡杀了。

陈后主过了五年的荒唐生活。这时候，北方的隋朝渐渐强大起来，决心灭掉南方的陈朝。

隋文帝听从谋士的计策，每逢江南将要收割庄稼的季节，就在两国边界上集结人马，扬言要进攻陈朝，使得南陈的百姓没法收割。等南陈把人马集中起来，准备抵抗隋兵，隋兵又不进攻了。这样一连几年，南陈的农业生产受了很大影响，守军的士气也松懈下来。隋兵还经常派出小股人马袭击陈军粮仓，放火烧粮食，使陈朝遭到很大损失。

公元588年，隋文帝造了大批大小战船，派他的儿子晋王杨广、丞相杨素担任元帅，贺若弼、韩擒虎为大将，率领五十一万大军，分兵八路，准备渡江进攻陈朝。

隋文帝亲自下了讨伐陈朝的诏书，宣布陈后主二十条罪状，还把诏书抄写了三十万张，派人带到江南各地去散发。陈朝的百姓本来恨透了陈后主，看到了隋文帝的诏书，人心更加动摇起来。

杨素率领的水军从永安出发，乘几千艘黄龙大船沿着长江东下，满江都是旌旗，战士的盔甲在阳光下闪闪发光。南陈的江防守兵看了，都吓得呆了，哪里还有抵抗的勇气？

其他几路隋军也都顺利地开到江边。北路的贺若弼的人马到了京口，韩擒虎的人马到了姑熟。江边陈军守将告急的警报接连不断地送到建康。

陈后主正跟宠妃、文人们醉得七颠八倒，他收到警报，连拆都没有拆，就往床下一丢了事。

后来，警报越来越紧了。有的大臣一再请求商议抵抗隋兵的事，陈后主才召集大臣商议。

陈后主说："东南是个福地，从前北齐来攻过三次，北周也来了两次，都失败了。这次隋兵来，还不是一样来送死，没有什么可怕的。"

他的宠臣孔范也附和着说："陛下说得对。我们有长江天险，隋兵又不长翅膀，难道能飞得过来！这一定是守江的官员想贪功，故意造出这个假情报来。"

大家你一言，我一语，根本不把隋兵进攻当作一回事，笑话了一阵，又照样叫歌女奏乐，喝起酒来。

公元589年正月，贺若弼的人马从广陵渡江，攻克京口；

韩擒虎的人马从横江渡江到采石，两路隋军逼近建康。

到了这个火烧眉毛的时候，陈后主才有些惊醒过来。城里的陈军还有十几万人，但是陈后主手下的宠臣江总、孔范一伙都不懂得怎么指挥。陈后主急得哭哭啼啼，手足无措。隋军顺利地攻进建康城，陈军将士被俘的被俘，投降的投降。

隋军打进皇宫，到处找不到陈后主。后来，捉住了几个太监，才知道陈后主逃到后殿投井了。

隋军兵士找到后殿，果然有一口井。往下一望，是个枯井，隐约看到井里有人，就高声呼喊。井里没人答应。兵士们威吓着叫喊说："再不回答，我们要扔石头了。"说着，真的拿起一块大石头放在井口，装出要扔的样子。

井里的陈后主吓得尖叫了起来。兵士把绳索丢到井里，才把陈后主和两个宠妃拉了上来。

南朝的最后一个朝代陈朝灭亡了。中国自从公元316年西晋灭亡起，经过二百七十多年的分裂局面，重新获得了统一。

南朝乐府民歌

汉武帝时，在中央设立乐府，派使者到各郡国采集代、赵、秦、楚的歌谣和乐谱，然后集中到中央，将一些歌词谱上曲子，或者为现有的乐曲配置歌词。当时乐府里养着各地的乐工好几百人，大约便是演奏这些乐歌的。这种乐歌，后来称为"乐府诗"，简称"乐府"。北宋太原郭茂倩收集汉乐府以下历代合乐的和不合乐的歌谣，以及模拟之作，辑为一书，题作《乐府诗集》。

汉乐府以叙事为主，举凡社会历史、风俗人情、游仙故事等都有涉及。另外也有男女相思和离别之作、格言式的教训、人生的慨叹、自然的变化无常等，都是人们喜欢的题材，自然可以风靡一时。如《上邪》以高山变平地、江水流干、冬雷、夏雪、天地合并等一切不可能发生的事设誓，表达对爱情的坚贞，千百年来一直为人们所吟咏：

上邪！我欲与君相知，长命无绝衰。山无棱，江水为竭，冬雷震震，夏雨雪，天地合，乃敢与君绝！

东汉末年，又涌现了一种新型诗体，它们改变《诗经》四言格局，全为五言诗。据推测，这些诗当为文人所作，与民歌无关，因此又称"文人五言诗"。可惜，汉五言诗大多已经亡佚，到南朝梁的昭明太子萧统选择了其中的十九首，总名为"古诗"，以后称这一组诗为《古诗十九首》。此后，文人开始大量作诗。

魏晋时期，诗歌成为文学的主要形式，五言诗得到了迅速发展，从建安到晋末，诗歌极大地表现了时代的特征，产生了一大批卓越的诗人，曹操父子、王粲、阮籍、陶渊明等都是文人五言诗的重要代表。更重要的是，到曹丕完成《燕歌行》，七言律诗也成型了。从南北朝到隋、唐的二百年间，汉、魏古诗成为唐代近体诗的重要桥梁。到南北朝时期，更出现了乐府民歌的双璧——《孔雀东南飞》和《木兰诗》。

《孔雀东南飞》是南朝乐府民歌最优秀的代表作品。全诗共三百五十多句，一千七百多字，为中国五言叙事诗中独有的长篇。此篇不见于《文选》，刘勰、钟嵘的评论里也都未提过。在现在的古籍里，初见于徐陵编纂的《玉台新咏》。题目是《古诗为焦仲卿妻作》，诗前有序云："汉末建安中，庐江府小吏焦仲卿妻刘氏，为仲卿母所遣，自誓不嫁，其家逼之，乃投水而死。仲卿闻之，亦自缢于庭树。时人伤之，为诗云尔。"

全诗通过描写刘兰芝与焦仲卿这对恩爱夫妻的爱情悲剧，控诉了封建礼教、家长制和门第观念的罪恶，表达了青年男女要求婚姻爱情自主的合理愿望。女主人公刘兰芝对爱情忠贞不贰，她对封建势力和封建礼教所做的不妥协的斗争，使她成为文学史上富有叛逆色彩的妇女形象，为后来的青年男女所仰慕。诗的魅力不仅在于它叙述了这个爱情悲剧，还在于它在对现实生活描写的基础上，在诗的结尾点缀美丽的画笔，使死者成为鸳鸯，比翼于松柏梧桐之间，诗篇闪耀着积极浪漫主义的光辉。

江南大族和寺院敛财

　　早在三国吴时期，江南大族就已经拥有很强的经济力量，东晋以后南北大族更依靠政治力量发展自己的经济势力，加剧兼并土地和占夺人口。当时的情况是"权门并兼，强弱相凌，百姓流离，不得保其产业"。南北劳动人民辛勤开垦的土地，大部分被大族占夺。北方大族谢混家族"仍世宰辅，一门两封，田业十余处"，混妻死后还有"资财巨万，园宅十余所"。南方大族孔灵符也是产业极广，曾于永兴立堡，周围33里，水陆地265顷，含带二山，又有果园9处。

　　这一时期，门阀大族土地占有的突出特点，就是由于生产力的提高，山林川泽的利用率增加，南北大族因此竟占山泽。东晋时刁氏大族"固吝山泽，为京口之蠹"。齐竟陵王萧子良在宣城、临城、定陵三县界，立屯封山泽数百里，形成当时"富强者兼岭而占，贫弱者薪苏无托"的局面。大族竞相占有土地严重影响了政府的财政收入，政府也企图加以限制，东晋以后各朝屡颁禁占山泽的诏令，宋武帝时更颁布了详尽的占山令。屡次颁布的本身便证明禁令的无效，占山令实际是以法律形式肯定了山林川泽的私人占有。

　　随着大土地占有的发展，大地主田庄的规模也更为扩大，田庄也称别墅。这时的田庄大的周围数十里，占地数百顷，不仅包括上好的耕地，富饶的山林川泽，还占有水利设施，水旱之年也能"并皆保熟"，使"旱之所弊，实钟贫民"。田庄里经营着稻、麦、麻、菽等粮食作物的生产，以及蔬菜、百果、竹木、药材和畜牧、养鱼业，此外还有纺织、酿造、制陶等家庭手工业。庄园内部所需各种物质生活资料，完全可以自己解决，真正达到了"谢工商与衡牧"，是一个十足的自给自足的自然经济体。

　　大地主田庄中的主要劳动者是佃客，佃客的来源除部分免奴为客或由国家赐给的外，大部分来自自耕农。大土地占有的发展，加速了小农的破产，破产的流民不得不"多庇大姓以为客"，也有的是农民为逃避政府沉重赋役，而被迫自己托庇于大族。佃客无权自己单独立户，而是"皆注家籍"，登记在主人户口

内。他们不承担对封建国家的租役，只给主人交纳田租和服其他劳役，田租交纳谷物，"其佃谷皆与大家量分"，即交纳收获物的50%。田庄拥有的私家武装称为部曲，部曲平时为主人耕田，战时随主人出征，与佃客区分不大。部曲不能自由脱离主人，而且是父死子继。无论佃客、部曲，对主人的依附性都很强，所以有时也称为"私附""附隶"或"属名"。

田庄主还拥有大量奴隶。这个时期社会上还存在很多奴隶，奴隶或来源于战争俘虏，或因欠债而卖身为奴，也有罪人及家属没为官奴的。奴隶有官私之分，官奴多在官营手工业中劳动，私奴多属于大地主，奴隶与土地一样，构成地主阶级的财富，奴隶除很大一部分从事家务劳动，也有相当数量从事农业及手工业生产，南朝有人说："耕当问奴，织当访婢。"奴隶地位极其低下，为防止奴隶逃亡，往往被主人黥面，终生过着非人生活。

在大地主田庄迅速发展的时候，南方寺院经济与僧侣地主的势力也不可小视。

唐朝大诗人杜牧有一首诗说的就是南朝寺院极盛的现象：

> 千里莺啼绿映红，水村山郭酒旗风。
>
> 南朝四百八十寺，多少楼台烟雨中。

佛教宣扬人生的苦难是由于种种欲望引起的。人的欲望是无限的，而现实却难以满足人类的所有欲望。只有皈依佛门，出家遁世，明心见性，才能逃离苦海。僧尼是出世之人，四大皆空，六亲不认，世俗的事情几乎跟他们是没有关系的，对财富也是淡漠视之。可是南朝的僧侣们却是不同。他们对财富有着跟俗人同样的热情，而且还生财有道、敛财有方。

寺院拥有规模相当大的财产，包括房宅、地产、浮财，等等。佛寺都修得金碧辉煌，富丽无比。

寺院是怎么获得这些财产的呢？

南朝统治者都对佛教有异乎寻常的热情，上起封建国主，下到王公贵族、官僚士绅，竞相修建寺院，仅建康一地即有佛寺五百余所，在南方的二百二十五座著名的寺院中，属于皇帝的有三十三座，后妃公主十七座，王公十五座，官僚三十座，僧侣募捐十五座。皇室贵族建了寺庙就招纳大量僧尼。僧尼在梁武帝时达十余万人，全国各地情况与首都差不多。

当然，不仅要招僧尼，还要敛财。

梁武帝萧衍对佛教异常的狂热，他当了皇帝，在京城中自建同泰寺，为了给同泰寺弄钱，他就出家入寺，当起了和尚，众大臣为了把皇帝弄出来上朝理事，就凑钱给他"赎身"。萧衍先后几次出家，吃斋念佛，大臣只好不停地为他赎身。有皇帝如此，寺庙敛财岂不是小菜一碟！

寺院里僧尼聚集，大量人口出家，致使"天下户口，几亡其半"。因此寺院不仅拥有大量土地和资产，而且拥有大量劳动人口，成为当时地主阶级的一个组成部分。僧侣地主除了剥削寺院的劳动僧尼外，还剥削依附于寺院的"白徒""养女"。白徒、养女是为逃避政府赋役而自己托庇于寺院的农民，他们"皆不贯民籍"，而被束缚于寺院，地位同奴隶差不多。此外，寺院僧侣还放高利贷和经营典当，重利盘剥农民。

儒佛道之争

玄学是中国魏晋时期出现的一种崇尚老庄的思潮，一般特指魏晋玄学。玄学延续到东晋，发展到了登峰造极的地步。执政的达官贵人终日口谈玄理，不屑管理具体事务，玄谈成为导致东晋灭亡的一个原因，这就是所谓"清谈误国"。

魏晋南北朝时期，佛教与道教也有了进一步发展。

佛教起源于印度，西汉时开始传入中国，当时只在少数官僚中传播。东汉时在中国开始修建寺院和翻译佛经，但信仰的人并不多。魏晋南北朝时期佛教在中国逐渐盛行，这是与当时的阶级关系和政治形势分不开的。佛教的中心思想是宣扬神不灭论，即是认为人的肉体死亡之后，还有一个独立的精神——灵魂不灭，由此推衍出生死轮回和因果报应，制造出一个虚幻的世界"天堂"和"地狱"来。佛教宣传说，人们今生虽然痛苦，却会换来来生的幸福，只要虔诚

信佛，人人都会升入天堂。实际是要劳动人民忍受现实的苦难，寄希望于来生，而不必要求变革现状。正因为佛教有这样的社会说教功能，封建统治者才以之作为新的精神武器，用来在思想上麻痹劳动人民。梁武帝甚至定佛教为国教，他们竞建寺塔、石窟，不仅僧侣们，甚至皇帝都亲自讲经说法。东晋时释慧远在庐山传教，使庐山成为南方佛教中心。不少西方高僧来中国传教，后赵时有西域沙门佛图澄，后秦时有龟兹僧鸠摩罗什，大量佛经被翻译出来。中国僧侣去西方求经的也不少，法显先后到达过天竺（印度）和狮子国（斯里兰卡），带回很多重要梵本佛经，他著有《佛国记》一书，记录了他出国求经的经历。

道教是中国的宗教，原始道教创立于东汉，它奉黄帝、老子为教主，所以也称为黄老道。东汉末道教曾被利用来作为农民发动起义的手段，张角传播的称为太平道，张鲁传播的称为五斗米道。农民起义失败后，太平道遭到禁止，五斗米道因张鲁的投降名称被保留了下来，但原始道教的教义却被统治阶级所篡改，即所谓除去"三张伪法"，将原始平等色彩的部分去掉，发展了其中为上层社会所需要的神仙之术和金丹服食部分。

东晋初年的葛洪是最早进行这种改造的人。他原来也是一个儒者，后来又学神仙之术，他将儒道加以糅合，主张"以六经训俗士，以方术授知音"。一方面强调君臣上下是天理自然，不能更改，另一方面则极力宣扬采药炼丹、养生延年之术，为大族官僚的腐朽生活服务。梁朝的陶弘景，吸收了某些佛教教义，使道教的内容更加丰富。

虽然这一历史时期佛教与道教盛行，但是儒家思想仍然占据重要地位，尽管由于互争正统以及僧俗地主经济、政治利益上的争夺，儒、佛、道之间不断发生斗争，以至出现毁佛，但在维护封建统治上，它们是一致的。

道教的符箓

在中国古代民间曾长期流传着一种治病方法，遇有小孩受了惊吓，不爱吃饭，说梦话，家长们就会请人画张符，放在孩子的枕头下，或者将纸符焚烧后

的纸灰，冲成符水，让孩子喝下去。据传说，喝符水能治病祛灾。尽管现代医学证明，喝符水、求神问卜治病的方法，不能达到治病的效果，甚至还会延误治疗，但仍有不少信奉者。

实际上，这种以符箓治疗疾病的方法源于道教。道教在东汉末年创立，到南北朝时期，已经由原始的道团向正规宗教转型了。这时，道教大致分成两派，一派是丹鼎派，以修身养性、炼丹服食为主，所以，这一派号称仙术；一派是符箓派，擅长通冥达幽、画符念咒，这一派归于神术。

丹鼎派要修身还要炼丹，既费时间，又要耗费巨资，只有有钱有闲的社会上层人士才能信得起，一般平民是不敢问津的。符箓派鼓吹他们可以上通天神、下驱鬼邪、治病消灾、延年益寿，而且，索要钱财也不多，对普通老百姓就有很大的诱惑力。所以，南北朝时期，符箓术流传很广。

符咒是符箓和咒语的总称。以符箓作为传道的手段，是道教的独家发明。但是，它在远古时代就已经有了。传说蚩尤荒淫无道，黄帝要讨伐他。这时，黄帝梦见西王母派人给他授符。黄帝悟到西王母的用心，就立坛请符。他看见一只玄龟衔符从水中出来，把符放在坛上。大概这就是符箓的起源了。

东汉末年道教创立后，自然吸收了符箓的基本资料，为其所用，道家典籍经常记载这些事情。如《汉天师世家》说道教鼻祖张道陵经常"以符咒治病"，并且描写得神乎其神。

符箓中的"符"实际是道士在一些材料上书写的神秘文字或图画，这些材料一般为竹、帛、纸等易于书写的材质。后世学者研究，那些文字是由甲骨文、金文、籀篆文和草书杂糅而成的变体。"咒"则是和"符"相配合使用的人神通语。咒语一般采用韵文或歌谣形式，文字浅显容易上口。有了"符"又有了"咒"，形式和内容都有了，道人就可以施行法术了。而符又代表着天兵天将，无所不能。

按照符咒的用途，道人还把它们分成很多种类：治病的吞符，趋吉避凶的护身符，人神沟通的祈天符，消灾保平安的镇宅符，借助鬼神行诛杀之事的诅仇符，放在墓穴里的玄宅符等。其实，直到今天，我们也还可以看到这些符咒

的影子。使用最多的则是吞符、祈天符和诅仇符。南北朝的皇帝们对这些符箓之事也非常热衷。

北魏太武帝拓跋焘是个铁腕人物，他在位时曾两次灭佛，以极严厉的手段对佛教进行打击。当然，灭佛的另一面则是大力扶植道教。《隋书·经籍志》记载，太武帝对道首寇谦之十分尊敬，特意命人在代都起"重坛五层"的道场，还"给道士百二十余人，显扬其法，宣布天下。太武亲备法驾，而受符箓焉。自是道业大行。每帝即位，必受符箓，以为故事"。受符箓已成为皇家一件大事了。

不过，皇帝也有被符箓诅咒的。刘宋明帝就是其中一个。他说："咒诅祷请，谨事邪巫。尝被发跣足，稽首北极。遂图画朕躬，勒以名字。或加之矢刀，或烹之鼎镬。"说他的政敌对画在符上的形象，箭穿刀剁，汤滚油炸，这样做，也许可以获得一种精神上的发泄，可是最终政敌没有一个是被咒死的，相反还可能因此招来祸端，被杀身死。

当然，用得最多的还是治病的符，好多人家不请道士来做符，自己动手去弄，这样的人慢慢也成了仙道之人。《宋书·羊欣传》记载了刘宋时，一个叫羊欣的人，"素好黄老，常手自书章，有病不服药，饮符水而已"。直到现在，在一些偏远的农村地区，还有给小孩喝符的习惯。

在新疆吐鲁番出土的文书中，有一件玄宅符，也有符和咒两部分。原件右上角的"黄"字和上面持钢叉的玄宅神是符，但是上面没有那种神秘的符文。咒是神像下面的文字。咒文是："天帝神前，泣煞百子。死鬼斩后，必道：鬼不得来近。护达令若颜上。急急如律令也。"

这道符的大意是：有玄宅神在此，各路饿鬼都吓得痛哭流涕。他们被斩杀后，要告诉同类，不可靠近这里。有玄宅神的保护，墓主人就可以永远平安了。

一些典籍也对道士作法使用符箓进行了记载。《古今图书集成·神异典》说，有个叫李主簿的人，带着自己的妻子路过华岳，到庙里给华岳神金天王烧香磕头。不料，刚磕完头，李妻就气绝昏倒了，只有胸口尚有一点暖意。李主簿吓坏了，连忙求救于叶仙师。叶仙师便画符烧香，还往上喷洒了一些水，可

是那符画完了就向北飞去，声如旋风，很久没动静。叶仙师又画了一道符，符又飞走了，声音如雷，可还是没见动静。叶天师生气了，再画一符，喷水叱之，声如霹雳。一会儿，李妻醒过来了。她向众人讲述了刚才发生的事：她初拜天王时，天王称她是好夫人；再拜时，天王就发令留下她，派手下把她带走。第三天，金天王家宴请宾朋，忽听有人敲门，金天王命人赶走来者；一会儿，门口又有人大闹，金天王又命赶走肇事者；又过了一会儿，一条赤龙腾空而入，扼住金天王的喉咙，命他放人，金天王只好把她放了。在这个神乎其神的故事中，前来搭救李妻的就是叶仙师用符变来的三个神将，三道符的威力越来越大，金天王被降伏，李妻得救了。

在古代小说中，道士随手画符，祛病去邪的描写也随处可见。《金瓶梅》第六十二回有西门庆请潘道士为重病在身的李瓶儿驱鬼的事：

潘道士进入角门，刚转过影壁，将走到李瓶儿房穿廊台基下，那道士往后退迄两步，似有呵斥之状，尔语数四，方才左右揭帘进入房中，向病榻而至。运双睛，拿力以慧通神目一视，仗剑手内，掐指步罡，念念有词，早知其意。走出明间，朝外设下香案。西门庆焚了香，这潘道士焚符，喝道："值日神将，不来等甚？"噀了一口法水去，忽阶下卷起一阵狂风，仿佛有神将现于面前一般。潘道士便道："西门氏门中，有李氏阴人不安，投告于我案下。汝即与我拘当坊土地、本家六神查考，有何邪祟，即与我擒来，毋得迟滞！"言讫其神不见。须臾，潘道士瞑目变神，端坐于位上，据案击令牌，恰似问事之状，久久乃止。

这就是道士运用符箓的全过程，它似一场生动形象的驱邪风俗画，展现在读者面前。驱邪之神在道士的命令下呼之即来，说明道士是有控制鬼神的能力的，也反映了人要战胜神的愿望。

符咒在道人的鼓吹下，无所不能。可是，符咒真能保佑人间一切事情吗？还是古语说得好："若知书符穷，惹得鬼神惊。不知书符穷，惹得鬼神笑。"

五胡十六国

　　"五胡十六国"是指自西晋末年到北魏统一北方期间，曾在中国北部境内建立政权的五个北方民族及其所建立的政权。"五胡"为匈奴、鲜卑、羯（匈奴分支）、羌和氐。代表建立北方诸国的主要民族，但实际上建立者还有汉族（前凉、西凉等等）、高句丽族（北燕）、丁零族（翟魏）等族。"十六国"则是源自北魏末年的史官崔鸿私下撰写的《十六国春秋》而得名；此外，北方亦非仅十六国，他自北方所有大大小小的政权中选出国祚较长、影响力大、较具代表性的十六国。这十六国主要分布在华北地区和四川地区，共有成汉、前赵、后赵、前凉、前燕、前秦、后燕、后秦、西秦、后凉、南凉、西凉、北凉、南燕、北燕及胡夏等国。而在十六国之外，还有汉人冉闵建立的冉魏、丁灵翟氏建立的翟魏、武都氐帅杨氏建立的仇池国、鲜卑慕容氏建立的西燕、汉人谯纵在蜀地所建的谯蜀、鲜卑拓跋氏建立的代及北魏等政权，总计先后建立了二十多个政权。上述政权中，后赵、前燕、前秦都曾占据过北方的大部分疆域，尤其是前秦曾一度统一了北方，不过时间都很短暂。在这百年间，北方战乱基本上没有停息。

朝代名	起迄年	创建者	国　　都	灭于何朝何国
汉、前赵	304—329	刘渊；刘曜	左国城（山西离石北）；长安（西安）	后赵
成汉	306—347	李雄	成都	东晋
前凉	317—376	张轨，张寔	姑臧（甘肃武威）	前秦
后赵	319—351	石勒	襄国（河北邢台）；邺（河南安阳北）	冉魏
前燕	337—370	慕容皝	邺（河南安阳北）	前秦
前秦	351—394	苻健	长安（西安）	后秦
后燕	384—409	慕容垂	中山（河北定州）	北燕
后秦	384—417	姚苌	长安（西安）	东晋
西秦	385—431	乞伏国仁	苑川（甘肃榆中东北）	夏
后凉	386—403	吕光	姑臧（甘肃武威）	后秦
南凉	397—414	秃发乌孤	乐都（属青海）	西秦
南燕	398—410	慕容德	广固（山东益都）	东晋
西凉	400—421	李暠	酒泉（属甘肃）	北凉
北凉	401—439	沮渠蒙逊	张掖（属甘肃）	北魏
夏	407—431	赫连勃勃	统万城（陕西横山西）	吐谷浑
北燕	409—436	冯跋	龙城（辽宁朝阳）	北魏
代	338—376	拓跋什翼犍	盛乐（内蒙古和林格尔）	前秦
冉魏	350—352	冉闵	邺（河南安阳北）	前燕
西燕	384—394	慕容泓	长子（山西长治）	后燕

北方五个少数民族

我国自古以来就是一个多民族的国家。秦汉以来，居住在我国西北和东北部边境的各少数民族，由于本身社会经济的发展和受汉族农业社会的影响，不断内迁。内迁各族主要有匈奴、羯、氐、羌、鲜卑，统称"五胡"。在西晋时期，五胡居于西晋北方、西方的边陲地区，对晋王朝呈现半包围局面。由于朝廷的腐败和汉族官吏的贪污残暴，"五胡"在八王之乱后纷纷举兵，史称"五胡乱华"。

他们相继建立了许多国家，北魏史学家崔浩取其中十六个国家来代表这段时期，称这时期为"五胡十六国"。

匈奴世居蒙古草原。东汉时分为南北两部，北匈奴西迁，南匈奴不断内移。西晋初主要分布于山西、陕西中部和甘肃西北部。

羯是匈奴别部，高鼻、深目、多须。羯内迁后散布在太行山以西的并州诸郡，主要聚居地是上党郡武乡县（今山西榆社）。

氐族是个古老民族，夏商时已存在。西晋时分布于今甘肃、陕西、四川邻接地带。集中在武都（今甘肃成县西北）等地。

羌族原居青海草原。东汉曾发生羌人起义，向中原移动。西晋时羌人分布于今陕西、甘肃一带，主要聚居在冯翊、北地、新平、安定等地。

鲜卑为东胡一支，曹魏时，轲比能部强盛起来，建立起西自云中、五原，东抵辽水的部落军事王国。后来，这个王国瓦解，代之而起的，在东部地区为慕容部、宇文部和段部，中部地区为拓跋部，西部地区为乞伏部等。在魏晋时他们陆续内迁。主要分布于今辽东、河北、山西、内蒙古、甘肃、陕西及青海等地。

内迁各族人口数量极为可观。在关中地区（函谷关以西）百余万人口中，就有一半是少数民族。这些少数民族中有的还保留了自己的部落组织，有的已解散了部落。

魏晋时期各族内迁，促进了各族人民的融合，在历史上产生了深远的影响。但与此同时，内迁各族不论是否解散了部落组织，都要受到汉族地主官僚的压迫和剥削。他们有的被征发当兵，八王之乱时诸王就常勾结少数民族打败对手；有的沦为佃客和奴婢，咸宁二年（276），马循对鲜卑阿罗多的战争就曾俘虏9000余人。赵王司马伦被任命为镇西大将军，都督雍州、梁州诸军事，敲骨吸髓地榨取当地人民，内迁各族中很多青壮年被他当作牲口一样转卖给权贵当奴隶。以斗富出名的石崇家里就有800多名奴隶，其中有不少匈奴、氐、羌族人。据说其中有一个氐族部落里的王子名叫宜勤，身高9尺，力大无穷，但不愿好好干活，最后石崇把他转卖别人，代价是100匹绢。羯人石勒，因并州荒乱，逃亡在外，被并州刺史司马腾贩卖到山东为奴。

内迁各族遭到汉族地主官僚的掠夺、压迫，使他们"怨恨之气，毒于骨髓"，从而不断爆发反抗斗争。

刘氏汉国

西晋灭亡之后，出现了南北分裂，南方是汉族地主阶级建立的政权东晋王朝；北方则是许多政权迭立并混战的局面，即旧史所谓的"五胡十六国"时期，其实这一时期北方各政权的建立者，并不都是五胡贵族，而且政权也不止十六个。

北方最先建立的割据政权是匈奴贵族刘氏所建立的汉国（304—319），这个政权在西晋灭亡前便已出现，为刘渊所建，它在刘聪时达到全盛。刘聪对他统治下的胡汉人民，实行了胡汉分治政策。对汉族人民一方面沿袭了汉族地主阶级的统治传统，但又改变了过去的政权结构形式。由专设的左右司隶进行统治，每司隶各领20万户，每万户置内史1人，共设四十三内史。对匈奴人及其他胡人，则按部落组织的特点，在大单于下设单于左右辅，每辅统辖"六夷"（指匈奴、羯、鲜卑、氐、羌、乌桓）十万落，每万落又置一都尉直接管辖。大单于的权力仅次于最高统治者，多由皇子或亲近王族担任。实行胡汉分治的主要目的，在于保持依部落组织的胡族军队，以便于军事行动。

匈奴汉国对各族人民的统治非常残暴。他们在战争中大肆屠杀抢掠，即使对于结束了军事行动之后的统治区，也缺乏常规的封建赋税制度，而是靠掠夺来聚敛财富，又经常大量迁徙人口，如曾将俘虏的汉人强制驱赶到平阳，去从事半奴隶的劳动，造成人民饥困流离，相继死亡。这种野蛮的军事统治，激起了汉族等各被统治民族人民的强烈反抗。刘聪时期，逃奔冀州石勒的司隶部民（汉人）达20万户之多；还有右司隶部人3万余骑，驱牧马负妻子，逃奔了汉国与东晋之间的交战区；被强迫迁来的10万余落氐羌人，因不满汉国的控制，也在伺机逃离。

北方的西晋官吏和大族，除了大部分逃向南方外，留下来的也没有全部投向胡族贵族。不少大族为保护自己的财产，纷纷筑起坞壁，以自己的宗族、佃客、部曲作为武装力量，抵抗胡族贵族的统治。在东起山东，西至关中，南迄

淮北的广大区域，到处都有这种坞壁武装。有名的坞主有司州的李矩、郭默、冀州的邵续，河济之间的刘遐，山东的郗鉴、苏峻等人。这些坞主的权益一旦受到胡族贵族政权的承认，便大部分归附了胡族贵族。刘渊、石勒每次作战征服的坞壁，多到数十以至数百，其中只有邵续等少数人物拒绝投降。

在西晋地方长吏中也不乏与胡族贵族抗争的力量，著名者有幽州刺史王浚和并州刺史刘琨等，但其中不少人怀有政治野心，有的急于称王称帝，有的动摇观望，或彼此攻击，不能形成联合力量。王浚为达到称帝目的，不惜勾结石勒，他囤积粮食 50 万石，却不顾百姓的死活，因此很快失去支持，自己也因此而失败。刘琨是其中比较有作为的人，他来到晋阳（今山西太原）之后，很快就使那里改变了荒凉面貌，不仅汉人纷纷来归，连刘渊统治下的胡人也有 1 万多户来投奔他。永嘉六年（312），他打败了刘聪的一次进攻。直到太兴元年（318），他才因被石勒所逼，投奔鲜卑段氏，后被段匹磾所杀害。

在匈奴汉国内部也不稳定，逐渐形成了两股地方势力。在西方，刘聪的堂弟刘曜，以相国都督中外诸军事的头衔坐镇长安，在关中建立了根基。在东方，石勒攻陷洛阳之后，杀死和他共同作战的王弥，吞并了王弥的队伍，并接受谋士张宾的建议，占领了冀州，取襄国（今河北邢台）作为根据地，割据于河北。所以当时汉国中央的实际控制区域，只限于山西西部山区和汾河河谷。

刘聪即位不久，为了自己专心追求享乐，将政权交给了儿子刘粲。刘粲也因袭了奢侈享乐的作风，终日只顾在后宫游宴，朝廷的实权落入外戚靳氏手中。汉昌元年（318），靳准发动了一次宫廷政变，将刘氏子孙全部杀光，匈奴汉国开始瓦解。割据关中的刘曜，在当年于赤壁（今山西河津西北）即皇帝位，第二年改国号为赵，史称前赵（319—329），都长安。东晋太兴二年（319），石勒也在东方称赵王，史称后赵，都襄国。北方出现二赵并立局面。

刘曜建前赵

东晋太兴元年（318），刘曜称帝长安，建立前赵，开十六国历史之端。

前赵昭文帝刘曜（？—329年），字永明，并州新兴郡（今山西忻州市）人，匈奴族。十六国时期前赵末代皇帝，光文帝刘渊从子。刘曜深受汉文化影响，博览群书，尤好兵策，雄武善射，时号"神射"。

永嘉五年（311），刘曜为汉国统帅，攻克洛阳，俘晋怀帝，杀西晋王公以下30000余人。建兴四年（316），刘曜攻克长安，俘晋愍帝，击灭西晋。刘曜因功封中山王，居官相国，都督中外诸军事，坐镇长安。

太兴元年，汉国主刘聪病死，他的儿子刘粲继位。刘聪在世时，一意追求享乐，又性情极端残暴，弄得民不聊生，统治集团内部矛盾不断激化。刘粲更是沉湎酒色，征发百姓服役，穷苦百姓饥饿疲劳，便发动起义，被镇压，死亡无数。

趁这个时机，外戚靳准杀了刘粲，自号汉天王，尽诛平阳（山西临汾西）刘姓匈奴权贵，平阳大乱。割据关中的刘曜和石勒听说了，各自领兵前来，讨灭靳氏。刘曜迁都长安，自立为帝，建元光初，改国号为赵，史称前赵。石勒也在东方称赵王，史称后赵。北方出现二赵并立的局面。

刘曜称帝前，大量任用汉人为官，恢复了租役制度，社会比较安定。称帝后，击灭陇右西晋残余势力南阳王司马保，征服关陇地区氐、羌等各少数民族，尽有关陇。拥兵28万多人，推行胡汉分治政策，模仿汉族封建统治，设立太学、小学，培养统治人才，社会秩序一度好转。

但前赵对各族人民的压榨和奴役过于严苛，激起关陇氐、羌、巴、羯等30余万人的大暴动，长安城门大白天都要关闭。虽然暴动最后被平息，但整个社会矛盾仍然紧张。

刘曜擅长用兵，却治军无方，军队经常无故自惊；他又刚愎自用，嗜酒如命，拒绝各种合理的建议，有臣僚劝他节制饮酒，他就毫不犹豫地把臣僚杀掉。

石勒据河北，双方鏖战数年。太宁二年（324），石勒命石生兵掠河南，占据洛阳。刘曜命刘岳统军15000人反击，连克孟津（河南孟津东北）、石梁（河南洛阳东洛水北岸），歼敌5000，包围石生于洛阳西北角的一带。石勒命石虎驰救。洛西一战，刘岳败退石梁。刘曜亲率兵马增援，击杀石虎将领石聪，推进

洛阳西北的金谷。入夜，军队无故自惊，刘曜溃退混池（河南渑池西）。刘岳全军覆没，前赵退缩新安、渑池以西。咸和三年（328），石虎统兵四万掠取河东，推进蒲陂（山西永济蒲州镇）。刘曜再度亲率精锐反击，高侯原（山西闻喜北）一战，石虎大败，枕尸二百余里，损失军资以亿计。石虎退屯朝歌。刘曜兵进大阳关（山西平陆茅津渡），后赵河南郡县闻风归降，襄国（后赵都城，今河北邢台）震动。石勒亲统步骑87000潜进洛阳。

石勒行前估计刘曜作战方略：

1. 曜兵成皋（位于今河南荥阳），严阵以待，是为上策。

2. 据洛水阻击，是为中策。

3. 坐守洛阳，必败无疑。

刘曜采取下策，10万大军集结洛西，扎营十余里，在军事要冲成皋不设一兵一卒。石勒轻易就通过成皋，禁不住高呼："天也！"一切就绪。石虎受命引兵3万，由洛阳城北往西打，石堪等统骑兵一万六千余人由西往北冲，石勒亲统主力伺机歼敌。

刘曜还是沉湎酒色，成天烂醉如泥，石勒进兵他竟毫无所知。双方交战，捕获后赵士兵，这才知道石勒亲率大军而来，吓得脸都变了色。临战前，饮酒数斗壮胆，昏醉马上，没法指挥军队。

在石勒的严密部署和猛烈进攻下，前赵全线崩溃，刘曜马倒被俘，全军覆没。次年，后赵剪除前赵余部。前赵遂被后赵所灭，立国仅11年。

前凉与成汉

与匈奴汉国同时存在的割据政权，还有西北的前凉与巴蜀的成汉。

前凉（317—376）的创建人张轨，字士彦，安定郡乌氏县（今甘肃平凉）人。十六国时期前凉政权奠基人，自称西汉常山王张耳后代。永宁元年（301），他被西晋任命为凉州刺史。张轨任用当地有才干的人共同治理凉州，课农桑、立学校，阻击入侵的鲜卑部，保境安民，多所建树。自洛阳沦陷后，中原和关中地区人民避难来凉州的很多，以至于"日夜相继"。

张轨和他的后继者，对流入的各族人民采取了招抚安置的措施，使各族人民得以在凉州较为安定的环境中，继续进行生产。在中原经济遭到严重破坏、商品经济极不发达的情况下，凉州却恢复使用了五铢钱，这足以说明当时凉州地区的经济情况较好。汉族士大夫在凉州比较安定的情况下，也能继续传经讲学，中原的先进文化在凉州得以保留下来。

当时凉州与西域的关系，也仍在继续，使得中国与中亚各国的关系，并没有因为中国内部的动乱而中断。也正因为国内安定，经济有一定发展，所以前凉虽然国小人少，却有力地击退了前赵、后赵的两次强大进攻。直到凉太清十四年（376），前凉才被前秦苻坚所灭。

成汉政权是流民领袖氐族豪酋李流、李雄建立的。

西晋末年，秦、雍二州连年荒旱，略阳、天水等六郡数万家10余万口，过汉中转入益州就食。益州刺史罗尚逼迫在益州的流民限期出境，官吏趁机劫掠流民财物，激起流民反抗。流民拥立李特为首领，设立大营，聚集二万余众。李特、李流兄弟自称大将军，部众皆各封以官号。公元302年，李特阵亡。

李特死后，其子李雄领导流民继续作战，控制了成都以北的大片土地。公元303年，李雄率军攻入成都。第二年，流民拥李雄称成都王。公元306年，李雄即皇帝位，国号大成，史称"成汉"。

成汉政权得到了四川大族、道教首领范长生的支持，所以李雄即位之后，便任命范长生为丞相，号"天地太师"，并且规定他的"部曲不豫军征，租税一入其家"。这标志着农民起义队伍已转化为封建地主政权。但是终因这个政权与流民关系密切，当政者了解流民的需求，知道取得流民支持的重要性，所以在李雄统治时期，政策比较开明，"其赋民：男丁一岁谷三斛，女丁一斛五斗，疾病半之。户调绢不过数丈，绵不过数两"，比西晋还轻。结果境内出现"事少役稀，百姓富实"的兴旺景象，这在十六国初期是少有的。李寿统治时期，趋于奢侈残暴，政乱国衰。晋永和三年、汉嘉宁二年，李势统治时期，东晋桓温灭成汉。

石勒建后赵

灭西晋的是匈奴族。

匈奴是活跃在蒙古高原的游牧民族，最盛时期疆域东到河北，西到东土耳其，北到西伯利亚南部，南到鄂尔多斯。万里长城就是为防止匈奴的侵扰而建造的。

匈奴自败于后汉以来，就向中国称臣，分别住在中国的北部和西部。到了西晋时代，司马氏皇族内部纷争不断，导致匈奴势力又强大起来。

首先，刘渊起兵于山西左国城，刘渊自幼被称为千人之上的秀才，文武兼备。刘渊是匈奴五部的首领，定都于山西离石，自称汉王。刘渊之侄刘曜也相当聪明，气度胆量都很大，爱好读书作文，擅长武术。刘渊举兵时，刘曜和刘聪共同被任命为部将。

刘渊之子刘聪命令辽州武乡羯族出身的石勒，进攻晋朝本土雒城，且攻陷了洛阳。

公元 310 年刘渊死后，刘聪继承刘渊为王。刘聪军队攻陷洛阳，俘晋怀帝，并将怀帝送往平阳诛杀。西晋愍帝于长安即帝位。

匈奴军不断地进攻，长安陷落，愍帝被俘，并被送往匈奴首都平阳。刘聪在平阳开庆功宴，席间，他让晋愍帝穿着青衣为群臣斟酒洗杯，百般凌辱后又把他杀了。公元 317 年，西晋为匈奴所灭。

不久，刘聪死，刘曜为王，石勒为赵公。石勒为了和刘曜对立，于公元 319 年自称赵王。刘曜也更改汉的国号为赵国，因此有两个赵国。一般称刘曜为前赵，石勒为后赵。刘曜的势力范围为平原的西部，石勒为东部一带。石勒军和刘曜军相互攻打，刘曜于公元 329 年在洛阳为石勒军俘虏后被杀。

刘曜的祖先娶汉高祖刘邦的女儿（实为养女）为妻，因为和汉王室有亲戚关系，于是借刘氏之名而起。而前赵最初也称为汉国，颇有名门意识，当刘曜听说石勒的军队出现在洛阳时，就问大臣："大胡是自己来的吗？"

所谓的大胡乃指石勒，而刘曜本身则不认为自己是异族。

大胡石勒本来是一个奴隶，被卖到山东的牧场当仆役，过着穷苦的日子。一次，他盗走一匹马加入群贼之中，流落到洛阳，在上朵门吹奏口笛时，正好晋朝将军王衍经过，看出此人气宇轩昂，心志不凡，知道他不是普通的流浪汉，将来一定是个大将之才。

王衍后来当上晋太尉，晋东海王司马越死时，王衍率领十几万兵马东移，袭击石勒的轻骑部队，但是石勒军却大破王衍军，获得胜利并逮捕王衍，石勒亲自审问俘虏。

王衍哀求道："我年轻时就没有雄心大志，对政治与战争也全然不知，请饶我一命吧！"石勒愕然地注视着王衍的脸说："你身负太尉重任，名扬四海，现在却说无志于当官，对军事也一窍不通，晋朝的败亡，就是因为你们这些人。"于是向王衍吐了一口口水后离去了。

但是，俘虏中有个叫襄阳范的人，却与众不同，其他的人都贪生怕死，只有他一个人泰然自若。石勒看到他感慨地说："我看尽天下，还没有见过像王衍这样卑劣的人，更没有见过像襄阳范这样相貌堂堂的人，应该把他留下来。"

然而，石勒身边的人说："他们都侍奉晋主，即使让他们活下去，也不会对我们尽忠。"

"就算要杀他们，也绝不能用任何兵器。"石勒命令道。于是到了晚上，襄阳范等人全被崩裂的土墙给压死了。

石勒没有进过学堂，自己不会看书，但是在他左右有很多学者，石勒先令他们看很多书，然后再讲给自己听。

这一群学官的集团称为"君子营"，集结了有学问的汉族名士，实际上是个"智囊团"。

有一次，石勒命一名学者讲《汉书》给他听，其中有一段是郦食其要求汉高祖赏封六国后裔的史事。

汉高祖刘邦平定六国后，谋士之一的郦食其向高祖进言，在六国各地封六国的后裔，可以安定人心，因此高祖就命人赶快刻六国君主的印章。后来谋士张良来进谏，高祖就把郦食其进谏的事告诉了张良，张良听了认为此事不妥，于是向正在吃饭的高祖借双筷子，用筷子来说明天下的形势，并提出郦食其建议的八项缺点，其中第七条是这样说的：

"如今天下名士舍弃家园来追随大王，是希望能得到些领地，现在如果册封六国后裔，他们一定会回国去侍奉旧主，而且如果六国屈服于强国楚国，那么大王的天下统一大业就要化为乌有了。"

高祖非常佩服张良的远见，于是立即停止执行郦食其的提议，销毁六国君主的印玺。

石勒听到这件史事，对高祖采用郦食其的建议，刻六国君主印的事感到疑问，认为对汉而言，这并不是个妥当的建议，而高祖怎么竟会采纳？后来由于张良的出现，制止这个提议，才完成汉的天下大业。由此可见，石勒虽然没有受过正规的教育，但他的见识却比常人要高。

石勒是少数民族统治者中深有才略而且有作为的人，虽然他也曾大肆屠杀过，但他能较快地改正错误，对流民注意安抚。还实行新的租调制，劝课农桑，发展农业生产。石勒统治后赵时期，国力较强，一度统一了北方，成为以淮水和襄樊为界与东晋对峙的大国。

石勒也非常仰慕中国文化，并潜心学了很多东西，对从西南传来、日渐普及的佛教也非常关切并加以保护。对于从丝绸之路前来的僧侣也礼遇有加，并虚心倾听教义，打仗时也常常携他们同行，学到了不曾在谋士那里学到的知识。

石勒也很有自知之明。有一次，石勒宴请大臣，在席上问周围的人："朕若与古时君王相比，可与谁相比？"

有人回答："陛下在汉高祖皇帝之上。"

石勒听了笑着说："我了解我自己，卿的话过奖了，我如果能与像高祖这样的大人物见面，想必是列入面北的大臣行列而与韩信、彭越并列。但如果与后汉光武帝相比，就如在中原赛马，鹿死谁手还不知道，我的实力只有这种程度。要做大事情就须有磊落的胸襟，像曹孟德和司马仲达专门欺骗孤儿、寡妇，行诌媚之能事而取得天下，我是看不起的。"

石勒派遣使者到位于西晋之南的东晋去敦睦友谊，但东晋却把赠品烧掉，拒绝友好。石勒的本意并不想和东晋对抗，所以真心派遣使节并带很多礼物，可以说采取低姿态去接近东晋，但是东晋不知石勒的诚意，始终百般刁难。

石勒的"君子营"中有好多汉人，他们侍奉匈奴王，这些名士常常对石勒讲述汉文化的优秀，因此石勒对汉文化并不轻蔑，也不憎恨汉人。由于石勒的智囊团几乎以汉人为中心，所以他的精神领域可以说一半是汉人。

此时，汉王国已往南撤退了，只剩下东晋，而中原已全部收入石勒的领土之中。

公元333年，石勒去世。石虎杀其他诸子，继承皇位，把国都由襄国迁到邺。石虎长于军中，残暴嗜杀，对外频繁发动战争，对内进行野蛮剥削和奴役，致使社会经济遭到严重破坏，各族人民生活于苦难之中，因而反抗后赵的起义连绵不断，皇室内部不断爆发争权夺利的流血斗争。终于在东晋永和六年（350），大将军冉闵篡夺政权。冉魏仅存在三年，就被东方的慕容氏政权所灭。

慕容氏建前燕

前燕（337—370）是十六国时代由鲜卑族贵族首领慕容儁所建立的政权，国号为"燕"。全盛时的统治地区包括冀州、兖州、青州、并州、豫州、徐州、幽州等部分。历三世两主，共十八年。慕容氏为鲜卑人的一支，曹魏初年，慕容部大人慕容护跋率领部落向东南移动，到达沿海之滨的辽西郡。慕容部原以游牧为业，倏往忽来，驰骋无定。曹魏景初二年（238），慕容护跋作为司马懿的副将参加了讨伐辽东公孙渊的战争，因战功卓著，被曹魏封为辽东将军。

元康四年（294），慕容廆将都城迁至大棘（今辽宁义县），部落开始定居并从事农业生产，又吸取了汉族地主阶级的统治办法，部族开始向封建制过渡。太康十年（289），慕容廆遣使朝晋，被封为鲜卑都督，还对段部"卑辞厚币以抚之"，娶段阶之女为妻，结成联姻，生嫡子慕容皝、慕容仁、慕容昭。

慕容廆是一个有远见的胡族酋长，他利用西晋瓦解的机会，和远离强敌的有利条件，积极发展势力。他广泛地拉拢汉族地主分子，"推举贤才，委以庶政"，北方著名大族河东裴嶷、右北平阳裕、渤海封裕、平原刘赞等，都受到他的重用。慕容部逐渐成为东北塞外一支强大的部族。

到了慕容廆这一代，慕容部的汉化程度已经很深了，虽然对晋朝的正宗汉族还有些自卑心理，但是对其他的民族有着完全的心理和文化优势，称自己已经是"诸夏之一""中华旁支"。

在十六国初期各政权中，前燕统治集团内部的胡汉矛盾最小。慕容廆还大力招徕汉族流民，在辽水流域设立侨郡以统流人，并对流人暂时予以免役，结果使他统治地区的人口迅速增加十倍，流人对开发辽西经济和促进鲜卑慕容部的封建化，起了重要作用。他接受汉族地主的建议，极力调和胡汉矛盾，并在自己势力尚未强大时，表示拥护东晋为宗主国，这对吸引汉人很有作用。

东晋咸康三年（337），慕容廆的儿子慕容皝称燕王，将国都迁至龙城（今辽宁朝阳），更向中原靠近。慕容皝打败了石勒20万大军的进攻，使他的国力经受了考验。他一方面大力开疆拓土，先后打败鲜卑段氏，击破高句丽，灭掉鲜卑宇文氏，袭破扶余，每次都掳掠大量人口，增加了他统治下的户口。另一方面则积极发展经济，下令"苑囿悉可罢之，以给百姓无田业者。贫者全无资产，不能自存，各赐牧牛一头"。田租的征收方法"其依魏晋旧法"，即按屯田制分成办法。结果慕容氏统治下的农业发展很快，并且迅速完成了本族社会向封建化的过渡。

到慕容皝的儿子慕容儁时，正值后赵统治崩溃，给他向中原发展提供了机会。他带领20万军队入塞，联合后赵残余势力及氐族酋长苻氏，打败了冉闵。之后，他把国都先迁到蓟（今北京市），再迁于邺，成为雄踞中原的一个强大势力。前燕元玺元年（352），慕容儁改称皇帝，正式建立燕国，史称前燕。

慕容儁时能留意农桑，兴修水利，国势日盛。到慕容暐时政治腐败，矛盾交错，终至亡国。时年为前燕建熙十一年（370）。

前秦的强大

前秦（351—394）是东晋十六国时期的政权之一。公元350年氏族人苻洪占据关中，称三秦王，共历六主，享国四十四年。苻氏世为西戎酋长，苻洪时势力还不够强大，公元333年，后赵主石虎将苻洪及部众10万人从关中强迁至邺。石虎死后，苻洪遣使降晋，接受东晋官爵。东晋永和六年（350），冉闵诛胡羯，关陇流民相率西归。此时苻洪拥众10余万，自称大都督、大将军、大单于、三秦王，欲率众还关中，企图割据关中，不料被后赵降将麻秋杀害。

苻洪的儿子苻健继承父业，回到关中。公元351年，苻健自称大秦天王，国号大秦，史称前秦。任用汉人王猛为丞相。公元352年改称皇帝，都长安，国号秦，史称前秦。

苻健除了不断地与东方的前燕作战外，还打败了东晋桓温的进攻。公元354年，东晋桓温率军攻秦，苻健坚壁清野，晋军攻入潼关后，因粮食不继而退兵，苻健南制许昌，西占陇东，巩固了关中的根据地。

公元355年，苻健死，儿子苻生继位。苻生非常残暴，苻健的侄子苻坚在氐汉大臣的支持下除掉苻生，自称大秦天王。

苻坚是一个汉化较深的胡族贵族，他极力拉拢汉族地主分子，汉人出身的王猛，深受他的信任，"朝政莫不由之"，后来苻坚曾亲切地对王猛说："朕之于卿，则君臣，亲逾骨肉，虽复桓、昭之有管、乐，玄德之有孔明，自谓逾之。"略阳氐是氐族封建化较早的一支，早在苻健建秦之初，便采取了汉族地主阶级的传统政策。苻坚在王猛的协助下，继续推行汉化，实行了一系列有效的政策。

第一，整顿吏治，加强集权。他整顿吏治从选拔人才入手，王猛"拔幽滞，显贤才"，提拔了一大批有才有德的汉人，在十六国中，苻坚政权最为人才济济。苻坚为加强皇权，支持王猛打击氐族豪贵，氐豪樊世因功大而骄横不法，当众侮辱王猛，被苻坚杀掉，连苻坚的妻弟也因欺压百姓而受到惩处。王猛在十数天内便杀掉不法氐豪20余人，结果"百僚震肃，豪右屏气"。这为苻坚的

革新内政清除了阻力。

第二，奖励农桑。苻坚灭燕后，曾徙关东豪杰及各少数民族15万户于关中，又大力召运流民，增加了农业劳动。他多次派官吏循行郡国，劝课农桑，表彰"力田"。针对关中少雨易旱的情况，他下令推广先进的区种技术，又在关中大兴水利，北方社会经济得到很大恢复。

第三，注意缓和民族对立。苻坚废止了前、后赵的胡汉分治政策，他强调"黎元应抚，夷狄应和"。曾严惩了袭扰匈奴部民的大将。他也注意胡族经济的发展，遣使到戎夷部落中去劝课农桑。

第四，恢复儒学。苻坚下令恢复了

苻坚

太学及地方学校，使公卿子弟入学受业，成绩优秀者，予以旌表授官，而对不通经的官吏则予以罢遣。有时，苻坚还亲临太学考问学员经义。在提倡儒学的同时，严禁老庄玄学和图谶神学汉族文化在北方复苏。

苻坚的改革，加强了前秦的统治力量，关中地区的经济、文化，一度呈现十六国以来少有的复兴景象。"关陇清宴，百姓丰乐。自长安至于诸州，皆夹路树槐柳，二十里一亭，四十里一驿，旅行者取给于途，工商留贩认道。百姓歌之曰：'长安大街，夹树扬槐，下走朱轮，上有鸾栖。英彦云集，诲我萌黎。'"

在前秦不断强大的同时，周围其他政权却正趋于衰弱。前燕在慕容评的残暴统治下，"外则王师（东晋兵）及苻坚交侵，兵革不息；内则（慕容暐）母乱政，评等贪冒。政以贿成，官非才举，群下切齿。"

秦建元六年（370），王猛亲率10万大军伐燕。燕军虽然有40万人，但由于统帅慕容评贪婪苛暴，军士哗然，结果被王猛以少胜多，大败于邺，前秦灭

前燕。王猛占领燕地后，对"燕政有不便于民者，皆变除之"。又派使者"循行关东州郡，观省风俗，劝课农桑，振恤穷困"，做了很好的安抚，这不仅争取了被占区的地主阶级，也取得了百姓的支持。灭燕后，秦又于秦建元年（371）灭掉仇池氏杨氏。秦建元九年（373），占领东晋梁、盖二州。秦建元十二年（376），先灭前凉，后灭鲜卑拓跋氏的代国，实现了西晋灭亡以来北方最大的统一。

北朝·北魏

北魏帝系表

386—534

道武帝(拓跋珪)	登国(11)	386	献文帝(拓跋弘)	天安(2)	466
	皇始(3)	396		皇兴(5)	467
	天兴(7)	398	孝文帝(元宏)	延兴(6)	471
	天赐(6)	404		承明(1)	476
明元帝(拓跋嗣)	永兴(5)	409		太和(23)	477
	神瑞(3)	414	宣武帝(元恪)	景明(4)	500
	泰常(8)	416		正始(5)	504
太武帝(拓跋焘)	始光(5)	424		永平(5)	508
	神䴥(4)	428		延昌(4)	512
	延和(3)	432	孝明帝(元诩)	熙平(3)	516
	太延(6)	435		神龟(3)	518
	太平真君(12)	440		正光(6)	520
	正平(2)	451		孝昌(3)	525
南安王(拓跋余)	永(承)平(1)	452		武泰(1)	528
文成帝(拓跋濬)	兴安(3)	452	孝庄帝(元子攸)	建义(1)	528
				永安(3)	528
	兴光(2)	454	长广王(元晔)	建明(2)	530
	太安(5)	455	节闵帝(元恭)	普泰(2)	531
			安定王(元朗)	中兴(2)	531
	和平(6)	460	孝武帝(元脩)	太昌(1)	532
				永兴(1)	532
				永熙(3)	532

北魏统一北方

十六国时期的北方，是一个政治上大分裂的时期，但这个分裂与以前和以后历史上发生的分裂比较，具有当时的时代特点，主要表现在当时先后出现的二十几个政权，绝大多数都是以少数民族贵族为主体。这些政权虽然程度不同地都带有封建政权性质，但有些政权也带有很大的落后性，主要表现为军事统治、胡汉分治、实行经济掠夺。

这些政权主要依赖以本部族成员为基干的按部落组织起来的军事力量，同时实行胡汉分治，其结果加深了民族矛盾。实行掠夺经济以及长期地无休止地混战，使社会经济遭到大破坏，甚至出现局部的历史倒退。为补充经济力量的不足，各个政权差不多都实行了人口的迁徙，随其武力所至，将大批人口迁往被认为易于控制的地区。由于政权经常更迭，统治中心不断转移，强迁人口也随之流动，因此迁徙具有频繁与错杂的特点。

前赵刘曜曾迁长安 8 万人口还平阳，后赵石虎一次就徙"雍、秦华戎" 10 万户于关东，符坚灭燕后也徙"关东豪杰及诸杂夷" 10 万户于关中，这都是规模较大的迁徙。民族大迁徙极大地改变了北方的民族布局。

这种氏族迁徙过程，对各族人民来说是痛苦的，但却促进了少数民族与汉族人民在广泛杂居条件下的经济文化交流，使少数民族的农业化和封建化迅速完成，部落组织也随之被打乱。符坚曾派遣官吏循行郡国，在胡汉各族中普遍劝课农桑，就是一例，胡族的汉化过程在这一时期大大加速了。所以十六国时期虽然民族矛盾斗争非常激烈，其间充满了民族的对立与仇杀，可是民族融合却空前加快了。

十六国胡汉割据政权的出现，除了经济中自然经济比重上升，汉族大族割据势力增强这个一般原因外，还有一个重要原因就是胡族贵族割据势力的增强。胡族贵族之所以能实现割据一方，一个很重要的条件，就是利用民族矛盾、制造民族对立。经过胡族贵族之间的相互斗争以及各族人民的反抗斗争的打击，

一些强大的胡族军事势力，先后被消灭，他们的割据能力大为削弱，而民族融合的发展，也使他们失去了利用民族矛盾的条件，这是十六国末年出现的历史新变化，它为北魏统一北方，提供了极为有利的条件。

北魏是鲜卑拓跋氏建立的国家。拓跋部是鲜卑族中比较落后的一支，他们的发式是索发（辫发），所以南朝汉族地主蔑称他们为"索虏"。魏晋以前，他们是"畜牧迁徙，射猎为业，淳朴为俗，简易为化"，正处在原始公社阶段。传说到酋长拓跋力微时，有了部落联盟组织。

景元二年（261）曹魏陈留王时，拓跋力微派遣他的儿子沙漠汗入朝，从此正式和中原发生政治关系，"聘问交市，往来不绝"，逐渐吸收了汉族文化。拓跋禄官时，统一的部落分成了三个部分，由禄官、猗卢、猗㐌分别统率，不断向外扩张，曾打败匈奴及乌桓，成为北方一支强悍的部族。

西晋末年，刘渊起兵以后，并州刺史东嬴公司马腾曾利用他们进攻刘渊。后来刘琨也极力争取他们，并封已经统一三个部落的拓跋猗卢为代公。从此，拓跋氏进入中原的边地，在平城（今山西大同东）和盛乐（今内蒙古和林格尔）建立起政治中心，开始半定居生活，社会性质逐渐发生转变，出现了官吏和法律，同时接受汉人卫操等人的建议，招纳西晋的流民从事农业生产，重用汉族地主和儒生，后来，猗卢被他的儿子六脩杀死，部落又陷于分裂。

什翼犍时，拓跋部再度崛起，部族内部贫富分化明显，国家机构也更加完备，为掠夺奴隶和财富而进行的对外战争日益增多，完全进入了阶级社会。东晋成康四年（338），什翼犍即代王位。前秦建元十二年（376），代被苻坚征服，国灭。

淝水之战后，各族贵族纷纷建立政权，拓跋部新起首领拓跋珪乜乘机纠合部众再起，魏登国元年（386），拓跋珪在平城称代王。魏天兴元年（398），改国号为魏，同年改称皇帝。

拓跋珪在称帝前后，平定了内部分裂势力的叛乱，又征服了匈奴别部刘库仁、刘卫辰两部，同时在盛乐息众课田，在五原到稠阳一带（今河套地区）进行屯田，封建经济迅速发展。拓跋珪对西方和北方所进行的征服，每次都掠夺

到大量人口和数以十万、百万计的牛、羊、马等牲畜，拓跋部在对外掠夺中，迅速强盛起来。魏登国十年（395）参合之战，魏打败后燕慕容宝，获"器甲辎重军资杂财十余万计"。拓跋珪乘胜长驱直下，尽有山西、河北之地，接着，占领整个关东地区。到拓跋焘（太武帝）时，北方仅存的政权只有西秦、北燕、夏和北凉。魏神䴥四年（431）夏灭西秦、魏灭夏，魏太延二年（436）魏灭北燕，太延五年（439）魏灭北凉，完全统一北方，与南方的刘宋政权形成南北对峙局面。

拓跋珪改革

北魏道武帝拓跋珪（371—409），字涉珪，云中盛乐（今内蒙古和林格尔）人，鲜卑族。北魏王朝开国皇帝（386年—409年在位），昭成帝拓跋什翼犍之孙、献明帝拓跋寔之子。公元376年，秦灭代国，拓跋珪被其母亲贺兰氏携走出逃。

10年后即公元385年，15岁的拓跋珪趁前秦灭亡、北方混乱的机会重兴代国，在盛乐继位为王。公元386年正月，拓跋珪在牛川（今内蒙古呼和浩特东）大会诸部，拓跋珪即代王位，称登国元年。二月，迁居盛乐，重建代国，四月，改国号为魏。这是北魏的开始。拓跋珪即北魏道武帝。

拓跋珪塑像

拓跋珪建立北魏王朝后，在经济、政治、思想、文化等各方面都采取了一些措施，对北魏王朝影响深远。

在经济上，拓跋珪促使拓跋部由游牧经济向农业经济转化；由奴隶制向封建制过渡。

在拓跋珪以前，拓跋部基本上过着游牧生活，不断地迁徙。什翼犍曾对苻坚说："漠北人能捕六畜，善驰走，逐水草而已。"

拓跋珪建立北魏后，开始重视农业。登国元年（386），在都城盛乐附近，"息众课农"。登国九年（394），命东平公元仪在河北五原到稠阳塞一带（今内蒙古河套一带）屯田，"分农稼，大得人心"，这是大规模务农的开端。次年，后燕军到五原，收谷物百余万斛，说明屯田效果很好。天兴元年（398），拓跋珪攻下邺城以后，把后燕境内的汉族、高丽族、徙何族等共10余万口迁到代北，这些人因为是"新附之民"，故称为"新民"。拓跋珪对新民实行"计口授田"，以收成多少决定其劝课农桑的成绩。

新民虽然是被征服者、俘虏，近似奴隶，但却是封建性的小农。他们要向封建国家交纳一定的田租。大量新民迁入代京地区，加速了拓跋部向农业封建经济发展的步伐。

与此同时，拓跋珪又下令"离散诸部，分土定居，不听迁徙"，使原来游牧的拓跋部和其他少数民族离散部落，转化为封建社会的政治组织；使入居中原的拓跋族和其他各游牧民族走上农业化封建化的道路。

在政治上，拓跋珪建立起比较完备的封建政权，加强了中央集权，加速了拓跋部的汉化进程。

拓跋珪占领中原广大地区后，为巩固自己的统治，必须依靠汉族士大夫，接受封建制度。在进军中原的过程中，对于前来军门投靠的汉族士大夫，无论老少，都亲自接见，量才录用。张衮、崔玄伯是他的得力谋士，邓渊、李先、贾闰、崔逞、晁崇等都成为重要的文臣。

天兴元年（398），在平定后燕后，拓跋珪迁都平城（今山西大同），将平城改为代都，在平城建宫室、宗庙。在天文殿上，拓跋珪穿着皇帝服饰，接受百官朝拜，群臣皆呼"万岁"。

与此同时，拓跋珪命邓渊制定官爵、董谧制定朝拜、祭祀仪式，王德制定法律，晁崇主管考察天象，吏部尚书崔玄伯为总负责。

北魏的官制一方面继承魏晋以来尚书、中书、门下三省制组成中央政府核心，另一方面也沿用鲜卑官制，如设八部大人、内侍官。文职内侍以外朝大人为首，置13人，这是中央的机要中枢，出纳王命；武职内侍由都统长、幢将分别统领"殿内""禁中"两京宿卫军。在汉族士大夫的帮助下，北魏中央集权的封建官僚机构和政治制度逐步完备。

在思想上，拓跋珪接受和肯定了儒家思想的地位。在平城立太学，置五经博士，增加生员达3000人；又祭先师先圣孔子。他对儒家宣扬的天命论和封建道德说教十分推崇，在天兴三年（400）的诏书中说："汉高祖由平民做皇帝，这是由于天命。没有天命，妄图非分，就会遭到刀锯之诛。"又说："今人都以台辅为荣贵，企图慕而求之。但是，应该懂得，道义是本，名爵是末。昧利的人，结果总是身败名裂。"

拓跋珪还推崇法家思想。博士公孙表上《韩非子》书，劝拓跋珪"以法制御下"。拓跋珪听从了他的建议，推行法制治国。拓跋珪对韩非子的集权思想非常赞赏。他说："慕容垂诸子分别掌握要害权力，造成王权旁落，以至灭亡，因此，一定要加强集权。"

拓跋珪也重视利用佛教来维护其对人民的思想统治，在进攻后燕的过程中，所经郡国佛寺，见到和尚，皆致以敬礼，禁止军兵对佛寺的侵犯。

拓跋珪即位初年，积极扩张疆土，励精图治，使鲜卑政权迅速封建化，天下小康。他晚年好酒色，刚愎自用，不团结兄弟，导致自己最后在409年的宫廷政变中遇刺身亡，终年仅39岁，在位24年。

冯皇后设计除奸相

北魏拓跋焘的孙子拓跋濬继位之后，丞相乙浑见他生性软弱，便愈加相欺。手握兵权，把持朝纲，说一不二，而且他见皇后冯氏年轻貌美，竟不顾君臣人伦大礼，几次三番前去调戏。拓跋濬敢怒不敢言，眼见自己心爱之人被人肆意欺侮，身为国君，却又无国君之权，抑郁成疾，病在龙榻之上。

公元 465 年的一天，在位 13 年、已经 26 岁的皇帝拓跋濬又被乙浑气得口吐鲜血，不多久便撇下后宫妃嫔、满朝文武，撒手而去。

拓跋濬死了，从此烦恼不知。可这却苦坏了冯皇后，她刚刚 22 岁，便失君守寡，而且一想到乙浑色眯眯的双眼，就不寒而栗。在后宫哭罢多时，便想一死了之。不料，这一切早被后宫詹事（负责皇后、太子家事的官）李奕看在眼里。他早对冯皇后暗自倾慕，只是碍于君臣大礼，便将这一份感情藏在心底。今见冯皇后孤儿寡母，无所依靠，便欲拼死暗中相护。此时见冯皇后欲寻短见，忙奔出相救，并对其晓以大义："皇后，丞相乙浑图谋不轨，此刻已将后宫围了个水泄不通，你若随先君而去，皇帝怎么办？他才 12 岁呀！"

一番话说得冯皇后低头不语，良久，她才说道："李将军，这朝中没有一个人敢得罪乙浑，你这样做是会受到乙浑加害的。你还是别管我们孤儿寡母，让我们听天由命吧！"

李奕一听，不由得热血沸腾，道："大丈夫岂是贪生怕死之辈？更何况，为了皇后，我就算是肝脑涂地也在所不惜！"

冯皇后闻听，心下一惊。她早就感觉到李奕在宫中做事，对自己照顾得非常周到，只不过她常想这本是他分内之事。今听此言，似有所悟，又抬起头，看见李奕正目光灼灼地盯着自己，不由得脸上升起一片红晕，但皇上刚死她也不便怎样表示，只是小声说道："李将军，你不能死，我也不让你死，咱们一定要活下去……"说到这里，停了一会儿，似乎下了决心一般道："今天晚上，你将乙浑引到太华殿，行吗？"

李奕听冯皇后说不让自己死，已明白她的心意，又从她坚毅的目光中似乎看出了什么，忙答应她，起身而去。

晚上掌灯时分，冯皇后正在太华殿，坐在镜前理妆，醉醺醺的乙浑不知何时竟像偷嘴的猫儿一样溜了进来。原来，他得到李奕通知他今晚来太华殿见冯皇后，心中便兴奋不已。心想，这冯皇后新寡定是寂寞难耐，约我今晚前去偷欢。又想到自己几次调戏，均未得手，不由得想趁机肆意报复，临来趁着兴奋劲儿又多喝了几杯。

冯皇后见乙浑进来，便强按住心头的慌张，示意侍女们下去。乙浑一见侍女们走了，立刻蹿到冯皇后身旁，搂住她便"心肝宝贝肉儿"地乱喊起来。冯皇后却一把推开他道："乙浑大人，知道我今晚为什么请你来吗？"

"莫不是皇后要赏我艳福吧？"看着眼前如一朵带雨梨花的冯皇后，乙浑早已把持不住，边脱衣服边嬉皮笑脸地随口答道。

"丞相大人，听说明天早朝，你就要废掉新君，自己登基，不知可有此事？！"冯皇后一见他那一副丑态，早已恶心得作呕，蓦然厉声喝问道。

那乙浑饶是不把冯皇后和小皇帝放在眼中，今见冯皇后正言厉色地诘问，也是心头一跳，猝不及防，一时语塞。冯皇后也怕把事情弄僵，把握不住，又强压心中的怒火与鄙恶，忽然展颜一笑，柔气细声道："乙大人，你如想当皇帝，我劝新君禅让给你好不好？到那时，你我二人……"

乙浑一听此言，立刻又心花怒放，又加上他今晚也多喝了几杯，不及多想便连声应道："好，好，只是，只是我现在已等不及了！"言罢，上前便将冯皇后抱起放到床上，三下两下撕去冯皇后和自己的衣服。冯皇后也不挣扎，只是暗中流下两行清泪……

一会儿，乙浑心满意足地要水喝，冯皇后亲自侍奉他一杯水。乙浑依然色眯眯地瞅着冯皇后，将那杯水一饮而尽。冯皇后看着他喝完了，嘴角浮出一丝冷笑。

过不多时，乙浑便七窍流血，中毒身亡。

第二天早朝，12岁的皇帝拓跋弘身着龙袍，雄赳赳地出现在大臣们面前，冯皇后亲手将他扶上宝座。

环视一下众臣，冯皇后又与侍立一旁的李奕对望一眼，然后威仪万方地朗声说道："来人，请出丞相乙浑！"

话音刚落，便见四名禁军抬着乙浑的尸体出现在大殿上。群臣一见，惊得目瞪口呆。

冯皇后厉声喝道："众卿听着，乙浑谋权篡位，谁若仿效，这就是下场！"

大臣们多数早已对乙浑不满，只是敢怒不敢言，今见皇后竟能将其处死，

不由得暗中钦佩，立即跪倒，齐呼："吾皇万岁，万岁，万万岁！"

冯皇后又从容谈了一番治国安邦的道理，众臣闻听，更是佩服得五体投地，均觉得冯皇后不是一个平凡之辈，从此均不敢心存侥幸，一心辅佐幼主新君。

北魏因而避免了一场政治危机。

不同寻常的女性

冯皇后设计除掉奸相乙浑，接着又临朝听政了一年，帮助年仅 12 岁的小皇帝拓跋弘立住了脚，随后又退回后宫，把精力全部放在抚养太子拓跋宏（即元宏）身上。

此时冯皇后已是威不可侵的冯太后，但是她对当年的救命恩人李奕没齿难忘。两人朝夕相处，渐生情愫，可冯太后的身份又注定二人不能正式结为夫妻，因此二人只能暗中相聚。一晃 10 年过去，两人感情非但没有淡薄，反而如那陈年的美酒，愈酿愈醇。两人也都将对方引为知音，难舍难离。可时间一长，两个人的事也便成为公开的秘密，除了拓跋弘等少数人之外，多数人均已知道。

却说那拓跋弘，当了五年皇帝，到了 17 岁时便感到力不从心，把皇位传给了 5 岁的拓跋宏，自己去做逍遥自在的太上皇了。冯太后无奈，只得暗中多费些精力教导拓跋宏。

而魏朝的这种情况却被好战的柔然国探知，立即发兵侵犯，以报当年被拓跋焘大败之辱。此时魏朝之内，文武大臣竟无一人能领兵带队出征。情急之下，冯太后将拓跋弘训斥一顿，让他勉强带队出征。

冯太后为了使拓跋弘安心战事，便再次临朝听政，而此时相州（今河北省临漳县邺镇）地区又忽然爆发了农民起义。冯太后大惊，真可谓内外交困。她忙命人调查原因，得知是相州刺史李欣贪赃枉法，大肆搜刮民脂民膏，民不聊生，这才造反。又闻李欣到任才两年，竟运回家里数十车金银财宝，而且相州有灾，也不赈济，致使饿殍遍地。

冯太后大怒，急令人将狗官李欣押回京都，关入死牢。

大部分人闻听太后此举，均拍手称快，可是令冯太后没有想到的是自己此举却葬送了情人李奕的性命。

原来，冯太后将李欣押入死牢后，他的女婿裴攸立即动手实施营救。此人阴险毒辣，想伺机报复冯太后，但冯太后贵为太后，一时无从下手。想来想去，想到了李奕身上。他跑到西征途中的拓跋弘面前，将冯太后与李奕之间的事情添油加醋地说了一通。

拓跋弘闻听大怒，心里怨恨母后糊涂，做出这种与人通奸的丑事。恰逢李奕正在西征途中效力，他不分青红皂白，将李奕推出去乱箭穿心处死。同时降旨："裴攸告密有功，赦免其岳父李欣，并且官复原职。"

这一天，冯太后正在后宫给远在征途的李奕写信，以寄相思之情。忽有侍女匆匆进来，似有话要说。冯太后并不言语，她继续写下去，不料那侍女竟轻声啜泣起来，原来那侍女是从小就跟着冯太后的，冯太后非常疼爱她，像对自己的亲生女儿一样对她，而且她又是个感情细腻的女孩，非但不觉得冯太后与李奕之间是什么丑事，反而理解他们之间的真情。今见太后仍给李奕写信，而她却刚听说李奕已被太上皇命人乱箭射死，不由得又急又悲。

冯太后见她哭泣，以为她受了什么委屈，放下笔，拉过她的手道："好孩子，谁欺负你了？说出来，我给你出气！"

"不是我受了欺负，是太后您——"女孩未等说完，忽然说不下去了，放声大哭起来。

冯太后心中一紧，忽然有一种不祥的预感，慌忙问道："出了什么事，你快说！"

女孩强抑悲痛，说道："李奕，李将军，他被太上皇命人乱箭射死了！"

她话音刚落，只见冯太后"哎哟"大叫一声，痛昏过去。侍女忙在一旁急切地呼唤，又是捶胸又是抚背。许久，冯太后才悠悠转醒过来，但却没有一滴眼泪，只是直呆呆地发愣。侍女见状，知道太后是伤心至极，欲哭无泪。但又无可奈何，只好在身旁相伴，以防出现什么不测。

李奕的死，可谓是一个晴天霹雳，对冯太后造成致命的打击。呆坐在后宫，

她不禁想起这十年来，与李奕何等恩爱有加。无论有何国难，李奕都与她生死与共，成为她可以信赖的大树，可以停泊的港湾。想到这些，她终于流下了两行热泪。十年来，自从先君驾崩，这也是她第一次哭泣。哭够了，她想，这都是自己害了李奕，便下决心从此不理朝政，躲进后宫，专心事佛，以超度李奕在天之灵。

冯太后想要归隐后宫，而李欣等人却不肯放过她，一心想要将其置于死地。于是又想出一条毒计。他们跑到已班师回平城的拓跋弘那里，向拓跋弘诉说冯太后闻听李奕被太上皇杀了，如何悲恸欲绝，又如何发誓一定要杀死太上皇给李奕报仇。

拓跋弘一听，信以为真，心想，母后竟如此狠心，为了奸夫居然要杀死亲生儿子。既然你无情，也就休怪我无义了。于是马上命人去后宫降旨，要冯太后自裁。李欣却又另献一计，说为了掩人耳目，不如献一盒毒点心让太后吃，然后就说太后无疾而终。拓跋弘一听，也就同意了。

可是要想人不知，除非己莫为。他们自以为做得很隐秘，可却被李奕的好友李冲无意中听到。他一方面晓得好友死得悲惨，另一方面又钦佩冯太后治理朝纲非常有魄力，便将这个生死攸关的消息透露给冯太后。

果然，一天傍晚，太上皇命人给冯太后送来一盒点心，说是以示孝心，过几天还要来太华殿问安。

来人走后，冯太后让人抱进一只猫，取出一块点心喂那猫儿。不一会儿，猫便死了。冯太后不由得惊怒交加，她想不到自己的亲生儿子居然不肯放过自己，非要置自己于死地。本来她不想再参与这场争斗，可是她想，儿子身边一定有坏人挑唆，自己还得出面，否则魏朝的江山迟早要断送在这一帮人手中，便下定决心，再给拓跋弘一次机会，试探他一番。当下也不谈论，只命令宫女不准向外说出此事。

拓跋弘焦虑不安地等了两天，不见太华殿传出消息，更加忧心如焚，但他又不得不去请安。这一天晚上，他怀着忐忑不安的心情来见冯太后。冯太后见他来了，心里一阵心酸，但表面上还和往常一样有说有笑。拓跋弘见母后什么

也没问，也稍稍放了心。唠了一会儿家常，冯太后忽然就说："儿啊，前几日你送来的点心我看了很喜欢，专门等你和我一起分享。"说完，命人取出点心。

拓跋弘一听吓得魂飞魄散，哪里肯吃，便假装礼让，心想，只要母后先吃了，我便万事大吉了。冯太后在旁察言观色，早知其意，不由得又悲又怒，心想，此等逆子留着何用？念及此，便不动声色道："既然如此，我就先品尝一块。来人，给太上皇看茶！"

宫女闻听，立即给冯太后和拓跋弘各斟一杯茶。拓跋弘刚才紧张得出了一身汗，此时正自口渴，端起茶杯就喝。刚喝几口，就脸色大变，腹痛弯腰，惨呼声声。冯太后厉声喝道："逆子，我吃了点心，恐怕也和你一样吧！"拓跋弘一听，只来得及喊了一声"母后"便气绝身亡，时年只有23岁。

次日早朝，满朝文武朝拜之后，忽然惊奇地发现已退隐十年的冯太后神态威仪地出现在10岁的皇帝拓跋宏身边。别人还不觉什么，只是李欣吓得当场就尿湿了裤子。他本以为这次冯太后必死无疑，正做他的升官发财的美梦呢，今见冯太后忽然出现，料想事情败露，恨不得插翅飞出皇宫，但这是不可能的，只有暗自祷告，希望冯太后别发现他。

可是想什么来什么，正当李欣在默默祷告之时，冯太后的声音在大殿中响起："李欣李尚书何在？"

"臣在。"李欣极不情愿，哆哆嗦嗦地出班站列。

"念你在相州为官清廉，劳苦功高，太上皇特赏你一盒点心，拿去吃罢！"冯太后眼睛盯着他，一字一顿地说道。

李欣一见点心盒，吓得顿时脸色惨白，连连后退，双手乱摇道："不，不……"

"怎么，你不吃吗？"冯太后厉声喝问。

"太后饶命，我鬼迷心窍，意欲怂恿太上皇毒死太后，真是罪该万死。但还请太后网开一面，饶小臣一命……"李欣为求活命，在朝殿之上说出了自己犯上作乱的罪行，众臣一时哗然。

但冯太后岂肯放过这个害死自己情人，又使自己母子相争，导致儿子惨死

的奸佞小人？见他求饶，也不搭话。那李欣见此情景，知道活命无望，便抓起一块点心，吞食下去，当即七窍流血而死。在场群臣，人人自危，不敢言语。

大殿上静悄悄的，冯太后忽又提高声调道："我听说众位大臣中，还有不少人与李欣一样贪赃枉法，祸国殃民，是不是也想吃太上皇的点心呀?!"

大臣们吓得低头不语。冯太后见状道："好！既然你们无心悔改，那我就点出几个人来尝尝这点心的滋味！"

话音未落，几个赃官忙跪地求饶。冯太后见人群中还有几个神情紧张的，厉声喝道："还有！"虽然只有两个字，却无异于在赃官们头上打一个炸雷，个个不由自主地腿软，顿时跪倒一片。心中无愧，站立不动的大臣没有几个。

冯太后见状，义正词严道："想我魏朝江山，经历了几朝几代，哪里出过你们这些赃官?! 个个贪赃枉法，不管百姓死活。祖制虽不可违，但既今如此，依我之见，只能锐意改革。从今之后，实行'班禄制'（俸禄制），实行此制之后，谁若再搜刮百姓，定斩不饶！"

以前朝廷也曾想实施班禄制，但均遭大臣反对，没有实施成。今冯太后如此，谁还敢反对？不久，班禄制就实施下去，朝中风气果有好转。

此后，冯太后在中书令李冲的支持下，还先后实施了"均田制""三长制"等改革措施，均收到良好的效果，让百姓尝到了甜头，限制了贪官污吏，使魏朝出现国泰民安的景象。

这位不同寻常的女性，为魏朝的太平盛世做出了巨大的牺牲，也做出了巨大的贡献。

公元490年，49岁的冯太后心力交瘁，病死在太华殿内。消息传出，魏国举国悲哀。

拓跋宏迁都洛阳城

冯太后死后，皇帝拓跋宏便执掌朝政。拓跋宏刚5岁的时候就开始接受冯太后的教导，颇有冯太后处变不惊、做事从容的遗风，加之他自幼聪明好学，

因此深通治国安邦之道。

拓跋宏看到改革确实带来了许多好处，因此决心将冯太后的改革贯彻到底：接受汉人文化，笼络各族人民，实现统一大业。

拓跋宏还特别注意招揽人才。在当时的北魏，有一个从齐国投奔来的名叫王肃的人。此人满腹经纶，颇具文韬武略。拓跋宏很欣赏他，经常与之谈论治国安邦之道。王肃便向他提出：要想完成统一大业，必须迁都洛阳。他指出洛阳位居中心地带，地理环境优越，适合建都。

其实拓跋宏早有迁都洛阳之意，只是每次流露此意，便有许多大臣考虑到自己的势力范围、经济利益等多种因素坚决反对。特别是许多老臣，一听要迁都每每声泪俱下，甚至以撞死在祖宗灵堂前相威胁，使迁都计划流产。拓跋宏无奈只得将迁都计划暂且搁置。

此次王肃旧事重提，拓跋宏颇有感触，下决心此次一定要排除万难，一举成功。但洛阳乃中原中心，离平城甚远，硬迁不行，须用巧计，便与王肃商议好一计。

这一天，拓跋宏诏谕文武群臣上朝商议南下统一江山大业，众臣一听纷纷前来。未待拓跋宏开口，大臣穆泰率先说道："陛下，挥师南下统一江山，实乃壮举。但仁义之师才可战胜，而仁义之师皆出兵有名，不知陛下以何名目发兵伐齐？"

拓跋宏早已料到今有此问，不慌不忙道："齐君主昏庸无道，无故诛杀王肃父兄，即为明证。朕为仁义之师，现替天行道，率兵伐齐。"

"王肃乃一亡命之徒，为区区此人便大动干戈，陛下认为值得吗？"穆泰平素就看不起从齐国投奔而来的王肃，听拓跋宏以替王肃报仇为借口，便很不以为然地问道。

拓跋宏一听便生气了，反问他："如卿之父兄也被人诛杀，还会如此一派胡言吗？"

穆泰见拓跋宏生气了便不再吱声，还有几个大臣提出质疑，也被拓跋宏针锋相对，一一驳回。其余众臣见拓跋宏主意已定，便也都不再言语。几天之后，拓跋宏亲率大军 30 万，行程 2000 多里，渡过黄河，到达洛阳城。

　　第二天清晨，士兵们还在睡梦之中，便被号角声催醒。这一路行军，历尽千辛万苦，军士们都已是疲惫至极，但军令难违，只得勉强拖着疲倦的身子集合起来。只见拓跋宏全副武装，骑着马来到将士们面前，一脸严肃地说道："昨夜，探马来报：齐知我大军前来讨伐，已经伏下十万大军要与我们决一雌雄。我军人数众多，不必怕他，但是平城方面又送来消息，柔然国趁我大举伐齐之际，也派十万军兵侵犯我边境。因此我们必须南进以最快的速度打败齐军，然后回师以救平城之急！"

　　众将士一听，一片哀怨之声。一些以穆泰为首的大臣提议先班师回平城，拓跋宏置之不理。此时，站在一旁的王肃将将士们极不情愿的表情看在眼里，突然跪地对拓跋宏道："皇上，如果我们先攻齐国，再班师抵挡柔然，将士们未免太过辛苦疲惫，对我军大为不利。可是我们既已发兵，又不可能退回。依臣之见，不如陛下诏谕天下，就称此次大军南下是为迁都洛阳做准备，然后我们就可班师回平城了。"

　　拓跋宏闻听，装模作样地思索了一下，道："这倒也不失为一个好主意。但君无戏言，如果诏谕全国，以后就一定得真迁都洛阳。好吧，谁同意迁都洛阳请站到朕的左侧，文武百官中有一个不同意的，我们就得继续前进！"众大臣一听，纷纷站到拓跋宏左侧，有几个人真愿意打仗呢？可是以穆泰为首的少数几个大臣就是不站过去，而且还纷纷跪下要求拓跋宏万不可迁都洛阳。拓跋宏见状，在马上将剑一挥，大喊一声："继续前进！"

　　众人看出拓跋宏这是动真格的了，纷纷起身站到他的左侧，穆泰见只剩自己一个，便也起身，极不情愿地走了过去。

　　拓跋弘与王肃此刻才相视一笑。原来柔然兵根本没有侵犯魏国，这都是他二人为迁都而定下的一计。但拓跋宏立刻收敛起笑容，大声说道："诏谕天下，朕此番率大军而行，均为迁都洛阳做准备，明天，我们就班师回平城。"

　　一年后，拓跋宏正式迁都洛阳。公元 495 年下令禁鲜卑语，通用汉语（洛阳话）。公元 496 年，拓跋宏下诏改拓跋姓为"元"，自称"元宏"。此后他还颁布过如鲜卑族与汉族通婚，改穿汉族服装等有利于民族融合的新政策，因此而成为中国历史上一个锐意改革的皇帝。

崔浩修史惹祸

崔浩（？—450），字伯渊，小字桃简，清河郡东武城（今河北故城县）人。北魏杰出政治家、军事谋略家。曹魏司空崔林七世孙，北魏司空崔宏长子。他的七世祖崔林，曹魏时官拜司空，封安阳亭侯。曾祖崔悦，为后赵石虎的司徒右长史。祖父崔潜，为后燕黄门侍郎。父亲崔宏，号称冀州神童，北魏初累官至吏部尚书、天部大人，赐爵白马公。

崔浩是崔宏长子，他少好学，博览经史。玄象阴阳，百家之言，无不涉猎。他又研精义理，时人没有能赶上他的。他20岁时就被征为直郎，很快迁为著作郎。北魏道武帝拓跋珪见他擅长书法，写得一手好字，很赏识他，常让他跟随自己左右。

崔浩不仅有才学，人品也很好。

拓跋珪到晚年时精神失常。那时候，天灾不断，拓跋珪忧懑不安，有时数日不食，有时通宵达旦不睡觉，把不好的事都推给臣下，喜怒无常，说身边的人都不可信。还不停地追思以前的成败得失，有时整日整夜独语不止，就好像对着旁边的鬼神说话。有的朝臣到他跟前，他想起来以前不痛快的事，就会把人给杀掉，其他人都不敢靠前了，他就怀疑人家怀恶在心，杀了不少人，尸体横陈天安殿前。朝野人士群情危急，拓跋珪成了名副其实的孤家寡人。北魏政局岌岌可危。此时，只有崔浩恭敬殷勤，不稍懈怠，有时整日不归家。崔宏也小心谨慎，既不得罪，又不献媚取宠，父子暂时保了平安。

永兴元年（409），拓跋珪被自己的儿子拓跋绍杀死，明元帝拓跋嗣即位，拜崔浩为博士祭酒，赐爵武城子，常为明元帝讲授经书。每当去郊外祭祀天地，崔氏父子都乘坐轩辎车，时人羡慕不已。

明元帝好阴阳术数，神瑞元年（414）时，听了崔浩讲《易经》《洪范·五与人事结合起来，加以综合考察，举其大要，用来预测各种祥异之变。因为很多事都应验了，明元帝更信任他了，凡是军国大事都让他参与。

那时，北魏初立，各种典章制度都还没有建立起来，为此，明元帝授权给崔浩，让他主持这项工作。崔浩不负所望，处心积虑，一步步地进行建立和完善工作。

明元帝身体不大好，经常闹点小毛病，还总有灾异发生，请崔浩献计。崔浩认为拓跋氏不立太子的传统不利于政治上的安定，建议明元帝立长子拓跋焘（即魏太武帝拓跋焘）为副主，拓跋嗣采纳。拓跋焘位居东宫，和百官讨论国家大事，明元帝位居西宫，常常偷偷地去听听他们的议论决策，十分满意，从此北魏立太子成为制度。

神瑞二年（415），平城一带发生严重的霜旱灾害，秋粮颗粒无收。云中、代郡很多百姓饿死。有朝臣向明元帝建议迁都到邺，就可保证50年平安。明元帝咨询群臣意见，崔浩和特进周澹对明元帝说："今国家迁都于邺，可救今年的饥荒，但非长久之策也。假若让老百姓分家南徙，混居在郡县榛林之间，不服水土，疾疫死伤，情见事露，老百姓会不满意。周边四邻听说了，会有轻侮之意。北方柔然定会来袭，云中、平城就会有危险。中间隔着千里之险，就是想救援，恐怕都难，这样对国家是没有好处的。今居北方，即使山东有变，轻骑南出，耀威桑梓之中，谁知多少？百姓见之，望尘镇服。这才是国家威制诸夏之长策啊。到明年春天，草木生长，果蔬都长出来了，就可接济一下，到秋天粮食收获，危机就变过去了。"

明元帝说："只有你们二人的想法与朕相同。"

明元帝采纳他们的意见，挑选部分贫困户分赴定、相、冀三州就食，由当地开仓赈恤。第二年秋天，收成很好，百姓富足，人心安定，国家渡过了难关。崔浩为国家做出了一大贡献。

公元424年，太武帝拓跋焘继位，崔浩因为在先朝受宠，在这一朝便受到排挤，不得不归第。崔浩皮肤白皙，像个美妇人，性情敏达，长于计谋，自比张良。归第后，想修行养性，就拜寇谦之为师。崔家世奉道教，崔浩也信奉道教，对于太武帝废佛起了促成作用。

但崔浩也没有完全退出政治舞台，而且依然受太武帝的推崇，他曾三次力排众议，主张攻灭赫连夏，主动大规模出击柔然，攻灭北凉沮渠氏。这一系列胜利使北魏与中原文化迅速融合，有利于北魏经济和文化的发展。因此，太武帝给崔浩加侍中、抚军大将军、左光禄大夫。皇帝经常引崔浩出入自己的卧室，有什么重大事情都要向崔浩咨询，然后再施行。后来，干脆将崔浩升任司徒，让他总理政务。

崔浩的才干和能力遭到鲜卑贵族的妒忌；崔浩主持编纂国史时，又直书了拓跋氏皇室一些不愿为人知的早期历史，这直接得罪了太武帝，加之太武帝要抑制北方汉族大族，所以，太平真君十一年（450），崔浩被杀。崔浩宗族以及崔浩姻亲、高门士族范阳卢氏、太原郭氏、河东柳氏也因此株连，并受族诛。北方大族遭到毁灭性的打击。

崔浩是中国中世纪史上一位才华出众、见识过人的大政治家，一位天才人物。他辅佐北魏道武帝拓跋珪、明元帝拓跋嗣、太武帝拓跋焘祖孙三代统一中国北方。《魏书》的作者魏收盛赞崔浩"政治和军事上的谋略策划，在当时没有第二个人比得上他"。

忠君爱民的好官

李崇（455—525），字继长，小名继伯，顿丘（今河南省浚县）人。北魏时期的重臣。历孝文帝、宣武帝、孝明帝三朝。官至尚书左仆射、上书令、加侍中。他有奇才，善谋略，忠于职守，不以位高而得意，善始善终。他不仅忠君，而且爱民。他上战场，保疆守土。任官员，绞尽脑汁，为朝廷管理好地方民众，可谓鞠躬尽瘁，死而后已。

李崇是北魏文成元皇后第二兄元诞的儿子，因为出身显赫，十四岁就袭爵陈留公，镇西大将军。

孝文帝初年，荆州的氐人发生骚乱，拓跋宏任命时任梁州刺史的李崇去接任荆州刺史，并打算派军队护送他去上任。李崇上书说："氐人互相争斗失和，本来就怨恨刺史，现在我奉命去接替，只需去宣布圣上的诏书即可，不许劳顿发兵保护，以免使他们恐惧。"就这样，李崇只带了几十个随从前去赴任，到了当地，他对氐人倍加安慰，形势果然稳定了下来。年轻时的李崇是很懂得体恤黎庶的。

李崇在荆州任职4年，他致力于整饬边防，一旦抓住南齐的人一律放还，南齐的将领感激他的恩德，也送回了原来荆州的200多居民，使北魏和南齐两朝边境安宁和睦，没有再发生动乱。因为政绩卓著，孝文帝将他召回京师，隆重奖赏。

不久，李崇又被任命为兖州刺史。当时，兖州地区盗匪横行，且来去如风，官民都深受其患。于是他让每个村都盖楼，楼上悬挂一鼓。发现有盗贼，便上楼击鼓，附近四面的村民听见鼓声，赶紧派人把守住本村要道，顷刻间，百里之内尽是鼓声，而各个要道也被封死，使得盗贼还没下手就已经被擒获了。由于此举效果显著，从此各州郡都开始模仿。兖州地区的治安大大地好转了，人们对李崇交口称赞。

李崇最初是一个出色的武将。氐人杨灵珍叛乱，李崇亲自率精兵讨伐，结果把杨灵珍打跑了。

宣武帝继位以后，鲁阳人柳北喜、鲁北燕聚众叛乱，围困湖阳，游击将军李晖拼死守卫。李崇被加封左卫将军、相州大中正前往救援。李崇屡战屡胜，击斩鲁北燕，平定叛乱。李崇时年仅30岁。

不久，东荆州樊安又在龙山叛乱，并和南梁萧衍相勾结。北魏又派李崇前往平叛，加封他为镇南将军，他对敌人控制的据点采取各个击破的方法，连战连捷，最终生擒樊安，平定了西荆。

宣武帝永平四年（507），年近50的李崇被加封散骑常侍、征南将军、扬州刺史，驻守寿阳，从此进入了他政治生命的高峰期。寿阳地处北魏与南梁的最前沿，战事不断，李崇担任此职亦可见其受重视的程度，他在任10年（507—

励精图治，其中最重要的一件大事是在公元514年击退了南梁的大规模入侵，使北魏再次度过了一次危机。因为这次辉煌的胜利，李崇被加封为骠骑将军，开府仪同三司。

李崇不仅是个军事将领，而且是个断案奇才。宣武帝延昌初年，李崇加侍中、车骑将军，都督江西诸军事。这时，他的断案才能得以施展。

在寿春县，有一个叫苟泰的人，家里3岁的儿子丢失了。苟泰四处寻找，后来在一个叫郭奉伯的人的家里发现了这个孩子。苟泰想要回孩子，郭奉伯不给，非说孩子是自己的。二人发生争执，闹到官府，双方都有街坊邻里为他们作证。郡县官吏无法做出决断，便将案子呈给了李崇。李崇听过汇报后并没有审问，而是先将两个当事人与这个孩子分开关起来。几天后，李崇派一名部下告诉两个当事人说："你们的儿子突然得了暴病，已经死了，你们去安葬他吧！"苟泰一听，立即号啕大哭，悲恸欲绝。而郭奉伯只是叹气，没有一点悲伤的表情。李崇看罢，立即下令将孩子交给他真正的父亲——苟泰。

李崇追查郭奉伯欺诈之罪。郭奉伯认罪，说是自己的儿子死了，所以冒认了这个儿子。

类似的处理疑难案件的例子举不胜举，李崇也因而受到百姓的一致称赞。

李崇从扬州调回首都，历任中书监、右光禄大夫、尚书左仆射，直至尚书令，加侍中，可谓极受重用。这期间，他上书朝廷，希望能够减轻徭役、与民生息。并且指出佛法再重要，比诸治国安邦，实在太微不足道，朝廷不应该把太多的精力放在上面。他说："臣认为如今四海清平，诸戎咸服，治理国家应该是目前的首要任务。以臣愚见，应当适度削减兴建新的工程，这样不仅可以减轻人民的徭役负担，也可以为镌刻石窟腾出一些人手……我也知道佛理奥妙无比，包罗万象，但是和治国相比，还是应该先缓一缓。等到国家大治的时候，再去钻研也为时不晚。"

公元524年，六镇起义，北魏屡次派兵镇压，均失败。孝明帝认为李崇身为国戚，德高望重，英明果断，决定派他总督三军，出师六镇。这一年，李崇69岁。他率领10万大军出塞，追击柔然部队数千里，始终无法追上，无奈收兵。

李崇一生战功卓著，政绩不凡。但他就有一个毛病，比较贪财。有一次，胡太后偶然到库房去视察，看到里面堆积如山的绫罗绸缎用都用不完，就想出一个主意，让大臣们都到府库来，把这些赏赐给他们。她规定，各人凭着自己的力气，能背多少就背多少。结果，尚书令李崇、章武王元融各背了一叠绢，累得气喘吁吁，没走几步，李崇扭了腰，元融崴了脚，这件事着实让人嘲笑了一阵子。

公元 525 年，71 岁的李崇去世，朝廷追赠他为太尉公、骠骑大将军、司徒公、雍州刺史，谥号武康，可谓是对他一生英勇作战、为国为民最好的肯定。

郦道元和他的《水经注》

《水经》是我国最早的一部记载河流的专著。据考证，其书有两种：一种传为汉桑钦撰，晋郭璞注，原书及注书皆已失传，只在郭璞注《山海经》中仍存鳞爪；另即今见《水经》，其撰者不详，约于三国时成书。郦道元注四十卷流行于世，且独用《水经注》之名。

郦道元，字善长，范阳涿州（今河北涿州市）人。北魏时期酷吏、地理学家，青州刺史郦范之子。出生何年，史书本传未载，据学者推断，可能为北魏孝文帝元宏二年（472），一说为北魏献文帝拓跋弘天安元年（466）。父亲郦范，官至青州刺史，假范阳公。

郦道元童年时就曾随任职青州的父亲去山东，游历颇丰；20 多岁时，更以才华意气，深得皇帝元宏的赏识。据其《水经·河水注》说，他曾两次随高祖元宏北巡。入仕时，初任尚书主客郎，父死后，袭爵永宁侯，依惯例降至永宁伯。自此，他先后出任太傅掾、书侍御史、冀州镇东府长史、鲁阳太守、东荆州刺史、御史中尉等职，最后于孝明帝元诩孝昌三年（527）在关右大使任上遇害。按公元 472 年出生推算，郦道元时年 55 岁，朝廷追赠吏部尚书、冀州刺史、安定县男。

郦道元执法清正，素有严猛之称。北魏宣武帝景明（500—503）时，他任

冀州镇东府长史时，行事三年，为政严酷，吏民畏之，奸盗逃于他境。为东荆州刺史，威猛为政，其地蛮人不堪忍受，都纷纷前往诋毁斥责其苛峻，请求换回前任刺史，郦道元因此被免官。后拜御史中尉，权贵豪门听说了，都非常惧怕。其时，司州牧、汝南王元悦（孝文帝的儿子）嬖幸小人丘念，起卧常与相伴。丘念亦恃宠非为，常以元悦王府为庇护所，逃避法网。郦道元设法将其逮捕入狱，元悦急向母亲、临朝当权的灵太后（胡氏）请求下诏赦免。郦道元却及时揭发丘念罪恶，将其处决，并以此弹劾元悦包庇纵容之罪。其不避艰危，可以想见。因而汝南王元悦与城阳王元徽等王室权贵，常嫉恨之，他们怂恿灵太后派他为关右大使，到已露反叛意图的雍州刺史萧宝夤处，借以杀之。萧宝夤闻讯，果然担心郦道元将图谋自己，于是派部下郭子恢率军将正赴任途中的郦道元一行围困于阴盘驿亭（今陕西临潼区东）。驿亭在一个冈阜之上，按兵法讲，处高地，坚守有利，但最怕水源被断绝。郦道元及侍卫打井至十余丈不得水，最后因水尽力屈，被叛军攻破，皆遇害，郦道元大骂贼兵而死。

郦道元平生好学，历览奇书，曾撰《本志》十三篇及《七聘》等文，皆佚失，今仅存其巨著《水经注》。

《水经注》堪称一部地理学奇书。从广义上说，它是中古时期具有百科全书性质的巨著，从文学角度来说，它又集魏晋南北朝山水散文之大成，被推为游记散文的先导，其成就令人瞩目。《水经》原书仅一万多字，所载水道137条，注增至30余万字，援引水道1252条。据考证，实际记载的比这还多，约1389条。

《水经》这本书共记述全国137条河流，叙述了河道经过的郡县都会的名称，文字相当简略，并没有详细说明水道的来龙去脉。

要给《水经》做出全面注解，谈何容易！尤其在当时交通不便，南北政局分裂的情况下，更是难上加难。但郦道元知难而上，而且制定了自己的写作原则："耳闻不如亲见。"他写作时，必先搞清楚河流及支流的发源地和归宿，查看河流流经地区的人文地理情况；他游遍宁江以南和长江中游一带。他参阅了437种史书古籍，认真严谨地钻研前人的经验和成果，并吸取他们的成果精华。

经过 7 年的艰苦考察和认真写作，郦道元对《水经》做了详尽的补充和发掘，终于写成了《水经注》。

郦道元在黄河中下游流经的山西、河北、河南、山东等地生活多年，对"一石水六斗泥"的黄河情有独钟，在《水经注》中，他用了很多篇幅记述黄河及其支流，为当时人和后人了解黄河提供了有益的线索。

郦道元在《水经注》中还用科学的解释批驳了当时有关黄河的一些迷信误传。黄河出潼关向东奔流，在河南陕县时，突然出现水浪涌起高达数十丈的奇景。相传，是由皇帝铸了金人沉入黄河导致的。郦道元想，滔滔黄河，区区几个金人怎么能堵住黄河涌涛呢？他科学地解释为：那一带曾发生山崩坍方，大量岩石落入黄河，堵塞了河道，大量河水通过狭窄的水道才产生了涌水奇景。

长江三峡的自然景色是天下雄伟奇观。郦道元久闻三峡美名，决定亲自考察。他不畏艰险，长途跋涉到三峡，写下了有关三峡的章节，文笔细腻，富于文采，表现了作者对自然现象细致深入的观察能力。如"重岩叠嶂、隐天蔽日"；"朝辞白帝，暮到江陵"；"晴初霜旦，林寒涧肃，常有高猿长啸，属引凄异，空谷传响，哀转久绝"等优美准确的描述。

郦道元在《水经注》中抓住河流水道这一现象，对全国地理情况做了详细记载，也还谈到一些外国的河流。从内容上，书中不仅详细记述了每条河流的水文情况，而且谈到每条河流流域内的其他自然现象，如地质、地貌、土壤、气候、物产、城邑兴衰、历史古迹以及神话传说，等等。

贾思勰和他的《齐民要术》

贾思勰，山东益都人。出生在一个世代务农的书香门第，其祖上就很喜欢读书、学习，尤其重视农业生产技术的学习和研究，这对贾思勰的一生有很大影响。他的家境虽然不是很富裕，但却拥有大量藏书，使他从小就有机会博览群书，从中汲取各方面的知识。

贾思勰成年以后，开始走上仕途，曾经做过高阳郡（今山东临淄）太守等官职，并因此到过山东、河北、河南等许多地方。每到一地，他都非常重视农业生产，认真考察和研究当地的农业生产技术，向一些具有丰富经验的老农请教，获得了不少农业方面的生产知识。中年以后，他又回到自己的故乡，开始经营农牧业，通过亲身实践，他掌握了多种农业生产技术。

贾思勰塑像

北魏永熙二年（533）到东魏武定二年（544）间，贾思勰写成了著名的农业科学著作《齐民要术》。

《齐民要术》由序、杂说、正文三大部分组成，共92篇，分成10卷。正文约7万字，注释约4万多字，共11万多字。《齐民要术》内容十分广泛和丰富，不仅有农作物的栽培技术，如播种、耕作、土壤、施肥、轮作、种子等，而且有蔬菜作物的栽培，果树林木的培育、蚕桑事业、畜牧兽医、农产品加工和贮藏等方面的内容。正如该书所说："起自耕农，终于醯醢，资生之业，靡不毕书。"意思是从耕种操作，到造醋做酱，各种生产技术，都写在书里了。

《齐民要术》针对北方干旱少雨的特点，特别强调精耕细作，防旱保墒。贾思勰认为耕地一定要耕得早，耕得深；耕得早一遍抵上三遍，耕得深使庄稼能吸收较多的养料和水分。耕后必须把地耙平，把土耱细，这样才能保墒防旱。在作物生长过程中，还必须中耕除草。这一整套耕—耙—耱的保墒防旱措施，使北方干旱地区的耕作技术基本定型了。

《齐民要术》十分注意选种。强调要"选好穗纯色者"。留种田要耕得细，多加肥料；收割后要分开窖埋，防止混杂。收取瓜种方面，指出要从最早成熟的"本母子"瓜中留种。留种时，不是取全部瓜子，而是截取瓜中间一段的瓜子。因其贮藏的养料多，这种方法至今在我国北方还在采用，书中还记述了水选、溲种（即拌种）、晒种等种子处理方法，并最早记录了我国水稻催芽技术。

《齐民要术》首次总结了轮种的方法，一共记述了20多种。它把豆科作物

作为绿肥，纳入轮作，以提高地力。又提出在麻里套种芜菁等。从休闲（长期抛荒以恢复地力）到轮作，是农业发展史上的一个飞跃。它能提高土地的利用率，欧洲在公元6世纪，农业还处于"三田制"，绿肥轮作制最早是18世纪30年代在英国实行，可见，我们祖先发明轮作要早得多。

《齐民要术》完整系统地记载了我国果树的品种，这是历史上第一次果树品种的总汇，同时也是第一次为我国果树分类。书中针对果树繁殖培育提出了三种方法，即培育实生苗、扦插和嫁接。培育实生苗强调无论桃、梨都要"合肉"埋入加粪的土中，第二年春天出苗后再移栽。这样可以利用冬季自然低温来增加种子的出芽力。扦插可使果树提前结实，如李树本来5年才结果，用扦插只需3年，嫁接比扦插更快，而且果实好，嫁接梨最好用棠树（即杜树）做砧木，这样结的梨大而肉细密。

《齐民要术》总结了历代家畜饲养的经验，也吸收了北方各游牧民族的畜牧经验。在书中介绍了饲养牲畜的各种方法。贾思勰认为首先要重视选种。如母鸡要形体小、毛色浅、脚细短、生蛋多、守窝的，羊要选腊月、正月生的羊羔留种。在饲养管理上，役使牛马，要根据其能力；喂料、饮水、天冷、天热，都要适合其本性。马饥饿时要先喂"恶刍"，吃饱后再喂"善刍"，以引诱其吃饱吃足，书中还论述了相马术、阉割术、兽医药方等知识经验。

在农产品加工方面，当时人们已经熟练地掌握了微生物发酵技术，书中记述了酿酒、造醋、做酱、制豆豉等方法。书中记载的酒有40多种，醋有30多种。

《齐民要术》是一部有很高科学价值的"农业百科全书"，它不仅反映了北魏时期黄河流域农业生产的水平，而且系统地总结了从西周到北魏我们祖先的农业生产和农业科学技术的知识和经验，它是我国乃至世界上保存下来的最早的一部农业科学著作。

龙门石窟

孝文帝迁都洛阳后，又将石窟艺术带到了洛阳，建造了龙门石窟。

龙门石窟又叫伊阙石窟，在今河南省洛阳市南 25 里的伊水入口处两岸，西崖叫龙门山，东崖叫香山。最早开凿是北魏宣武帝元恪景明元年，是宣武帝命大长秋卿白整模仿云冈石窟，在洛南伊阙山为他的父亲孝文帝和他的母亲文昭皇太后高氏修建两个石窟，以后又逐渐修造。后来，历

龙门石窟

经东魏、西魏、北齐，到隋唐至宋等朝代又连续大规模营造达 400 余年之久。密布于伊水东西两山的峭壁上，南北长达 1000 米，现存窟龛 2345 个，题记和碑刻 2680 余品，佛塔 70 余座，造像 10 万余尊。其中最大的佛像高达 17.14 米，最小的仅有 2 厘米。这些都体现出了我国古代劳动人民极高的艺术造诣。

龙门是一个风景秀丽的地方，这里有东、西两座青山对峙，伊水缓缓北流。远远望去，犹如一座天然门阙，所以古称"伊阙"。自古以来，已成为游龙门的第一景观。唐代大诗人白居易曾说过："洛都四郊，山水之胜，龙门首焉。"

奉先寺是龙门唐代石窟中最大的一个石窟，长、宽各 30 余米。据碑文记载，此窟开凿于唐高宗李治和武则天在位时期，于公元 675 年建成。洞中佛像明显体现了唐代佛像艺术特点，面形丰肥、两耳下垂，形态圆满、安详、温存、亲切，极为动人。石窟正中卢舍那佛坐像为龙门石窟最大佛像，身高 17.14 米，头高 4 米，耳朵长 1.9 米，造型丰满，仪表堂皇，衣纹流畅，具有高度的艺术感染力，实在是一件精美绝伦的艺术杰作。据佛经说，"卢舍那"意即光明遍照。这尊佛像，丰颐秀目，嘴角微翘，呈微笑状，头部稍低，略做俯视态，宛若一位睿智而慈祥的中年妇女，令人敬而不惧。有人评论说，这尊佛像把高尚的情操、丰富的感情、开阔的胸怀和典雅的外貌完美地结合在一起，因此，她具有巨大的艺术魅力。卢舍那佛像两边还有二弟子迦叶和阿难，形态温顺虔诚，二菩萨和善开朗。天王手托宝塔，显得魁梧刚劲。而力士像就更动人了，大家会看见他

右手叉腰，左手合十，威武雄壮，那样子生动极了。

金刚力士雕像比卢舍那佛像旁的力士像更加动人，是龙门石窟中的珍品。1953 年清理洞窟积土时，在极南洞附近发现，是被盗凿而未能运走遗留下的。只见金刚力士两眼暴凸，怒视前方，两手握拳，胸上、手、腿上的肌肉高高隆起。整座雕像造型粗犷豪放，雄健有力，气势逼人，那样子你看了也会害怕三分，可能是金刚力士在怒视着偷盗他的贼人。这一尊佛像惟妙惟肖。

龙门石窟中的洞也很著名。

龙门石窟中另一个著名洞窟是宾阳洞。这个窟前后用了 24 年才完成，是开凿时间最长的一个洞窟。洞内有 11 尊大佛像。主像释迦牟尼像，高鼻大眼，体态端庄，左右两边有弟子、菩萨侍立。佛和菩萨面相清瘦，目大颈平，衣锦纹理周密刻画，有明显的西域艺术痕迹。窟顶雕有飞天，挺健飘逸，是北魏中期石雕艺术的杰作。洞中原有两幅大型浮雕《皇帝礼佛图》《太后礼佛图》，画面上分别以魏孝文帝和文昭皇太后为中心，前簇后拥，组成礼佛行列，构图精美，雕刻细致，艺术价值很高，是一幅反映当时帝王生活的图画。可惜，被美国人勾结中国奸商盗运到美国，现分别藏于美国堪萨斯城纳尔逊艺术馆和纽约市大都会博物馆。

万佛洞在宾阳洞南边，洞中刻像丰富，南北石壁上刻满了小佛像，很多佛像仅一寸，或几厘米高，计有 15000 多尊。正壁菩萨佛像端坐于束腰八角莲花座上。束腰处有四力士，肩托仰莲。后壁刻有莲花 54 枝，每枝花上坐着一菩萨或供养人，壁顶上浮雕伎乐人，个个婀娜多姿，形象逼真。沿口南壁上还有一座观音菩萨像，手提净瓶举尘尾，体态圆润丰满，姿势优美，十分传神。

古阳洞也很出名。这里有丰富造像题记，为人称道的龙门二十品大部分集中在这里。清代学者康有为盛赞这里的书法之美为：魄力雄强、气象浑穆、笔法跳跃、点画峻厚、意态奇逸、精神飞动、骨法洞达、结构天成、血肉丰美。

还有一个药方洞，刻有 140 个药方，反映了我国古代医学的成就。把一些药方刻在石碑上或洞窟中，在别的地方也有发现，这是古代医学成就传之后世的一个重要方法。

龙门石窟不仅仅佛像雕刻技艺精湛，石窟中造像题记也不乏艺术精品。龙门石窟造像题记遍布许许多多的洞窟，有 2600 多品，其中龙门二十品，是我国优秀文化遗产的一部分，在国内外学术界、书法界有很广泛的影响。

龙门石窟保留着大量的宗教、美术、书法、音乐、服饰、医药、建筑和中外交通等方面的实物史料，堪称一座大型石刻艺术博物馆。它与甘肃敦煌莫高窟、山西大同云冈石窟、甘肃麦积山石窟并称为中国四大石窟艺术宝库。石窟艺术是中国艺术宝库中的瑰宝，在隋唐时期得以进一步发扬和光大。

云冈石窟

南北朝时期，佛教极其盛行，上层社会除大量修建佛寺、佛塔之外，还修建了大量石窟，石窟中既雕塑佛像，又画有大量的壁画，形成了集绘画、雕塑为一体的石窟艺术，其中最著名的有云冈石窟和龙门石窟。

云冈石窟位于中国北部山西省大同市西郊 17 公里处的武周山南麓，石窟依山开凿，东西绵延 1 公里。存有主要洞窟 45 个，大小窟龛 252 个，石雕造像 51000 余躯，为中国规模最大的古代石窟群之一，与敦煌莫高窟、洛阳龙门石窟和天水麦积山石窟并称为中国四大石窟艺术宝库。

1961 年被国务院公布为全国首批重点文物保护单位，2001 年 12 月 14 日被联合国教科文组织列入世界遗产名录，2007 年 5 月 8 日被国家旅游局评为首批国家 5A 级旅游景区。云冈石窟开凿于北魏兴安二年（453），那时北魏的都城是平城，就是今天的大同市。当时北魏的皇帝是文成帝拓跋濬，他任命和尚昙曜来负责主持这项工程。昙曜共组织开凿了五个窟，被称为"昙曜五窟"，在今石窟群的西头，现在的编号是第十六号到第二十号窟。每一个窟内都有一尊大佛，有的站立，有的盘坐，个个端庄雄伟。第二十窟的顶和前壁都已倒塌，只剩下一尊"露天大佛"，大佛高 13.7 米，高鼻、薄唇、目长，双耳垂后，面部丰满安详，两肩宽厚，是云冈石窟雕刻艺术的代表作品。

在昙曜石窟中，那些大佛像都是北魏皇帝的化身，在大佛周围，雕刻着许多大小不一的佛像，象征着职位高低不等的群臣；还有一些更小的人像，象征着百姓和奴隶。在石窟中不仅有佛像，还有飞天（想象中飞舞在空中的仙人）、伎乐、供养人（佛教中称那些以饮食等资助佛寺的人，以及用修行来支持佛教的人）、奇禽怪兽、名花异草，完全是对现实世界的一种理想化。

云冈石窟现存有四十多个窟，大小佛像十万多尊。其中最大的一窟是现在编号第六窟的，是北魏孝文帝时期开凿的。洞口有一座四层的大楼阁，洞内从地面到顶部高 20 米，中间矗立一个大方塔柱，上面刻了大量佛像。窟内有十七幅佛经故事浮雕，是云冈石窟中最壮丽的一个。编号第五窟中，有一尊大佛是云冈石佛中最大的，高约 18 米，脚长约 4.6 米，中指长约 2.5 米。据说这第五、第六号窟是孝文帝为纪念他的父母而修建的。

敦煌莫高窟

敦煌市地处甘肃省西北部，东西分别与瓜州县、肃北蒙古族自治县和阿克塞哈萨克族自治县相接。敦煌位于甘肃、青海、新疆三省（区）的交汇点，东有三危山，南有鸣沙山，西面是沙漠与罗布泊相连，北面是戈壁，与天山余脉相接。介于东经 92°13′—95°30′，北纬 39°40′—41°40′之间，总面积 3.12 万平方千米，其中绿洲面积 1400 平方千米，仅占总面积的 4.5%。敦煌市靠着沙漠的边缘。在它附近一带，黄沙莽莽，显得颇为荒寂。然而就在沙漠深处，悬崖陡壁上却排列着蜂巢似的洞窟，从绿荫中透露出来，给人以别有天地的感觉。这便是闻名世界的文物宝库——莫高窟千佛洞。这里曾藏有古籍两三万卷以及佛画、佛幡、丝绣品等；洞窟中的塑像有 2400 余个；仅以高 5 米的壁画计算，全长约达 25 公里。这真是稀世的珍藏啊！

敦煌在历史上曾经有相当重要的地位。丝绸之路，从长安到此，分为两线，北线往吐鲁番、库车，至疏勒逾葱岭；南线经白龙堆、罗布泊至和田，再往西北，经叶尔羌逾葱岭。在古代这条重要的交通线上，敦煌是咽喉要地。

佛教传入中国，走的就是这条路线。凿石窟、雕佛像、绘壁画，以敬礼菩萨，这套印度佛教徒的风气，传入了中国，从新疆、甘肃起，逐渐影响到南北各地。北朝、隋、唐，此风最盛。大同云冈、太原天龙山、洛阳龙门、青州云门山，中原一带，处处有其踪迹；东北远达义县，南则由甘肃传入川滇，四川有大足、嘉定等石窟，云南有剑川石窟。

敦煌莫高窟

敦煌莫高窟是历时最久、内容最丰富的石窟，开凿于前秦苻坚建元二年，这是有碑为证的。但据另一些敦煌文物的资料，创建的年代可能还要早些。它在北魏时兴盛起来，中经隋唐五代，至北宋、西夏时渐趋衰微，到元朝时才停建新窟，前后共历1000年。

它的藏书等可移动的文物，大约是在北宋中叶，被僧徒藏在复窟中，再加以堵塞的。它的壁画雕塑，因五代以后，中原人士很少涉足其地，不大引起人的重视。清朝时候，虽有个别的人对其赞赏有加，但也不曾引起轰动。清光绪五年，匈牙利人洛克济和斯希尼，偷偷地到我国西北调查地质，看到了敦煌的壁画和雕塑。1902年，洛克济在德国汉堡的国际东方学者会议上，介绍了敦煌艺术。英帝国主义分子斯坦因听到后，就产生了掠夺的野心，"我国学术之伤心史"的一页从此开始了。

斯坦因于1907年到达敦煌。7年之前，恰恰有一个王道士在无意中发现了复窟中的文物。斯坦因买通了王道士，盗去了大量文物。其后法国人伯希和、俄国大佐柯司洛夫等相继而来，也取走了许多文物。美国人莱尔纳来得晚，可以移动的文物差不多都被掠走，莱尔纳竟用胶布揭去壁画20多方。若不是甘肃人民奋起反抗，制止他第二次掠夺，那么精美的壁画雕塑势将尽被掠夺而去。中华人民共和国成立以后，敦煌宝库获得了新生，保存、修缮、研究、临摹等工作都有计划地进行。其他文物，北京所存，本来仅有劫余以及少数学者从巴

黎、伦敦拍摄的照片，现在购买了大批显微胶片，资料也比较齐了，"佐心史"的时代一去不复返了！

莫高窟是伟大的古画陈列馆。现存的有壁画雕塑的洞窟480个，其中唐朝的约占40％，如连隋朝和五代的在内，便接近全数的3/4。所以唐代艺术是敦煌这座宝库里的主要部分。

我们谈唐代绘画，啧啧称道"吴带当风"，然而吴道子的真作不可复见。我们知道唐代有的画家把贵族家中姬妾的肖像，画到佛寺壁上，化为天女。熟人看了，竟可辨认。然而这些寺院壁画也已化为乌有。我们现在看到的唐画，包括后人的摹本，加上屈指可数的几幅真迹，为数很少。可靠而又大量可见的只有洞窟坟墓里的壁画。敦煌壁画就是其中质量最高、数量最多的代表。

从这座宝库中的珍品来看，文字记载中对有关唐画的盛赞，几乎都可以找到佐证。

试看那些忽上忽下左右回旋的飞天，身上并没有翅膀，只消几根飘带，一转一倒，便鲜明地画出了飞腾自如的姿态。"吴带当风"，想来也不过如此。唐人段成式在《京洛寺塔记》中赞美飞天，说是"天衣飞扬，满壁风动"。敦煌洞窟中不是有着大量的实例吗？

壁画中的菩萨是世俗妇女的写照。供养人（奉佛的信徒）更是现实世界的人物，其中也有许多妇女的形象。唐朝妇女还没有缠足的风尚，审美标准也以面如满月、身材丰腴健美为尚。敦煌壁画中的妇女形象正符合这个标准。

供养人像中，以《张议潮夫妇出行图》为最辉煌的杰作。骑者前导，大旗飘扬；舞女四人，长袖编跹，乐队紧随，吹弹着笙、笛、箜篌、琵琶等乐器，鼓手拥打着大鼓；其余卫士、车骑、百戏、肩舆马车、骆驼之类，杂然并陈，构成一幅复杂、豪华的场面，气魄至为雄伟。无名画师把这题材处理得井井有条，充分显示了高超的创作才能。这画在敦煌156洞，不仅有艺术价值，且有极高的文物价值。

敦煌提供了大量的风俗画。有宴会，酒肴满桌，奴仆成群，表现出上层社会的享乐生活；有农民、船工、屠夫、猎户，有耕作、收获、伐木、饲养、挤

奶、拉纤等活动，表现了当年劳动人民生产斗争的许多场面；这儿有法庭上剥衣刺眼的惨状，暴露出封建统治者的残忍；有西域和中亚各族的王子、商人，容貌服饰，各不相同；也有中原的帝王、贵族、大臣、侍从、贵妇、婢妾，神情态度，无不恰如其分。这些画作都是杰出的艺术品和极有价值的历史文物。

壁画的题材，以佛经故事最为大宗。唐代画家多画"经变"，就是佛经的故事画。这些壁画每以宗教的内容，反映唐代的世俗生活。敦煌壁画中"净土变"多达百余壁。"净土"是所谓的西方极乐世界，然而画中的楼台亭阁，歌舞伎乐，都是表现贵族生活的画面。许多乐舞场面是研究唐代乐舞的珍贵资料。"报恩经变"描绘善友太子和乐利师王女的恋爱，两人在绿荫深处对坐絮语，太子手中正在做抚琴的样子。画面充满了抒情的气氛，使人全然忘却了宗教。

我们知道，唐以后的中国绘画，山水花鸟，境界极高，然而论画的主流正源，应推人物。在敦煌壁画没有受到应有的重视时，这个主流正源湮没不彰，艺术界中的一些有心人曾为之困惑不解。敦煌为人们打开了一个新天地，这里是正源所在。这一大批历千余年而色彩鲜艳的壁画，真是我们的国宝啊！

讲到敦煌壁画，就不能不提到当年的民间画师。他们在阴暗的洞窟中，借着微弱的油灯的光线，时而仰卧，时而俯伏，耐心地一笔一笔地画着。他们的工作条件十分恶劣，他们的姓名不传于后世，但是他们以深厚的功力，雄伟的气魄，把当年社会的种种风物人情，绘成富丽绚烂、色彩鲜艳的壁画。这样的功绩，实在应该得到世世代代的赞扬。

莫高窟存唐塑670个，保存原型的约有半数，这是一笔珍贵的文化遗产。

唐塑的作者，封建统治阶级是看不起的，认为他们是"工匠"，然而留传的佳话仍然不少。相传"塑圣"杨惠之塑的倡优人留杯亭像，神情飞动逼真，人们看了背部，就看得出是留杯亭像。段成式在《酉阳杂俎》中记录了一个雕塑家李岫，说他塑的"光明寺中鬼子母及文惠太子塑像，举止态度如生"。这些作品都不可复见了。幸而我们有敦煌，还有麦积山、天龙山、龙门、大足等许多地方，留下了大量的石雕、泥塑。这些作品无不优美动人，显示了唐代我国雕塑艺术高峰时期的盛况。然内地石窟的像，多用石头凿成，或是摩崖刻像，莫

高窟则因石质关系，全月泥塑，所以要看唐朝的泥塑，要看从北魏直到明、清的泥塑展览，可说只有敦煌这个宝库。它的价值之高，由此可以想见。

敦煌的壁画雕塑，都上起北魏。我们看北魏的塑像、佛和菩萨多少带点印度人的气息，而且神情威严，线条劲健，望之森然可畏。隋朝的作品，形象力求中国化，神态转趋亲切。唐塑在这基础上继续提高，达到了臻于完美的地步。

这些无名的艺术大师给一堆堆泥土茅草，融进了生命的气息。他们塑的是佛、菩萨、罗汉、天王、力士，可是神态表情却全是世俗的，显示了现实主义的精神。

佛像的相貌，庄严慈悲，兼而有之，衣服柔和圆润，使人一看就会想到精细富丽的绸缎。菩萨袒胸露臂，肌肤丰满，俨然是美丽善良的女性。天王力士，戴盔穿甲，刚猛威武，极劲健雄伟，令人想见唐代武士跃马横戈的场面。

艺术家们又非常善于刻画人物性格，罗汉或天真无邪，或世故深沉，都各具特色。敦煌仿佛就是一座出色的雕塑陈列馆。

敦煌石室所藏的大量写本和一小部分刻本，内容极其丰富。其中有汉、藏、印度、回鹘等文字的书籍，有户籍、契据等珍贵的史料，有变文、小说、词曲等文学作品，有佛经、道书以及其他珍本古籍。这些藏书和其他文物，现在大部分藏于伦敦、巴黎、波士顿等地的博物馆。

以唐代文书的几个例子，就可以说明这批珍藏的价值。

唐代户籍是关于均田制的头等史料。每户详记成员的姓名、年龄、身份、所受永业、口分、居住园宅、已受未受亩数、地亩四至等项。我们从中可以看出唐代实行均田制的情况，有的卷子里有"其口分田先被官收讫"的字样，可见是有收有授的；各户的地亩逐块写明永业或口分、面积、四至，可见受授的土地分割得很零碎；各户都没有受足土地，很多户的未受田超过已受田，有的竟完全未受，可见均田制实行得很不彻底，民户受田数字比法令所定的少得多。

晚唐五代诗人韦庄的长诗《秦妇吟》，反映黄巢起义军攻占长安事，当时颇为流行，作者被称之为"秦妇吟秀才"。这首诗后来失传了，不料千载之后，却在敦煌石室里出现了。这首诗虽有攻击污蔑农民起义军的词句，但对唐政府的

腐败，官军对人民的掠夺等，有深刻地反映，可作为了解当时情况的参证。

民间文学作品是石室珍藏中的重要部分。变文、民歌、曲子词等的发现，为文学史的研究提供了十分珍贵的资料。

麦积山石窟

麦积山位于甘肃省天水市麦积区，是小陇山的一座孤峰，高142米，因山形似麦垛而得名。麦积山石窟始建于384-417年。存221座洞窟、10632身泥塑石雕、1300余平方米壁画，被誉为东方雕塑艺术陈列馆。

"麦积山者，北跨清渭，南渐两当，五百里岗峦，麦积处其半，崛起一块石，高百万寻，望之团团，如农家积麦之状，故有此名。"

麦积山石窟始建于十六国后秦（384—417），初名无忧寺，是北魏著名的佛教圣地，距今已有1600多年的历史。后来历经北魏、西魏、北周、隋、唐、五代、宋、元、明、清，历代都有不断地开凿和修缮，规模不断扩大，藏量更加丰富，成为我国著名的四大石窟之一，也是闻名世界的艺术宝库。

麦积山石质皆为紫褐色之水成岩，其山势陡然起独峰，最初有许多天然之岩洞。它的海拔1742米，山顶距地面142米，现存洞窟194个，其中有从4世纪到19世纪以来的历代泥塑、石雕7200余件，壁画1300多平方米，大部分是隋唐以前的原作品，具有浓郁的民族风格和很高的艺术价值。

由于麦积山山体为第三纪沙砾岩，石质结构松散，不易精雕细镂，故以精美的泥塑著称于世，绝大部分泥塑彩妆，被雕塑家刘开渠誉为"东方雕塑陈列馆"。麦积山石窟的一个显著特点是洞窟所处位置极其惊险，大都开凿在悬崖峭壁之上。古人曾称赞这些工程："峭壁之间，镌石成佛，万龛千窟。碎自人力，疑是神功。"麦积山遗留下来的艺术珍品，今日看来真似乎有神助。

麦积山石窟享有"东方雕塑馆"之盛名，是丝绸之路上的一朵艺术奇葩，以其精美的泥塑艺术闻名中外。历史学家范文澜曾誉麦积山为"陈列塑像的大展览馆"。如果说敦煌是一个大壁画馆的话，那么，麦积山则是一座大雕塑馆。

这里的雕像，大的高达15米多，小的仅20多厘米，体现了千余年来各个时代塑像的特点，系统地反映了我国泥塑艺术发展和演变的过程。这里的泥塑大致可以分为凸出墙面的高浮塑、完全离开墙面的圆塑、粘贴在墙面上的模制影塑和壁塑四类。其中数以千计的与真人大小相仿的圆塑，极富生活情趣，被视为珍品。

从北魏塑像开始，麦积山所有的佛像差不多都是俯首下视的体态，那和蔼可亲的面容，虽是天堂的神，却更像世俗的人，具有鲜明的人间味道，成为人们美好愿望的化身。从塑像的体形和服饰看，也逐渐在摆脱外来艺术的影响，体现出汉民族的特点来。

麦积山的洞窟很多修成别具一格的"崖阁"。在东崖泥塑大佛头上15米高处的七佛阁，是我国典型的汉式崖阁建筑，建在离地面50米以上的峭壁上，开凿于公元6世纪中叶。麦积山石窟虽以泥塑为主，但也有一定数量的石雕和壁画。麦积山石窟被列为国家重点文物保护单位，新架和修复了1300多米的凌空栈道，使游人能顺利登临所有洞窟。

麦积山石窟第44窟造像被日本人称为"东方的维纳斯"。西秦的78窟、128窟的造像的僧衣上有细致的图案。建于70余米高的七佛阁上的塑像俊秀，过道顶上残存的壁画精美绝伦，其中西端顶部的车马行人图，无论从哪个角度看车马所走方向都不相同，堪称国内壁画构图之经典之作。

胡太后作乱后宫

魏孝明帝元诩6岁登基，其母胡氏从此执掌朝中大权。如若她仿效魏朝历史上有名的贤后冯太后，也算是魏朝的福气。但也许魏朝的气数真的快尽了，胡太后所作所为着实令人不齿。

胡太后为人水性杨花。自从先君驾崩之后，她在后宫荒淫无度，专门招来4个男宠轮流侍寝。不仅如此，她还把持大权，祸乱朝纲。

一天，元诩得到报告，广阳王元渊被葛荣杀死之后，域阳王元徽将其妻抓

回府中，关在卧室，随意凌辱，以报元渊与自己的妻子通奸之辱。元诩大怒，决定降旨杀了这个乱伦的逆臣贼子。

但是，元诩身为皇帝，却没杀成元徽。因为胡太后与元徽有私情，故加以袒护。元诩随着年龄的增长，早已能够独立处理朝政，他对母亲仍然专权的做法，早有些不满。今见母亲如此，更觉以前自己将信将疑的那些风言风语是真的了，又羞又怒，决心查个水落石出。如老母亲真的如别人传言的那般淫乱，自己就不能再软弱下去，放任她胡作非为了。

元诩暗中抓来胡太后的宫女拷问。宫女一来受刑不过，二来也深为胡太后所为感到羞耻，便说出了全部实情。元诩闻知胡太后在宫中传闻不仅全是事实，而且有过之而无不及，有时甚至白天也和男宠轮流交欢淫乱，且一点不避讳宫女、太监，同时还和朝中一些大臣通奸。一时气得七窍生烟，深为有这样的母亲感到无地自容。他下定决心：一定要培植亲信，迫使胡太后交权，整顿朝纲。

胡太后对儿子采取的行动早有所察觉，为了把大权继续牢牢把握在自己手中，她加紧了防范，发现派来皇帝身边的人，立即伺机除掉，借以孤立皇帝。

元诩见母亲防范甚严，心中暗急。这一切被他的一个嫔妃看在眼里，便给他悄悄出了一计，元诩一听连声叫好。原来，这嫔妃是骠骑将军尔朱荣的女儿。此女姿色出众，生性放荡。尔朱荣本为安兆将军，他早听说元诩也是好色之人，便将女儿送入宫中。此女一入皇宫，便施展看家的本领，很快迷住了元诩。元诩一高兴，不仅册封她为嫔，而且封她父亲尔朱荣为骠骑将军，管六州军事，不久又晋升为光禄大夫。尔朱荣从此兵权在握。他女儿此时为元诩所出之计就是让父亲尔朱荣带兵进京，逼胡太后就范。元诩万万没有想到，自己错走了这一步，不仅葬送了自己的小命，还葬送了北魏江山。

胡太后早就在元诩身旁安插了亲信宫女、太监，元诩和尔朱荣之女所商议的一切，尽管机密，也被胡太后知道了个一清二楚。她想，事到如今，皇上你也不能怪我不顾母子之情了。当天晚上，就与她的几个男宠设计将元诩鸩杀了。第二天，便扶自己过去的情夫清河王元怿之子元钊继位，并以新帝名义命尔朱荣返回。

尔朱荣岂肯听她的，尔朱荣等这个机会已经等了很久了。自从他手中兵权在握，就对这个混乱的朝廷起了二心，大肆搜罗谋士才将意欲伺机而动。此次元诩诏他进京，他手下的谋士高欢便对他说，此乃天赐良机，说明魏朝气数已尽，应该以讨伐皇帝身边佞臣为由，发兵洛阳，霸业可成。尔朱荣一听，怦然心动，当即命高次为前锋，率大军直奔洛阳而来。

尔朱荣在途中听说元诩被杀，胡太后命他返回。心想，机不可失，时不再来。于是拥立献文帝孙子长乐王元子攸在河阴称帝，与胡太后公开对抗，然后马不停蹄，继续前进。大军很快攻进洛阳，逼近皇宫。

胡太后的那些姘夫仃得到消息，吓得四处奔逃，没一个去管胡太后。胡太后见大势已去，立即想到了死，但又没有勇气，只得又急又怕大哭了一通。哭完之后，找来剪刀，自己将头发剪掉，表示已经出家，妄图以此免死。

但是尔朱荣可不管这些，带兵冲进皇宫，将她和刚登基的小皇帝元钊拖到太极殿门前。然后捏着她的下巴，看着她那狼狈至极的样子哈哈大笑道："听说你作乱后宫，一刻也离不开男人，是吗？好！我就成全你，让你死后天天和河伯寻欢作乐！"言罢，命军士将她和小皇帝元钊扔进护城河淹死。胡太后荒淫无度，祸乱朝纲，罪有应得。只可惜娃娃小皇帝元钊才当了一天皇帝便白搭上一条性命，成了宫廷斗争的牺牲品。

尔朱荣又命军士敲响景阳钟，召集魏室文武群臣，指着他们的鼻子骂道："胡太后淫乱，把持朝政，你们见元诩软弱可欺，便对她极尽阿谀奉承，见风使舵，贪赃枉法，白拿俸禄，全是一群不干实事的酒囊饭袋，留着何用？！"说完，一声令下，命军兵不管忠臣、奸臣，一通乱砍。一时，太极殿上，尸体遍地，血流成河，满朝文武都陪着胡太后去了……

北魏分裂

尔朱荣攻进洛阳，杀死魏帝元钊，又放任士兵烧杀淫掠，很快引起了众怒，许多王室宗族、文臣武将要联合讨伐他。更要命的是，晋阳老窝被河北六镇流民起义军所攻，吓得他连忙返回晋阳，请求高欢帮助退兵。

这高欢可不是一个简单人物。他本是尔朱荣手下普通一兵，其貌不扬，只因有制服烈马的本领，又建议尔朱荣夺取帝位，受到重用。后来尔朱荣虽攻入洛阳，杀了胡太后、皇帝元钊和满朝文武，却没做成皇帝。他亲手拥立的魏帝元子攸早已看出他的野心，怕日后受制于他，便设计将他杀了。尔朱荣被魏帝杀了之后，其弟尔朱兆进兵洛阳，约高欢同去。高欢看到尔朱荣的下场，心想，去洛阳杀皇帝肯定凶多吉少，就算杀了皇帝也不会有好果子吃，于是以河北六镇流民起义不得不防为由，留下镇守镇州。

此时尔朱兆求高欢帮助镇压流民起义，他满口答应。因为这本来就是他让姐姐、姐夫鼓动起来的，就等尔朱兆来求他，然后自己不费一兵一卒平息起义，好借以抬高自己的身份和地位，与尔朱兆相抗衡甚至取代他。

尔朱兆哪里知道这些？还以为高欢有天大的本领，从此对他更是另眼相看，并在大摆庆功宴的当晚封他为六镇统帅。高欢见一计已成，又施一计。第二天向尔朱兆提出镇压山东流民去，以减轻河北负担。尔朱兆不知是计，欣然应允。

但是尔朱兆手下的长史慕容治看出高欢是想以此占据山东并扩大自己的实力，急忙劝阻。但尔朱兆非但不听，反而说他和高欢是结拜兄弟，慕容治有挑拨他们之间的关系之嫌。

慕容治非常生气，心想：尔朱兆你今日不听我之言，他日非为高欢所取代。想罢，独自一人悄悄离开了尔朱兆的军营，从此不知去向。

公元531年6月，高欢的势力超过了尔朱兆。他想，是动手的时候了，但反尔朱兆要有一个借口。于是他便对他所带领的六镇流民说，尔朱兆让他们三天三夜务必赶到并州（今山西太原）讨伐稽相人，否则就要斩杀。此地离并州路途遥远，莫说3天，就是30天也赶不到。

两万兵士一听，群情激愤，纷纷道："尔朱兆分明想置我们于死地，我们与其等死，不如就此反了！"

高欢一听，正中下怀，道："既然如此，我高欢就和弟兄们一起反了！"

两万多人一齐欢呼，拥立高欢为他们的首领。高欢所用的"愤师必胜"之

计果然奏效，仅仅几个月的时间，这些"走投无路"的义军便打败了尔朱兆的强大势力。

公元532年4月，高欢大军杀入洛阳，杀死皇帝元恭，立平阴王元脩为魏朝皇帝，自己为丞相。

不久，高欢又率10万大军攻入尔朱兆的老窝晋阳。尔朱兆见大势已去，自杀身亡。

根除了尔朱氏的势力，高欢又将自己的女儿给皇帝元脩当皇后。又让高乾任司空，高昂任司马，控制朝廷。自己镇守晋阳，掌握重兵，从此元脩皇帝牢牢控制在高欢手中。

但元脩皇帝也不是一个等闲之辈，他自幼才智过人，生性耿直。当了两年傀儡皇帝，满腹抑郁之气，逐渐产生了摆脱高欢、亲理朝政的想法。可巧机会来了，高乾因父亲去世卸任回家。元脩趁此机会任命亲信斛斯椿为镇殿将军，掌握军事大权，并派密使与关西大都督宇文泰联络，联合起来对付高欢。

谁知高欢有所察觉，奏请元脩提前复职，元脩不敢不批，回到后宫唉声叹气。高皇后细问缘由，他也不肯说。高皇后是个重情重义而又冰雪聪明的人，明白皇上因为自己是高欢之女不相信自己。她不再询问，而是从内衣中拿出一封密信交给元脩。元脩不明其意，接过一看不由得脸色大变。原来那是高欢写给高皇后的，信中大意是要高皇后严密监视元脩，一有风吹草动，父女二人里应外合，便将元脩诛杀。

元脩惊怨之余，便慢慢将手伸向高皇后，想一把掐死她。岂料高皇后一下扑到元脩怀中哭道："皇上，臣妾知道你因我是高欢之女不相信臣妾，可你我二人共度这么多日日夜夜，皇上难道真的看不出臣妾对皇上的一番心意吗？臣妾不想，也不能失去陛下……"

高皇后一番肺腑之言，令元脩无比的感动，从此更加疼爱她。第二天，二人便秘密召见将军斛斯椿，设计杀了高乾、高昂及其眷属多人。

高欢怎么也想不到自己派去监视元脩的亲女儿，会站到元脩的一边，走向与自己对抗的道路。他得知她与元脩设计杀高乾等人，勃然大怒，率20万大军，想杀元脩，自己当皇帝。

元脩手中无兵，走投无路，只得带着高皇后前去投奔关西的宇文泰。而宇文泰也不是什么好货色，他为了控制元脩皇帝，毒杀了高皇后，将自己的妹妹给元脩当皇后。元脩失去高皇后，想起她对自己情深义重，如今竟惨遭毒手，自己身为国君，居然无力保卫自己心爱之人，不由得悲恸欲绝。见宇文泰将自己的妹妹强嫁给自己，又气又恨，双手掐住她的脖子，眼看就要掐死。宇文泰忽然从外面闯进来，从后面用白绫将其勒死。

第二天，宇文泰声称元脩暴亡，拥立元宝炬为皇帝，自封为大丞相。

再说高欢，攻入洛阳，见元脩已走，便立文帝之孙、年仅 11 岁的元善见为帝，大权实际上还控制在高欢手中。高欢此举其实是为防止宇文泰挟天子以令诸侯。不久，他便闻听宇文泰要来攻打洛阳，知道自己不是对手，便建议小皇帝迁都邺城。小皇帝和群臣均无力反对，只好照办。公元 539 年，魏帝元善见迁都邺城。

北魏自公元 386 年建立，至公元 534 年止，历时 149 年。几代皇帝非但没有实现统一，反而使之分裂成两个部分：宇文泰在长安拥立元宝炬称帝为西魏；高欢在邺城拥立元善见称帝为东魏。

自此，东西两魏战争不断，双方都想吞并对方，战争持续了十几年，也未见胜负。双方争来夺去，而最终遭受苦难最严重的还是老百姓。

北朝·东魏

东魏帝系表

534—550

	天平(4)	534
孝静帝(元善见)	元象(2)	538
	兴和(4)	539
	武定(8)	543

一代枭雄高欢

东魏（534—550）是北齐的前身，因为东魏皇帝不过是高欢的傀儡。

高欢字贺六浑，渤海蓨（今河北景县）人。他本来是个汉人，他的六世祖高隐曾为晋朝的太守。后来家世沦落了，他的父亲"不事产业"，是一个游手好闲的浪荡子弟，高欢的青少年时代生活很苦。

由于自小生长于边镇，周围都是鲜卑军人，高欢是个完全鲜卑化的汉人，终日舞枪弄棒。他娶了一个鲜卑族女子，才从女方的嫁妆中得到一匹马，成为一个下级军官。当时，有一个叫段长的镇将觉得高欢相貌不凡，资质卓异，对他说："你有济世之才，这辈子不会白活！我这岁数见不到你发达了，希望你日后照顾我的儿孙。"当时这几句小小的鼓励，高欢一生不忘，等他掌握魏朝国柄后，追赠段长为司空，并提拔段长的儿子段宁为官。

高欢的发迹始于六镇起义，后来，他叛投了尔朱荣，帮助尔朱荣灭了葛荣。他以收容的葛荣部众 20 万人，壮大了自己的军事力量，据有冀州。

永安三年（530），尔朱荣被杀死后，尔朱兆起兵赴洛阳，杀死孝庄帝，立元恭为帝（节闵帝）。太昌元年（532），在冀州的高欢得到赵魏大族渤海高乾、高敖曹、封隆之，赵郡李元忠等的支持，消灭潼关以东的尔朱兆势力，杀节闵帝，立元脩为帝，即孝武帝。

永熙三年（534），孝武帝不愿做高欢控制的傀儡皇帝，投靠于文泰。高欢随即立元善见为帝（孝静帝），从洛阳迁都于邺，史称东魏。次年，宇文泰在长安立元宝炬为西魏文帝，北魏正式分裂为东、西魏。

东魏建立后，高欢自己由大丞相而相国，自称渤海王。

高欢集团主要由六镇军事贵族和赵魏大族构成，但重要职位皆由六镇贵族担任，为取得六镇新贵们的支持，高欢对他们的贪黩行为，完全采取放任态度，所以东魏政权一开始就非常腐败，贪污风行。

为扩大地盘，高欢又率领东魏大军与西魏连续展开了五次大战。

东魏天平四年（537），高欢率兵 23 万进攻西魏，双方战于沙苑（今陕西大荔南），因为高欢军不愿渡河作战，士气低下，结果被宇文泰打败，高欢丧甲士 8 万人，弃铠仗十有八万，东魏失掉河南诸州。

东魏元象元年（538），东魏反攻，重占汾南、河南，双方大战于邙山（今河南洛阳北），宇文泰几乎被擒，但东魏也丧失了大将高敖曹，宇文泰不得不退回关中。

东魏武定元年（543），东、西魏再战于邙山，东魏虏西魏诸王及督将僚佐 48 人，西魏再次失利。

东魏武定四年（546），高欢以重兵围魏军于玉璧（今山西稷山西南），围攻 50 余日，久攻不下，自己却损失惨重，士卒战死及病死七八万人，最后不得不引兵退却。第二年，高欢病倒在军中。次年年初，死在晋阳。

高欢死后，他的儿子高澄、高洋相继掌握东魏政权。武定八年，高洋废孝静帝，代东魏自立，建立北齐。

北朝·西魏

西魏帝系表

535—556

文帝（元宝炬）	大统（17）	535
废帝（元钦）	一（3）	552
恭帝（元廓）	一（3）	554

一代英杰宇文泰

西魏（535—556）大权实际掌握在宇文泰手中。

宇文泰，又名宇文黑獭，世居北魏边镇武川镇，是鲜卑化的匈奴人。青少年时代，他是在战争中度过的。

他曾随父参加六镇起义，葛荣失败后他投靠了尔朱荣，高欢灭尔朱氏后，他据有长安与高欢对抗。尔朱氏失败后，高欢命贺拔岳为关西大行台，宇文泰是他的有力辅佐。永熙三年（534），贺拔岳被杀，宇文泰继统领其军，向东占领长安。魏孝武帝与高欢不睦，入关依附宇文泰，任命宇文泰为大将军、雍州刺史兼尚书令。次年，宇文泰杀孝武帝，立元宝炬为帝（文帝），改元大统，是为西魏，宇文泰掌握政权。

宇文泰把持的西魏与高欢把持的东魏多次作战，互有胜负。

大统三年（537）春，东魏攻潼关，宇文泰率精锐出潼关左面的小关，攻其不备，大败东魏军，东魏大将窦泰自杀。

秋间，东魏十万人进至沙苑（今陕西大荔南），宇文泰以不满万人的弱势兵力，趁东魏军轻敌之时，亲自鸣鼓奋战，获得大胜，俘虏七万人。西魏军曾两次进到洛阳。

大统九年，邙山之战，宇文泰率军黑夜登山进击，高欢仅以身获免。次日再战，宇文泰军不利退还。西魏财力兵力都不如东魏，军事上以守势为主，如玉壁城（今山西稷山西南）曾多次抵抗东魏来攻。西魏的东境，大体与东魏以黄河为界。

宇文泰集团是由武川军事贵族（贺拔氏等）、汉化胡族大族（长孙氏、宇文氏、独孤氏等）和汉族大族（杨氏、苏氏、李氏等）三部分构成的，后来被称为"关陇集团"。

宇文泰自己力量不很强大，他也没有高欢那么多的胡兵，胡族贵族在这个政权中的影响也不很大，所以他没有实行胡汉分治。为与高欢对抗，他极力争取关陇胡汉大族的合作，在后者的支持下，他的政策比较开明。汉族大族苏绰，替他制定了有名的《六条诏书》：

一、先治心；

二、敦教化；

三、尽地利；

四、擢贤良；

五、恤狱讼；

六、均赋役。

其中的擢贤良至为重要，苏绰明确主张，州郡大吏的任命，"当不限资荫，唯在得人"，他反对"州郡大吏，但取门资"的传统。这是在政权分配上对门阀的限制，也是西晋以来第一次在国家诏令中承认庶族地主的政治地位，成为以后科举制的先声。六条诏书是宇文泰的总施政方针，因此他要求官吏皆须背诵，否则不予任用。

宇文泰还重新颁布了均田制。规定有室者（已婚的丁男）受田 140 亩，丁者受田 10 亩，外有宅地，但无桑麻田。租调负担，有室者年纳绢 1 匹，绵 8 两，粟 5 斛；丁者半之。种麻地区有室者纳布 1 匹，麻 10 斤；丁者又半之。此外并规定按岁收的丰歉，酌量减免。力役负担，丰年 30 天，中年 20 天，下年 10 天。可见田租比北魏稍重而力役稍轻。由于西魏政治情况较好，而且土地兼并不如东魏、北齐那样剧烈，所以均田实行得也相对好些，促进了关中地区的经济发展。

宇文泰在军事上实行了鲜卑部落兵制与中原征兵制相结合的"府兵制"。在全国各地设军府近百个，府由郎将主管；各个军府分属于二十四军，军设军将；每二军又属于一大将军；每二大将军又属于一柱国大将军。全国凡置八柱国大将军，其中柱国之一为广陵王元欣，徒拥虚名而无所统辖；另一人为宇文泰，是全军统帅，实居各柱国之上，因此直接领兵者为六柱国大将军。府兵不入一般户籍，免除租调及其他力役，但出征时要自带部分衣甲兵器，因此只有较富裕的农民才能担当，他们的地位要高于过去的军户。

宇文泰创立的"府兵制",收编关陇豪族武装,建立由柱国、大将军、开府等逐级统领制度,扩大了兵源,加强了朝廷对军队的控制。这一兵制为后世沿用近200年,在中国古代兵制史上,占有重要地位。

　　恭帝三年,宇文泰病逝。次年,他的儿子宇文觉代魏,国号周,是为北周,追尊为文帝。宇文泰也是北周的实际奠基者。

北朝·北齐

北齐帝系表

550—577

文宣帝（高洋）	天保（10）	550
废帝（高殷）	乾明（1）	560
孝昭帝（高演）	皇建（2）	560
武成帝（高湛）	太宁（2）	561
	河清（4）	562
后主（高纬）	天统（5）	565
	武平（7）	570
	隆化（1）	576
幼主（高恒）	承光（1）	577

高洋篡位

公元 546 年 10 月，东魏高欢率 10 万大军围攻西魏的玉璧。久攻不下，便想一计，挖地道进入城中。不料被玉璧的守城大将韦孝宽识破。此公"哈哈"一笑，命军兵在城内四周挖了壕沟，每有东魏士兵挖通一条地道，他便命人点燃柴火向地道内放烟，东魏军许多人被熏死。

高欢一见，无计可施。正在进退两难之际，他家里又发生了丑事：其弟高深与高欢的爱妃大尔朱、小尔朱私通；其子高澄与高欢爱妃柔然公主勾搭成奸。

家门不幸，高欢气得口吐鲜血，立即下令撤兵晋阳。

高欢回到晋阳就将弟弟亲手打死，又命人去叫高澄来晋阳。

高澄一见父亲派人来叫，便知自己与柔然公主的奸情败露。又闻叔叔被父亲亲手打死，哪里还敢回去？但又想不出什么好主意。正一筹莫展，黄门侍郎崔季舒献上一计，那就是采取拖延战术。因为高欢从玉璧无功而返，又闻家中丑事，连憋气带窝火，竟一病不起。如果他一命呜呼了，高澄也就转危为安了。但高欢见高澄不去晋阳，更加生气，又派人来叫他。崔季舒又为他献上一计：这次一定要去。高欢若问上次为何不去，就说外出巡视不在邺城，并带上一本《齐民要术》作为出城巡视所获证物。高澄依计而行。

《齐民要术》是青州郡（今山东益都）的贾思勰所著，内中详细讲述了西周以来各个朝代农作物的栽培方法、畜牧家禽养殖、酒醋酿造等方法，对发展农业大有好处，是千金难买的好书。高欢一见大喜，竟不再追究高澄所为。

没过多久，高欢死了。东魏帝元善见任命高欢长子高澄为大丞相，坐镇晋阳；任命高欢次子高洋为京畿大都督，在邺城辅佐朝政。

高澄升任丞相，大权在握，可谓万事如意。可是他还有一个心腹之患，那就是河南道大行台（河南最高的官）侯景。此人拥兵 10 万，很有些势力，除了高欢谁也不放在眼里。高澄怕他迟早会反叛，便想出一计，欲除之而后快。

高澄给侯景写了一封信，信中以高欢口气邀他去晋阳共商大事。侯景一看信，嘴角便浮现出一丝冷笑，心想高澄你个乳臭未干的毛小子，跟我耍阴谋诡计还太嫩。难道侯景能掐会算，否则他怎知高澄用计？原来，以前高欢与侯景通信均在信尾点上墨点以做暗号。高澄自然不知，以致弄巧成拙。

侯景识破高澄之计，便欲投降西魏，以图后报。但高澄拦住去路不肯放过他，侯景只好辗转投降了南朝梁国。

侯景走了，高澄也安心了。他又追元善见皇帝封自己为齐王，晋升相国。与弟弟高洋一个主外，一个主内，严密监视元善见，把持朝纲。

而此时元善见皇帝也已 24 岁，他不甘心再当傀儡皇帝，便欲对二人进行反抗。第一步便是将高澄安插在宫中的心腹崔季舒调出后宫。高澄闻知，同崔季舒一起前去问罪。元善见迫于二人的威势，只好在宫中设宴款待，赔礼道歉。二人还不解气，让他收回成命，还把他狠揍一顿，然后才拂然出宫。

元善见挨打，又羞又怒，便想了个蠢办法杀高澄。他命人挖地道，挖到高澄家，再动手杀他，但很快便被发觉。

高澄因此大怒，便与几个心腹商议废掉皇帝元善见。忽见兰京托着一盘糕点推门而入，高澄见状怒喝，让他出去。兰京不慌不忙走向桌边，边走边说："这是奴才亲手制作，丞相连夜商议国家大事，定然饥饿……"话未说完，已走到高澄身边，突然抽出一柄短刀，刺向高澄。高澄听他啰里啰唆。正要发作，毫无防备，正被刺中左胸，当场气绝身亡。

这兰京本是南宋徐州刺史兰饮的儿子，在一次战斗中被俘，做了宫中膳奴。兰京父亲几次要赎回儿子，高澄非但不许，还每次都将兰京毒打一顿。兰京怀恨在心，伺机报复。今天终于有了机会，才一刀将他刺死。

可是兰京也没能逃出去，高洋听说哥哥被杀，很快带人飞速前来，逮住了兰京。

高澄死了，高洋代替哥哥坐镇晋阳。高洋与高澄不一样，他性情温和，体察民情，实行新法，很快就使晋阳呈现一片欣欣向荣的景象。特别是他不像哥哥高澄那样专横霸道，对元善见以君臣之礼相待，深得元善见之心。

东魏皇帝元善见感觉高洋并没有野心，也就放了心，封他为大丞相、都督中列清军等官职。

但元善见做梦也想不到，高洋受封第二天便开始了篡位计划。

不久，晋阳城流传起一首童谣：

一束篙，两头燃，河边飞上天。

大臣徐之才拿来给高洋看，高洋不解其意。徐之才道："第一句是指'高'字，第二句是说水边上的羊飞上天，是为龙飞之兆，看来大丞相即位是天意呀！"其实这哪是什么天意，都是徐之才知道高洋有篡位之意，便投其所好而编造出来的，以图日后升官发财。

但高洋故作不知，欣喜若狂地道："既是天意，我就不可违拗了。"

不久，高洋就率军开进京都邺城，逼元善见让位。元善见本来觉得高洋温文尔雅，不会像他哥哥高澄那样专权篡位。岂料，他比他哥哥做得更周密，更棋高一着、计高一筹，不动声色就带兵前来。大军包围皇宫，他也不敢说个"不"字，只得在禅位诏书上写下自己的名字"元善见"。

第二天，高洋即位，称天宝元年，国号齐，历史上称为北齐。

和士开自取灭亡

和士开的先祖原为西域地方少数民族的商人，后来举家内迁到中原地区。其父和安，聪明机智，很会待人处世，尤其擅长走上层路线，左右逢源，八面玲珑，结交了不少头面人物，因此一路顺风，官运亨通，在东魏时，任中书舍人。

和士开从小聪明伶俐，才思敏捷，被选拔为国子监学生，因悟性好，在同辈中表现得出类拔萃，经常受到老师的嘉奖和同学们的敬佩。

和士开擅长一种叫作"握槊"（属于"双陆"一类）的赌博游戏，文宣帝高洋的弟弟长广王高湛也喜欢玩，因此就非常喜欢和士开，招和士开为府行参军。

和士开还弹得一手好琵琶，高湛也很欣赏，和士开便成了高湛的座上客和

大红人。后来，和士开备受宠幸，竟发展到彼此亲狎、相互猥亵的同性恋了。和士开受了他老子的遗传，也很会阿谀奉承，溜须拍马。有一次，和士开对高欢说："殿下您不是天人，而是天帝啊！"高欢听了，马上回道："爱卿你不是世人，而是世神啊！"

和士开和长广王高湛关系暧昧，文宣帝高洋十分看不惯，他认为和士开是个轻薄肤浅的小人，劝高湛不要与和士开接近，他还责备高湛与和士开戏狎过分，有失王爷的体统，随之下令将和士开赶出京城洛阳，戍守长城。后经高湛的帮助，和士开被调回京城，还被任命为京畿士曹参军。

公元561年，长广王高湛即位，是为北齐武成帝。他一登基，马上提拔和士开，和士开从此官运一路亨通，先后做过黄门侍郎、侍中等职，加开府仪同三司，并加封为右仆射。

按说君臣关系，应该有个分寸，可他们两个一如既往地亲密，君臣二人天天在一起，形影不离，通宵达旦地玩乐、嬉戏，行为鄙贱猥亵，君臣之间应有的尊卑礼节早就被抛在脑后了。

母亲去世时，和士开在家丁忧，高湛皇帝在宫中同样痛悼不已，满丧归朝之日，高湛特派牛车迎接和士开进宫。两人见面，高湛紧握着和士开的手，悲怆流泪，温言劝慰，好久才分手。

高湛喜欢喝酒，可是一喝酒，就犯气疾的老毛病，和士开多次劝谏，高湛就是不听。有一次，高湛又犯病了，可还要喝酒，和士开就站在一边，独自默默落泪。此情此景，深深打动了高湛。他说："爱卿这是不言之谏啊！"从此再也不喝酒了。

和士开对高湛的人生观影响也很大，他对高湛说："自古以来，帝王无数，最终都化为灰烬，尧、舜贤德，桀、纣暴虐，可他们的结局又有什么不同呢？人生在世就这么几十年，陛下何不趁着少壮之年，及时行乐呢？您把那些国政交给大臣们去办就可以了，您就放心吧，不要为自己找苦吃了！"

高湛皇帝听了果然非常高兴，听他的摆布，日夜欢宴。结果没有多久，高湛就得了重病。高湛认为和士开有商朝伊尹、汉朝霍光的政治才能，就迫不及待地把朝政托付给他。临死前，高湛握着和士开的手说："不要辜负我的心啊！"直到咽了气，手都没松开。

和士开也没白跟了高湛一回，他本来就不学无术，贪图享乐，喜财好货。这回他利用高湛对他的宠幸，贪污受贿，贪得无厌，积累了大量财宝钱物。

北齐后主高纬继承皇位后，想到父皇对和士开的重用和信任，以及临终时对他的谆谆叮咛，也是一如既往地对和士开信任、依靠，并继续委以重任。和士开和高纬的母亲胡太后私通，两人肆无忌惮，明来明去，旁若无人了，引起了皇族王公大臣的不满和愤恨。

有一次，胡太后在宫内前殿，设宴款待亲贵和王公大臣们。赵郡王高睿趁机列数和士开种种劣迹和罪行，说："和士开是个势利小人，先皇在世时，他就是个弄臣，奸邪无比，是个市侩小人。他贪污受贿，家产万贯，来路不明；他秽乱宫闱，兴风作浪，罪恶昭彰。臣等不能袖手旁观，任其为非作歹，因而冒死以谏。"官员们群情激愤，纷纷痛骂、谴责和士开。胡太后厉声道："和士开是先皇托付的，先皇在世时你们为什么不说？现在说，不是欺负我们孤儿寡母吗？"宴会不欢而散。

有太后和皇帝撑腰，和士开没有受到一丝一毫的伤害。这时，他欲使用极端残酷的政治手腕，要将政敌置于死地。他怂恿后主下诏谴责赵郡王高睿违背君臣之礼，心怀不轨，罪恶难赦，然后将其召进宫中斩杀了。

和士开依然操纵朝政，他在朝中一手抱着太后，一手操纵权柄，呼风唤雨，为害一时。

武成帝河清、天统年以后，和士开的权势已无以复加，一些不知廉耻的富商大贾和朝臣武将整天围着他转，亲近他，巴结他，与他称兄道弟，有的甚至愿意当他的干儿子，把他作为靠山，纷纷向他行贿、纳献。

有一次，和士开病了，一个士人听说了，特备厚礼前往探视，正好碰上医生说："王爷您患的是伤寒病，十分严重，只有喝黄龙汤才能痊愈。"什么是黄龙汤呢？尿汤啊，谁能喝下这污秽恶心之物？和士开面露难色，不想喝，这位士人马上意识到这是一次难得的讨好和士开的机会，毫不犹豫地端起一大钵粪水，说："这服药很有效，王爷您不必疑惑，请让我先替您尝尝吧。"一口气把粪水喝得干干净净，还咂舌舔嘴，大呼"好喝好喝"。和士开见此一笑，这才勉强咽下。

武平元年（570），和士开被晋封为淮阳王，总管国家大事。他的飞扬跋扈，严重损害了北齐的根基，不除他，后患无穷。于是，琅琊王高俨等人，巧设奇计，将和士开杀掉了。当年，和士开48岁。

荒淫皇帝失江山

高洋建立北齐，称帝两年后就亡故了，其子高殷继位不久便被其弟高演逼下台。但高家似乎均为短命鬼，此后的高演、高湛均还未将龙椅坐热就相继病死了。

年龄大的死了，只好让年龄小的接着继位。这样，高湛的儿子高纬小小年纪便当了皇帝。

别看高纬年纪小，心肠却狠如蛇蝎。14岁时便经常命宦官脱光衣服让蛇蝎咬死，而他在一旁悠闲地看热闹。更加令人不齿的是他15岁时便已达到荒淫无度的地步，仅后宫嫔妃就有近千名之多。此外，他还经常跑出宫外，寻花问柳。

就这样，高纬过了几年腐靡淫乱的生活，弄得后宫嫔妃互相争风吃醋，明争暗斗。这一天，高纬刚从一个嫔妃那里厮混过，又走入穆皇后寝宫。这穆皇后虽身为皇后，却难得与皇上在一起，一见高纬进来，立时喜笑颜开，亲自捧茶倒水，但是高纬却有些心不在焉。穆皇后见状，眼珠一转，对高纬说："皇上，臣妾既为后宫之主，就要统领后宫之事。臣妾见皇上身边佳丽虽多，却没一个能比得上我身边这一个！"

高纬一听，立刻来了精神，忙问："是谁？在哪？"

穆皇后听问，拍了两下手。此时从帷幕后转出一人。高纬一见，魂都给勾走了，此人正是自己日思夜想的冯小怜。这冯小怜其实只不过是穆皇后身边的一个奴婢。但她能歌善舞，长得冰肌玉骨，娇艳可人，而且又十分聪明有心计。

她见皇上天天宠幸嫔妃，不理穆皇后，觉得不公平，便主动提出以自己的身体献给皇上，以离间皇上与其他嫔妃的关系。穆皇后一听此计不错，便把冯小怜着意打扮一番等皇上来。

而高纬来穆皇后寝宫，也见过几次冯小怜，早就心里痒痒，但碍于穆皇后之面，不便怎样。加上有后宫佳丽三千，也把想她的念头稍稍淡了。今见冯小怜打扮如此，美若天仙，早把一双眼睛都看直了，顺着嘴角流口水。穆皇后见状，很知趣地溜走了。高纬等穆皇后一走，一下便向冯小怜扑去……

从此之后，高纬昼夜不离穆皇后寝宫，但却不是因为穆皇后，而是因为冯小怜。二人出双入对，形影不离。高纬为讨冯小怜欢心，极尽各种之能事，甚至装扮戏子乞丐。冯小怜尝到甜头，每天与高纬厮混在一起，早把那离间嫔妃的使命抛到九霄云外了。穆皇后见她比那成百上千个嫔妃还厉害，后悔不迭。

高纬淫乱后宫，不理朝政，大臣仿效，倒霉的只有老百姓，一时怨气冲天。这些情况被云游至此的北周人士卫元嵩探知，他立刻回去告知北周当朝皇帝宇文邕，宇文邕大喜，立即亲率大军，兵伐北齐。

宇文邕是宇文泰的第四个儿子。他的大哥宇文觉、二哥宇文毓均因不满宇文护大权独揽，而被宇文护毒死。宇文邕自幼聪颖，长大后，饱读诗书，足智多谋。他吸取两位哥哥的教训，不与宇文护正面冲突，表面上装得不理朝政，躲在后宫玩乐，消除宇文护的警惕之心，暗中却积极筹划诛杀宇文护，夺回大权。

宇文护实际上也是一个极有心计的人。他知道杀宇文邕不能操之过急，否则会功败垂成，所以也暗中准备。这样，不知不觉，宇文邕已在位几年了。

这一天，宇文护要看望宇文邕的母亲。宇文邕一看机会来了，便拿出事先准备好的"酒诰"对宇文护说："皇太后嗜酒如命，朕每每相劝，她却不肯听。皇太后最喜欢见您，丞请见皇太后念念这'酒诰'，以劝她老人家注意贵体，少饮酒为妙。"

宇文护也知道皇太后爱饮酒，一听宇文邕此言，欣然应许。二人一同来到后宫，见了皇太后，宇文护便专心致志地给她念"酒诰"。宇文邕见他念得认

真，便悄悄举起王珽（即大圭，有三尺长）向宇文护头上猛砸，宇文护来不及叫一声，便脑浆迸裂而死。

铲除了宇文护，宇文邕有了实权，安心治理国家，推行新政，消除贫富差距过大现象，演练士兵，增强兵力，仅两年时间，国内形势一片大好。

而那道士卫元嵩也不是等闲之辈，年轻时削发为僧，云游四方，对各国情况了如指掌，后来被宇文邕网罗到手下。他此次去齐国，就是为宇文邕攻打齐国探听情况，做战前准备。

再说齐国皇帝高纬，正陪冯小怜在天池（今山西省宁武县南管涔山上）狩猎玩耍。忽闻来报：周皇帝宇文邕亲率14万大军，离开长安城，现已攻下齐国的平阳（今山西省临汾市西南）、洪洞县机永安（今山西霍县），大为惊慌。但那冯小怜还没玩够，死缠着他要求再打几天猎。高纬不忍心拒绝她，只好陪同，又玩了十几日才回京都邺城。

北周大军一再大捷。北齐集中力量在平阳与北周决战，大败后，高纬带着冯小怜东躲西藏。最后无处安身，无可投奔，只得又回到京都邺城。这时，随行的大臣、士兵都已各自纷纷逃命，高纬真正成了孤家寡人。

北周大军很快就打进邺城，包围了皇宫。高纬这个沉溺女色、荒淫无度的皇帝无力反抗，只好束手就擒。北齐的江山也就此葬送在他手中。

公元577年元月，北周宇文邕灭北齐，统一了北朝。

颜之推和《颜氏家训》

《颜氏家训》是北齐颜之推所著，被奉为古代家训中的经典，宋、明、清历代学者对此书颇多赞誉，认为古今家训，以此为祖。清人王钺在《读书从残》中甚至推崇说："篇篇药石，言言龟鉴。"主张"凡为人子弟者，可家置一册，奉为明训"。由此可见《颜氏家训》的影响之大和影响之广。

颜之推生于南北朝时期的梁朝，只因《北齐书·文士传》中有颜之推的本传，所以后世称他为北齐人。

西晋末年，颜之推的九世祖颜含随琅琊王司马睿东渡长江，在建康（今南京）建立东晋政权，颜含被封为侯爵。自此，颜家代代都不乏显赫人物。颜之推19岁就出仕，在分封荆州的湘东王萧绎的府中担任左常侍，后随萧绎的世子萧方诸出镇郢州，掌管书记。郢州被侯景的叛军攻陷，颜之推险些

颜之推

被杀，多亏侯景的行台郎中王则出力解救，得以不死，被押送到京城建康。侯景之乱平定后，颜之推回到荆州，此时萧绎已自立为帝，任命他为散骑侍郎。不久荆州又被北周所灭，颜之推再次成为俘虏。周军大将军李显庆很重视颜之推的才华，让他到自己的哥哥阳平公李远处掌管书记，颜之推借机驾船携带家人逃往北齐。

颜之推在北齐受到文宣帝高洋的器重，被任命为奉朝请，侍从自己左右。后来北齐又被北周吞灭，颜之推便第三次成为亡国之人，被迁往长安。颜之推在北周被任为御史上士，杨坚代周自立，颜之推又成为大隋之臣，被皇太子召为学士，不久因病逝世于长安。

颜之推生逢战乱年代，一生多灾多难，饱经生死忧患，所以对人生看得格外透彻，所得出的人生经验也就弥足珍贵。他晚年写下《家训》一书，举凡教子、持家、慕贤、勉学、名实、涉实等人生从小到大、从教育、自立到处世的方方面面无不涉及，无不精到。由于家训得到了很好的贯彻，所以颜氏家族人才辈出。他的孙子颜师古是唐朝注释《汉书》的大学问家，五世孙中又有誉满书界的颜真卿和著名政治家颜杲卿。

《颜氏家训》旨在传述"立家之法，辨正时俗之谬，以训世人"。但涉及极广，对于佛教之流行、玄风之炽烈、鲜卑语之传播、俗文字之盛兴等都做了较

为翔实的记录。它对研讨古代丰富的文化遗产，做出了巨大的贡献。从文学角度说，该书多是质朴的散文，行文如话家常，又不失委婉典雅，动之以情，晓之以理，恰到好处。书中常用夹叙夹议的方法，为证明自己的主张，援引一些生动的事例，刻画生动传神。《颜氏家训》问世后，流传十分广泛，成为后代家书典范，与北魏杨衒之所著的《洛阳伽蓝记》堪称南北朝时期文学艺术的双璧。

北朝·北周

北周帝系表

557—581

孝闵帝（宇文觉）	一（1）	557
明帝（宇文毓）	一（3）	557
	武成（2）	559
武帝（宇文邕）	保定（5）	561
	天和（7）	566
	建德（7）	572
	宣政（1）	578
宣帝（宇文赟）	大成（1）	579
静帝（宇文阐）	大象（3）	579
	大定（1）	581

宇文邕除奸

在宇文泰打好的基础上，他的儿子宇文觉废魏帝，改国号为周，史称北周（557—581），都长安。当时，政权掌握在宇文护手中，宇文护先废宇文觉改立宇文毓，后又杀宇文毓改立宇文邕（周武帝）。

建德元年（572），宇文邕诛杀了晋国公宇文护。消息传出，朝野震惊：晋国公宇文护权倾内外，连弑二君，当年跟随宇文泰南征北战立下开国殊勋的赵贵、独孤信等大将都死在他手里。而武帝即位 12 年来，只知对宇文护唯唯诺诺，人们正担心着他难免有朝一日要被废被杀，怎么宇文护反倒是死在他的手里了呢？

其实，正是宇文邕 12 年的唯唯诺诺，麻痹了骄横的宇文护，才造成了今天这个机会。

当年，宇文泰英年早逝，太子年幼，其委托侄子宇文护辅佐。宇文护强迫西魏皇帝禅位给宇文泰的嫡子宇文觉，是为北周开国的孝闵帝。不久，就废杀孝闵帝，另立宇文泰庶子宇文毓，是为明帝。明帝很是精明强干，不甘为人傀儡，所以当宇文护假意归政时，就畅快地接受了，他由此遭忌，被宇文护毒死。接着，就是宇文泰第四子宇文邕被立为周武帝。武帝接受了两个亡兄的教训，藏锋隐芒，对宇文护言听计从，甘当傀儡皇帝，等待机会。

周武帝有个同母兄弟宇文直，因被宇文护免了官职，怀恨在心，武帝便同他密谋诛杀宇文护之计。同时，又联络了宇文神举和王轨等官员作为内外策应，安排好了一切。

宇文护与宇文邕是同祖兄弟，所以在宫禁之内，他们互行家礼。宇文护常去省视太后，以示对长辈的孝敬。这一天，他要去见太后。武帝面有忧色，说："母亲年纪大了，却好饮酒，有时喝醉了，竟至喜怒失态，且于身体也不利。我多次劝谏，她总听不进去。今天兄长进宫拜谒，请替我劝劝太后。"说着，从怀中拿出一幅抄有《酒诰》的绫绢，交给宇文护说："念念这篇《酒诰》或许能起作用。"

《酒诰》是《尚书》的一篇，相传为周成王所作。北周模仿周朝古制，《酒诰》自然有很大的权威性，周武帝交给宇文护《酒诰》，以示自己劝母戒酒的诚意。果然，宇文护毫不怀疑，入宫劝了太后几句，便展开《酒诰》抑扬顿挫地读了起来。

《尚书》是中国最古老的典籍，文字古奥艰深，没有文化修养的人是读不好的。宇文护读《酒诰》的时候，当然也不愿意读错了出丑，于是聚精会神，无暇旁骛。宇文邕借这个机会，悄悄地移近宇文护身后，举起三尺长的玉珽，对准他的后脑勺狠狠地砸了下去。"当啷"一声，玉珽折为两段，宇文护应声倒地，痛得满地乱滚。埋伏在窗外的宇文直闻声冲进来，一刀把宇文护斩为两段。

周武帝诛杀了宇文护以后，立即宣布了他的罪状，并把他的几个儿子和党羽抓起来处决。紧接着，改组了朝廷府阁，罢黜了庸碌之徒，任命了一批正直忠诚、精明干练的官吏，把国家大权夺回到自己手中。

宇文邕亲政，随后实施了一系列加强皇权的措施。他首先改革了府兵制，加强皇帝对军队的控制。其次是推行毁佛。北魏时期北方佛教虚行，到北周时，在其统治区内就有寺院万余，僧侣约百万，严重地影响了政府收入。宇文邕为了"求兵于僧众之间，取地于塔庙之下"，于建德二年（573）下诏毁佛，销毁一切佛像，没收寺院的土地及其全部

北周 "天元皇太后玺"

资产，百万僧侣被强迫还俗为均田户。这在很大程度上减轻了人民的负担，缓和了阶级矛盾，政府的经济实力也得到加强，给灭齐做了重要的物质准备。在灭齐后，宇文邕又将毁佛推行于东方齐境。宇文邕还曾下诏释放部分奴隶为平民，又放免一些杂户为百姓，北方的奴隶制成分进一步下降。

禅学的兴盛

　　十六国时期，长安是佛学中心，前秦苻坚尊奉佛教，翻译佛经，宣扬佛教。后秦姚兴，得鸠摩罗什，译事更盛，中外名僧云集。赫连勃勃攻入长安，灭佛系僧，僧徒逃散，号称白脚禅师的惠始，就是鸠摩罗什的学徒，最早到平城传教，是受魏太武帝礼敬的一位名僧。凉州自从张轨以来，一向是西北地区佛教中心，敦煌地接西域，僧人都熟悉西域佛教的旧式（规矩和技艺等），村坞相连，多有塔寺。魏灭北凉，俘虏僧徒 3000 人、北凉国人 3 万户（或说 10 万户）到平城，魏国境内佛教开始盛行。

　　凉州是禅学最盛行的地方，魏文成帝兴佛后，先后任沙门统的师贤、昙曜，都是凉州禅师，作为北朝佛学主流的禅学，以及规模巨大的佛教艺术，都导源于凉州，凉州在接受西方文化时起到了重要的作用。

　　禅的意义是澄心静虑，坐禅入定，绝灭一切妄念，专心求解脱。净土是北朝禅学中的一个大宗，流行最广，信徒最多。净土宗分弥勒净土、阿弥陀净土两派，都是念佛修禅定，希望死后往生安乐土（净土）。所谓念，就是一心想念佛的名号、佛的相（形状）好、佛的光明、佛的神通、佛的功德，等等，心里没有其他杂想，前后相续的想念全部是佛，想念得久了，会在定中看到诸佛。怕死本是人之常情，净土宗正是依据人怕死的心理，用简便方法取得广大的信徒。

　　禅法也是北朝禅学中的一个大宗。禅法主张寂坐修心，不重讲经（义门）。鸠摩罗什译《禅要》，北凉沮渠京声译《治禅病秘要法》等书，标示禅法，为禅学者所宗。天竺僧佛陀禅师来平城，得魏孝文帝礼敬。迁都洛阳后，在嵩岳少室山为佛陀造少林寺。佛陀倡导禅法，有徒众数百人。此后，僧徒悉皆禅诵，不复以讲经为意。

　　大概在魏宣武帝时，南天竺僧菩提达摩自梁国来到洛阳，北朝禅学进入更发达的阶段。菩提达摩所修是大乘虚（空）宗的禅法，称为壁观，意思是外息诸缘，内心无惴，心如墙壁，可以入道。

达摩用《楞伽经》四卷教徒众，要破除妄想，遗荡一切诸相，必罪福并舍，空有兼忘；必心无所得，必妄言绝虑。达摩的禅学与老庄清静无为、心如死灰的思想颇相类似。北朝不行玄学，但在欲火炽烈，无可满意的人心里，还是需要老庄一类的思想当作清凉剂。达摩所创始的禅宗，正是代替老庄来供给更寒冷的清凉剂，因而成为禅学的主流。

达摩主张妄言，不随于言教。他是禅宗的始祖，他的继承人所谓二祖三祖以至六祖等人，都只是口头说法，不立文字，不出著述。禅宗以明心见性一切皆空为宗旨，只有我心最尊，其他都可废弃。老庄学派的嵇康、阮籍，要破除礼法和儒经，禅宗也要破除一切名相，连佛菩萨和佛经都包括在内。以空无为宗，自然会发生嵇阮禅宗的想法。

禅宗主张心无执着，遗荡一切执见，使思想从各种拘束中解脱出来，也就否定了自身以外的佛教各派别，到后来，空无到极端，连自身也被否定了；禅宗是从佛教内部摧毁佛教的重要力量，达摩创立禅教，在佛教和中国哲学史上都是一件大事。

二　武灭佛

自寇谦之革新天师道以后，道、佛两教相互攻击，儒攻佛不攻道，形势上似乎儒道联合攻佛。攻佛的理由之一是华夷之辨，这就涉及北朝非汉族的皇帝，对华夷之辨需要表示态度。宗教斗争含有政治意义，因此表现的形式比南朝更猛烈。

魏太武帝在灭佛诏里曾说"朕承天绪，欲除伪（佛）定真（儒道），伏羲（伏栖）农（神农）之治……自今以后，敢有事胡神（佛）及造型像泥人铜人者门诛（灭一门）。……诸有佛图形象及胡经，尽皆击破焚烧，沙门无少长悉坑之"。后赵石虎说过，胡人该奉胡神，我是胡人，所以兴佛教。魏太武帝排斥胡神，显然是在对汉人说，我是黄帝子孙（拓跋部自称是黄帝子昌意的后裔），有权继承羲农的正统。

太平真君五年（444），魏太武帝下令上自王公，下至庶人，一概禁止私养沙门，并限期交出私匿的沙门，若有隐瞒，诛灭全门。第二年，卢水的胡人盖吴在杏城（今陕西黄陵）起义，有众十余万人。七年，太武帝亲自率兵前去镇压，到达长安时，在一所寺院发现兵器，怀疑沙门与盖吴通谋，大为震怒，下令诛杀全寺僧众。崔浩趁机劝太武帝灭佛，于是太武帝进一步推行苛虐的废佛政策：诛戮长安的沙门，焚毁天下一切经像。一时之间，举国上下，风声鹤唳。魏国境内的寺院塔庙无一幸免于难。废佛后六年，太武帝驾崩，文成帝即位，下诏复兴佛教，佛教又逐渐恢复起来。

北周武帝宇文邕是一位雄才大略的君主，最重儒术，励精图治。在位期间，在政治、经济、军事方面都进行过一系列的改革，北周逐渐强大起来。但佛教势力已经严重威胁到政权，不少人请求废除佛教。于是，周武帝召集群臣及名僧、道士，讨论三教的优劣，意在压低佛教的地位，定儒为先，道教为次，佛教为后。

周武帝避免魏太武帝所采取的残杀手段，用比较和缓的方法，经过长期的准备来废佛教。当时有个卫元嵩，曾出家为亡名法师弟子，亡名当是受禅宗和嵇阮影响的和尚，教卫元嵩佯狂求声名。卫元嵩还俗，著佛道二论，崇道抑佛，与道士张宾共排佛教，大得周武帝的尊信。周武帝一向崇儒，这就造成了儒道联合攻佛的形势。

公元568年，周武帝登大德殿，召集百官、和尚、道士等，亲讲《礼记》，显示儒学的特殊地位。公元569年，周武帝又登大德殿，召集百官、道士、和尚等讨论佛、道两教教义。会后一个月，正式召集百官、儒生、和尚、道士2000余人到正殿（当是紫极殿）大会，周武帝亲自考量三教优劣，名儒沈重代表诸儒宣扬儒学。会后五天，又召集大会，讨论三教。会后又号召道俗诸人，尽量表示意见。公元570年，甄鸾上《笑道论》三卷，周武帝召集群臣，说《笑道论》伤害道教，当众烧毁。道安法师又上《二教论》，攻击道教。周武帝重道轻佛，早有定见，不过形式上还让二教争辩。

公元 572 年，周武帝到玄都观，亲登法座讲道经。公元 574 年，周武帝召集百官、儒生、和尚、道士等，判定三教先后，以儒教为先，道教为次，佛教为后。由于佛教徒剧烈驳斥道教，周武帝下令禁止佛道二教，和尚道士一律还俗。别设通道观，选著名道士和尚 120 人入观学老、庄、《周易》，称为通道观学士。所谓通道，就是让和尚通过学习变成道士，废二教实际是废一教。

公元 577 年，周武帝在邺召集僧徒 500 人，宣布废佛，慧远法师抗声争论，最后用阿鼻地狱恐吓周武帝。周武帝说，只要百姓得乐，我愿受地狱诸苦。僧徒技穷，只好从令还俗。还俗僧徒任道林上书要求辩论，周武帝召他入宫，使立御座旁辩论多次。周武帝对任道林说，佛生在西域，我不是五胡，对他不发生敬心。既非正教，所以该废。周武帝声明自己不是五胡。既然说到这一点，任道林就有触犯忌讳的危险了。因此，任道林请求同其他和尚 10 人入通道观求学。

公元 577 年，周武帝灭齐境佛教，周齐境内佛像被破坏，经卷被焚烧，4 万所以上的寺庙赐给王公作宅第，将近 300 万的和尚，还俗做平民，寺院财物散给群臣，寺院奴婢得到释放，周武帝灭佛比魏太武帝深入得多。可是，佛教既有存在的社会原因，想用政治手段消灭它是不可能收到实效的。

公元 578 年，周武帝死，佛教又兴盛起来。

《木兰诗》与《敕勒歌》

西晋太康时期昌盛的文学，经永嘉之乱，随着士族流迁到长江流域，在北方，文学几乎灭迹。当然，这并不是说，民间创造的文学也灭迹了。民间文学很少被保存，但从《木兰诗》看来，民间创作是存在的。北朝末年，南方文学回灌北方，衰落已久的文学开始在士人中出现活动的气象。

《木兰诗》是北朝乐府民歌最优秀的代表作品。它是一首歌颂女英雄木兰代父从军的叙事诗，叙述了一个传奇而浪漫的故事。作品通过生动的情节，展示出人物性格和精神风貌：北方某地农家姑娘木兰，在国家遭受外来侵略时，因父老弟幼，毅然女扮男装代父从军，踏上保卫国家的征途。她跨过黄河黑水，度过燕山朔漠，万里长征，十年转战，立下赫赫战功。凯旋归来，不受封赏，甘愿回到故乡与亲人团聚，重新过和平安定的生活。在木兰身上，集中了一切美好的品质：勤劳、善良、机智、勇敢，国家危难之时勇于自我牺牲，战争胜利之后不爱名利，不慕高官厚禄而热爱和平生活。因此，一千多年来，木兰代父从军的故事在我国家喻户晓，木兰的形象一直深受人们的喜爱。

《木兰诗》中君主或称可汗或称天子，木兰家在黄河南，出征地点在北边，看来这首诗当是魏迁都洛阳以后，六镇起事以前的作品。魏自道武帝起，对塞外用兵，总是一击就归来，从没有接连作战甚至一去12年才完结的战事。可能有一个女儿曾代老父从过一次军，这自然是非常动人的奇迹，民间歌颂这个英雄女儿，逐渐扩充成大篇、修改成精品。诗中描写的木兰，确实表现了中国妇女的英雄气概和高洁道德。中国妇女是有这样的气概和道德，因之这首诗的内容也是真实的，倒不必考证木兰是否真有其人，真有其事。《木兰诗》和东汉末古诗《为焦仲卿妻作》，是古代人民群众自己创造的两篇伟大诗篇。北朝有《木兰诗》一篇，足够压倒南北两朝的全部士族诗人。

《敕勒歌》是首优美的牧歌，它奔放、雄健、质朴，诗中描述的情形宛如一幅草原放牧的优美图画。

《敕勒歌》是一首北方敕勒民族唱的民歌，是由鲜卑语译成汉语。它歌唱大草原的景色和游牧民族的生活，气势恢宏苍劲，意境辽阔悠远。南朝乐府多半为恋歌、志怪、山水、宫体之作，描写江南采桑采菱的农耕生活。北朝乐府多半为恋歌、苦寒、征战、思乡、尚武之作，描写草原纵马放牧的游牧生活。但它们共同的特色，在于带有浪漫、神秘，以及唯情唯美的色彩，《敕勒歌》是其中的代表：

敕勒川，阴山下。天似穹庐，笼罩四野。

天苍苍，野茫茫，风吹草低见牛羊。

美丽的敕勒大草原，铺展在阴山脚下。天空就像一项巨大的圆弧形帐篷，笼罩着辽阔的大草原。天空辽阔青青，草原茫茫无际，风吹过时，野草低伏下去，大草原上露出一群群的牛羊。这种苍苍茫茫的气象，正是北方独有的自然境界。

北地三才

南北朝时期，北朝政治动荡较大，文学艺术发展缓慢，诗文成就较之南朝为弱。这时期北朝诗坛活跃的诗人可分为两部分：一部分是一向生活在北朝的文人，如温子升、邢邵、魏收等人，他们在写作上模仿南朝作家，受南朝文风影响较大；一部分原是南朝的文人，到北朝后继续发扬他们的所长，写做出各有特色的诗文，如王褒、庾信等人。

在东魏和齐，北方开始出现温子升、邢邵、魏收三个著名的文士，号称三才。三人互相指责，邢邵斥魏收偷窃江南任昉，魏收斥邢邵在沈约集中做贼，魏收说温子升不会作赋，不算大才士。三人各有所长。

温子升（495—546），字鹏举，太原（今山西太原）人。他是东晋重臣温峤之后。在北魏做过侍读兼舍人、金紫光禄大夫、中军大将军等职。东魏时，高澄引为大将军参议，后受怀疑，下狱饿死。他少年好学，博览百家，诗文俱佳，颇有名望。在北朝，他与邢邵、魏收齐名，世有"北地三才"之称。他的诗，清俊通脱，文辞典丽。

《捣衣》是温子升比较有代表性的作品：

> 长安城中秋夜长，佳人锦石捣流黄。
>
> 香杵纹砧知近远，传声递响何凄凉。
>
> 七夕长河烂，中秋明月光。
>
> 蠮螉塞边绝候雁，鸳鸯楼上望天狼。

这首诗细腻地描写了妇女捣衣为外出征戍的丈夫制作寒衣的过程，含蓄地抒发了独守空闺女子的相思怀远之情。全诗委婉曲致，情深意切。

温子升有《温侍读集》传世。

邢邵（496—？），字子才，河间（今河北任丘北）人，家世仕宦。北魏孝明

北朝·北周

帝时，以文名倾动京城。由魏入齐，官至中书监、国子祭酒，地位甚高。

邢邵诗仅存八首。其中《思公子》很接近于齐梁文人从南朝民歌中蜕化出来的绝句体：

> 绮罗日减带，桃李无颜色。
>
> 思君君未归，归来岂相识。

但他的《冬日伤志篇》，又较多保存了魏晋诗的余风：

> 昔日堕游士，任性少矜裁，
>
> 朝驱玛瑙勒，夕衔熊耳杯。
>
> 折花步淇水，抚瑟望丛台。
>
> 繁华夙昔改，衰病一时来。
>
> 重以三冬月，愁云聚复开。
>
> 天高日色浅，林劲鸟声哀。
>
> 终风激檐宇，余雪满条枚。
>
> 遨游昔宛洛，踟蹰今草莱。
>
> 时事方去矣，抚己独伤怀。

邢邵少年时居于洛阳，专以山水游宴为娱，生活放浪。晚年衰病，而昔日繁华的洛阳城也同样因战乱而荒芜不堪。抚今追昔，感慨无穷。这诗的情调颇类于阮籍的《咏怀诗》，但并未着意模仿。比起同时的南方诗歌，虽不够精致，却有寄寓深沉之长，多少表现出北方文学"重乎气质"的优点。

魏收（507—572），字伯起，巨鹿（今河北平乡一带）人。魏收是北齐著名文人，与温子升、邢子才并称三才子。但他生性轻薄，人称"惊蛱蝶"，早在北魏末年就参加了国史和起居注的编写。他在东魏、北齐仕途通畅，直做到尚书右仆射，除起草诏令之外，修史长期是他的专职。这次设局纂修，魏收推荐的史官都是一向趋奉自己的人，凡事由自己做主。

天保五年（554）秋，魏收完成《魏书》纪传部分，十一月又成十志。书成后，魏收自认为是"勒成一代大典"的盛事，但却在朝廷内外引起轩然大波，一些人直斥其为"秽史"。有人指责魏收借修史来酬恩报怨，魏收自己也公然宣

称："何物小子，敢共魏收作色，举之则使上天，按之当使入地！"凡是史官的祖先姻戚，"多列史传"."饰以美言"，据说魏收还有受贿行为。由于魏收在列传人物的去取褒贬上触犯了某些门阀地主，诸家子孙控诉"不平"的达一百多人，一时间"群口沸腾"。这场风波对当时和后世都产生了不小的影响，北齐皇帝高洋、高演、高湛都相继过问此事。皇帝高洋和宰相杨愔、高德正庇护魏收，将一些控诉的人下狱治罪，暂时压下这场风波，同时也命《魏书》"且不施行"。以后的十几年中，魏收两次奉命对《魏书》做了修改，始成定本，即传下来的这部《魏书》。

魏收有一首《挟琴歌》比较有特色：

春风宛转入曲房，兼送小苑百花香。

白马金鞍去未返，红妆玉箸下成行。

隋朝

隋朝帝系表

581—618

文帝（杨坚）	开皇（20）	581
	仁寿（4）	601
炀帝（杨广）	大业（14）	605
恭帝（杨侑）	义宁（2）	617

杨坚受禅建隋

隋室代周，是以禅让方式实现的新旧更替。隋以前的北周，是鲜卑贵族宇文氏统治的政权。宇文氏汉化较深，武帝宇文邕统治时期相继采取了一些汉化措施。北周国力日渐强大，同时汉人势力在北方也在扩大。武帝灭北齐，中国北部基本统一。

公元 578 年，周武帝死。他的继位者周宣帝是个荒淫狂乱的人。公元 579 年，周宣帝传位给儿子周静帝，自称天元皇帝。此时的静帝，年龄还不满六岁。宣政元年（578 年），北周军政大权逐步落到外戚杨坚手中。杨坚是宣帝的岳丈，静帝的外祖。周宣帝时，杨坚以国丈资格拜为上柱国大司马。静帝时，辅佐朝政。大象二年（580 年）杨坚自居大丞相总知中外兵马事，部署力量，作灭周的准备。尉迟迥、司马消难、王

隋文帝杨坚

谦等人相继发动声势浩大的兵变，反对杨坚，但是很快都被杨坚镇压了。

杨坚以皇帝的名义讨伐兵变，也是自己势力更加壮大的过程。尉迟迥原为代人。其先属魏之别种，号尉迟部，因以为姓。尉迟迥从西魏到北周，历仕两朝，很有军功。孝闵帝及周宣帝两朝，他的官职很大。直到宣帝死了，静帝幼弱，杨坚辅政，有篡夺之意，尉迟迥才开始结合各方面的势力向中央进逼。但结果反为杨坚所击破，尉迟迥最终被迫自杀。

王谦的讨杨运动和尉迟迥的讨杨运动一样，没有成功。王谦字敕万，其父名雄，颇有军功，为周讨齐，死于军中，谦以父功，为柱国大将军。后闻杨坚把持政权，宇文氏的政权将为杨家夺去，乃合益、潼等十八州之师，进讨杨氏。

结果被杨坚击败，后被杀。司马消难举兵勤王，也没能成功。消难出身官宦之家。其父名子如，齐神武（北齐）时，曾为尚书令。消难官亦至光禄卿，初为北豫州刺史。后附北周，入朝，授大将军荥阳公，迁大后丞，纳女为周静帝后。当时中央的政权，快要被杨坚夺去了，尉迟迥正因此发难讨杨。消难闻之，也举兵发难，与迥一致行动。其势力遍布于今之河南、湖北等地。但很快为杨坚的兵击败，投奔南陈，隋灭陈后，仅免一死。

杨坚先后灭掉北周各方讨杨运动。此后，杨坚又乘静帝年幼，大肆杀戮周宗室子孙。大象三年（581年）二月，杨坚迫使周静帝下了一道禅让诏书，至此杨坚基本上以和平的方式获得帝位。

杨坚建隋统一天下

公元578年，北周皇帝宇文邕再次率军攻打南朝陈国，想完成统一大业。不料途中身患重病，竟至不语。随行的上杭同大司马杨坚与王轨见此情景，唯恐皇帝不治身亡，忙拿来纸笔写下宇文赟和宇文宪两个名字。宇文邕此时心里还明白，他知道二人是让他选立太子。

这宇文宪是宇文邕之弟，具有文韬武略，在军中屡建奇功，不仅有统率军队之才，还有治国安邦之道；而宇文赟是宇文邕的儿子，此人道德败坏，不学无术，而且荒淫好色。宇文邕也深深了解这二人。但是，弟弟毕竟不如儿子亲，弥留之际，宇文邕最终选了儿子宇文赟。

这宇文赟早就垂涎父亲的后宫佳丽，只是碍于父亲的威慑，不敢轻举妄动。宇文邕一死，可遂了他的心愿。他竟高兴得手舞足蹈，甚至旁若无人地用木棍敲着宇文邕的棺材说道："你死得真是太晚了！"众大臣听了，无不愕然。但都知道他不是好惹的主儿，谁都不敢吱声。

宇文邕刚刚下葬，宇文赟就跑到后宫去鬼混，直到玩腻了，才出来亲理朝政。他上台后第一件事便是诛杀重臣，他将对他有威胁的人全部杀掉，甚至连宇文氏家族的人也不放过。然后又重新任命高官重臣，将自己的亲信耳目全部

安插到朝中，并派杨皇后的父亲杨坚为他主持朝政。他以为这样就可以高枕无忧了，便过起了更加放荡，甚至违背人伦的生活。

一天，宇文赟在宫中宴请群臣及其家眷。席间，他发现西阳公宇文温的夫人尉迟氏颇有些姿色，便将其灌醉，留在宫中玩弄。这还不算，最后干脆将尉迟氏的丈夫西阳公宇文温全家抄斩，将尉迟氏封为第五个皇后。消息传出，朝野为之哗然。

那尉迟氏也不是什么好东西，丈夫一家因她而死，她非但不怨恨，反而一心一意做起了宇文赟的皇后，整日与他鬼混在一起。一天，她正与宇文赟在寝宫调乐，内侍匆匆来报："皇上，突厥来犯，群臣在等皇上去商议退兵之策。"尉迟氏闻听，一脸不高兴，对宇文赟耍起了小性，故意不理他。宇文赟对她正处在迷恋时期，非但不生气，反而再三央求。

尉迟氏见火候到了，趁机说道："陛下，干脆您将皇位传给太子吧，咱们在后宫尽情享乐！"

宇文赟一听，是个好主意，立刻点头应许。从此，这个刚刚21岁的宇文赟便将皇位传给8岁的儿子宇文阐，自己做起了逍遥自在的太上皇。

宇文赟迷恋女色，沉溺后宫，可乐坏了一个人，那就是杨坚。杨坚趁此机会，将大权一步步抓到自己手中。但是他也见识过宇文赟诛杀大臣的残酷手段，所以一时还不敢轻举妄动。

一天，太上皇宇文赟又在后宫玩起了新花样。他将几位太后召集到一起，命她们5人脱光衣服，一起躺到床上侍寝。这5个太后中，杨皇后为杨坚之女，知书达理，对宇文赟的行为早有所不满，只是一直遵守妇道，隐忍不发。今见宇文赟荒淫若此，气愤至极，非但不听他的话，反而以严辞相斥道："陛下本乃一国之君，如今既尊为太上皇，更应自尊自爱。陛下如果一味做这等蝇营狗苟之事，臣妾也为此深感羞耻，宁愿受杖刑而死……"

一番话说得早已脱光衣服、正想进行淫乐的宇文赟脸色大变。他何曾听到过别人说他这个？立刻命内监将杨皇后拖出去杖刑，然后赐死！

杨坚在内宫早已安插耳目，消息立刻传入他耳中。杨坚闻听，马上就要动

手杀了宇文赟，但有心腹将他劝住，说此时动手，尚且还早。若想救杨皇后，不如让独孤氏前去求情，还可以免去宇文赟的疑心。

就这样，杨坚之妻独孤氏亲自去宫中叩头求情，才勉强救下早已奄奄一息的杨皇后。日后，杨坚去宫中探望女儿，看她身上的伤状悲惨，暗中咬牙，誓报此仇。

但是宇文赟没有等到杨坚向他复仇便淫乱而死，时年才22岁。

宇文赟一死，小皇帝宇文阐根本不被杨坚放在眼里。他篡位的野心，便逐渐显露出来。一些藩王大臣看出端倪，便欲诛杀杨坚。但是非但没得手，反而全被杨坚给杀了。不仅如此，他还将周室宇文氏宗亲除小皇帝宇文阐外，一律斩尽杀绝。

他留着宇文阐是有原因的。原来杨坚很迷信，他通过占卜得知自己登基的最佳时间为来年（公元581年）二月初四，所以又让宇文阐多活了些时日。等到他准备登基的头天晚上，才用毒酒将宇文阐毒死。

公元581年二月初四，杨坚登基，国号隋。至此，北周从宇文觉始，至宇文阐止，共历5位皇帝，25年便告结束。

杨坚称帝后，可不像宇文赟那样荒淫无度，不理朝政。而是励精图治，富国强兵。为此他奋斗了八年，给大隋江山打下了坚实的基础，也向他"统一天下"的目标迈进了具有实质性的一大步。

而此时与隋相并存的陈，当朝者为贪嗜酒色的陈叔宝。陈叔宝自公元571年继位以来，大力推行的一条政策便是：广选秀女。每年他都要在全国范围内网罗大批秀女，然后进行严格筛选。现在，在他宫中艳压群芳、轮流侍寝的是龚、孔二位贵嫔。

而龚贵嫔入宫时，从家中带了一名贴身侍女，名叫张丽华。这张丽华长得千娇百媚，又善于忸怩作态，不久得到陈叔宝宠幸，15岁时便为陈叔宝生了一个儿子，这下陈叔宝更高兴了，当即封她为贵妃，居于龚、孔二嫔之上。

可张丽华还不满足，使出浑身解数取悦陈叔宝，使陈叔宝不仅不理其他嫔妃，连朝政也不理了，整日晕晕乎乎，围着她转。

一天，两人正在后宫取乐，内侍来报："杨坚派二儿子杨广率 50 万大军兵分八路来攻陈国！"陈叔宝闻听，竟不以为然道："来就来罢，当初齐兵三次来攻，周兵也来了两次，均无功而返。可见我陈国有天神护佑，还怕他杨广怎的？"张贵妃也连连说长江天堑，隋军插翅也难飞过来。于是二人也不理会，继续寻欢作乐。

第二天早朝之上，陈叔宝惊闻隋军已过长江，不久就将打到京城建康，这才慌了，忙向大臣们商讨退敌之计。岂料，这些大臣们也个个都是酒囊饭袋之辈，想不出个主意。大殿之上，一时寂无声息。陈叔宝一见，急得都快哭了。这时，老将萧摩河请求出战迎敌。陈叔宝转忧为喜，立即表示要对其封妻荫子。

萧摩河带兵出征后，陈叔宝果真让他的妻子、孩子入宫受赏。岂知，这个酒色皇帝见萧摩河的继妻年轻貌美，竟就此霸占宫中，萧妻一个柔弱女子，也不敢不从。

此时萧摩河正统兵欲与隋军决一死战，忽闻家丁来报："夫人去宫中受赏，被皇上留在宫中，至今未回。"萧摩河一听，犹如晴天打了一个霹雳。他深知陈叔宝为人，心里顿时明白发生了什么，他大叫一声，昏死过去。众军士见主将倒下，也就无心再战，纷纷各自逃命，隋军轻而易举地攻进建康城。

陈叔宝闻听隋军杀入皇宫，吓得藏入景阳殿后的水井之中，被隋将发现押出皇宫。公元 589 年，陈朝随着陈叔宝的被捉而宣告灭亡。自陈霸先始，共历经陈蒨、陈伯宗、陈顼、陈叔宝这 5 位皇帝，共 32 年历史。

隋文帝杨坚至此统一天下，南北朝对峙的局面也就此结束，新的历史纪元开始了。

隋文帝的政治改革

三省六部制

隋文帝代周之后，在政治经济诸方面进行了一系列改革。在政治上，最主要的便是中央确立了三省六部制。北周仿《周礼》设六卿，分管庶务。隋文帝

废北周六官，综合汉魏官制，在中央设三师、三公，以及内史、门下、尚书、秘书、内侍五省；其中以尚书、门下、中书三省职权最重，同为最高政务机构。三省互相牵制，由中书省取旨，门下省审议，尚书省执行。三省长官同为宰相，共议国政。

尚书省是朝廷执行政务的总机构。尚书之名，自秦有之。当时，少府遣四史在殿中，主发书事宜，故称尚书。尚书省的雏形产生于东汉。光武年间，在少府下设尚书台，其下设六曹，分掌各种政事。尚书台总领纲纪，无所不统。因之，三公之权渐轻，尚书台职权渐重。南北朝时始称尚书省。隋唐成为定制。尚书省与中书省、门下省合称三省。尚书省下设吏、礼、户、兵、刑、工六部，处理各种政务。

吏部是六部之首，掌管全国官吏的任免、考课、黜陟、调动之政务。其长官为吏部尚书，副职为吏部侍郎。下辖吏部（一称司列）、司封、司勋、考功（一称司绩）四司。各司长官为郎中（一称大夫），副官为员外郎。

礼部集前朝客曹及祠部等机构之职能于一身，掌礼仪、祭享、贡举之政务。其长官为礼部尚书，副职为礼部侍郎。下辖礼部（一称司礼）、祠部（一称司祠）、主客（一称司蕃）、膳部（一称司膳）四司。各司长官为郎中（一称大夫），副官为员外郎。

户部掌管全国土地、户籍、赋税、财政收支等政务。其长官为户部尚书，副职为户部侍郎。下辖户部（一称司元）、度支（一称司度）、金部（一称司珍）、仓部（一称司庚）等四司。各司长官为郎中（一称大夫），副官为员外郎。

兵部掌管全国武官选用、兵籍、军械、地图、军令之政务。其长官为兵部尚书，副职为兵部侍郎（改称司戎少常伯）。下辖兵部（一称司戎）、职方（一称司城）、驾部（一称司舆或司驾）、库部（一称司库）四司。各司长官为郎中（一称大夫），副官为员外郎。

刑部掌全国律令、刑法、徒隶、按复谳禁之政。其长官为刑部尚书，副职为刑部侍郎。各司长官为郎中（一称大夫），副官为员外郎。

工部掌全国各项工程、屯田、水利、山泽、交通之政务。其长官为工部尚书，副职为工部侍郎。下辖工部（一称司平）、屯田（一称司田）、虞部（一称司虞）、水部（一称司川或司长）四司。各司长官为郎中（一称大夫），副官为员外郎。

门下省与中书省同掌机要，共议国政，负责审查诏令，签署章奏，有封驳之权。门下省长官为侍中，又曾称纳言、左相、黄门监等，因时而异。侍中即为宰相。

内史省为隋代最高政务机构。其长官为内史监、令。

三省六部制的实行，一方面使宰相分工明确，一方面削弱了相权，避免了权臣独揽大权，而有利于加强皇权。三省六部制，是中央集权强化的体现，它对唐以后的封建统治体制有重大影响，尤其是六部制，沿用至清末。

州县二级制

隋代还简化地方官制，"罢郡为州"，即将原来的州、郡、县三级制改为州、县两级制，合并一些州县，裁汰一批冗官。又将地方官吏的任免权限收归中央，地方长官及其主要佐属需每年"朝集"朝廷，由吏部考核优劣，予以黜陟。以后又规定州县佐官三年一换，不得连任，不得选用当地人，以免地主豪强把持本地政治。

为加强中央对地方的控制，隋王朝常以巡省、巡抚或观察风俗为名，派遣中央官出使地方，督察行政工作。此外，隋代又收地方的用人之权，规定各州郡不得自行辟置僚属，凡九品以上州县官一律由中央任免。各级官吏政绩好坏，由吏部每年进行考核。此后，又规定州县佐官每三年更换，不得长期担任，还规定本籍人不得担任本地官员。这些措施，都是针对南北朝以来官制之弊，集权于中央的有力措置，它对于巩固新成立的统一国家起着积极的作用。

改革府兵制

在军事制度方面，隋朝统治者对沿袭西魏以来的府兵制进行了重要改革。原先的府兵制一般是家属随营，列于兵户，不属州县，因此家属随军征战，不事农桑。公元590年，隋文帝下诏说，六坊军人，都由州县官管理，垦种田地与民人同样待遇。原有统领坊兵的军府，照旧不废，仅废山东、河南（与陈接境

地）及北方边境的新置军府。隋文帝取消坊兵制，也就是扩大府兵制，统领坊兵的军府改为统领府兵，也是较为顺便的办法。全国通用府兵制，对久苦军费重担的民众有很大的利益。

修订隋礼

礼乐是皇帝祭天地众神、祭祖先以及朝廷吉凶等大事必须遵循的规则。自孔子以来，儒家以议礼乐为专掌，积累起繁缛的学说，朝廷采用它，与实际政治并无关系，背弃了它，却不成其为中国皇帝。非汉族人做中国皇帝，对汉族传统礼乐，只能加入一些本族的旧惯例，不敢有较大的改变，如果改变较大，就会更显著地被看作"异类"而遭受反对。所以，礼乐有精神上的作用，任何封建朝代都得加以重视，隋文帝从来不喜欢儒学，但对礼乐的重视并不能例外。

东晋和南朝，虽然偏安在长江流域，北方占据者却不得不承认南方是华夏正统。南齐高级士族王肃逃奔到北魏，魏孝文帝极为敬重，请王肃为魏兴礼乐，定制度，尽量模仿南朝。北齐后主高纬，令薛道衡与诸儒修订五礼，按当时儒学水平来说，大概齐礼仅次于梁礼。至于苏绰、卢辩为宇文泰所造的周礼，在南朝和山东儒生心目中，只是一些陋儒的杜撰，距离正统礼乐甚远。隋文帝以恢复华夏正统为号召，当然要废弃周礼，依照梁礼及齐礼来修订隋礼。

公元581年，隋文帝下诏：祭天祭祖时冕服必须依照《礼经》。所谓依照《礼经》，就是采用北齐冕服。公元585年，命礼部尚书牛弘修五礼（吉、凶、军、宾、嘉），成书100卷，下诏行新礼。牛弘等人不懂音乐，议定雅乐，积年不成。公元589年，灭陈，得南朝旧乐器及乐工。隋文帝听南朝乐，赞叹说："此华夏正声也。"牛弘奏称中国旧音多在江南，梁、陈乐合于古乐，请修补以备雅乐。魏、周乐杂有塞外声音，请停止演奏。公元593年，雅乐成。公元602年，命杨素、苏威、牛弘等修订五礼，参加修订的有许善心、虞世基、明克让、裴政、袁朗等人，原来都是南方士族，显然，隋礼大量采用了梁礼。隋文帝并不懂得礼乐，这样做，目的在于从南朝接收华夏正统的地位。

《开皇律》

隋文帝于开皇元年针对北周刑罚苛滥的情况，令高颎等制定刑律，公元583

年又令苏威、牛弘修订，制成《开皇律》。《开皇律》共12篇，条目精简，刑律较轻。它废除了前代枭首、轘裂、孥戮等酷刑，减死罪81条，流罪154条，徒、杖等千余条。只保留律令500条。刑名分死、流、徒、杖、笞五种。死刑分绞、斩二等；流刑分1000里、1500里、2000里三等；徒刑分一年、一年半、二年、二年半、三年五等；杖刑自60杖到100杖五等；笞刑分笞10到笞50五等。又规定凡有冤案"县不为理者，听以次经郡及州，仍不理乃指阙申诉"。还取消了州刺史对死刑的处决权，死刑执行必须经皇帝批准。总之，《开皇律》与前代刑律相比是宽缓清简的，这是法律史上的一个进步。

《开皇律》继承和扩大了秦汉以后贵族、官僚享有的特权，沿袭了曹魏以后的"八议"。规定凡是在议亲、议故、议贤、议能、议功、议贵、议勤、议宾"八议"之科者和七品以上官吏，犯罪皆减一等治罪，九品以上官吏犯罪者，可以铜赎罪。隋文帝定新律是有进步意义的，但律外施刑，却大大损害了新律的进步作用。

创立科举制

在选拔官吏的制度方面，隋文帝在开皇之初就废除了魏晋以来长期实行的只重门资的九品中正制，实行科举制度。曹魏创立"九品中正制"，即由"贤有识鉴"的官员任各郡的"中正"，负责评审本郡读书人的才能、德行，将他们分为九品（等级），评议的结论是任官的依据。九品中正制实行日久，流弊百出。为改变这种情况，隋文帝设立科举制，即以不同科目对学有专长的读书人进行考试的制度。经考试合格者，就取得做官的资格。高官子弟可以通过"门荫"做官，而非高官子弟取得做官资格后，仍须再通过吏部考试，合格者方得任官。

隋朝的科举制，主要是分科。隋文帝开皇十八年（公元598年）七月，设立"志行修谨（有德行）""清平干济（有才能）"二科。隋文帝令京官五品以上和地方官总管、刺史以上述二科"举人"（推荐人才）。这被看作是科举制的开始。以后科举名目繁多。由于科目较具体，标准较明确，比原先的"九品"评定，易于将真正学有专长的人选拔出来。

在上述一些临时性的特科之外，隋朝还设立了比较固定的举科，如秀才、

明经、进士三科，为后世所沿用。隋朝所设秀才、明经、进士三科，以秀才为尊。隋有天下近40年，而所取秀才总共不过十余名。正因如此，《旧唐书·杜正伦传》："隋代举秀才止十余人，正伦一家有三秀才，甚为当时称美。"秀才科考文辞秀美。明经科考儒家经典。进士科，在唐代考文辞和策问，隋代大概也是如此。

科举及第，只获得明经、进士出身，即取得了当官的资格。获得明经、进士出身之后，还要赴吏部，通过"身、言、书、判"的考试内容，合格者，依据当年各个部门、各个州县缺官的情况，任命为官员。不过，最初只能做县尉、功曹等九品小官。

科举制的创立，打破了门阀世族把持政权的局面，为庶族地主开辟了入仕的途径，扩大了封建统治的阶级基础，同时也有利于选拔人才，增强政治效率，对巩固和加强封建专制主义中央集权起着很大的作用。所以，科举制代替九品中正制是我国古代选官制度的一次重大改革，自隋首创，历唐、宋至清末，施行了1300年之久。

统一度量衡、货币

顾炎武的《日知录》说，"三代以来权量之制，自隋文帝一变"。开皇元年，隋王朝即统一了度量衡。规定一尺等于古尺一尺二寸八分（约合今九市寸），等于南朝尺一尺二寸，一斗等于古斗三斗（约合今六升），一斤等于古秤三斤（约合今一市斤三两）。

同年，统一货币，更铸五铢钱，重五铢，解决了周齐以来货币名品甚众，轻重不等的问题，便利了商品的流通。

隋文帝的经济改革

继续推行均田制

隋朝在经济上继续推行北魏以来的均田制，农民授田依北齐田令，一夫受田80亩，妇人40亩，称为露田，丁男另受桑田或麻田20亩，叫永业田。露田死后要归还，永业田可以传子孙。地主官僚的奴婢受田，按其地位高低，限制在60人到300人之间，奴婢受田的数量与农民同。丁牛一头受田60亩，限4牛。隋制规定，自亲王至都督皆给永业田，多者百顷，少者30顷。京官从一品至九品都给职分田，多者5顷，少者1顷。各级官府给公廨田，以供公用。这种制度是在不触动地主土地私有的基础上推行的，对官僚地主有利。官僚受田较多，官位越高受田越多，而农民受田实际不足，有些狭乡的农民受田更少。同时，官僚地主兼并土地的情况依然存在，无地少地的农民，在整个隋代始终是存在的。

均田制是政府将所能支配的土地与一些无主荒地分配给农民耕种，使他们固定在土地上，以利于统治者剥削的制度；但另一方面实行均田制，农民多少得到一点土地，土地兼并多少受到一些限制，这就有利于提高农民的生产积极性和扩大耕地的面积。

实行租调徭役

隋朝规定了与均田制相适应的租调徭役制度。开皇二年（582年），隋政府以北齐、北周旧制为基础，制定了户籍赋役方面的新法令。法令规定：男女3岁以下为黄，10岁以下为小，17岁以下为中，18岁到60岁为丁，60以上为老。丁男一床（夫妇）纳租粟3石，调绢1匹，绵3两（种麻者调布一端即相当于6丈，麻3斤）。无妻室的单丁及奴婢缴纳一半租调。力役规定丁男每年服役1个月。开皇三年（583年），隋采纳宰相苏威的建议，对赋役、户籍法令作了较大的修改。规定把成丁的年岁由18岁改为21岁，使丁男少服三年的徭役和兵役。丁男每年服役期限，由一月改为二十日，调绢1匹（4丈）改为2丈。开皇十年（590年），又补充规定"民年五十，免役输庸"。这就是说，丁男所服的劳役，部分实行了以布帛代替力役的办法，称为"庸"。

隋代的赋役制度对地主贵族是有利的，奴婢出半赋就是对地主贵族的优待。但与前代相比，隋朝大幅度减少徭役和绢布征收额，并在一定情况下允许纳绢代役，是一种符合社会发展的进步措施，使农民负担有所减轻，有较多的时间从事生产，收入有所增加。这样，就使政府在与豪强地主争夺"浮客"的

斗争中，处于有利地位。

"大索貌阅"和"输籍法"

针对南北朝以来户籍混乱的状况，隋文帝于开皇五年（585年）实行"大索貌阅"。令州县官吏按照户籍上登记的年龄，和本人的体貌核对，检验是否谎报年龄，诈老诈小；查出户口不实，保长、里正和党长要发配远方；鼓励百姓互相检举，以防户口不实。这次检括，查实壮丁44万多人，新编入户籍的有164万多人。接着，又根据高颎的建议，实行了输籍法。由中央根据资财情况定出划分户等和交纳租调的标准，称为"输籍定样"，发到州县，每年正月五日，由县令派人出查，以300家或500家为一团，依定样确定各户的户等和税额，写成定簿。输籍法的实行，使地方官不能任意舞弊，人民也无法逃税。由于政府所定税额轻于世家大族，因此，使许多私家的属民和隐漏、逃亡的农民乐意成为国家的编户。政府的编户多了，收入自然也随之增加。

置仓积谷

赋役对象与耕地面积的扩大，使隋王朝有可能从民间征得更多的实物。大量谷物和绢帛从诸州输送到西京长安和东京洛阳。为便于征集物的集中和搬运，隋朝沿着漕运水道在今陕西、河南境内设置了广通（今陕西华阴）、常平（今河南三门峡市东南）、河阳（今河南孟州市南、黄河北岸）、黎阳（今河南浚县）、含嘉（今河南洛阳）、洛口（即兴洛仓，今河南巩义市东北）、回洛（今河南洛阳）诸仓。

开皇五年，文帝采纳长孙平建议，令诸州以民间的传统组织——社为单位，劝募当社成员捐助谷物，设置义仓，以备水旱赈济，由当社为首的人负责管理。由于这是社办的仓，所以又称为"社仓"。开皇十五年和十六年，文帝命令西北诸州（大致为今甘肃、宁夏和陕北地区）的义仓改归州或县管理；劝募的形式也改为按户等定额征税；上户不过1石，中户不过7斗，下户不过4斗。其他诸州的义仓大概以后也照此办理。义仓于是成为国家可随意支用的官仓。

经过多年搜括蓄积，西京太仓、东京含嘉仓和诸转运仓所储谷物，多者曾至千万石，少者也有几百万石，各地义仓无不充盈。两京、太原国库存储的绢

帛各有数千万匹。隋朝仓库的富实是历史上罕见的。它反映了户口增长与社会生产的上升，同时也说明受田农民辛勤劳动的生产成果大部分为封建统治者所掠夺。

开凿大运河

为了巩固统治，加强对河北、江南等地的控制，也为了获取东南的财富，并能源源不断地运往洛阳和长安，隋统治者利用天然河流和旧有的渠道，开通了以洛阳为中心、沟通南北的大运河。其工程分为四段：通济渠、山阳渎、江南河和永济渠。

通济渠：大业元年（605年）三月，隋炀帝命尚书左丞皇甫议征发河南、淮北各郡民百余万开通济渠。通济渠的渠首是在汜水县东北35里的板渚（黄河南岸），这样，黄河遂成为通济渠的水源。从板渚至浚仪（今开封市）之间，则利用两汉时开的汴渠（又称蒗荡渠）。自浚仪起，通济渠就与一直东去与泗水会合的汴渠分离，而折向东南方向。此后，通济渠经陈留（今陈留镇）、雍丘（今杞县）、襄邑（今睢县）、宁陵、宋城（今商丘）、谷熟（今商丘东南）、永城、临涣（今永城东南）、甬桥（今宿州）、虹县（今泗县）至泗州（今盱眙北洪泽湖中）而注入淮河。通济渠连接了黄河与淮河，是南北大运河的关键一段。

山阳渎：从山阳（今江苏淮安）引淮水至扬子（今江苏仪征）入长江，这条水道为春秋时吴王夫差所开，原称邗沟。开皇七年（587年），隋文帝为伐陈，下令对这条水道进行疏浚。大业元年（605年）炀帝又征淮南民夫十余万，对山阳渎又加以加深扩大。

江南河：大业六年隋炀帝下诏开凿江南河。自京口（今镇江）至余杭全长800余里。要求河面"广十余丈"，"使可通龙舟"。这次开凿江南运河，是对六朝以来原有江南运河的一次加宽、疏浚。

永济渠：南起黄河与沁水的汇合口，沿沁水北上，在今河南武陟县沿沁水支流（今孟姜女河）折向东北达于汲县，再循洪水（白沟）、屯氏河、清河（其路线略同今卫河），经今滑县、浚县、馆陶、清河、德州、沧州等地，北至天津，又折向西北，经沽水、桑干水（即今天津武清以下的白河与武清以上至

北京西南郊的永定河故道），直达涿郡（今北京）。

大运河南起余杭，北达涿郡（北京），纵贯冀、豫、皖、苏、浙、鲁6省，连接海河、黄河、淮河、长江、钱塘江五大水系，是举世闻名的伟大工程。大运河的开通，加强了南北的联系，成为南北交通的大动脉。对于巩固国家的统一，促进经济文化的交流，起了重大的作用。

营建东都

仁寿四年（604年）隋炀帝下令营建洛阳，指出洛阳"水陆通，贡赋等"，便利各地运送贡赋；又指出，"南服遥远，东夏殷大"，"关河悬远，兵不赴急"，以洛阳为中心，最便于控制全国。第二年，他命令宰相杨素和著名建筑家宇文恺设计营建洛阳，每月征发丁男200万人修建，经过10个月修成。新的洛阳城位于旧城之西，规模宏壮，周围55里。隋炀帝把原洛阳城的居民和各地的富商大贾，迁徙到那里居住。为了贮藏各地运来的粮食，供应洛阳众多的人口和庞大的官僚机关、军队，隋炀帝又下令在巩义市置洛口仓，穿3000窖，每窖可容8000石；在洛阳北置迴洛仓，穿300窖。隋炀帝时候，京城虽然还在长安，但是他常住洛阳。洛阳成了政治、军事和漕运的中心。

开皇之治

隋文帝杨坚，原是北周的勋戚重臣，被封为隋国公。他的女儿杨丽华，是北周宣帝的皇后，性情柔婉，举止端雅，颇得宫妃的敬重。妻子独孤氏出身于鲜卑贵族。杨氏和独孤氏这两大家族都是北周王朝的顶梁柱。这种联姻，当然是为了政治的需要。

宣帝的父亲周武帝历史上以灭佛而闻名，是位英俊的君主，儿子宣帝却是个庸碌的昏君。宣帝二十二岁做皇帝，还不到一年，就传位给八岁的儿子周静帝，自己当起太上皇，自称天元皇帝。这个昏君喜怒无常，看不中那位淑娴端庄的皇后，经常无故地责骂她，杨后却从容不迫，辞理不屈。一天，昏君暴怒，强令杨后自杀，并扬言要族灭杨氏全家。

后母独孤氏闻讯，仓皇进宫磕头求情，直磕得头破血流。

后父杨坚也奉召入宫。坦然而入，神色自若，打乱了昏君事先要谋杀他的计划。

一场统治集团内部的冲突暂时避免了。

这场冲突的内在原因，要比帝后不睦的表面现象深刻得多。这是因为隋国公的潜在势力日增，对皇权构成了威胁。宣帝虽然昏庸，也已朦胧地感觉到了。同时，隋国公也在收揽人心，私下放风说：天元昏聩，又自剪羽翼，容颜憔悴，寿命不会很长了……

果如杨坚所料，大约未出一月，宣帝就颓然死去。朝廷重臣刘昉、郑译等，有些原本就是杨坚的心腹，乘机假传遗旨，召杨坚入朝辅政。杨后得知此事，大为惊愕，转念又想，皇帝幼小，家父辅政，总比大权旁落为好。

杨坚辅政不到两年，就剪除了异己势力，将政权紧紧控制在自己手中。于是，由隋国公晋封隋王，由隋王而受禅称帝。公元581年二月，建国号隋，改元开皇。

隋文帝开国，一攻先朝弊政，励精图治，然后，北逐强胡，南灭残陈，结束了近四百年的大分裂局面，建立起一个强大的统一的隋帝国。

隋文帝治国有方。他首先建立起强大的中央政府机构，又简化了地方行政层次；改革选吏制度，废除了300多年以来为世家豪族所把持的九品中正制，设科举士（此为科举制的创始），使中、小地主也有参政的机会，扩大了统治基础；经济上，采取轻徭薄赋，鼓励农桑的政策，遂使生产蒸蒸日上，国势日渐强盛。

隋文帝初始亦倡导节俭，平日顿饭不过一肉，宫廷用物，残坏了的经过修补再用。皇后不尚丽服艳饰。宫人的衣服也是穿了再穿，少有新制。达官贵人也以节俭朴素为荣，便服多用布帛，不以金玉为饰。这样，久而久之，形成了隋初崇尚节俭的社会风气。

隋文帝对官吏贪污，总是严惩不贷，甚或失之苛酷。

隋文帝如此治国，二十几年后，国家安定，经济繁荣，百姓乐业，一片兴

旺景象。开皇十二年（592年），财政官员呈报说："府藏皆满，粮食布帛无处容纳，已堆积在走廊和房下了。"文帝诏令再造新库。后来，又奏呈说："新库落成，亦堆积无余。"文帝只好下令说："告知郡县，寓富于民，不藏于府，免除今岁租赋，赏赐百姓。"早在平陈之后，就宣布免除江南十年租赋。这样富庶的景况在历史上也是罕见的。七百年前，曾一度见于西汉初的文景之治，今再见于开皇之时。

这时，朝廷府库中储积了多少财物，史无确数。但见有这样的记述，粮食布帛足够朝廷支用五六十年。即至后来隋末洛阳被围困，城内布帛山积，以致用布帛做柴烧，用绢代绳汲水。唐朝代隋之后，堆积的布帛还用了20多年。

伴随着社会的安定，经济的繁荣，户口也迅然猛增。隋初北朝半壁河山有约360万户，南朝有户约50余万，合计不过400多万。二十九年后，全国已有890余万户，4600余万人。户数比南北朝时约增加一倍，比西晋时约增长两倍，接近了东汉时的户口水准，即10000户，5000万人。当然，这是些相当粗略的统计数字，但从中也可窥见东汉以后人口的起伏变化，以及隋文帝时期人丁兴旺的景象。

隋盛时，中国的版图东起大海，西到新疆，南抵云广，北至大漠，东西4600余公里，南北7400余公里。

隋文帝，作为封建帝王，当然有其阶级的、历史的局限性，以及种种弊政，但他顺应历史的发展，统一了中国，又使国家迅速地富强起来，达到上述如此繁荣的程度，这在中国漫长的封建历史上是少见的。隋文帝的历史功绩，以往很少为人们所称道。

隋文帝善于治国，却不善于治家。仁寿四年（604年），他卧病在仁寿宫（今陕西扶风北），竟被太子杨广派人杀害，据载：当时"血溅屏风，冤痛之声闻于外"。从此，隋朝治世的局面就逆转了。

怕老婆的皇帝

隋文帝杨坚灭周建隋，随后又统一天下，结束了南北朝对峙的局面，开启

了历史的新纪元。按理说，他也是一个叱咤风云的人物，但是生活中的他，却是有名的"怕老婆"，也就是现在所说的"气管炎（妻管严）"。

杨坚位居高官时，生活便十分节俭，即使称帝之后，也依然保持着这个习惯。不管是吃饭，还是穿衣，从来不求奢华，更不要说在长安城之夕为自己修建什么宫殿苑囿了，因此也深受百姓称道。但是，杨坚的皇后独孤氏却不是一个省油的灯，自从当了皇后，她觉得自己身价百倍，吃穿也颇为讲究起来。这一天，她闲暇无事，便来到杨坚的住处，对他说道："皇上，您看您住的这地方，哪像个天子住的地方啊！"

杨坚一见独孤氏来了，慌忙站起身。闻听此言，诧异地四周看了看道："我觉得不错呀，天子还能住什么地方呢？"

独孤氏见他不开窍、气得一跺脚，骂道："真是个榆木疙瘩！我是说你该在长安城外修一座专供休息的离宫。这样，你我二人也可放松放松，清静清静啊！"

杨坚听了独孤氏的话，知道她又是忽然心血来潮，有心不答应，又见她生气，不敢惹她，只好应承下来。

杨坚本来想独孤氏只是一时和自己使性子，敷衍她一下也就行了。不料独孤氏却是当真的，几次来催问离官动工了没有。杨坚无奈，只得派仆射杨素督办此事。

杨素立刻让负责建筑的大臣宇文恺赶紧选址动工。宇文恺将殿址选在一处有高山、有沟谷就是没有平地的岐州（今陕西省凤翔北）。岐州山清水秀，环境倒也幽雅。但是没有平地，怎么建宫殿呢？杨素不在乎，立即召集了成千上万的民工，让他们日夜劳动，将高山推平，沟谷填满。不管严寒酷暑，负责监工的封德彝都让军士像对待犯人一样对待那些民工，有许多人被累死、又有许多人被饿死、病死。民工死后，杨素就命人将死人推入沟谷填平，然后继续修筑宫殿。终于，在牺牲了近万名民工的生命之后，宫殿建成了。

杨坚听宫殿建成，就赐名仁寿宫，并派元帅府长史高颎前去察看。

高颎到岐山一看，宫殿修得富丽堂皇，但听说死了近万人，回去如实禀告

杨坚。

杨坚一听死了许多人，心里便有些埋怨杨素。但独孤皇后听说宫殿已修好，立刻要求杨坚和她一起去仁寿宫，杨坚只得陪同前往。

来到仁寿宫，只见大殿小宫，座座错落有致，风格各异。雕梁画栋，美不可言，独孤皇后不由得连声称赞。但杨坚却因建此宫死了近万人而落落寡合，沉默不语。

这时，杨素请求拜见皇上、皇后。杨坚一见他，火往上冒，当即就要发作。独孤皇后早将一切看在眼里，瞪了杨坚一眼，杨坚只得又把想要治罪杨素的话咽了下去。独孤皇后见状，心中还算满意，转头对杨素说道："杨爱卿为建此宫，尽心尽力。皇上说了，杨爱卿忠心可嘉，赏银钱百万，绵绢百匹……"

杨坚一听，鼻子差点气歪了。但他有怕老婆的毛病，非但一点儿不敢违皇后之意，甚至连那几句训斥的话也省了。

其实，杨坚怕老婆由来已久，已不是一天两天的了。早在杨坚刚刚称帝不久，独孤皇后就与他大闹过几场，也就是在那时她把杨坚制服了。

纵观中国历代皇帝，哪一个不是三宫六院七十二嫔妃呢？可杨坚却是个例外。

独孤皇后为人生性暴躁，而且特别爱"吃醋"，嫉妒心非常强。她为了避免杨坚宠幸别人而疏远自己，就不允许杨坚再册立其他皇后嫔妃。因此，隋朝一代开国君主杨坚偌大的后宫却只有独孤皇后一人。而且独孤皇后上朝与杨坚同乘一辇，散朝与之双回后宫，形影不离，严密监视，唯恐杨坚与宫女有染。

但是，俗话说得好，老虎也有打盹儿的时候。一天，独孤皇后患病卧床，杨坚独自出宫散步。他在后宫之内，七拐八拐来到一个花草繁茂、景色优美的地方。抬头发现一所别致的小楼，上书"珠玑楼"三字。杨坚知道珠玑楼是藏书楼，便想进去看看书。正在这时，从楼中走出一个宫女，一见皇上来了，忙跪倒施礼。

杨坚一看，只见此女长得艳若桃花，肤如凝脂，比独孤皇后不知美上多少倍，但自己却从未见过，便将她叫过来细问其姓名身世。

原来，这个宫女叫尉迟珠儿。她本是尉迟迥的孙女。尉迟迥与杨坚在北周同朝为官，只因看出杨坚有篡位之意便兴兵讨伐，不料兵败被杀。杨坚称帝之后，便按例将其眷属收入宫中。当时尉迟珠儿刚刚出生，到现在已有19年了，这19年她是以奴隶的身份度过的。

杨坚听她断断续续讲完自己的身世，星眸转泪，仿若梨花带雨，更显娇艳欲滴，不禁怦然心动，把持不住，当时就将她宠幸了。

杨坚除了独孤皇后，还从未有过第二个女人。今日宠幸了尉迟珠儿，心情无比舒畅，当即表示，要好好待她。第二天，又来和她相会，还给了她许多珍珠。

可是，纸包不住火。这事儿很快就让那个醋坛子皇后独孤氏知道了。她怒不可遏，病也好了，精神也来了，率一帮人便来到珠玑楼。一见尉迟珠儿容貌俊美，更是气不打一处来，像泼妇一样"骚娘儿们、狐媚子"的乱骂一道，撕拉着尉迟珠儿的头发打了几个嘴巴子。又吩咐太监，脱去尉迟珠儿的衣服，用竹杖狠狠地打。一边打她还在一边叉着腰骂，不时还踢上几脚。

尉迟珠儿一个柔弱女子哪受得了这通折腾？等杨坚闻讯赶来，她早已血肉模糊，奄奄一息。杨坚一见，心疼得要命，也顾不得自己是什么身份，抱起她"珠儿，珠儿"乱叫一通。可怜那尉迟珠儿听到喊声，只勉强睁开眼，看着杨坚，挣扎着说了一句："皇上，你……来晚了，奴婢……再也不能……侍奉皇上了……"说完便气绝身亡。杨坚一见，更加伤心。

独孤皇后见状，撒起了泼，披散了头发乱喊乱叫，寻死觅活。杨坚心里烦乱，又见她不成体统，强忍下这口气，一跺脚，骑马出了宫门。

独孤皇后一见他走了，立刻不闹了，也不去追他，只派人将尉迟珠儿的尸体扔到山谷喂狼，又在众宫女面前厉声厉色道："谁若再去勾引迷惑皇上，下场与尉迟珠儿一样！"这才解了气，偃旗息鼓，起驾回宫，继续养病去了。

再说杨坚，策马狂奔出百十余里，天渐渐黑下来，他才勒住马头，心里逐渐平息下来，不由得自言自语："我真是枉为天子，连一心爱的宫女也保护不了！"但转念一想，又道："大丈夫以事业为重，我岂能为区区一宫女与皇后吵翻，负心而走？"正胡思乱想，元帅府长史高颍从后面追了上来，气喘吁吁劝慰杨坚道："皇上乃万乘之尊，岂能为一妇人而不顾江山社稷呢？皇上，还是请起驾回宫吧！"

杨坚一听有理，便也顺势下坡，回到宫中，免不了又在独孤皇后面前赔礼道歉。独孤皇后见他回心转意，便也不再在这件事上闹下去。只是以后在杨坚面前更加趾高气扬，飞扬跋扈。不仅对杨坚这方面加紧防范，而且在其他事情上也开始左右杨坚，稍不如意，就大吵大闹。杨坚一为顾念大局，二是自觉理亏，有把柄握在她手中，只是一味忍让，不与之理论。长此以往，便落下了"怕老婆"的毛病。

自古便有妇人祸国之说，那主要是指皇帝沉溺于女色，以至亡国。但杨坚却没有想到，自己不近女色，但只因为"怕老婆"却也使自己选错太子，最终葬送了大隋江山。

高颍之死

隋文帝杨坚宠幸的宫女尉迟珠儿被狠毒泼辣的独孤皇后乱杖打死后，杨坚为此负气而走，被长史高颍劝回。按理说独孤氏对高颍应心存感激之念，而其不然，她却因为高颍的一句话对其怀恨在心，伺机报复。

原来，高颍与独孤皇后两家是世交。那时，独孤皇后的父亲不如高颍的父亲官大。高颍家对独孤家却颇为照顾，后来独孤皇后的父亲见高颍长得一表人才，也是为了表示对高颍家的感激之情，便欲将女儿独孤氏许配高颍。但是，由于独孤氏小时候便经常去高家玩，那时候她对自己想要的东西便表现出一种强烈的独占欲，高颍就有些不喜欢她，不过碍于父亲的情面勉强忍耐罢了。如今听说要将独孤氏许给自己为妻，说什么也不答应，两家老人也只得作罢。而那独孤氏起初听闻父亲要将自己嫁给高颍，心中高兴，因为她从小就暗暗喜欢高颍。小时候强烈的独占欲，一是天性使之，二来也是想在高颍面前表现自己，却不想弄巧成拙。后来又听说高颍百般不同意，又羞又怒，心想我非嫁个人物让他瞧瞧。

独孤氏嫁给杨坚，后来当了皇后，虽然不允许杨坚拈花惹草，自己对高颎却有些旧情复燃，百般拉拢，想使高颎就范。无奈高颎只佯装不解其意，淡然处之，独孤氏便愈益怀恨在心。

可巧，那日杨坚负心出走，高颎劝归时和杨坚说了句："皇上岂能为一妇人而不顾江山社稷？"这话不知怎么就传到独孤皇后耳中。其实高颎本来是指宫女尉迟珠儿，但独孤氏却偏偏认为高颎在暗指自己根本不值得杨坚放在眼里。心想：好个高颎，几次三番你偏与我作对。上次我说二皇子杨广聪明伶俐，想废太子杨勇而立杨广，你就对皇上说什么长幼有序，杨勇不可废，杨广不可立，如今你又在皇上面前直接诋毁我。好，咱们骑驴看唱本——走着瞧！

独孤氏已起杀高颎之心，可是高颎的妻子却突然死了。独孤氏灵机一动，又不想杀他了，毕竟有些旧情难忘。心想：不如我把一个亲戚的女儿嫁给他，套上亲戚关系，再着意拉拢，或许他便会回心转意了。

独孤皇后自己不能去说，便把想法给皇帝杨坚说了，当然只谈续娶之事，以示关心。杨坚自然同意。一天，杨坚见了高颎亲自对他说："高颎爱卿，皇后闻听你新近丧偶，欲给你提媒说亲，你看如何？"

高颎与妻子感情非常好，如今妻子突然去世，他非常伤心，从来也未曾考虑过续娶之事，便含泪推辞道："皇后垂爱，臣铭记在心。但臣已老矣，无心再娶，还望皇上休念。"皇帝杨坚一听，也就作罢。而独孤皇后一听却恨得不得了，杀机顿起，暗想：高颎，你也太不识抬举了，走着瞧！有你后悔的时候！

几天之后，高颎的妾生了个男孩。独孤皇后闻听，心想：机会来了。跑到皇帝杨坚身边，对他说："皇上前几天亲口为高颎提亲，他用一套好听的话来敷衍。现在明白了吧？他是钟爱小妾，所以用假话来欺骗皇上。按说这是欺君之罪，这样的人不治他的罪，但也不能信任他。"

皇帝杨坚素来怕老婆，而且他觉得独孤皇后说得也似乎有理，于是对高颎有了看法，对他也渐渐疏远冷淡下来。

开皇十九年（公元 599 年）凉州（今甘肃武威）总管王世积被人密告谋反，

文帝杨坚杀了他。王世积曾是高颍部下，独孤皇后得知，又怂恿皇上杨坚杀高颍。杨坚不忍，只是撤去他的仆射职务，让他回家赋闲。可是独孤皇后却不肯放过他，暗中唆使人到皇上面前告他。那些奸佞小人见高颍落了威，又有皇后在后支持，纷纷前去揭发高颍，想在皇后面前表一功。

"众口铄金，积毁销骨。"杨坚信以为真，降旨："将高颍押入大牢，交有司查办。"朝中虽有奸臣，却也有为官清正者，知道高颍为人正直忠心，是受人诬陷，便纷纷为高颍求情。加之有司查来查去，也没查出高颍有什么大罪。杨坚便又降旨："免高颍一死，废为庶民。"

高颍出狱，高高兴兴搬出齐公府，没有半点怨言。因为他母亲曾对他说过："孩子，你现在当上了仆射，可谓达到了富贵的顶端，再往前一步，就要杀头了，可千万小心呀！"高颍觉得母亲的意见就是虽然位居高官，但时刻都有杀头之祸，所以要得之淡然，失之泰然。如今，下了大狱，提着脑袋出来，岂不万幸？所以轻轻松松回乡下老家归隐去了。

仁寿年间，杨坚忽又想起高颍的许多好处。差人将他召进京，封为太常寿卿重用。独孤氏此时也上了年纪，不像以前那样争强好斗了，便也去了杀高颍之心。不过母亲不杀了，儿子却动手了。独孤氏的二儿子杨广即位之后，在大业三年，编了个罪名，把高颍杀害。

杨广杀高颍有两个原因。一是因为高颍曾在杨坚面前阻止过立自己为太子；另一个更重要的原因是因为杨广好色，早就闻听陈叔宝的妃子张丽华美貌无比。在隋军攻入南朝陈国时，捎信给高颍，不要杀张丽华。而高颍深感女色误国，又见张丽华是个姐己一样的人物，便一刀给杀了。杨广听说高颍把张丽华杀了，又气又恨，当时就跺脚咬牙道："好，将来我一定要报复高颍！"

杨广登基之后，开始逐渐暴露本性，经常滥杀无辜，自然不会放过早已记恨在心的高颍。

可怜高颍为大隋江山也堪称呕心沥血，忠心耿耿，不料却先遭独孤皇后暗算，后遇杨广毒杀，枉自送了性命。

隋征高丽

隋第一次征高丽之战发生于隋大业八年（612 年）正月，止于同年九月。隋炀帝亲率 100 多万大军，分成左右 24 军，水陆并进，直逼高丽王都平壤。高丽军以诈降之计，诱使隋军东进，于萨水对隋军半渡而击，隋军惨败。

据传说高丽原为周朝初年殷宗室箕子的封地，当时即称作朝鲜。由于自春秋战国以来燕齐地区不断移居朝鲜，朝鲜及朝鲜半岛南部的真番均臣服于燕。西汉初期，燕人卫满率众攻灭了朝鲜，占据了王险城（今朝鲜平壤），接着降服了真番等小国，但仍称臣于汉。汉武帝时，朝鲜阻止附近小国向汉王朝进贡，欲与汉分庭抗礼，汉武帝派水陆两路大军征讨，朝鲜复降于汉，汉将朝鲜等地，划分为乐浪、玄菟、真番、临屯四郡。

汉元帝时，扶余人朱蒙率众南下，占据朝鲜旧地，建立高句丽国，不断侵占汉王朝边境郡县，以后，其势力逐渐扩展至辽河沿岸地区。西晋时高句丽为前燕征服。南北朝

箕子

时期，高句丽乘诸国纷争戋乱之机，再次复国。

隋开皇十八年（598 年）二月，高丽王高元率靺鞨士卒 1 万多人，入侵辽西，被隋营州总管韦冲击退。隋文帝恼恨高丽的侵袭，遂任命汉王杨谅、大将王世积同为行军元帅，率水陆两军 30 万人征伐高丽。并以尚书左仆射为汉王长史，以周罗睺（古文生僻字，现代汉语不常用）为水军总管。

六月，隋文帝下诏废黜高丽王高元的官爵。与此同时，杨广的军队已从临渝关（今河北山海关）出动，但恰遇水灾，军粮运输中断，军中缺粮，且又流

行疾疫。周罗喉所率之水军，从东来（今山东茎县、来阳以东地区）起渡后，遭遇大风，许多舰只被吹散沉没，人员损失十之八九。九月，只好退回。此时，高丽王高元已得知隋大军进击的消息，十分惶恐，急派使者入朝谢罪，称自己是"辽东粪土臣元"。隋文帝见此，遂下诏罢征高丽之军。这样，隋王朝于第一次征高丽之战前的初次进军，便半途而废。

隋大业八年正月初二，隋炀帝已将征高丽诸路兵马除一部分水军之外，均调集于涿郡，于是下诏，令左右24军开始向高丽进军。从初三起，每日出动1军，各军相隔40里，"连营渐进，终四十日，发乃尽。首尾相继，鼓角相闻，旌旗亘960里"。各军准备会师于平壤城（今朝鲜平壤）。

隋大军刚刚进发不久，兵部尚书左侯卫大将军段文振便身患重病，病死军中。隋军未曾交战，便损失一员大将，炀帝甚为痛惜。

三月十四日，隋炀帝进至辽水（今辽宁辽阳东北），隋大军齐集辽水岸边列阵，高丽兵隔岸防守，隋军难以渡河。此时，左屯卫大将军麦铁杖自请为前锋，并告诉他三个儿子说："我蒙受国家的恩惠，今天正是报效而死的机会，我死得有意义，你们就能永享富贵。"说罢便率部渡河进攻。由于隋军所架桥梁距对岸尚差1丈多远，使隋军无法直接登岸，只能跳入水中，涉水上岸，高丽兵居高临下，斩杀了众多隋军。麦铁杖跃上河岸后，与虎贲郎将钱士雄、孟叉等皆战死。两天后，隋军将桥梁架通，诸军才相继过河，大战于河东岸，高丽兵惨败，死者以万计，隋军乘胜进围辽东城（今辽宁辽阳市老城区），隋炀帝随之渡河。

五月，隋炀帝下诏告诫诸将说："各军不得暗中偷袭敌人。凡向敌进攻，应兵分三路，要三路互相联系，不可孤军深入，以免招致失败。凡进攻和停止进攻均须奏报，不得擅自行动。"辽东城在隋军的攻击之下，危急万分，几次要求投降，但诸将不敢擅自做主，而派人奏报隋主，待奏报的人返回，高丽军又获得喘息机会，重新加固守备，又与隋军交战，如此反复几次，辽东城仍未攻克。隋炀帝对此非但不改变自己上述规定，反而责备众将怕死，扬言要诛杀他们。然而，高丽各城仍屡攻不下。

隋右翊卫大将军来护儿统率的江、淮水军舰船于海中首尾相接数百里。六月，从浿水驶进离平壤 60 里时，与高丽兵相遇，将高丽兵大败。副总管周法尚建议待各军齐集后再攻平壤城，来护儿不听，挑选了 4 万锐卒，进达平壤城下。高丽军出兵与来护儿军交战，佯装败退，来护儿率军追入城内，被高丽兵大败，来护儿只率数千人逃回。高丽军追至隋军停泊舰船处，周法尚已严阵以待，高丽兵才未敢攻击，撤军而回。

左翊卫大将军宇文述从扶余道进兵，右翊卫大将军于仲文从乐浪道进兵，左骁卫大将军荆元恒从辽东道进兵，右翊卫将军薛世雄从沃沮道进兵，左屯卫将军薛世雄从玄菟道进兵，右御卫将军张谨从襄平道进兵，右武侯将军赵孝才从碣石道进兵，左武卫将军崔弘昇从遂城道进兵，左御卫虎贲郎将卫文升从增地道进兵，各军都进至鸭绿水（今鸭绿江）西岸。

宇文述等军，人马都分给 100 天的粮食，并携带排甲以及衣物、战具、帐幕、炊具等等，士卒不堪重负。但宇文述却下令："士卒有遗弃米粟者斩！"士卒虽不敢明里丢弃，暗中则把米粟埋于宿营地下。这样，宇文述等军行至中途，便已断粮。

高丽王派大臣乙支文德至宇文述军中诈降，以观宇文述军的虚实。右翊卫大将军于仲文原先曾奉隋主的密旨，令其凡遇高丽王及文德来使，一律擒获。于是，于仲文欲下令捕获乙支文德。尚书右承刘士龙为慰抚使，坚决反对，于仲文动摇，放文德回归。于仲文与宇文述放走了文德这个合法的"间谍"之后，追悔莫及，宇文述便以军中粮尽为由，欲率军退回。于仲文欲派精锐追捕乙支文德，宇文述坚决阻止。于仲文怒道："将军统 10 万之众，不能打败小小贼兵，有何面目去见皇上？"宇文述等人不得已而听从了于仲文的意见，率领部将去追赶乙支文德。乙支文德早已看到宇文述士卒面带饥饿之色，为进一步疲惫隋军，他每次一与隋军交战，便佯装败退。这样，宇文述等军一日之内，七战皆胜。宇文述既受这些胜利的鼓舞，又迫于于仲文等的压力，只得勉强率军继续东进，渡过萨水（今朝鲜清川江），进至距平壤 30 里处，依山扎营。此时，乙支文德又派使者假装投降，并向宇文述请求说："如果隋军撤回，高丽王便去朝见隋帝。"宇文述等见士卒疲惫，不宜再战，加之平壤城险固，难以在短期内攻拔，

遂利用诈降之计，撤军而还。宇文述等军结成方阵而走，高丽军从四面包抄攻击，宇文述军且战且走。七月二十四日，到达萨水，全军渡过萨水一半时，高丽军从后面攻击隋军的后军，右屯卫将军辛世雄战败身亡，各军随之溃败，无法制止，一天一夜急退450里，退至鸭绿水。将军王仁恭率部担任殿后，奋力抗击高丽军，才将高丽军击退。宇文述等九军当初渡过辽水东进时，共30.5万人；回至辽东城，仅剩2700人。数以亿计的军资器具也丢弃殆尽。隋右翊卫大将军来护儿等所统江、淮等地水军，听到宇文述等兵败，也带兵退回。隋军唯有将军卫文昇所统之军全军而归。隋炀帝对宇文述等军的战败十分恼怒，欲将宇文述等治罪。但由于隋炀帝平时宠信宇文述，并将自己的女儿南阳公主嫁与了宇文述之子，不忍心诛杀，将宇文述、于仲文等除去爵位，贬为平民。杀刘士龙，以向天下谢罪。

陈后主的命运

魏文帝将伐吴，行至长江，望见波涛汹涌，叹道："此天之所以阻隔南北也！"于是撤兵北还。但苻坚将伐晋，却大言道："以吾之众，投鞭于江，足断其流。"然则怎样看待长江之险？回答是既要正视，又要藐视。徒恃险而不设守，则长江殊不足恃，如陈后主；知其险而预为战备，则长江一夕可渡，如隋文帝。

隋文帝于开皇元年（581）就立下并吞江南之志。他用高颎之荐，以贺若弼为吴州总管，镇守广陵（今江苏扬州）；以韩擒虎为庐州总管，镇守庐江（今安徽合肥）。两员大将即在江北、淮南积极备战。此时，江南在位的正是荒淫昏聩的陈后主。陈后主陈叔宝（553-604），字元秀，小名黄奴，吴兴长城（今浙江长兴）人。陈朝也是南朝最后一位皇帝（582—589年在位），陈宣帝陈顼嫡长子，母为皇后柳敬言。陈后主一即位就建起临春、结绮、望仙三阁，日与张贵妃、孔贵嫔及江总、孔范诸"狎客"游宴其中，饮酒赋诗，不理政事。到了开皇七年（587），突厥沙钵略可汗死，隋无后顾之忧，决心改备战为临战。正愁

没有南征借口，恰巧后梁老臣萧岩叛隋奔陈，陈后主纳之，于是，隋文帝立即宣布陈叔宝二十大罪，说："我为民父母，岂可限一衣带水（按长江狭小）不拯之乎！"开皇八年（588）三月，正式下诏伐陈，另写诏三十万份遍谕江南。十月，文帝用崔仲才之策，命晋王杨广、秦王杨俊、清河郡公杨素皆为行军元帅，广出六合至瓜步，俊出襄阳至汉口，素出永安（今四川奉节）至信州（今巴东）。其他大将如贺若弼出广陵，自瓜洲渡江攻京口（今镇江）；韩擒虎

陈叔宝

出庐江，自和州渡江攻姑孰（今当涂）；燕荣出海州，绕海攻南沙（今常熟西北）；王世积出蕲春，渡江取九江；刘仁恩出江陵，会杨素东下。于是西自巴蜀，东接沧海，沿江数千里遍布旌旗舟楫，凡总管九十员，兵士五十一万，皆受晋王节度。开皇九年（589）正月，贺、韩大军先后渡江，贺自北，韩自南，南北夹攻，建康陷。韩擒虎先至台城，俘陈叔宝。晋王遂命叔宝为手书诏部下降附。不久江南全部归隋。总计平陈之役，隋备战八年，用兵仅五个月。

自晋东渡至隋平陈，中国以长江为界，南北分裂了二百七十余年。有时南方主动北伐（如祖逖、桓温、刘裕），有时北方主动南征（如苻坚、拓跋焘），但决战都不在长江，谁也无法吃掉谁。唯有隋文帝平陈，很像当年西晋武帝灭吴，长江并没有帮南方的忙，倒是孙皓的残暴和陈叔宝的昏聩给了北方以机会。

隋军已经临江，陈叔宝还对侍臣说："王气在此。齐兵三来，周师再来，无不摧败。彼何为者邪！"都官尚书孔范接道："长江天堑，古以为限隔南北，今日虏军岂能飞渡！"还大言道："臣每患官卑，虏若渡江，臣定（能立功）作太尉！"有人讹传江北虏马多死，范还假装叹惜，道："此是我马，何为而死！"意思说，此马一过江就成为我马，为何任它死掉。于是君臣大笑，依旧纵酒赋诗，

不为设备。开皇九年（陈祯明三年）正月初一，江面大雾，叔宝照常朝会群臣，痛饮大醉，醉则熟睡，睡到天黑才醒。就在这天，贺若弼乘雾渡江取京口，韩擒虎乘夜渡江取采石，晋王广也移兵桃叶山（在瓜步镇）驻扎。次日，有人逃到建康报警，叔宝才召集公卿商议对策，虽然宣布戒严，却仍不甚在意，下诏大言："犬羊陵纵，侵窃郊畿，蜂虿有毒，宜时扫定。朕当亲御六师，廓清八表。"七日，贺若弼已据钟山，屯兵白土冈之东；韩擒虎也进军新林，距建康仅二十里。叔宝这才吓得紧闭台城，终日哭泣。其时建康甲兵尚有十余万，可以一战。但大将萧摩诃先请速战，叔宝不懂军事，恐战败，不许。等到战机既失，他才嚷道："兵久不决，令人腹烦，可呼萧郎（摩诃）一出击之。"摩诃之妻先为叔宝所淫，此时已无战意，既战而败，遂降隋。

二十日，韩擒虎军入台城，叔宝惶恐欲逃，尚书仆射袁宪劝他正衣冠，御正殿，效梁武帝接见侯景故事。叔宝不从，说："锋刃之下，未可交当，吾自有计！"立即携后宫十余人奔出后堂景阳殿，径欲投井。后阁舍人夏某以身蔽井，叔宝与之争，乃得入。不久，韩擒虎军人宫搜索，对井大呼，不应；假说将投石，始闻井底有叫声。乃垂绳引之，惊其太重，及出，原来一束绳吊了三个人，除叔宝外，还有张贵妃和孔贵嫔。擒虎生获叔宝后，贺若弼才入城。叔宝见弼，恐惧得直发抖，向弼再拜。四月，叔宝等君臣均被押到长安。文帝召见叔宝及太子诸王大臣二百余人，责以君臣不能相辅，以至灭亡。叔宝愧惧伏地，不敢回答。

隋文帝以忌刻出名，对陈叔宝却很放心。平时赏赐甚厚，屡得召见。每预宴，恐其伤心，为不奏吴音。叔宝却嫌每次上朝，没有秩位，乞赐一官号。监守者以告，文帝叹曰："叔宝全无心肝！"监者又言叔宝常醉，醒时不多。文帝问其饮酒几何，监者回答："与其子弟日饮一石。"文帝大惊，命监者予以节制，既而说："任其性，不尔，何以过日！"

叔宝工诗文，擅音乐，亡国前所谱《玉树后庭花》和《临春乐》等宫体词曲，均传世。开皇十四年（594），文帝登洛阳邙山，叔宝侍饮，献诗云："日月光天德，山河壮帝居；太平无以报，愿上东封书。"诗甚佳而意近谄。一次侍宴

出，文帝望其背影，追述往事，道："此败岂不由酒！以作诗之功，何如思安时事！"又道："当贺若弼渡京口，彼人密启告急，叔宝饮酒，遂不之省。高颍至日，犹见启在床下，未开封。此诚可笑，盖天亡之也。"叔宝亡国时三十六岁，入隋后，又活了十五年，仁寿四年（604）十一月（文帝死后四个月）才死。作为亡国之君，他和刘阿斗（禅）一样幸运。隋炀帝追赠他为大将军、长城县公，谥曰"炀"。按照《逸周书·谥法解》，去礼远众，好内远礼，好内怠政，都曰炀。看来三种含义都对叔宝十分切合。

猫鬼之狱

《礼记·祭义》说："众生必死，死必归土，此之谓鬼。""众生"，古兼指人、物而言，所以先秦时期的"鬼"并不是人的专类，一切有生命之物，死了都可以变成鬼。殷人好巫，楚人事鬼，所好所事的范围非常广泛，殷墟卜辞的对象绝不止于王考祖妣。《楚辞》中的"山鬼"也并不仅仅限于人。只是大约到东汉时期，学者认为人既是万物之灵，就得与芸芸众生有些区别，才硬性规定"鬼"为人的专类。如许慎《说文》说："人所归为鬼。"郑玄《论语注》说："人神曰鬼。"至于其他生物，死后"异化"，只能称之为"妖"、为"精"、为"魔"、为"怪"。但这种硬性规定，不合道理，可以行之于士大夫阶层，却不能行之于民间。隋时就有所谓"猫鬼"，以及由此引发的所谓"猫鬼之狱"。

猫如何变成鬼，情况不详，但"猫鬼之狱"却实有其事。此狱主犯是独孤陀。陀是文帝独孤皇后的异母弟，出事前正由郢州刺史累转延州刺史，人还住在长安。此狱时间不甚准确。《隋书·独孤陀传》系于开皇十一年（591），《资治通鉴》据《文帝纪》颁"禁畜猫鬼"诏系于开皇十八年（598）。各书所叙案情也不免颠倒错落。经过整理，始末大致如下：

独孤陀性好左道，其妻母或者外祖母曾侍奉猫鬼，故此术得随母婢徐阿尼带至陀家。文帝早有所闻，但不相信。开皇十一年初，文帝由并州回长安不久，杨素妻郑氏和独孤后相继患病，经医者会诊，断定是"猫鬼疾"。文帝因陀是皇

后的异母弟，陁妻杨氏是杨素的异母妹，陁家又侍奉猫鬼，故疑此疾是陁所为。于是暗嘱陁兄独孤穆前往晓谕，自己还亲自暗示陁最好主动坦白，但陁却坚决否认。文帝不悦，将陁降为迁州刺史。陁口出怨言，文帝始怒，命左仆射高颎、纳言苏威、大理正皇甫孝绪、大理丞杨远等彻底调查此案。后来据陁婢徐阿尼供认：她从陁母家学会畜猫鬼之术，每逢"子日"（即鼠日）之夜必祭猫鬼。猫鬼能杀人，能使被害之家的财物暗中转移到畜猫鬼之家。阿尼还供出，前不久，陁向妻索酒，妻说"无钱可沽"，陁就吩咐自己："可令猫鬼往越国公杨素家，使我有钱足用。"自己遵嘱咒告猫鬼，几天后，猫鬼果然到了素家。最近，陁又对自己说："可令猫鬼往皇后处，使皇后多赐物给我。"自己再咒猫鬼，猫鬼果然进入宫中。杨远不信，就在门下外省命阿尼召回猫鬼。阿尼于当夜备香粥一盆，以匙扣盆而呼曰："猫女可来，无住宫中。"过了许久，阿尼脸色发青，似被一物牵扯，嚷道："猫鬼已至！"文帝得知实情，大怒，立将此案交公卿讨论。奇章公牛弘说："妖由人兴，诛其人则妖自绝。"文帝便下令将陁夫妇赐死。独孤后闻知，三日不食，为陁请命，说："陁若蠹政害民，妾不敢言；今坐为妾身，敢请其命。"陁弟司勋侍郎独孤整也为之求哀。文帝这才免陁死罪，除名为民；其妻杨氏也出籍为尼。陁不久便死。

在此之前，有人曾上告其母被猫鬼害死，文帝还以为是妖言惑众，怒而逐之。经过独孤陁"猫鬼之狱"后，才知确有其事，便诏诛当年被告畜猫鬼之家。后来又接连发现蛊毒、厌魅等害人妖术，就于开皇十八年（589）四月下诏："凡畜猫鬼、蛊毒、厌魅野道之家，投于四裔。"

由于文帝诏把猫鬼与蛊毒、厌魅并列，人们常将蛊毒、厌魅与猫鬼相混。其实，它们是有区别的。

将蛊毒与猫鬼相混，见于《隋书·独孤皇后传》，云："后异母弟陁，以猫鬼、巫蛊，诅咒于后。"于是有人将隋"猫鬼之狱"和汉"巫蛊之狱"视为一脉相承的宫廷丑闻。其实，二者在性质上首先就不相同。汉代的江充为陷害太子据，利用武帝患病，谎称病乃巫蛊为祟，因诬告太子诅咒。太子惧，起兵捕斩江充，兵败，蒙冤自缢，酿成武帝父子间一场悲剧。显然，巫蛊之狱是政治性的，被告太子据并无巫蛊之实，是冤案；猫鬼之狱是诈财而非政治性，被告独孤陀实有其事，并不冤枉。另外，二者在概念上也不相同。巫蛊本是两个概念。史称江充在太子宫中掘出许多祭祀木偶，这是巫。至于蛊，《隋书·地理志》曾据顾野王《舆地志》详加介绍，大致情况是：江南诸郡好畜蛊，而宜春（今属江西）尤甚。其法为：每逢五月五日端阳，收集百种毒虫，大者如蛇，小者如虱，合置一器，令其相食，直到食剩一种，即将此种妥为畜养。是蛇则名"蛇蛊"，是虱则名"虱蛊"。用时投入饮食中，钻入腹内，食其五脏，人死则其家财物将潜移至投蛊之家。如果三年中蛊家不杀他人，则将自中其毒。蛊家皆子孙相传，亦有随女子嫁出者。所说虽与猫鬼颇多相似，但猫并非毒虫，蛊中也无"猫蛊"。因此，在未有确证之前，还是不应将蛊毒与猫鬼相混。

将厌魅与猫鬼相混，见于张鷟《朝野佥载》，原文为："隋大业之季，猫鬼事起，家养老猫为厌魅，颇有神灵，递相诬告，京都及郡县被诛戮者，数千余家，蜀王秀皆坐之。隋室既亡，其事亦寝。"除开厌魅、猫鬼相混不谈，其中还有不少别的错误。如：（一）时间错误。蜀王秀坐罪被废，在文帝仁寿二年（602），而不在"大业之季"。（二）性质错误。蜀王秀坐罪带有政治忄生，而非单纯的妖妄野道。（三）人数错误。蜀王秀坐罪牵连仅百余人，而不是"数千余家"。据秀本传，其事大致经过是：太子勇被废，秀意不平。新太子广恐日久为患，阴令杨素设计陷害。秀一向奢侈，车马被服，拟于天子。仁寿二年，文帝特征秀还京师，令大臣多人穷治其事。新太子见有机可乘，便暗造木偶，书文帝及汉王名，缚手钉心，埋于华山之下；又暗写讨文帝及汉王檄文，藏于秀的文集中，均令杨素检举奏闻。于是，秀被废为庶人，其党百余人均遭连坐。厌魅本是一种诅咒之术。从新太子广陷害蜀王秀的办法看，显然是厌魅，而不是猫鬼。

"猫鬼"之术，历史上似仅见于隋朝，因而对其具体情况了解并不很多。这也许可以作为历史学家今后研究的一个课题。

杨广施计废太子

隋文帝杨坚自称帝之后，励精图治，勤奋节俭。灭掉陈国，一统天下。之后，听忠言纳逆言，兢兢业业，治理国家。随着隋初的政治清明，经济繁荣，隋王朝呈现了勃勃向上的发展势头，甚至出现了"开皇盛世"的政治局面。隋文帝杨坚堪称中国封建社会史上杰出的政治家。可他万万也没想到自己在立太子这个问题上一着不慎，满盘皆输。

按照长幼之序，杨坚的长子杨勇先被立为太子。也就是说，如果没有什么特殊变化，将来就由杨勇继任皇位，别人不能对此再有什么想头。

可是有一个人偏不，他就是杨坚的二儿子杨广。杨广与大哥杨勇继承父亲杨坚宽厚仁爱的性格不同，完全继承了母亲独孤氏狠毒、嫉妒的性格。他根本不容哥哥做太子，想方设法要改变这个事实。为此，他可谓费尽心思。

他深知，要想当上太子，首先要博得父母的宠爱，其次还要使父母越来越讨厌大哥。弄清了这一点，他开始加紧行动。

独孤皇后有嫉妒妾、妃的脾气，父皇杨坚崇尚节俭，杨广很了解这些。他就将自己伪装成一个清心寡欲，勤奋俭朴的人。他表面上只与王妃萧氏在一起，妾妃生了孩子就溺死，不让独孤皇后知道，家里藏着美女歌姬也从不让外人看见。

一天，杨广正在自己府中与一群歌姬饮酒取乐，家人忽然来报："皇上、皇后来了！"杨广一惊，忙命人撤去酒宴，让歌姬妾妃全藏起来，然后自己和萧妃换上极其朴素的衣服到书房等候。这书房其实是早已布置好了的。他和萧妃二人见独孤皇后与父皇杨坚走入书房，忙跪地请安。杨坚一见书房摆设，心里就很高兴。只见房内屏帐均为普通丝绢，桌子上放着一把琴，琴上满是灰尘，且琴弦已断了两根，显然久已不弹。杨坚心下高兴，微微点头，随口问道："皇儿，最近在干什么呢？"

"禀父皇，孩儿一直在专心读书。"杨广说罢，拿起书桌上早已摊开的一本书。

杨坚接过一看是《诗经》，心里更是乐开了花，不禁连连称赞杨广。独孤皇后觉得杨广很像自己，从小就对他宠爱有加，又见他长大后不近女色，身边只有朴素端庄的萧妃一人，正合自己心意，也非常高兴。帝、后二人对杨广夫妇鼓励一番便走了。

帝、后一走，杨广立即手舞足蹈，和妻妾歌姬们鬼混了一夜，以示庆祝。他知道，自己的第一步棋算赢了。他开始准备第二步棋，陷害大哥杨勇。

杨勇与杨广可不同。他为人忠厚，本来深得父皇杨坚的喜爱，可母后独孤氏却不喜欢他。因为太子妃元氏，是独孤皇后一手操办为儿子选定的，但其相貌平平，身体虚弱，所以太子杨勇非常不喜欢她，便以其不能生育为名又娶了一个云昭氏。这云昭氏不仅长得如花似玉，而且能歌善舞。独孤皇后生性最恨漂亮女人，所以就有些生气，恰巧那元氏又突然发作心脏病死了。杨广闻知，便在独孤皇后耳边吹风说哥哥杨勇经常虐待元氏，那元氏是气病而死。独孤氏果然信以为真，更加恼恨大儿子杨勇。但这一切杨勇不知，元氏死后，他还要求把云昭氏封为正妃。独孤皇后自然不同意，太子杨勇因为此事便与母后独孤氏各不相让，对峙起来。

独孤皇后见太子杨勇越来越不听话，便在皇帝杨坚耳边吹风，说杨勇的坏话。杨坚开始并不相信，他相信自己的眼力，认为杨勇既仁厚又有治国之才。在隋开皇六年（公元536年），北方边疆战事频繁，人员锐减。杨坚便打算从流民较多的山东迁一部分人到北方边疆去。但太子杨勇认为不妥，上书隋文帝说："儿臣认为恋土怀旧是人之常情，百姓只有实在活不下去才会逃亡。北方战事虽多，但只要加强防卫，便不会发生意外。还是请父皇不要随便迁徙民众，让百姓安居乐业吧！"文帝杨坚看了，便打消了原来的念头，从此更加器重杨勇。怎么会轻易就相信独孤氏的话呢？独孤氏见他不信，也不强求，但也决不放弃。心想，用不了几天我就降服了你！

再说杨勇太子虽然深得皇帝杨坚喜爱，但他却有一个致命弱点，那就是喜欢奢华。刚被立为太子的时候，他就大摆宴席庆祝一番。皇帝杨坚知道了，就

很不高兴，但太子杨勇又不是一个善于察言观色，投机钻营之人。他虽也有所察觉，但仍一意孤行。他的铠甲是蜀地的巧匠所做，本来已经很精美，但他不满意，又雕金缀银着意装饰一番。另外，他还喜好声色，他宠爱的娇妻美妾很多。太子妃元氏一死，他更是广纳姬妾，时常宴乐歌舞。独孤皇后便抓住他这一点，三天两头在皇帝杨坚耳中吹风。杨坚再怎么相信他，也禁不住独孤氏天天在背后向他诉说太子杨勇的坏话。再加上他对太子的所为也有所耳闻，渐渐地也改变了对他的看法。这样太子杨勇在父皇、母后心中的地位越来越低，而杨广的地位越来越高。

杨广将一切情况都掌握在手中，他心里暗暗高兴。但是，杨广任扬州总管，却长期待在京都，文帝杨坚心里不愿意，曾几次催他去扬州。他没有办法，就去独孤皇后面前哭诉，说太子杨勇几次三番加害于他，他怕父母伤心生气便一直未敢如实相告。现在父皇要他去扬州赴任，他不敢不去，但一想到前途吉凶未卜，便十分舍不得母后……

独孤皇后闻言大怒道："我活着他就这样对你，我要是死了，你还不是他砧板上的肉啊！"

杨广听罢，心中暗自好笑，但表面上哭得更加伤心。独孤皇后恸哭一场，决定立即废掉那个人面兽心的东宫太子杨勇。于是买通了太子杨勇身边的侍臣姬妾，给太子捏造了许多罪名，告到杨坚那里。杨坚面对太子的这么多罪名，生气还来不及，哪还有心情细查?！又加之独孤皇后的怂恿，便于开皇二十年10月下诏废掉了杨勇，将其软禁起来。因此受到株连的人，或杀或剐，不计其数。11月，杨广终于如愿以偿，当上了皇太子。

第二年，文帝杨坚觉得一年中连死两个皇子，废了一个太子，很不吉利，便下令改元为仁寿元年（公元601年）。但即使这样，也没有给大隋江山带来好运。

杨广篡位

隋文帝杨坚的二儿子杨广为人诡诈多端，他先用两面三刀的伎俩博得杨坚夫妇的宠信，又用金银王器收买了杨坚身边的宠臣杨素、杨约，怂恿文帝废掉太子杨勇，终于在开皇二十年11月称心如意地当上了皇太子，杨广为此欣喜若狂。但大隋朝从此开始了国无宁日的局面。

杨坚只有独孤氏一位皇后，所以子嗣不多，只有杨勇、杨广、杨俊、杨秀、杨琼这5个儿子。而且杨俊已死，杨勇被废，只剩下杨广、杨秀、杨琼三人在朝为政。但是杨广心狠手辣，登上了太子宝位，还不放心，也怕其他两个兄弟像他一样争夺太子位，就想把自己这两个一奶同胞的亲兄弟除之而后快。他耳目众多，不久就有人来报说四弟杨秀对废立之事不满，于是他便在文帝杨坚面前设计陷害四弟杨秀。

一日，杨坚正在养心殿闭目养神，杨广悄悄走进来。杨坚似乎有所察觉，微睁开双眼。杨广见状，忙跪下叩头请安。但是杨坚让他起身后，他又不走，一副欲言又止的样子。杨坚心里纳闷，便随口问道："皇儿有什么事要对为父说吗？"

杨广听见父皇问他，不但不说话，反而突然泪光点点，做出一副泫然欲泣的样子。

杨坚一惊，追问道："皇儿可有什么伤心事，快与为父说来。"

杨广见父皇催问得紧，便带着哭腔诉道："儿臣今日来见父皇，是求父皇废了儿臣这个太子，以免我们兄弟不和，骨肉残杀。废去儿臣这个太子，儿臣也可留下一条小命，侍奉父皇、母后颐养天年……"

杨坚见杨广连鼻涕带眼泪地说出这样一番话来，不由得更加吃惊，半晌才道："你这话分明是说你弟兄中，有人对废立太子之事不满，欲加害你了？"

杨广偷眼观瞧，发现杨坚脸色铁青，知道他已上了圈套，心中暗喜，表面上却更加伤心地哭道："儿臣本无太子之能，还是让位给四弟吧！也免得他为此事再招兵买马，大动干戈，犯下杀身之罪……"

"什么？是杨秀？！"杨广隐隐约约说出这番话，杨坚岂有不懂的道理？立刻勃然大怒道："我早就看出他不安分，迟早是个忤逆之子。哼，我偏不让他称心如意！你即刻就去办理此事，将他给我押回来，囚入后宫！"

　　杨广一听父亲让自己去办理治罪四弟之事，心中欣喜若狂，但表面上却做出一副骨肉不忍相残的样子，跪在地上苦苦为四弟求情。他知道自己越求情，父皇越恨四弟，越不饶他。果然杨坚不允，杨广便极不情愿地起身出宫。一出宫门，便手舞足蹈，乐颠颠地走了。

　　不久，杨秀便以莫须有的罪名被文帝废为庶人，关押在后宫一隅。这时就只剩下五弟杨琼了。杨琼为人聪明机灵，任并州总管，手握兵权，又有众多谋士相助，所以杨广一时也未敢轻举妄动。

　　隋文帝仁寿二年，独孤皇后病故，举国皆哀，杨广在人前哭得痛不欲生，回到自己府中就整日宴乐歌舞，寻欢作乐，独孤氏白疼了他一场。而隋文帝见独孤氏一死，也松了一口气。他这一辈子可真是受尽了独孤氏的气。后宫不能无主，在满朝文武的请求下，杨坚择吉日又册封了两位妃子：一位陈氏，封为宣华夫人；一位蔡氏，封为容华夫人。此时杨坚去一得二，乐不可支，将朝政大事交由杨广，自己同两位新妃到仁寿宫享福去了。

　　但杨坚毕竟是 60 多岁的人了，突然由以前只守一位独孤皇后的清心寡欲式的生活到现在的纵情享乐，又加之二妃年轻貌美，正值当年，他便有些承受不了。没过多久，就病倒了。而且几月之后，病体更加沉重，几经太医调治也不见好转。

　　这一情况早被在杨坚身旁侍奉的左仆射杨素通报给杨广。杨广乐坏了，心想：父皇快点死了才好呢！那样我就可马上登基坐殿为皇帝了。可是他又不知道登基之后要干些什么，便迫不及待地给杨素写信询问，但是传信的宫女不知道他们暗中干的勾当呀，心想：杨大人是专门来仁寿宫侍奉皇上的，既是给杨大人的信，那一定是要杨大人转呈皇上的，不如我直接给皇上送去吧。想到此，便拿着信走入皇帝杨坚的寝宫。可巧杨坚今天精神有些好转，见有信送来，便随手抽出来看了看。一看之后，不由得大惊。心想：我还没死，杨广就忙着继位。看来他平时所为，以及在我病时所表现出来的悲戚样子均是假的了，说不定他心里还希望我早死呢！

　　杨坚看了信，正凝神思索，忽然见宣华夫人陈氏披头散发地跑了进来。杨坚吓了一跳，忙问发生了什么事。宣华夫人眼中盈满泪水，欲言又止。杨坚平日最宠爱这位南国美人，今见如此，忙将她拉至床边坐下细问。宣华夫人心中盛着莫大的委屈，刚一挨近杨坚便伏在他身上痛哭起来。杨坚更加着急，不由得拍床发怒。宣华夫人这才止住悲声，道明原委。

原来，这宣华夫人本是陈后主的妹妹，杨广早就垂涎她的美色，几次三番趁无人之时，对宣华夫人进行挑逗。宣华夫人认为自己是亡国之女，如今虽为贵妃，但杨广身为太子，自己若把此事告知皇帝杨坚，定会招来离间他们父子之嫌，所以一直隐忍不发。不曾想到，今日她来探望杨坚，在走廊路遇杨广。他见四周无人，便一步上前，搂住宣华夫人，意欲强行非礼。宣华夫人拼命挣扎，所幸有脚步声传来，杨广才放开宣华夫人，匆匆溜走。宣华夫人对杨坚说完这一切，又羞又愤，低头不语。

杨坚未待听完早已气得浑身乱颤，此刻更是怒火上蹿。又联想到刚才看到杨广急于继位的信，不由得悔恨交加。咬牙切齿道："此等逆子，禽兽不如，怎可成就大事！唉，都是独孤误我……"

杨坚也不愧为一代开国皇帝，当机立断，让宫女把兵部尚书柳述、黄门侍郎元岩找来，想要让他们立刻拟诏书废太子杨广。但他此时气怒交加，又加上本来就病体沉重，几乎说不成话，只用眼睛看着二人连说了两个"勇"字。二人也算聪明，立时也就明白，他要见已废太子杨勇。但杨勇现在是罪臣身份，要见他，必须先有皇帝的赦免书，二人便急匆匆赶着去写赦书了。

再说杨广，自从给杨素写了信，不知为什么，心里总觉不踏实，就亲自来仁寿宫查探消息。路遇宣华夫人，调戏未成，悻悻回府，此刻正在太子府中寻欢作乐呢！忽闻杨素派人送来消息，皇帝杨坚召见兵部尚书柳述、黄门侍郎元岩，恐怕是情况有变。杨广大惊，心想自己这一番心思绝不能付之东流。一狠心，便带着侍卫去了仁寿宫。到了大雄宝殿，将宫女太监全部赶走。一不做，二不休，竟将亲生父亲杨坚掐死在病榻之上，然后传出皇帝杨坚因病而终的消息。

随后，他又假传文帝圣旨，处死大哥杨勇，并将他的几个儿子一同毒死。

掩埋时，还令人将他们头朝下，他认为这样他们就不会变成怒鬼报仇了。

现在，只剩下五弟杨琼。杨琼始终是杨广的一块心病。他便以父亲的名义写信给他，让他进京，但杨琼一眼就看出破绽。因为杨琼早就为防不测，与父亲通信双方均有暗号。杨广不知，弄巧成拙。杨琼拒不去京，并积极准备兵变。不久，文帝死讯传遍全国。杨琼深知二哥为人，认为一定是他从中搞鬼，立刻兴兵讨伐。不料，兵败被捉。但杨广不知出于什么目的，却没有杀他，只是将他囚禁起来。不过杨琼也没活多久，气病交加，不治而亡。

公元604年，这个狠如蛇蝎的杨广，终于踩着父亲、兄长、弟弟的尸体登上帝位。

杨广继位的第一件事，便是全面接管了父亲的后宫妃嫔。登基当晚，他便去后宫代替他父亲，宠幸了垂涎已久的宣华夫人，之后索性又去容华夫人蔡氏处混了几日。二妃面对既是儿子又是新帝的杨广，无力反抗，只得默默忍受屈从。

就这样玩乐了一年，杨广才开始理政，并定第二年为大业元年，即公元605年。

"麻猴"唬小孩的来历

杨广做皇帝的时候逆天虐民，因此唐朝开国皇帝李渊赐他的谥号为"炀"。杨广在历史上也就被称为隋炀帝。

话说隋炀帝杨广，登基一年，只知吃喝玩乐。这一日，闲来无事，忽然想起术士章仇太翼，便把他找来，让他掐算掐算，在哪里定都会稳坐天下，吉祥如意。章仇太翼是个会察言观色的人，早知杨广的心思，装模作样掐算了一下，便道："要说最吉祥的地儿，还得是晋家洛阳。"

杨广一听，心中大喜。因为杨广曾被杨坚封为晋王，而且洛阳是古都，他早就有心定居洛阳。于是当即传旨，定洛阳为东京都，长安改为西京都，并于大业元年开始修建东京都，此事交由杨素负责。

建都不是一件小事，杨广如此相信章仇太翼也是有典故的。

原来，仁寿四年，文帝要去长安200里外的仁寿宫时，章仇太翼就从旁劝阻。他对文帝杨坚说："据臣卜测，陛下近日不宜出宫。否则，恐遭不测。"杨坚大怒，将其押入大牢。不料，果被章仇太翼说中，杨坚这一去就再也没能回来。病危之际，想起章仇太翼的话不假，便命人将他放了。从此章仇太翼名声大噪，杨广也因此对他推崇备至，深信不疑。

隋炀帝杨广

再说杨素督办修建东京都洛阳城一事，可真是尽心尽力，一丝不苟。在洛阳城西修建了一座比当年的仁寿宫还要奢华百倍的显仁宫，但杨广仍不甚满意，觉得宫殿不大。于是杨素又命人在显仁宫旁增建了方圆200多里的园林，名为西苑。

西苑之内，湖光山色，优美异常。而且又设16处宫院，每院均住有一佳丽。即使是冬天，这里也是花红柳绿。因为这些佳人为了吸引皇帝，命宫女做了好些鲜艳的绢花、绢叶，以假乱真，一院赛过一院。杨广一见，非常高兴，每天率近千名宫女在院中游玩。

但是，多么快乐的所在，也有玩腻了的时候。于是隋炀帝杨广便想去南方看看。据章仇太翼推算，皇帝此次出行，宜走水路。可是从洛阳到江都（今江苏省扬州市），水路无法直通。杨广一想，我身为皇帝，这有什么难的？当即下令征集200多万民夫到各地沟通小河旧渠，开挖大运河。

这下可苦了天下百姓。但有人辛苦有人乐，在开挖大运河的过程中就有一个人因此发了财，此人姓麻名叔谋。他负责开通黄河与淮河之间的通济渠。这麻叔谋长了满脸大胡子，为人生性凶狠，不论严寒酷暑还是夏雨冬雪，他从来

不顾民夫死活，让他们夜以继日地干。稍有怠慢，轻则拳打脚踢，重则动用皮鞭私刑，甚至斩首。人们都恨他，背后叫他"麻胡子"。

这麻胡子不仅凶狠而且非常贪财。他趁修渠之机经常到百姓家敲诈勒索。他总是先骗人家说修河道要拆房子，人家求他帮忙，他拿了钱便说自己给求了情不拆房子了。时间长了，人们都识破了他的伎俩，但也都敢怒不敢言。

更可恨而又可怕的是：麻胡子爱吃小孩肉。谁家有小孩，他就或骗或抢，捉来吃掉，附近人家有小孩的便都送到外地抚养。一时传扬开来，周围府县便都知道了这件事，家里有不听话、任意哭闹的小孩，只要喊一声"麻胡子来了"，小孩便吓得立刻不哭了。

大人吓小孩，一辈传一辈，传了一千多年。现在我国农村各地还有用"麻胡子来了"唬小孩的现象。但是传得时间长了，范围广了，便都将"麻胡子"说白了，说成了"马猴子""麻猴子""妈猴子"等，说法不一样，但意思都一样。有的后人不知道"麻猴子"的意思，还有人以为是指狼。其实不是，指的是"麻胡子"其人，但他是一只披着人皮的狼。这就是"麻猴子"唬小孩的来历。

大运河终于修完了，但它耗去了200万劳动人民的血汗和无数人的生命。隋炀帝杨广可不在乎这些，他只在乎他玩得是否开心，是否尽兴。河修好了，但还没有合适的船。杨广又命人设计制造了奢华无比的龙舟。皇上如此，臣下更会阿谀奉迎，同时给皇后建造了翔螭舟，以及嫔妃、宫女乘坐的大小船只千余艘。一切准备就绪，杨广要率众嫔妃出游了。

出发前要祭河，杨广便命人将麻胡子杀了。倒不是因为他勒索钱财，盗食婴儿，而是因为他擅改河道，所谓"破坏风水"惹怒了杨广。

祭完了河，杨广便登上了龙舟，率领船队沿运河南下。船中坐着文武百官、嫔妃宫女，甚至和尚、尼姑、老道；河岸上近十万名纤夫汗流浃背地拉着绳索；还有禁军骑兵在两岸护卫，一路浩浩荡荡，倒也颇为壮观。

船行过处，500里之内都要奉献贡品。贪官污吏趁此机会更是大肆敲诈勒索，搜刮民脂民膏，更加苦了老百姓，一时怨气冲天。隋朝的气数看来快要尽了。

李春和赵州桥

有关赵州桥的神话非常多，民歌《小放牛》中有这样的唱词：

玉石栏杆王母娘娘留，

张果老骑驴桥上走，

柴王爷推车压了一道沟……

这些不仅反映了赵州桥优美
坚固，还使它充满了神秘的色彩，
展示了中国古代劳动人民的聪明
才智。

闻名世界的洨河赵州桥相传
为隋朝李春指挥设计，历经1300
多年的风吹日晒雨林，至今仍屹

赵州桥

立如初，创造了一个奇迹。要说起李春，还要从隋炀帝开挖大运河谈起。

开挖大运河时，其中通济渠一带由一个叫麻胡子的人负责。此人非常贪财，
他听人说陈留（今河南开封）境内有一座西汉张良庙，庙内藏有一双玉璧，价
值连城，就亲自带人去抢到手中。这一日，他正在对这双玉璧爱不释手地赏玩，
他手下的一个小监工名叫钱松的走了进来禀报："总管大人，外面有一个叫李春
的，自称有修桥技术，要求见总管大人。"

麻胡子恼恨钱松扫了他的雅兴，便怒骂道："瞎了你的狗眼了，没见我忙着
吗？况且当今圣上让挖河，你找个修桥的来干什么?！滚！"

钱松被骂了一通，心里窝火，又发现麻胡子抢了张良庙中的宝物白玉璧，
料定他没有好下场，跟着他怕日后受牵连，就动了跑回家的心思。一眼瞧见还
在营外的李春，便对他说道："李师傅，麻胡子凶狠，不是个人，我早就想不再
跟他一起欺压百姓了，你也别跟着他。正好我们村有一条河，水流很急，乡亲

们几次修桥都没修上。你有修桥技术，不如去帮我们，也为百姓做件好事吧！"

李春心地善良，为人耿直。一听此言，当即表示同意。天黑以后，二人就偷了两匹马，骑着离开大营，向钱松的家乡——赵州（今河北赵县）逃去。

赵州的百姓听说钱松带回来一个会修桥的师傅，都十分高兴。原来赵州有一条河，名叫洨河。这洨河水流湍急，乘船过河，常因水急而翻船。当地百姓也修过许多次桥，但都因不坚固，被水冲垮了。

李春听乡亲们七嘴八舌介绍了情况，立刻到河边察看地形，又亲自选了石料场，连夜画出了桥的图纸。乡亲们听说图纸画好了，便都来观看，只见那桥身与众不同，一个大拱洞的两肩上还各有两个小拱洞。众人不明白，便纷纷向李春请教。李春耐心地解释："这桥身下面的大拱洞，可以通过平时的河水；上面两侧各有两个小拱洞，一是美观，二是在汛期和山洪暴发水位增高的时候，起到泄洪的作用，同时减轻河水对桥身的冲击力，使石桥的寿命延长。"

众人一听，恍然大悟，连声称赞。这时，一个小孩突然扬起童声问道："那两个怪兽是什么呀？"

李春知道他指的是桥中央护栏板上画着的一对饕餮，便笑着将他抱在怀里说道："这呀，叫饕餮。传说这种怪兽非常贪吃，什么东西都可以吞下。我们修桥时，将它刻在桥中央的栏杆上，这样，洪水来了，它就吞进肚里，我们的桥就不会被冲垮，我们的村庄也会平安无事啦！"小孩闻听，信以为真，拍手叫道："噢，饕餮吞洪水喽，饕餮吞洪水喽……"众人见他顽皮的样子，也都笑了。

这时钱松在人群中喊道："乡亲们，我们别光看呀！我看我们还是赶紧在汛期之前动工建桥吧！"众人一听立即组织起来，开始了造桥工程。

李春当技术总指挥，但是他经常是和乡亲们一起起早贪黑，上山采石，下水挖河。钱松在挖运河时做监工，此刻和乡亲们一起干劲十足，还不时劝乡亲们多注意休息，别累坏了身体。百姓们为自己修桥，哪有不出力的？个个干劲十足，建桥的速度飞快。仅仅几个月，就架起了一座石拱桥。

远看这座石桥像一道长虹，横卧在洨河上。近看石块之间吻接得严丝合缝。

桥栏板、桥柱上都雕刻了不同形状的秀丽图案。栏板上的蛟龙，形态各异，活灵活现；桥栏板上的小石柱上还蹲着形象逼真的石狮子。可以说，赵州桥不是一座普通的桥，而是一件极具观赏价值的艺术珍品。不仅中国人喜欢它，外国友人来参观的也不计其数。

李春也因赵州桥而享誉世界。赵州人民为了纪念他，还特意为他雕塑了石像。

隋末农民起义

隋炀帝杨广（569—618 年），本名杨英，字阿（上麻下女）（一作阿㧬），弘农华阴（今陕西华阴市）人。隋朝第二位皇帝（604—618 年在位），隋文帝杨坚与文献皇后独孤伽罗嫡次子。公元 604 年，隋炀帝杨广杀兄弑父，终于如愿登上了皇帝宝座，但是他在执政期间荒淫无度、逆天虐民，与其父杨坚比起来可谓相去甚远。隋文帝杨坚关爱民众、提倡节俭、轻徭薄赋，社会安定，人口发展也很快，甚至出现了"开皇盛世"的局面。但是杨广继位后，根本不顾老百姓死活，只知自己享乐。刚刚即位便大修宫殿、广开运河、制造游船，工程用人多达 200 万，几乎耗尽了全国的青壮劳力，而且强征百姓手中仅有的一点粮食囤积起来。百姓叫苦连天，难以生计。

本来，他耗费财力、人力、物力修完大运河，玩也玩了，乐也乐了，就该休养生息、发展农业生产、减轻百姓负担了。但是他为了显示其大隋朝的国力，又于大业七年（公元 611 年）开始征讨高丽，并在全国范围到处抓人拉夫抢夺物资，以备战用。

而此时山东正在闹水灾，许多灾民无家可归，无粮食可吃，正处在水深火热之中。隋炀帝由水路攻打高丽，这里是必经之路，看到那么多面黄肌瘦的灾民，他非但不设法赈灾，反而漫不经心地说道："饿就参军嘛！当了兵随朕一同去打高丽，不就有吃的了？传令下去，继续征兵。不肯来的，就地斩决！"

皇帝发了话，谁敢不听？一时之间，到处都是妻离子别的惨哭之声。正所

谓"官逼民反"，农民战争的烈火终于被一个人点燃了，他就是王薄。王薄是山东省邹平县人，他当时也被征兵。心想：家乡离辽东有数千里之遥，一路上难免还要挨打受苦，很难再活着回来了。左右都是死，不如起来造反算了。于是他写了一首《无向辽东浪死歌》，号召当地百姓不要为杨广去送死，大家起来反对战争，求一条活路。百姓们也早已受够了压迫，纷纷响应。山东有一座长白山（在今山东邹平县南），山势险要。起义民众在王薄的率领下占领了这座山，并以此作为反隋的根据地。他们经常在济南、济宁一带，给杨广征讨高丽的军事交通线以打击。

王薄起义的消息传开，其他不服兵役的农民也纷纷效仿，还带着小股义军上长白山前去投奔。在漳南（山东德州西南部地区）还爆发了影响较大的孙安祖起义。

孙安祖本是一个普通农民，非常爱惜土地。一日，他去察看家里被水冲毁的土地，想看看是否还可以修整好。谁知到地里一看，自家的地早被冲得沟沟壑壑，哪里还能再种田？蹲在地头，正自叹息，忽见隔壁家二牛一步三摇，气喘吁吁地走来。不禁惊奇地问道："二牛，你不在家里躺着，到这儿来干什么？"他知道二牛家也同自家一样因闹水灾已三日没揭开锅了，故这样问。

二牛喘口气，呜咽道："孙大伯，你快回家看看，大婶和小弟都——"

孙安祖心里一惊，脑门上立刻冒出了冷汗。村里这几日已饿死许多人，莫不是……他不敢再多想，踉踉跄跄向家奔去。到家一看，只见几个乡亲正帮着收敛妻子和儿子瘦弱的尸体。孙安祖这个七尺男儿见状，不由得大放悲声。这时，漳南县令忽然带着两个差丁来了，老远就冲孙安祖喊："孙安祖，皇上有旨，征兵去打仗。现在轮到你了，收拾收拾，今晚就动身！"

"大人，你看我妻子和儿子刚——"孙安祖说到这又有些哽咽，艰难地央求道："大人，您容我两日，我……"

"怎么？你敢抗旨不遵？"漳南县令扬着一副公鸭嗓叫道，"人死了，埋了不就完事了？还啰唆什么？！"说完，看也不看孙安祖一眼，转身带着人走了。

孙安祖气得满眼喷火，心中暗想，这世道不造反是没活头了。狗官，你等着！我今晚一定按时到县衙。孙安祖想到这，横下一条心，匆匆办理了妻儿的丧事，当晚暗藏一把菜刀潜入县衙，将那县令宰了，然后逃到老乡窦建德家躲藏。

窦建德在那一带可也算个人物。他武艺高强，行侠仗义。一天，一伙不知好歹的强盗去他家抢劫。窦建德平生最恨这种鸡鸣狗盗之人，对他们毫不留情，三下五除二，便打死几人。其余几个见情况不妙，便想就势逃跑。窦建德岂肯放他们为祸乡里？一个箭步冲上去，又结果了他们几个。

窦建德一见孙安祖浑身是血跑进家里来，一时也吓了一跳。待问明原委，哈哈笑道："好，贤弟，你又为乡亲们做了一件大好事。你就在我家藏着，我在官面上还能混得开，他们一时也不会到我家来拿人，先避避风头再说。"就这样，孙安祖在窦建德家住了下来。

一天，窦建德从外面回来，愁眉紧锁。孙安祖在他家住了近一个月了，从未见他如此，心里一动便问道："窦大哥，莫不是官府发现我藏在你家了？"窦建德摇头道："贤弟，要是为这事，我就不发愁了。今天我在外面碰见征兵官，他说上边有令任命我为一个管二百人的什么官。我也没在意听，但是我却知道是要我去打仗。"说到这，窦建德出去看了看，然后回来将门窗关上，小声对孙安祖说，"贤弟，我跟你说'官府发现你，我不发愁'，是因为我想，万一有变，我们就揭竿造反，可现在还不是时候。况且，我家中还有老母，不忍她为我担惊受怕。所以我暂且和他们去，忍耐一时。贤弟你留在家中，多联合一些人，相机而动。我瞅准时机，便回来与你汇合，你看如何？"

孙安祖其实早有此心，只是见窦建德家大业大，在官面上又混得开，一时不敢贸然出口。今见窦建德将这一片肺腑之言说出口，连声称好，道："大哥，小弟听你的，你就先放心地去吧！"

窦建德一走，孙安祖便聚集了几百人造反。紧接着刘霸道、张金称、高士达等也在各地起义。义军们或打官府，或劫富济贫，搞得轰轰烈烈，受到老百姓的热烈欢迎。

义军们敬佩窦建德为人，从不惊扰窦家。官府认为窦家与义军有联络，便将其一家老小全给杀了。窦建德闻讯，率领他手下的二百多人杀回老家，公开加入了义军。

活跃在山东各地的农民义军，人数越来越多，农民革命战争的烈火越燃越旺。他们公开打出"反对隋朝统治"的口号，很快得到全国各地农民的响应。甘肃灵武、陕西岐州的农民也先后举起了反隋旗帜。河南的起义军也迅速壮大，其中最著名的就是滑县附近的瓦岗寨义军。这些都给隋朝杨广的残暴统治以有力的打击。

书不释手的牛弘

《隋书·牛弘传》是全书篇幅最长的独传，但叙牛弘生平事迹，仅占全传十之一二，余者皆录其论典籍、礼、乐之文。如此立传，可以略窥传主之学识，却不易对传主做出全面的评价。

牛弘（545—610），字里仁，安定鹑觚（今甘肃省灵台）人。袭封临泾公。少好学，博览群书。牛弘本姓"寮"，可能出自西北少数民族。父允，仕北魏，封临泾公，由于陇西原有牛姓，故赐姓"牛"。弘在北周，起家中外府记室，专掌纹翰，修起居注；后袭父爵，进大将军、仪同三司。入隋，始授散骑常侍。开皇初，迁秘书监。三年三月，上表请开献书之路，晋爵奇章郡公。同年冬，拜礼部尚书，撰《五礼》百卷，上书请依古制修立明堂。六年（586），除太常卿。九年（589），文帝诏改定雅乐，弘数上乐议。十三年（593），再拜礼部尚书。十七年（597），再任太常卿。仁寿初（601），为吏部尚书，任内有所进用，均先德行而后文才，并多称职。二年（602），主持独孤后丧礼，为诸儒所钦服。炀帝在东宫时，甚敬礼弘，大业二年（606）进位上大将军，三年（607）改右光禄大夫，备受礼遇。六年（610），从炀帝幸江都，十二月卒，年66。赠文安侯，谥曰"宪"，归葬安定。有文集行世，今不传。

以上即牛弘简历。弘仕隋整整30年，所任职官（秘书监、太常卿、礼尚、吏尚）皆为正三品，所受散官（右光禄大夫）、勋爵（上大将军、奇章郡公）

已至一、二品。弘无军功，无勋绩，而能久任；不结党，不逢君，而能见容。故传云："隋室旧臣，始终信任，悔吝不及，唯弘一人而已。"这是少有的述赞。又"史臣"论曰："牛弘笃好文籍，学优而仕，有淡雅之风，怀旷远之度，绸缪省闼三十余年，澄之不清，混之不浊，可谓大雅君子矣！"这是少有的好评。传载三事可为印证：

当时杨素恃才矜贵，轻侮朝臣，只有见到牛弘才改容正色。一次，素将出击突厥，亲至太常寺向时官太常卿的牛弘辞行，弘送至中门便不再送。素对弘说："大将出征，故来叙别，何相送之近也？"弘闻言，竟一揖（yi）而退。素笑曰："奇章公可谓'其智可及，其愚不可及'也。"但也并不在意。

史称弘事上尽礼，待下以仁，车服卑俭而拙于言辞。一次，文帝请他口宣敕令，弘走到殿阶之下，正要口宣，一时竟说不出口，只得走回向文帝请罪，说："并忘之。"文帝反而更称赏弘的质朴，说："传语小辩，故非宰臣任也。"

弘弟名弼，好酗酒。一日酒醉，竟射死弘的驾车牛。弘归，妻迎告之，说："叔射杀牛矣。"弘听后，毫不在意，只说："作脯。"坐定，妻又提醒说："叔忽射杀牛，大是异事。"弘点头道："已知之矣。"面色如常，读书不辍。

弘的为人和性格就是如此。传称："性宽厚，笃志于学，虽职务繁杂，书不释手。"看来，弘的最大特点就是"书不释手"。他的学问、人品，乃至能使杨坚父子不忌，悔吝不及，恐都与"书不释手"有关。唯有"书不释手"，所以对书籍必然爱惜，必然关注。他的《请开献书之路表》是他爱书思想的反映，也是"书学史"上的一篇大文章。

该文有三项内容：（一）隋以前历代藏书情况；（二）隋以前中国书的五厄；（三）建议发诏购求天下遗书。他将"藏书"和"书厄"分为五个阶段来写：第一阶段自上古至秦。其时外史掌三皇五帝之书，以《诗》《书》为教。周末旧经紊弃，孔子制《礼》，刊《诗》，修《春秋》，阐《十翼》，经典复存。秦始皇统一六国，事不师古，遂下焚书之令，此乃书之第一厄。第二阶段自西汉至新莽。汉兴，藏书与校书并重，外有太常、太史之藏，内有延阁、秘书之府，并遣陈农求遗书于天下，诏刘向父子雠校篇籍于天禄，于是典文大盛。王莽之末，

长安兵乱，图书焚烬，此乃书之二厄。第三阶段即东汉。光、明、章、和诸帝皆重儒术，其兰台、石室、鸿都、东观典籍充实，倍胜于前。及董卓逼迁，图书缣帛，兵民恣取为帷囊，能西迁者仅七十余车；而此七十余车至长安乱时，亦付一炬，此乃书之三厄。第四阶段即曹魏、西晋。魏文好典籍，皆藏之秘书、内外三阁，更遣郑默删定旧文，朱紫有别。晋秘书监更著《新簿》，纠集益多。迨刘曜、石勒之乱，京华覆灭，朝章国典，从而失坠，此乃书之四厄。第五阶段自东晋南渡迄于梁末。其时中国图籍多归江东。刘裕平后秦，收其图籍，仅四千卷。北魏起自北方，后虽迁洛，日不暇给，经籍皆付阙如。北周创基关右，武帝之末，书止万卷；北齐据有山东，虽四部重杂得三万卷，实增新书仅五千。幸南朝斯文不坠，宋秘书丞王俭撰《七志》，梁阮孝绪亦为《七录》，总其书数三万余卷。及侯景之乱，建康文德殿内书史宛然犹存，萧绎（梁元帝）收文德之书及公私典籍，重本七万余卷。及周师将陷江陵，绎悉焚之于外城，此乃书之五厄。

谈到隋朝，弘作为秘书监，知当时（开皇三年）藏书仅一万五千卷（即齐、周二国图书之和），比梁时旧目三万卷仅得其半，显见天下遗书尚多。弘认为"不可王府所无，私家乃有"。因而建议"勒之以天威，引之以微利"，速发明诏，购求遗书。文帝见表，立即颁诏："献书一卷，赏缣一匹。"一二年间，篇籍稍备。后来灭陈，又获南朝全部图书，这就使唐编《经籍志》有了丰富的内容。

按自《汉书》创立《艺文志》以来，经过五百余年，还没有哪一朝编过续志。"五代史志"虽然分属各朝，但《经籍志》却是隋朝所独有。据序云："今考见存，分为（经、史、子、集）四部，合条为一万四千四百六十六部，有八万九千六百六十六卷。"可见全部图书都是隋朝的遗留。文帝本不好儒，亦不好文，然而藏书之富，自汉以来所未曾有，这就不得不归功于牛弘。弘制礼作乐，颇受当时赞赏，然究其价值，不过是粉饰太平，保存儒家遗产而已。唯其以历史眼光，探讨周秦以来中国图书的集散因果，奖励藏书，批评书厄，不仅为隋朝集书、藏书开辟了先路，也为以后历朝的图书集藏工作提供了借鉴。从文化

史的角度看，牛弘之功确不可没。

欺诈小人王世充

隋末蜂起的群雄中，打败魏公李密的王世充，后来在洛阳自称郑帝。另外在河北河间郡乐寿的窦建德也建号称夏王。这两股势力，和崛起太原雄踞长安建号称唐帝的李渊，一时有鼎足之势。如果不是李渊有一位文武才略兼备的儿子李世民，说不定另一个三国鼎峙之局会在中国出现。郑帝王世充和夏王窦建德都是唐李世民的手下败将，一称小人，一称英雄。

师称小人

王世充被史家们称为欺诈小人，原有所本。原来王世充有一位老师徐文远，是隋国子祭酒，王世充是小人，原来出诸他老师之口。徐文远也是魏公李密的老师，当李密在洛口（河南巩义市境）兵困洛阳隋朝残余政权时，城内百

王世充

物短缺，徐老师不得不亲往城外去采薪，不料落入了李密侦骑之手，解送到大营时，李密认出是老师，马上扶之南面而坐，李密肃衣北面而拜，以尽弟子之礼。那时李密正和洛阳朝廷搭线，预备入朝辅政，以便夹击宇文化及残军。王世充却在洛阳夺权，把和李密搭线的内史令元文都一伙杀了，朝权落在王世充之手。李密向徐老师询问进止，徐老师勉励他匡济国难，迷途知返，不失为忠义之臣。但戒密非破世充，不可入朝。后来李密被王世充战败，徐文远逃归洛阳，那时王世充自任太尉，专恣威权，徐文远见了这位弟子，每次说话都先伏地叩首。有人私底下问他："先生何以见了李密端老师架子，见了王太尉又如此

恭敬？"文远说："魏公，君子也，能客贤士；太尉，小人也，能杀故人。吾何敢不拜？"从这段故事，读者对王世充这个人大概也有一个印象了。

取媚邀宠

王世充字行满，本来姓支，是西域的胡人。寄居在新丰（今陕西临潼东北），隋朝末年起兵群雄之一。王世充可能是土耳其种，因为他生来卷发。其父幼从母归王氏，就冒姓王。父亲曾做怀汴二州的长史，所以王世充幼亦受良好教育，读过一些经史，还好兵法，熟悉律令。私底下又喜欢卜筮推占之术，惟秘不告人。他性格深沉多疑，而诡诈有辩才。隋文帝时以左翊卫做到兵部员外。炀帝时先任江都郡丞，后因知炀帝想除去曾参与夺宗机密的御史大夫张衡，乃阿谀顺旨，在炀帝前说张衡的坏话，终使张衡免官废为庶民，王世充就升官兼江都宫监。于是雕饰宫内池台馆阁，又征远方珍奇宝物以邀帝宠。知道炀帝喜欢女色，他又征江淮良家美女以进，由是常得亲近帝侧，君臣之间，甚见亲昵。

阴结豪俊

大业八年（612 年）各地乱起后，王世充一面阴结豪杰，多收人心，见百姓犯禁，往往帮助他们脱罪，以树立私恩；一面也率官兵平乱。他很会做作，平乱有功，总推动部下，携获战利品也一概发给士卒，自己一毫不取。由是颇获军心，出战时常建功。他有一次破贼军孟让十万之众于盱眙（安徽境内）而被炀帝赏识，认有将帅才略。大业十一年炀帝在雁门（山西代县），被东突厥始毕可汗围困，炀帝急得日夜哭泣，发书各地勤王。王世充得此机会立刻发江都民兵赴难，而且故意垢首号泣，终日不解甲，夜卧草荐，以示帝难在身。后来炀帝回朝，认为世充爱己逾常人，乃益加信赖。大业十二年世充在豆子坑（河北河间）及南阳分别破贼归来江都，炀帝亲执酒杯赐饮，以嘉其凯旋。

会师洛阳

当李密在洛阳一带聚势越来越大时，隋炀帝在江都命王世充率江淮劲旅，与其他各路军会师洛阳，与李密战于洛口。炀帝并诏示诸军务受世充指挥，王世充真的当起统帅来了。世充与李密作战，互有胜负。后来隋炀帝在江都被杀，起兵太原的李渊在长安也废隋恭帝而篡夺帝位。洛阳隋东都朝廷马上奉炀帝孙越王杨侗为皇泰主。王世充被任纳言，封郑国公，和段达、元文都等七大臣共辅朝政。那杨侗二十岁不到，全由七大臣摆布。那时因为杀炀帝的宇文化及率饶果残军自江都北归，宇文手中有其所立的隋主杨浩（炀帝弟秦王杨俊之子），还有炀帝的萧后。皇泰朝中人不愿东都出现二主，所以主张招降李密，令李密消灭宇文。王世充不愿李密入朝，联段达杀元文都等夺权而任太尉。王世充又以洛阳乏食而和李密作战。当时李密正和宇文化及打过一仗，虽胜而疲，李密又未采用裴仁基、魏征等之谋，与王世充打持久战，因此轻敌而不设重防，竟被王世充打得大败而溃，造就王世充的机会，让他在洛阳称郑王，不久又迫隋主杨侗让皇位。

夺位称帝

王世充在洛阳夺位时，曾在隋皇泰主杨侗前面披发立誓："候海内澄清，乃复隋主帝位。"但夺位不久就逼杨侗饮鸩毒，杨侗请与母刘太后诀别，不许，乃布席焚香礼佛发愿："自今以后，不再投生帝王家。"然后仰药，未绝，左右以帛缢杀之。那杨广的长孙，父早死，长得眉目如画，性又宽仁，因生末代帝王家，与祖同命，死得凄惨。王世充自立为郑开明帝，大封宗族。他性好虚名，认为做天子必须亲接民情，于是在殿门外设坐听朝，一任百姓上书。常轻骑出巡街市，随时接受民间诉愿。但是数日下来，民间上书山积，他未能一一省览，感觉厌烦，从此不出朝也不出巡亲民了。当他初专朝政时，也曾在太尉府立三牌：一求文学才识之士；二求武勇智谋之士；三求民间上书申冤。初时世充一一亲接，躬自批览，殷勤谕慰，人人以为言听计从，而事实上都不见付诸实行。

遇赦被杀

王世充在洛阳危城中自过其皇帝瘾，作威作福了三年。后来他的诈术破露，麾下勇将如徐世勣、秦琼、程知节等纷纷降唐。唐帝又派李世民以大军迫近洛阳，他就向河北窦建德请救兵，窦方消灭宇文化及，声势颇浩大，一面答应王世充驰援，一面向唐军作调解人，到兵临武牢时，与世民大战被擒。世民囚窦洛阳城下以示王世充，王世充乃举洛阳降。唐帝在长安诛窦建德而赦王世充，但在雍州（河南沁阳境）公舍，王世充与兄世恽却被仇人独孤德修所杀，结束了他欺诈的一生。

"真英雄" 窦建德

窦建德（573—621 年），字建德，贝州漳南（河北故城县）人。隋朝末年河北农民起义领袖，东汉大司空窦融后代，辽东宣王窦拓玄孙。窦建德是隋末争天下的群雄之一。他起于田间，讲义气，重言诺，勇敢善战。而生活朴质，食蔬吃脱粟饭，不好女色，与士卒共甘苦，故能以二百人起家，而称雄河朔之地，一时有问鼎中原之势。倘非遇到了勇略才智高人一等的李世民，像窦建德那样称得上一位英雄的人物，何至兵败身擒，戮首长安，为天下人叹息？最令读史者扼腕的，他所出兵驰救的洛阳郑帝王世充，见他被擒，立即厚颜向李世民乞降，而竟受到赦释。历史上事之不平者，往往如此，天地间由是常弥漫一股不祥之气。

窦建德

重义好侠

窦建德原是贝州漳南（山东恩县）的自耕农，生来力大过人，而且重义好侠。一次看到乡里有人贫不能葬亲，他马上解下正在耕种中的牛，送给丧家，令其换钱治丧。一次强盗夜劫其家，他隐伏以候盗人，击杀三人，余盗不敢进，而索盗尸，建德说："把绳子丢过来。"盗果投绳，建德自系绳一端，令盗曳之出，方出立刻跃起抢盗手中刀，又杀数人，盗由此惊走，所以乡里间都称他英雄，推为里长。后来因犯法一度亡命，遇赦才归乡。过一段时间父死，乡里送葬者千余人，凡有赠赙，一概退还不受。隋炀帝大业七年（611 年）山东一带闹水灾，百姓流离失所，炀帝不恤民命，还要强迫百姓当兵征高丽，建德也被征召，担任后备部队的二百人长。同县乡人孙安祖素骁勇，也被征入伍，正好家被水淹，妻子饿死，孙要求归家葬妻，县令不许，孙逃亡被捕，县令怒加鞭笞，孙就杀令而逃亡，躲藏建德家。

被迫落草

窦建德看清天下情势，对孙安祖说："丈夫不死，当立大功，岂可为逃亡汉以终身？我知高鸡泊，广大数百里，芦蒲深阻，可以聚众，以观时变，机会来时，可有大功于天下。"安祖拍手称善，建德就召逃兵及无业者数百人，令安祖率领，入泊中为盗。那时群盗四处劫掠，独不入建德乡里。官府认为建德与贼勾结，乃把建德一家老小都捉去杀了，建德愤极而率麾下二百人逃到清河依附盗高士达。高士达自称东海公，任建德为军司马。后来孙安祖在高鸡泊中被另一股盗张金称所杀，其部队亦归建德。建德与士卒同执勤役，待人诚恳，大家出战用命，兼以建德善用计，所以屡败隋进剿部队。高士达遇小胜轻敌，被隋将杨义臣所击杀。建德率百余骑窜往河北河间，攻陷饶阳得其众，引饶阳县长宋正本为上客，令参军谋。建德和群盗不同者，每获隋官及士人，必加安抚恩遇，故所过郡县，归附者众，四五年间得兵十余万人。

诛灭宇文

大业十三年（617年）正月窦建德在乐寿（河北献县）自称长乐王，置百官，等于是宣布独立。六月隋将薛世雄来讨，窦军先南遁，乘薛军不设备时，建德率敢死队千人在大雾中奇袭薛军，薛军溃败，窦师遂进围河间。隋郡丞王琮拒守，不能下者岁余，后来炀帝被弑凶闻传至，王琮在城内为炀帝发丧，城楼上有哭泣声。建德听了，遣使往吊，王琮乃请降。窦营诸将因王琮久拒战，力尽乃降，都主张加以烹杀，建德说："琮乃忠臣，其事君应足为吾人榜样，奈何杀之？往者在高鸡泊为盗，容可以妄杀人，今欲安百姓定天下，岂得害忠良？"于是任琮为刺史，严戒军中有对王琮报怨者，必夷三族。窦军早先陷河北景县时，亦曾赦爱民官吏张玄素，且任为黄门侍郎。其次年（618年），建德在乐寿改称夏王，并略冀州而克之。后攻幽州，遇罗艺顽抗，不克而归乐寿。又次年（619年）建德发兵攻宇文化及于山东聊城而克之，并生擒化及，尽得其资财，悉分将士，自己一无所取。隋宫人千数，悉予资遣，隋饶果部队近万人，亦各听其志愿遣归。隋官属有崔君肃、裴矩、何稠、虞世南、欧阳询，亦悉随才授职。并遣送炀帝萧后至突厥以归义成公主。后来斩宇文化及诸逆臣后，又以化及之首级送义成公主。同时命裴矩等为其立朝仪，定律令，和洛阳方面的政权皇泰主太尉王世充辈也结好，一切做法都非常得其大体。

兵败被擒

建德后又占洺州（河北永年）相州（河南临漳）卫州（河南汲县），与长安称帝的唐高祖李渊势力发生冲突。他又迁都洺州。那时洛阳王世充废隋主自立为郑帝，建德乃与王绝交。但是他没有采用国子祭酒凌敬之言："舍洛阳而经略山西和关中。"结果受王世充利用而在成皋板渚（河南汜水）和据虎牢为阵的唐秦王李世民军对峙。因才识所限，他那时用兵的章法紊乱。先是在征幽州罗艺无功时，因不能调处将领间的争功妒才而冤杀大将王伏宾，那好直谏的纳言宋正本，建德也听谗把他杀了，于是自己阵营中猜忌丛生。那时王世充因唐军攻洛阳急，乃又遣使见夏王卑辞乞援，还用财宝贿建德左右，大施银弹攻势，光景颇像楚汉时陈平入项羽营之所为。正好中书舍人刘斌献唐、郑、夏三鼎足常保之策，认为救郑乃为自保。诸将得赂金，也怂恿救世充，所以凌敬建议转攻河东（山西）之策，就不被采纳。虽然建德之妻曹氏也劝纳凌敬之计，建德说凌敬书生不足与谈军事，说曹氏女子更不懂军事，就一意在诸将鼓动下以援洛阳为得计，乃贸然以远师和李世民对阵。但在汜水一战，建德中枪，负创窜牛口渚被唐军生擒，当时军中有童谣："豆（指窦）入牛口，势不得久"，竟验。

被斩长安

建德所领兵众一时溃败，其妻曹氏与左仆射（宰相）齐善行率数百骑逃归洺州。余党欲立建德养子以图再起，善行、裴矩、曹旦（窦妻之兄）与窦妻曹氏，认为天命已有所归，不忍再令生灵涂炭，乃奉传国玺降唐。窦众各取夏王宫府库财物散去，那已是唐武德四年（621年）。是年七月李世民班师，并解建德至长安，唐帝李渊，以为建德之众已散，竟不顾建德于占黎阳时俘其妹同安公主及堂弟淮安王李神通，均曾厚待予以全命之情，悍然斩之于长安东市。建德死时年 49 岁。洛阳王世充见建德被擒，立即开城降唐，竟得赦释。散处各地建德旧部闻之不平，乃拥建德旧将刘黑闼起事，为建德复仇，一时响应者众，扰攘者又两年方平。

宇文恺与大兴城

宇文恺（556—612），字安乐，代郡武川（今内蒙古武川县）人，鲜卑族。隋朝城市规划和建筑工程的专家，北周大司徒宇文贵之子。祖籍昌黎，后徙夏州，是宇文鲜卑之裔。父贵，仕魏封许国公；兄忻，仕周封杞国公。恺以功臣子，三岁封双泉伯，七岁进为安平郡公，在周仕至御正中大夫、仪同三司，加上开府中大夫。隋文帝篡周，大诛宇文氏，恺亦在被杀之列。文帝以忻有开国功，且非周室本支，特诏赦之。恺家世尚武，诸兄皆以弓马取功名，独恺好学博览，工文章，擅技艺。文帝思用其长，开皇元年（581），初营杨氏宗庙，命为副监。二年，营大兴城，诏领营新都副监。四年，开凿广通渠，总督其事。后拜莱州刺史，颇有能名。六年，兄忻以谋反伏诛，被祸除名，久不得补。十三年，文帝将营仁寿宫，杨素荐恺有巧思，始命检校将作大匠。功成，拜仁寿宫监，授仪同三司，旋真除将作少监。仁寿二年（602），独孤后死，奉命与杨素营山陵。事竣，文帝弥善，复爵安平郡公，食邑千户。炀帝即位，迁都洛阳，以为营东都副监，千将作大匠。功成，进位开府，拜工部尚书。此后迭为炀帝修长城，制大帐，造观风行殿。时朝议欲复明堂而失其旧制，恺因博考群籍，奏上《明堂议表》数千言，炀帝可其议，适征辽之役兴，遂不果行。大业八年（612），征辽还，病卒，年五十八。撰有《东都图记》二十卷、《明堂图议》二卷、《释疑》一卷，当时俱行于世，今佚，惟《明堂议表》略载《隋书》本传。

根据宇文恺的毕生经历，可以知道他确系土木工程专家，擅长都市建筑设计，以及一般营造和水利开发，在这方面，他的声誉较同时建造赵州安济桥的李春高出甚多。他还工于机械制作，在这方面，他与同时的何稠、阎毗各有所长，而且成果甚多。

今天西安与咸阳二市之间渭水流经的大片土地上，从西周起，就是历代建都筑城的好处所。由于朝代不同，城址不同，名称不同，至少可以划出六个不同的都城遗址，即：（一）周文王的丰京城，约在沣水西岸。（二）周武王的镐京城，约在沣水东岸。（三）秦咸阳城，在今咸阳市东北（不包括渭水南岸的阿房宫）。（四）西汉长安城，在今西安市西北数里外。（五）隋大兴城和唐长安城（名称不同，实为一城），都在今西安市区内。（六）明清西安城，基本只占唐长安城的皇城旧址。

隋文帝即位之初，仍以北周沿用的汉长安旧城为都城。他本嫌该城制度狭小，庾季才更以为"汉营此城将八百岁，水皆咸卤，不甚宜人"。于是苏威、高颍、李穆等皆请迁都。开皇二年（582）六月，乃诏高颍等于汉长安城东南龙首山的"川原秀丽"处"创造新都"，至次年三月初步竣工。文帝在周曾封"大兴郡公"，尝云"吾以大兴公成帝业"，所以名新都为"大兴城"。可知隋朝都城是大兴城而不是长安城，说隋朝建都长安是习惯上的误会。

根据历史记载和考古实测，今已概知大兴城的轮廓：全城大致呈方形，南北长 8651 米，东西长 9721 米，周长 37.6 公里，总面积约 84 平方公里。比明清西安城大 7.5 倍，比北京旧城也大得多。周围城墙平均宽约 5 米，高约 6 米；共有 12 座城门，每面 3 门。城北大片土地辟为园囿，称为"禁苑"。

城内分为宫城、皇城和外郭城三部分，都是按其性质、作用分别设计的。宫城在全城最北正中，南半为皇帝处理政务之所，北半为皇帝、后妃寝息之所（即所谓"前朝后寝"）；中央大殿名大兴宫，是全国政治决策中心。宫城南的中门叫承天门，是皇帝宴见群臣，接待外宾之所。承天门外有一条东西长 3 千米、南北宽 450 米的大街或广场。大街之南即皇城（又叫"子城"），是百官衙署所在。除宫城、皇城外，全城其余部分都属于外郭城。

外郭城是官民的住宅区和集市区。街道互相平行垂直，整齐划一。共计南北大街 11 条，东西大街 14 条，纵横相交成 110 个方块。1 个方块为 1 "里"（唐改称"坊"），小里约占 2.5 万平方米，大里相当小里的 2—4 倍。"里"是官民住宅和生活单位，内有商店、作坊以及庙宇、游乐等附属设施，周围有墙环

绕，有门可以启闭。另有东西二市，各占地约十万平方米，是纯粹的商场，其设计方位改变了"前朝后市"的古老传统。

全城水源有三：一是龙首渠，引自浐水；二是永安渠，引自交水；三是清明渠，引自潏水（又作"沇水"）。水入城后，或随流排灌，或开为航道，或汇成池塘，或点缀风景，是城市的人造动脉。

当时营建新都，名义上是由左仆射高颎负责，28岁的宇文恺只是"副监"，但《本传》说："颎虽总大纲，凡所规划，皆出于恺。"可见恺的专业才能自营宗庙后，就已得到朝廷公认。所谓"规划"，是指在实地勘察后，设计总体建筑方案，绘制具体施工图样。平地建筑施工，较之拆修改造反倒容易，因而十个月左右，便已竣事。以后唐朝仍都于此，除改"大兴城"为"长安城"外，二百多年内，对原大兴城只做了一些小的增补或改动。如：（一）唐高祖改"大兴宫"为"太极宫"，太宗在宫城东北禁苑中增建"大明宫"（又叫蓬莱宫），玄宗将"兴庆坊"改建为"兴庆宫"。这样就完成了唐代长安城的三大宫，亦即所谓"西内"（太极宫）、"东内"（大明宫）和"南内"（兴庆宫）。（二）高宗时，为十二城门加盖了城门楼；有了大明宫，原城北各门也相应有所变动；有了兴庆宫，就增筑了"夹城"。

由于隋朝祚短，文帝晚年多住仁寿宫，炀帝常居洛阳，所以新营的大兴城和大兴宫反而受到冷落。直到改名长安城，增修了大明宫，高其城墙，崇其城楼，才显出大唐气象。然而历史学家决不致数典忘祖，夸大唐代的增修，而忽视隋初宇文恺的全面规划。宋人吕大防说："隋氏设都，虽不能尽循先王之法，然畦分棋布，闾巷皆中绳墨。坊有墉（墙），墉有门，通亡奸伪，无所容足。而朝廷、宫寺、门居、市区，不复相参，亦一代之精制也。"虽有感于宋之汴京，然作为古代帝都，吕氏之前，实无有超过大兴城者。

昔秦亡而咸阳、阿房随之俱亡。唐袭隋制，连都城也全盘照搬，这就有幸使隋亡而大兴城不亡。以后，长安城不幸毁于朱温，而言古代都城布局者，无论全部或局部，仍多袭大兴城之遗意。东亚邻国如日本也一向视隋大兴城、唐长安城为日本古代都城的初源之一。

贺韩争功

当年晋武帝灭吴，曾经惹出"浑浚争功"的故事。"浑"是王浑，"浚"是王浚，都是奉命伐吴的大将。王浑都督扬州诸军事，坐镇寿春，距东吴甚近。武帝下诏伐吴，吴主孙皓先派人送印信向浑乞降，浑不敢进。王浚是益州刺史，距东吴虽远，却早就做好伐吴准备，所以一接到武帝水陆俱进的命令，就立即由巴蜀率战舰东下。吴人一路竖锥横锁阻截，王浚也一路拔锥烧锁推进。真个是千帆齐发，昼夜兼行，哪里来得及给王浑打招呼。等到兵临石头城下，孙皓措手不及，只得先向王浚叩头纳降。正如刘禹锡《西塞山怀古》所说："王浚楼船下益州，金陵王气黯然收。千寻铁锁沉江底，一片降幡出石头。"但这样一来，惹恼了迟一天渡江的王浑。浑与武帝是儿女亲家，便上奏王浚不受节制，擅自受降；浚自然也上表抗争。于是满朝议论纷纷，对王浑颇有微词。武帝只好做个和事佬，让两人都当大将军。

不料三百年后，隋文帝灭陈，也同样惹出了"贺韩争功"一段故事。

且说开皇九年（589）正月，贺若弼、韩擒虎二路大军分头渡江，南北夹击建康。韩擒虎先至台城，俘陈叔宝。贺若弼至夜才焚台城北门而入，《隋书·贺若弼传》说："弼恚恨不获叔宝，功在韩擒虎之后，于是与擒虎相诟，挺刃而出。"据同书《韩擒虎传》，回到京师，二人还在文帝面前争功。弼曰："臣在蒋山死战，破其锐卒，擒其骁将，震扬威武，遂平陈国。韩擒虎略不交阵，岂臣之比！"擒虎则说："本奉明旨，令臣与弼同时合势，以取伪都。弼乃敢先期，逢敌即战，致令将士伤死甚多。臣以轻骑五百，兵不血刃，直取金陵，降任蛮奴（忠），执陈叔宝，据其府库，倾其巢穴。弼夕至，方扣北掖门，臣启关而纳之。斯乃救罪不暇，安得与臣相比！"

事实大致如二人所言。先是贺若弼自正月初七即进据蒋山（今钟山）白土冈之东，与陈兵由对峙到血战共历十余日。至二十日，以八千兵破陈军十余万人。陈军死逾万，隋兵亦死数百。俘陈军主将萧摩诃、鲁广达，唯任忠（蛮奴）逃回台城。适韩擒虎自新林进至石子冈与贺军相会，任忠所部原屯朱雀门，至此乃叛降擒虎，引隋军人。因而擒虎得率轻骑五百不血刃而先进台城，俘陈叔宝，贺若弼反而迟到半日。当时文帝和晋王对贺、韩二人的功过也有不同的看法。主帅晋王广以弼先期决战，有违军令，命将弼付吏查劾。文帝却诏广说："平定江表乃弼与韩擒虎之功。"命二人乘驿入京，进上柱国，赐物八千段。擒虎因有司劾其放纵二卒，淫污陈宫，未加爵邑。弼则另晋爵宋国公，真食襄邑三千户，拜右领军大将军。由此看来，文帝并未因弼违令先战之过而没其死战破敌之功，也未因擒虎有先俘叔宝之功而恕其纵放士卒之罪，较晋武帝一味当和事佬而不分是非要贤明得多。但历来舆论大都右（褒）韩而左（贬）贺，其实质已不在于论功，而在于论德。这就要了解二人的身世和为人。

韩擒虎（538—592），原名韩擒豹，字子通，河南东垣（今河南新安县）人。隋朝名将，北周骠骑大将军韩雄之子。擒虎少慷慨有胆略，性好书，通经史。周时已因军功，官都督、刺史，进仪同三司，并袭父爵为新义郡公。与陈人战，屡挫其锋，陈人畏之。隋大举灭陈时，晋王以擒虎为先锋，率五百骑乘夜渡江，袭采石，取姑孰，进屯新林，受陈人降，俟杜彦至而合军，与贺若弼同时取金陵。弼违令先期以邀功，擒虎斥之，晋王罪之，原因在此。平陈后，擒虎以行军总管屯金城（在今兰州境），旋拜凉州总管。开皇十二年（592）征还长安，病卒。本传载江东《黄斑青骢马》歌谣以证其平陈之功，又载其"死作阎罗王"以见其精灵不灭。其母弟僧寿、季弟洪皆为当时名将，子世谔亦有父风，甥李靖兵法亦得之于舅氏。故知韩氏本武略世家，擒虎以五百骑轻取台城，绝非因人成事可比。

贺若弼（544—607）字辅伯，系出鲜卑，故亦随魏南迁为洛阳人。父敦，仕周为骠骑大将军，因恃功负气，每怀怨愤，宇文护逼令自杀。临死对弼说："吾欲平江南，今不果，汝当成吾志。"又抽锥刺弼舌出血，说："吾因口舌死，汝当引以为戒。"弼慷恺骁勇，博涉书史。每忆父言，辄谨言慎行，故在周仕宦无过失。入隋，首献平陈十策。既平陈，自谓功大，每以宰相自许，不得，则怨形于言色。后以此下狱。文帝问弼："我以高颎、杨素为宰相，汝每倡言，云此二人惟堪啖饭耳，是何意也？"弼答："颎，臣之故人；素，臣之舅子。臣并知其为人，诚有此谇。"公卿皆知弼乃高颎所荐，素之才决不在弼之下，因奏弼

怨望，罪当死。文帝惜其功，已除名而又复其爵位，然不再任用。开皇十九年（599），弼又作五言怨诗，文帝读而恕之。二十年（600），又坐事下狱，文帝责备说："公有三太猛：嫉妒心太猛，自是非人心太猛，无上（目无君上）心太猛。"不久又释出。炀帝为太子时，曾问弼："杨素、韩擒虎、史万岁三人皆良将，优劣如何？"弼答："素是猛将，不是谋将；擒虎是斗将，不是领将；史万岁是骑将，不是大将。"太子问："大将为谁？"弼拜谢说："全凭殿下选择。"意思是："大将舍我其谁。"炀帝因此忌之。大业三年（607），弼官光禄卿，隋炀帝北巡突厥。时屡召宴启民可汗，弼以为太侈，与高颎、宇文撖等私议炀帝过失，被人揭发，三人都被诛死。《隋书》颎、弼二传各有"天下冤之"之语，独弼传无，唯史臣论曰："贺若弼功成名立，矜伐不已，竟颠殒于非命。若念父临终之言，必不及于斯祸矣。"

史臣之论甚是。人臣不患无功，而患伐功。伐功者必争，争而不得必怨，怨望之臣，当然没有好下场。故贺若弼之死，人不以为冤。东汉冯异乃云台功臣，方其助光武争天下时，诸将并坐论功，异常独立大树下，口不言功，军中号为"大树将军"。弼博涉书史，岂有不知之理？况文帝曾从容命高颎与弼论平陈功，颎说："贺若弼先献十策，后于蒋山苦战破贼。臣文吏耳，焉敢与大将论功。"帝大笑，嘉其有让。时弼在座，当已亲闻其言。知其理，闻其言，而仍"矜伐"不已，故其死亦不足惜。

"突厥通"长孙晟

唐太宗李世民的长孙皇后是历代著名的贤后，后兄长孙无忌是唐朝开国第一功臣，后父长孙晟（551—609），字季晟，小字鹅王。河南洛阳（今河南洛阳）人。隋朝著名军事家、外交家，北魏上党文宣王长孙稚曾孙、北周开府仪同三司长孙兕第三子，是隋朝专理突厥事务的将军，太宗正是长孙晟有意挑选的女婿。

两《唐书·长孙皇后传》记载了长孙晟挑选太宗做女婿的原因。原来太宗生母窦氏本是北周武帝的外甥女，武帝以突厥女为妃而无宠，窦氏力劝武帝善待之以安抚突厥。晟兄炽闻其言以告晟，说："窦女明智，将来必生奇子，不可不与之联姻。"其后窦氏以"雀屏中目"嫁为李渊妻，生子世民，晟因以女妻之。此事颇曲折可笑。因为晟看中的并非世民本人，而是预知窦女必生"奇子"；至于婿将来是否出奇，岳父却无法预知，因为女儿13岁（大业十年，614）出嫁时，长孙晟已病卒5年了。但太宗爱屋及乌，在后来编修《隋书》时，毕竟为长孙晟写了一篇有褒无贬的长传。

长孙无忌

长孙晟的远祖本是鲜卑拓跋氏，魏孝文时改鲜卑姓为汉姓，拓跋的皇族大宗部改姓"元"，小宗乃皇枝之"长"（上声），故改姓"长孙"，当时都由代北南迁为洛阳人。晟的曾祖长孙稚是北魏太师，封上党王。父兕，周武帝时累迁骠骑大将军。长孙氏世代尚武，爵禄不绝。

晟与兄炽都兼文武才，晟尤善弹、工射，勇捷过人。周宣帝时，突厥摄图请婚于周，周以赵王招女为"千金公主"妻之，而遣晟为副使送公主至其牙帐。摄图留晟一载，使教其子弟贵人弹射。摄图之弟处罗侯初为其兄所忌，与晟私下订盟，托以腹心，凡突厥山川形势，部众强弱，都密告晟，晟遂成为"突厥通"。

隋开皇元年（581），突厥佗钵可汗死，侄摄图继为沙钵略可汗。沙钵略以弟处罗侯为东方可汗，堂弟庵罗为第二可汗，大逻便为阿波可汗，分守东、北、西三方；又立贪汗等小可汗。隋因沙钵略婚于周，待之甚薄。沙钵略怒，说："我与周家结亲，今隋代周，我当为可贺敦（此指千金公主）复仇。"乃先后邀原北齐营州（治今辽宁朝阳）刺史高宝宁、西突厥达头及本部诸可汗大举南侵，文帝大惧。长孙晟于是上书称："臣于周末，忝充外使，突厥虚实，莫不具知。"然后分析达头、大逻便、处罗侯等与沙钵略之间的矛盾，提出"远交近攻，离强合弱"的八字策略，建议文帝一方面团结处罗侯及奚、霫、契丹，使沙钵略不得不预防左翼；一方面与达头、大逻便联络，使沙钵略不得不自防右翼，如此则突厥互相牵制，彼此猜疑，不待进讨而自削弱。文帝本不欲对突厥用兵，遂采纳长孙晟意见。果然不出几年，沙钵略只得奉诏称臣，连千金公主也自请改姓杨氏，易封为"大义公主"。晟因此得授仪同三司、左勋卫车骑将军。

开皇七年（587），沙钵略死，处罗侯继位为莫何可汗。莫何与晟乃夙交，忠于隋。莫何西征，擒大逻便献于隋，晟以为大逻便罪不至死，与高颎奏而赦之。八年（588），莫何又西征，中流矢死，国人立沙钵略子雍虞闾为都蓝可汗。都蓝以莫何子染干为突利可汗，即北方可汗。

都蓝仍尚大义公主，文帝不喜；染干未为大汗，晟亦引为憾。根据"远交近攻，离强合弱"的八字策略，在都蓝当政十二年中，晟受命专理突厥事务，进行分化突厥、削弱都蓝的工作。他首先挑拨都蓝与大义公主的关系，促使都蓝亲自杀死公主。接着挑拨都蓝与染干的关系，许婚染干而不许婚都蓝，促使二人火并，隋乘机大败都蓝，以致都蓝被麾下杀死。

开皇十九年（599），染干先被都蓝、达头逼得穷无可归，晟遂诱其入朝。文帝大喜，进晟为左勋卫骠骑将军，立染干为启民可汗。启民在位十一年，是隋与突厥最亲密的年代。仁寿元年（601），晟乃表奏："欲灭突厥，宜在今日。"文帝乃以杨素为行军元帅，晟为受降使者，送启民北伐。此后一连三年，击灭突厥叛部，驱走西突厥达头，铁勒所部及奚、霫诸部纷纷内徙或降附，终于将突厥统一在启民麾下。而启民明是突厥大汗，实如隋之臣仆，替隋守边保塞，使北方十余年没有外患。晟与启民都卒于大业五年（609）。此后，炀帝被始毕可汗围于雁门，尚叹道："向使长孙晟在，不令匈奴有此！"

晟不仅是"突厥通"，而且文能草檄，武能弹射，行军攻战，未曾败北。文帝时，染干来朝，帝选善射者十二人，分为两朋（群）比赛。染干说："臣由长孙大使得见天子，愿入其朋。"晟六发六中，染干之朋遂大胜。当时传说突厥人

甚畏晟，"闻其弓声，谓为霹雳；见其走马，称为闪电"，晟威行域外，由此可见。裴矩也熟悉边事，对突厥、西突厥、高丽、吐谷浑事务都曾献言，然大抵逢君之恶，无端启衅，纵欲劳民。晟专事突厥，洞察敌情，所陈八字策略，谋多于战，故能削而不灭，使夷夏俱安。《隋唐》传论说他"因机制变，怀彼戎夷"，"塞垣绝鸣镝之旅，渭桥有单于之拜"，正是赞他施展"奇略"的效果。

唐初编修《隋书》，执笔者不乏隋官子弟或姻戚，故所撰"列传"难免溢美、隐恶之辞。晟传亦甚详，所叙事迹均与突厥有关，但可与突厥、裴矩等传互证，实事求是，并未溢美。且晟虽功大，勋不过上开府仪同三司，官不过右骁卫将军，显系炀帝吝于爵赏之过。师。此时天下百姓都苦于征役，人心思乱。玄感欲激发兵变，便故意不按时输送军粮，炀帝使人催促，玄感扬言："水路多盗，漕船难以并发。"暗中却邀李密及弟玄挺自长安至黎阳举兵；又从辽东召还二弟玄纵与万石，并谎称来护儿因误军期，惧而造反。于是进据黎阳县城，以讨伐来护儿为名，移书邻郡，令皆发兵到黎阳仓集合。玄感从其运夫中选五千余人，从江南船夫中选三千人，询之曰："主上无道，不以百姓为念，今与诸君起兵共救兆民，何如?"众皆踊跃愿从。适李密自长安至，玄感问义旗所当指，密献三计：上计长驱入蓟，断天子归路，其众自降；中计径取关中，天子虽还，据险与抗，亦可平分天下；下计先向东都，引兵攻战，只恐拖延几月，胜负尚未可知。玄感以为百官家口皆在东都，取之足动征辽军心。遂以密之下计为上计，直取洛阳。

时越王侗与樊子盖已闻报勒兵备御。玄感从汲郡南渡河，使弟积善率三千兵自偃师沿洛水西进，弟玄挺率一千兵越邙山南进；东都遣河南令达奚善意将精兵五千拒积善，河南赞治（官名）裴弘策将八千人拒玄挺，东都兵皆溃降，甲仗尽归玄感所有。玄感亲率兵至洛阳东北门外，誓众曰："我身为上柱国，家累巨万金，至于富贵，无所求也。今者不顾破家灭族者，但为天下解倒悬之急，救黎元之命耳。"众皆悦，辕门投效者，日有数千。达官韩擒虎、虞世基、来护儿、裴蕴、郑善果、周罗睺以及观王杨雄诸人之子四十余人皆降玄感，共收兵将五万余人。于是玄感令人遗书樊子盖，数炀帝罪恶，告以将废昏立明，救黔黎、存社稷之意。子盖不从。俄而代王侑遣卫文升率兵四万自长安来救，

路过华阴，掘杨素冢，焚其骸骨，示士卒以必死。既至东都城北，玄感亲运长矛，身先士卒与之战，暗呜叱咤，当者莫不震慑，论者比之项羽。文升兵大溃。时玄感兵已积至十万，前民部尚书李子雄劝其速称帝号，玄感以问李密，密曰："东都守御尚强，天下救兵益至，当早定关中，不宜自崇，以示不广。"玄感笑而止。

炀帝攻辽东城久不拔，忽闻玄感兵变，大惧，连夜密召诸将，使引军还，军资器械皆委弃。行驻高阳（在今河北），急命宇文述、屈突通、来护儿兼程南下。通先渡河，卫文升整军再战。玄感东西拒敌，屡败。遂遵李密中计，奔关中。宇文述诸军蹑其后。华阴诸杨劝玄感先取弘农宫（在今河南陕县），李密认为不妥，应先入关自守，玄感不从，攻三日不拔，始引而西。行至阌乡（在今河南灵宝），追兵大至，玄感一日三败。欲奔上洛，追骑至，玄感叱走之。独与弟积善徒步行，自知不免，谓弟曰："我不能受人侮辱，汝可杀我！"积善抽刀斫杀之。因自刺，不死，为追兵所执，遂与玄感首俱送高阳。炀帝命磔玄感尸于东都市；三日后，复脔（碎割）而焚之。时在大业九年八月，自兵变至败死，历时不足三月。玄感弟玄纵、玄挺、玄奖、积善、万石、仁行等皆死。

炀帝至东都，命穷治玄感亲党，并说："玄感一呼而从者十万，益知天下人不欲多，多即相聚为盗。不尽加诛，无以惩后。"于是杀三万余人，均籍没其家；流徙者亦六千余人。

以上所叙乃杨玄感兵变的基本史实。第一手资料出自《隋书》的炀帝纪及杨玄感、李密、李子雄等相关诸人传记；第二手资料系《资治通鉴》据《隋书》的综合，司马光虽有所取合，却并无特殊"考异"。可见史实就只如此。然而史评不尽相同。大致都责难玄感不应想当皇帝。为此，先要澄清二点史实：（一）玄感有两次表示要"废昏立明"，却从未说自己想当皇帝。（二）仅《李密传》为了证明密见识高超，才提到李子雄劝玄感"称尊号"，为密所阻事。但玄感也只"笑而止"。说明劝称者有人，劝不称者有人，至于玄感本人，并不曾赞一辞，不过一笑了之而已。具体观点可分两类：

一类是旧正统的，以《隋书·杨玄感传论》为代表，如云："玄感，宰相之子，荷国重恩，君之失德，当竭股肱。未议致身，先图问鼎，遂假伊、霍之事，

将肆莽、卓之心。人神同疾，败不旋踵。”意思是身为宰相之子，对于荒暴之君，也只该鞠躬尽瘁，死而后已。玄感提出废昏立明，就是企图篡位，想当王莽、董卓，所以天怒人怨，顷刻而败。

一类是新正统的，如说："大贵族杨玄感是个凡庸的野心家，并不真正想到民众的痛苦，只是认为有机可乘，起兵一试，夺取洛阳，称些时皇帝，就算满足了。"（《中国通史简编》）这是丢开史实而大发诛心之论。

中国旧正统历史学家习惯于"以成败论人"。如果杨玄感兵变成功，大焉者奉之如唐宗、宋祖，小焉者颂之为伊尹、霍光。既然失败了，不是莽、卓也是莽、卓。新正统历史学家习惯于"以成分论人"。成分者，出身也。同一反隋，出身好的便是起义，出身不好的便是投机。其实，杨玄感发动兵变，对杨广震动最大，对社会各阶层影响最广，论首义之功，决不在陈胜、吴广之下。只因出身不好，又没成功，便遭到新旧正统历史学家的双重否定。要说杨玄感演的是悲剧，其可悲处正在于此。

宇文兄弟

古代，父祖有功勋，子孙推恩获得官爵，称为"资荫"。《大唐新语》记载：唐初任官，兼顾隋勋资荫。宇文化及子孙多人，吵吵嚷嚷，逼尚书速理父祖资荫，以便尽快得官。左丞杨防被纠缠不过，立批曰："父杀隋主，子诉隋资，生者犹配远方，死者无宜更叙。"意思说：父亲杀了隋朝的皇帝，儿子又想凭隋朝的资荫做官，这样的父子，活着的都应发配远方，死了的更不可能有什么资荫。据说此批"时人深赏之"。而我们却由子孙之无耻，想到其父祖之为人。

隋左翊卫大将军、许国公宇文述，生有三子，长化及，次智及，幼士及，父子四人都是隋唐之际的著名反面人物。述是文帝的开国功臣，炀帝的忠实鹰犬。据《隋书》本传，可算是奸臣。士及在隋为公主婿，入唐亦富且贵，俯仰随时，佞而无耻。据《唐书》本传，自然是贰臣。化及贪而愚，智及险而诈。二人既是一丘之貉，又是难兄难弟。《隋书》将二人与王世充等置于全书及列传之末，斥为禽兽不如，犬豕不食。窥作者之意，当列为逆臣。"逆臣"就是弑逆之臣，名声当然难听。但"弑"一暴君而结束一个可怕的时代，论其影响之大，是任何一路"反王"都无法比拟的，故有必要勾画其一生。

本传说化及少时就不遵法度，经常乘肥挟弹，奔驰过市，长安人称之为"轻薄公子"。以后当了太子广的侍从，贪利纳贿，多次免官。炀帝即位，以藩邸旧恩，拜太仆少卿。恃恩贪冒，较前尤甚。智及幼年就好与人斗狠，所交游多是斗鸡逐狗之流。后以父功，赐爵濮阳郡公。荒淫丑秽，无所不为。父述恶之，弟士及轻之，只有兄化及每事祖护，父虽再三欲杀，都被化及救免。因此，智及与化及患难与共，情好甚笃。大业初，炀帝幸榆林，化及与智及皆从。既至，二人皆违禁与突厥私下互市，炀帝大怒，囚之数月。述将罪责都推给智及，只为化及请命。回到长安，炀帝欲斩二人然后入城，已将二人"解衣辫发"，由于南阳公主（炀帝女，士及妻）求情，才将二人免罪开释，赐给父述为奴八九年。

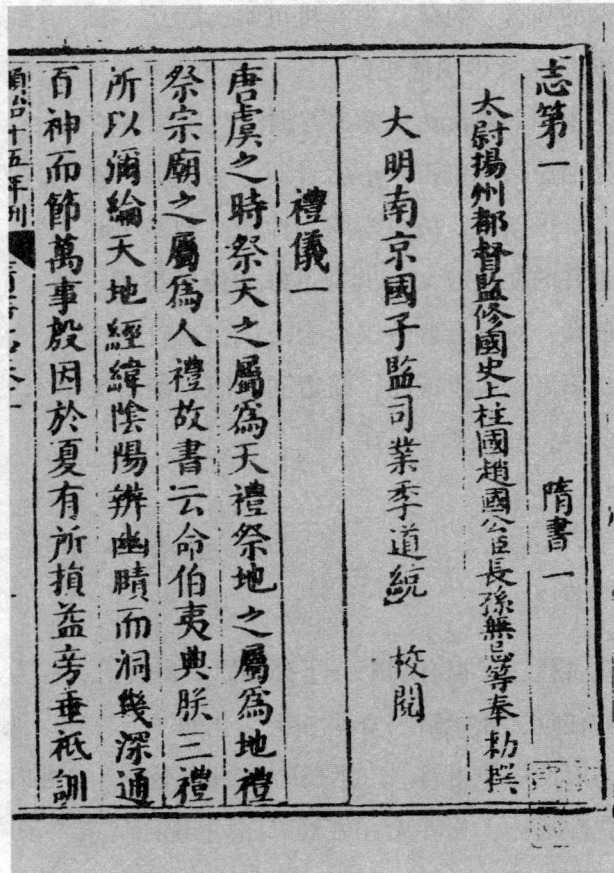

隋书

大业十二年（616）七月，炀帝三幸江都，宇文述率三子从。十月，述卒于江都，临终上表说："臣长子化及，早年事帝于东宫，恳请陛下哀怜之。"又说："臣次子智及，生性凶悖，必将破臣家。"述死，炀帝怀念述的功绩，赦化及罪，擢为右屯卫将军。不久，又免智及奴籍，以为将作少监。没料到一年以后，炀帝的"好头颈"，就斫在这两个被赦免的罪奴之手。

大业十四年（618）的江都兵变实际上经过了三个阶段：第一阶段是北方招募来的兵士不愿久留南方，谋欲逃回关中，本无造反打算。第二阶段是中下级军官和宫官企图利用这些兵士，大掠江都，乘机结党西归，但也不曾预谋叛君、弑君。第三阶段是宇文智及阴谋利用以上官兵，弑君立兄，成其帝业。始主其事者是武贲郎将司马德戡。他当时奉命总领骁果，屯于江都东城，风闻兵士将要叛逃，就与另一武贲郎将元礼和监门直阁裴虔通相商，说："骁果人人思归，陛下恶闻逃兵事，我欲言之，必先见杀；如若不言，一旦事发，又当族诛，奈之何！"三人商定：骁果若走，将与俱去。又辗转邀约鹰扬郎将孟秉，城门郎唐奉义，符玺郎牛方裕、李覆，直长许弘仁、薛世良，医正张恺，内史舍人元敏等，共为刎颈之交，谋于三月望日同时举兵，劫十二卫武马，掳居民财物，结伙西归。宇文智及因虎牙郎将赵行枢和外甥勋侍杨士览之介，力劝德戡乘机行大事，创王业，德戡以为然。行枢、世良请拥化及为主；化及性本驽怯，初闻大谋，色动流汗，久之乃许。

　　三月一日，德戡使医正张恺造谣，说炀帝知骁果将叛，已多酿毒酒，将在享会之日皆赐毒死，独与南人留江都。又命许弘仁于军中散布此谣，骁果闻之，莫不愤怨，谋反日急。德戡乃提前于十日召集党羽及骁果军吏，分别告以兵变计划。其夜，唐奉义与裴虔通互约，宫城及内阁诸门都不下锁；德戡于江都东城集兵数万人，智及与孟秉于宫城外集千余人，举火相应。智及又劫候卫军（掌昼夜巡逻）武贲郎将冯普乐，令布兵分守郭下街巷。十一日黎明，德戡授兵虔通，尽换宫门卫士。虔通自将数百骑至成象殿，杀右屯卫大将军独孤盛。德戡等亦引兵自玄武门入。炀帝闻乱，易服逃，出宫门，还至寝殿，缢杀之。

　　天既明，孟秉率骑迎化及，化及未知事之究竟，低头据鞍，战栗不能言。至城门，德戡来谒，遂自称大丞相，总百揆。炀帝死，化及矫萧后令，立秦王浩（秦王俊嫡长子，炀帝侄）为帝，居别宫，令画诏书敕而已，仍以兵监守之。事发前，士及尚在公主第，智及不使知。及事成，智及憾弟，遣家僮庄桃树杀之。桃树不忍，执见智及，久而开释。于是化及以智及为左仆射，裴矩为右仆射，士及为内史令。

　　化及、德戡及骁果兵将均思北归，遂以左武卫将军陈棱为江都太守领留守事。三月二十七日，夺江都民舟楫，劫萧后、南阳公主及六宫，从水路西进。至显福宫（江都北），虎贲郎将麦孟才（父铁杖，征辽殉国）、折冲郎将沈光（二征高丽时，以骁果冲城立功者）欲为炀帝报仇，谋击化及，反为所害。化及于是人据六宫，荒淫一如炀帝。然愚不知书，人来白事，竟不知所答；人去后，始与奉义、方裕、世良、张恺等参决。四月，行至彭城，水路不通，乃留裴虔通镇徐州，化及自夺牛车载宫女珍宝，而令军士负戈甲戎器随行，三军皆怨。司马德戡悔，欲率后军袭杀化及，谋泄，与其党皆死。行至巩洛，为李密所阻，乃北至东郡（治今河南滑县），通守王轨以城降。六月，化及乏粮，渡河欲取黎阳仓，李密拒之，且数其罪说："卿本匈奴皂隶破野头耳！父子兄弟世受隋恩。主上失德，不追诸葛瞻（亮子，蜀亡战死）之忠诚，乃为霍禹（光子，父死谋反被诛）之恶逆。天地之所不容，将欲何之！"化及默然，俯视良久，忽瞠目大声道："与尔只论相杀，何须作书语邪！"密对从者说："化及庸愚如此，忽欲图为帝王，吾当折杖驱之耳！"密与化及战，获其凶党令狐行达（缢杀炀帝者），献给越王侗，戮之于东都。七月，化及余部皆叛，不得已，北奔魏县（今河北大名），兵势日蹙。兄弟无计可施，惟互相责难。化及怒智及，说："我初不知，由汝为计，强来立我。今将族灭，岂非由汝！"持其二子而泣。智及怒，说："事捷之日，并未责我；及其将败，乃欲归罪！"九月，化及自知必死，叹曰："人生故当死，岂不一日为帝乎？"于是鸩杀秦王浩，自称帝于魏县，国号许，建元为天寿。

武德二年（619）正月，唐将李神通击化及于魏县，化及东奔聊城（在今山东）。二月，王薄闻化及多宝物，来诈降。闰二月，窦建德围聊城，王薄开门纳之。建德入城，生擒化及。先斩智及、杨士览、许弘仁、孟秉等，然后以囚车载化及往襄国（今河北邢台），数其弑君之罪，并其二子承基、承趾皆斩之。献其首于突厥义成公主，公主令枭之于庭。

士及在黎阳时，即与唐暗通消息。及至聊城，乃求赴济北征军粮以观变。闻化及死，遂与封德彝自济北降唐，由东都至长安，皆得美官。

化及、智及之死距炀帝被杀，不过一年。孟子说："燕可伐，而齐非伐燕之人。"论者谓宇文兄弟之于杨广亦然。

杨玄感造反

杨广为人一直两面三刀，诡计多端。无论是对奸臣，还是对忠臣，他都奉行"顺我者昌，逆我者亡"的原则。只要是对他稍有威胁者，他便毫不留情的立即将其杀死。

大业二年（公元605年），左仆射杨素功高盖主，杨广便起了杀他之念。由于杨素当初为杨广篡夺皇位，及至后来修建东京都、西苑等，也算立下过汗马功劳。因此杨广知道此人不能明着杀，只能暗中下毒除掉，于是他便与太子杨昭设下一条计策。

一天，杨广宴请杨素，由太子作陪。席间，君臣关系融洽，三人谈笑风生。其实，这其中暗藏杀机。杨广早就命人备下一杯毒酒，要毒死杨素。不料，不知情的宫女将酒杯弄错了，将毒酒给太子喝了。当时也没发觉。杨广既想掩人耳目，当然不会用烈性毒药让杨素死在皇宫之中。酒席一散，杨广与杨昭二人相视一笑，各自回宫等杨素的死讯。不料，三日后毒性发作的不是杨素，而是太子。太子临死前对后悔不迭的杨广说："不想我倒替杨素死了，这也许是天意吧！"

不料，这话传入杨素耳中，杨素非常后怕，并因之得了病，但他连药也不肯吃，他对弟弟说："我现在死了，恰到好处，若再活下去，难说要遭到什么厄运呀！"不久杨素病故。果然死得风光排场，家属和财产得以两全。

杨素死了，但他还有个儿子叫杨玄感。杨玄感认为父亲杨素虽未被杨广毒死，但也是杨广间接杀害的，就有了报仇的念头。而且他早已对杨广心生不满，有了取而代之的念头，所以表面虽还和过去一样，暗中却在积极寻找机会。

大业九年（公元613年），隋炀帝杨广第二次率大军去辽东征讨高丽，命杨玄感去黎阳督运粮食。

当时如火如荼的隋末农民起义已在各地展开，杨玄感岂能放过这个绝好的机会？他当即同自己的几个弟弟和好友李密商议起兵，得到赞同。为了让那些士兵和运粮食农夫死心塌地地同他在一起干，他暗施一计。第二天天刚亮，他

就将所有的兵士和农夫集合起来，对他们说道："皇上降旨，让我们限期运粮，违期则斩。这里离辽东战场路途遥远，我们根本不可能在限期内赶到。当今皇帝无道，根本不顾百姓死活，像你们这样的兵士和运夫已不知有多少人死在战场上和运粮途中。我实在不忍心让你们白白送死，决定起兵造反。你们愿意随我一起干的，便发誓共讨暴君！"

杨玄感说完这一番话，人群开始是小声议论。后来，不知谁先喊了一声："杨将军，反正我们也是一死，不如跟你一起造反，或许还有一条活路！"众人一听此人说得有理，便都高喊："杨将军，我们和你一起干！"一时欢呼声响彻云霄。

杨玄感见状，也不由得感到振奋，又安抚了一下众人，便按事先与部下王仲伯、赵怀义商议好的编制整编队伍。附近农民听说这里有造反的队伍，也纷纷跑来加入。

杨玄感将队伍休整了一些时日，便想发兵攻打杨广。但他拿不定主意，先打哪里最好，于是便去找好友李密商议。

李密可不是个简单人物，他本是杨广的禁军左翊卫左亲侍，在大兴殿值班。杨广为人喜怒无常，不知怎么就看李密不顺眼，将他赶出大兴殿，也从此离开禁卫军。

但李密是一个胸怀大志，得之淡然，失之泰然的人。并不为此气恼，反而更加勤奋向上。一天，他坐在牛车上看书，牛角上还挂着一套书，正巧被路过的杨素看见，他发现李密气宇不凡，又发现他看的书为《汉书·项羽传》，便与之攀谈，又将其介绍给儿子杨玄感，两人后来成了亲密的朋友。

杨玄感来到李密的寝帐，发现他正在秉烛夜读。李密见杨玄感来了，忙站起身笑道："杨兄此来可是为发兵一事而来？"

杨玄感先是一愣，继而赞道："李兄果真料事如神！想必李兄早已想好制敌之计喽！"

李密连说"不敢当"，言罢二人坐下。李密这才为杨玄感出了上、中、下三条计谋。

上策：隋炀帝远征高丽，南面为海，北面有突厥，只有一条归路。出兵占据临榆关（今河北秦皇岛以西的榆关），断绝隋兵退路，等于扼住其咽喉。高丽军闻讯，必在后面追击。用不了多少时日，东征大军粮草断绝，不战自败。

中策：率军直取长安，现在各地农民义军风起云涌，必会积极响应。我们网罗天下豪杰，以潼关天险固守，即使杨广率东征大军回来，也可与之周旋。

下策：进军洛阳，占领都地。但是洛阳守军闻讯必会加强防守，而杨广得到消息也会率东征军回兵相助，两军夹击，结局可就难说了。

杨玄感却偏偏选择了李密的下策。他认为打下了东京都洛阳，大隋的江山即到手一半了。到那时，东征军必人心动摇，自己再乘胜追击，便可杀死杨广，号令天下了。李密见他执意要先攻洛阳，也不便再劝，只在心中叹息了一声，暗暗为自己做日后的打算。

次日清晨，杨玄感便让他的弟弟杨玄挺为先锋，亲率5万大军直逼洛阳。

但是，果不出李密所料，洛阳守军听到杨玄感前来攻打的消息，加强了防守。杨玄感久攻不下，两军陷入对峙。杨玄感见状没了主意。想了两天，又决定放弃洛阳，采取李密的中策，攻打长安。

在攻打长安的途中，经过弘农（今河南省灵宝），弘农太守杨智积为了拖住杨玄感，不让他去攻打长安，便在城楼大骂杨玄感。杨玄感果然中计，下令攻打弘农。李密看出杨智积用的是缓兵之计，便劝杨玄感不要理他，迅速攻占长安，否则不能占领潼关，追兵来到，便无处可守。杨玄感哪里肯听，非要以10万大军踏平弘农，再打长安。

但是弘农城非常坚固，并不是说攻就能攻下来的。还没等杨玄感攻下弘农，铺天盖地的隋军已从身后杀过来。杨玄感的军队毕竟没有经过多少正规训练，人数又比隋军少，被隋军分割成小块，各个歼灭。杨玄感和他的弟弟见大势已去，拨马落荒而逃。跑了不知有多久，来到一个叫葭芦戍的地方。杨玄感回头一看，只有弟弟杨积善一人跟在自己身后。想到自己轰轰烈烈的起义就这样失败了，他不禁长叹一声："唉，悔不该不听李密之言。"又转身对弟弟说："我不能死在隋军手中，你杀了我吧！"

杨积善怎忍心对自己的亲哥哥下手？杨玄感见状大怒，痛斥他。杨积善无奈，上前一剑将哥哥刺死，自己正欲横剑自刎，追兵赶来，将其擒获。

隋炀帝从辽东返回后，即刻下令将杨氏兄弟全部杀光，一个不留。又命人将杨玄感的尸体焚毁。这还不解恨，又对御史大夫裴蕴说："杨玄感造反，竟有十万之众随从！看来天下人还是太多了，多杀些也无妨，还可惩戒后人！"

裴蕴等人按杨广的旨意，大开杀戒。凡是与杨玄感沾亲带故，甚至只是沾一点边的全部杀死，连得过杨玄感救济粮的老百姓也不放过。

这次杨玄感造反失败，战斗中死亡和受株连被杀的人数远远超过十万之巨，损失惨重。

杨玄感造反只不过是封建统治阶级内部的争权夺势，最终的受害者还是老百姓。但同时，他们这种斗争所造成的内部分裂也给农民起义军创造了有利的形势。

李世民小试牛刀

李世民是唐高祖李渊的二儿子。他为人聪明，足智多谋，后来继承了皇位，在位期间既听忠言亦纳逆语，使大唐王朝出现了"贞观之治"的局面。李世民是中国封建社会的一代杰出的政治家、军事家，他的军事才能青年时期便充分展露出来。

大业十年（公元614年）隋炀帝杨广率领几十万人马，浩浩荡荡，对高丽发动第三次东征。

前两次东征由于隋末农民大起义风起云涌，动摇了隋朝内部统治，又加上高丽国国王率众英勇抗击，隋炀帝最终落了个劳民伤财、无功而返。而经过隋末农民战争、杨玄感之后的大肆屠戮，百姓们已经不肯为杨广卖命了。大队人马刚走到辽水两岸时，就已经有许多人开小差跑了，号称几十万的大军最多也就是十几万。虽然剩下的队伍已乘船登上平壤西海岸，准备对平壤发动进攻，但实际上此时的隋军将士已是心无斗志。如果高丽国军兵再像前两次那样进行顽强的抗击，隋军也一定会像前两次一样无功而返。但是，高丽国君臣一商议，认为高丽国小力衰，不足以再与大隋朝几十万大军相抗衡。而且连年战争损耗了大量的人力、财力、物力，现在应当让老百姓休养生息，发展农业经济。于

是高丽国国王派人拥解着以前逃到高丽的隋将兵部侍郎解斯政，过辽水去向炀帝表示求和。

这解斯政本是炀帝朝中的兵部侍郎，那他为何要逃到高丽国呢？原来，当年杨玄感造反的时候，他弟弟杨玄纵正在隋炀帝杨广的东征军中效力。杨玄感一起兵，当即秘密派人到宫中将其弟弟召回。但是隋炀帝先他一步，将杨玄纵囚禁军中，而这解斯政与杨玄感是好友，便悄悄放走杨玄纵。不料，东窗事发，解斯政只好亡命高丽国。

此时，隋炀帝杨广一见解斯政，火往上蹿，当即命人将他推出去斩了。又听高丽使臣表示要向大隋求和，心里乐开了花。此次东征虽然声势浩大，但杨广心里也没底。尤其是前两次都输了，更怕这第三次再打败仗。杨广是好面子的人，最怕脸上无光。高丽此次派人来求和，正合他的心意。他为了显示威风，命高丽使臣回去告诉高丽国王要他亲自到长安朝拜，然后就下令退兵了。

班师回朝的路上，杨广让士兵一路高唱凯歌，而他则乘坐一匹高头大马，耀武扬威。那态势在向世人宣称：怎么样？我杨广打了胜仗啦！不料，大军刚走到邯郸境内，便有一伙农民军迎面杀来，为首的一员猛将口中大喊："杨公卿今日定取你狗头！"随着喊声策马直扑杨广。杨广正坐在马上神采飞扬，美滋滋地炫耀，见一人手拿大刀向自己冲来，当时吓得脸色苍白，大喊："救命。"幸亏有众多的禁卫军在旁护驾。厮杀了一阵，杨公卿见不能取胜，率众人抢了几十匹好马，掉转马头，扬长而去。受了如此惊吓，杨广再也不敢乘马，赶紧钻入车辇里，不敢露面了。

10月份，杨广终于率大军回到长安，但左等高丽国王也不来，右等也不来，显然没买他的账。杨广觉得丢了面子，不禁大怒，下令做好第四次东征的准备。群臣一听，纷纷劝阻。均说时值冬季，辽东寒冷，不宜作战，不如来年再做打算。杨广冷静下来，一想也对，便把第四次东征高丽的事搁下了。

这时期，农民起义在全国各地如火如荼，但大臣们谁也不敢向杨广这个喜怒无常的皇帝报告坏消息，都是报喜不报忧。杨广被蒙在鼓里，还以为天下太平无事，他正好可以尽情享乐，东都玩了西都玩。第二年夏天，他又以避暑为由带百官去了北方。

　　杨广一行人先来到太原郡晋阳宫，行宫中长年独守空闺的两位贵人慌忙出来迎接。杨广在全国各地设了不知多少个这样的行宫，没有见过皇帝的"贵人"也不知有多少呢！两位贵人自是使出浑身解数，极尽奉迎之事，才将杨广笼络住几日。小小晋阳宫哪里留得住这位长年在女人堆里混的隋炀帝。不久，他率众继续北走，来到汾阳宫（山西阳曲）。这里气候凉爽，适合避暑。杨广在此乐哉陶哉。行宫狭小，住不下随从将士和文武百官，他们只好在野外山坡上搭草棚子住。但杨广可不管这些，只图自己舒服就行了。

　　转眼秋天到了，杨广突然心血来潮，不管大臣们怎样阻拦，执意要到边塞视察。

　　这一天，杨广一行过了雁门关（今山西省代县），走入牧区，正陶醉在一望无际的草原美景之中，忽见远处驰来一匹快马，眨眼来到众人面前。一个突厥打扮的人跳下马呈给杨广一封信，杨广一看，大吃一惊，急命快速返回雁门关。

　　原来，信是义成公主秘密写来的，义成公主是杨坚宗室女儿。当年，杨坚将其许配给突厥酋长启民可汗。大业五年启民可汗病故，按风俗，义成公主又成为他儿子始毕可汗的可贺敦（即妻子）。

　　按理说，杨广与始毕可汗也算亲戚，他本应充分利用这层关系搞好两族人民的关系。但杨广为人阴险狡诈，他竟怂恿始毕可汗的弟弟比吉没与哥哥搞分裂。人家毕竟是亲兄弟，比吉没非但没听杨广怂恿，反而将此事告知了哥哥。始毕可汗大怒，从此怀恨在心，伺机报复。正巧，探马来报杨广近日率众来到雁门关。始毕可汗又得知杨广所带军兵甚少，便亲率骑兵前来捉拿杨广。义成公主事先得到消息，怕隋军吃亏，故此写来密信相告。

　　再说杨广急匆匆赶回雁门关，胆战心惊地站在城楼上，极目远眺。他看见突厥骑兵，烟尘滚滚而来，很快便将小小的雁门关包围了。他吓得六神无主，急召群臣商议退敌之策。大臣们最后一致认为最好的办法就是派人到雁门关附近四方寻求援兵，再派人向义成公主求救。

　　杨广一想，只能如此，命人去办。又亲自对守城军兵许诺，只要守住城，以后不再征辽，并且论功行赏。士兵们一时也增添了不少勇气，顽强抵抗突厥兵。

山西河东抚尉大使李渊接到皇帝救援诏，思索了半天，心想堪当此重任的也只有二子世民了。于是便让二儿子李世民带一干人马速去雁门关救驾。

李世民率军经过五台山时，发现屯卫将军云定兴带着两万救援部队驻扎在这里，等援军汇齐，一起对突厥大军发动进攻。

18岁的李世民非常有头脑，他对云定兴说："云将军，突厥始毕可汗就是因为我军大部队离雁门关遥远，救护不及，才敢发动进攻。如今我们要等援军汇齐再攻打始毕可汗，恐怕已经没有意义了。"

云定兴也是一个耿直的汉子，一听李世民言之有理，忙道："依李将军之见呢？"

"我看不如我们采取虚张声势、迷惑敌人之策，白天在几十里山林中插满旌旗，夜间击打钲（行军打仗时用的打击乐器）鼓，遥相呼应。突厥则误认为我援军汇齐，便自会撤兵。'李世民成竹在胸地回答道。

云定兴一听连称妙计，命部署下去。

不几日，五台山脚下的丛林中处处飘扬着隋军旌旗，夜里钲鼓声震天。始毕可汗果然中计，以为援军大部队赶到。心想，他们援军来得如此神速，打起仗来也一定万分骁勇，这倒如何是好？他正兀自心虚，义成公主又派人来报，说突厥境内有紧急战事。始毕可汗顺坡下驴——撤军而走。

李世民以两万军兵追走突厥大军，隋炀帝这才转危为安。敌军一撤，杨广又变得神气活现。他也不敢在此久留，率领文武百官离开雁门关，回到东京都洛阳，将对将士论功行赏的承诺，早已抛到九霄云外。对立了大功的李世民，也无半点封赏，甚至连是谁用了什么样的巧计退走突厥大军也没问一声。

这李世民却也不是那种急功近利的人，见皇帝走了，也没说什么，带兵回去向父亲复命去了。

李密投奔瓦岗军

李密是李宽之子。李宽即为蒲山郡公，在隋朝官至柱国，是隋的名将。李宽是唐太宗李世民的第二子，唐高宗李治二哥。武德三年（620年）被过继给唐

高祖李渊第五子李智云承继香火。早薨，贞观初年追封为楚王。李密从小受到父亲影响，文韬武略，无所不通。开皇年中袭父亲的爵位，在宫中任禁军校卫，因杨广觉得他"眼神太贼"而被逐出禁卫军。这李密也真是个人物。大业九年（公元613年）与好友杨玄感起兵造反，公开抵抗隋朝的残暴统治。但由于杨玄感不听李密之计，招致失败身亡。李密被捉，他同王仲伯等17人作为重犯押送京都交由杨广亲自处理。李密足智多谋，途中先以利诱之，后将押送的禁军灌醉，趁月黑风高与王仲伯二人逃走。

杨广最初也没把李密这号人物放在眼里，跑了就跑了，随意打了禁军头目几十板子，也就将此事淡忘了。

不料，不久民间流传起一首童谣：

桃李子，皇后绕扬州，宛转花园里。

勿浪语，谁道许？

杨广对这首童谣思来想去，认为将来会有一位李姓的人夺取他的皇帝宝座。于是便将朝中李姓官位最高的李浑一家斩尽杀绝。第二位李姓高官就是李渊，当时正任山西河东抚慰大使，镇压母端儿起义军。

李渊一听皇上要遍杀李姓高官，吓得心惊肉跳，心想：完了，这下我李氏家族定然不保。他的二儿子李世民为人机警，见父亲整日愁眉苦脸，便问其故。李渊平日素喜此子，也想让他拿个主意，便对其说明缘由。李世民闻听，心中也是一惊，不过思忖一会儿便为李渊出了一条妙计。李渊一听，喜笑颜开。

不久，杨广果然想到李渊，便降旨宣他进京，伺机除掉。但皇帝使臣一见李渊，便觉得皇上太小题大做了。那李渊满面蜡黄，气息微微，眼见大限已到，还能成什么气候？又见室内摆着药壶，满屋药味儿，不便久留，便回去向杨广复命。杨广闻知李渊状况，也觉得他活不了多久，便不再追究。其实这都是李世民给父亲出的主意。还亏了这个障眼法，使李渊一家逃过此劫。

可是杨广还是不肯罢休，他一门心思要揪出那个要侵夺自己皇帝宝位的李姓之人。这时便有人在他面前提起了李密。杨广细细一想，李密先就和杨玄感造反，背叛朝廷，现在潜逃在外，不是他是谁？立即降旨：全国搜捕朝廷钦犯李密！

这下可苦了李密，本来就是逃犯，这下又升为朝廷钦犯，日子更加不好过。好在他长得又黑又小，其貌不扬，化装成农民，东躲西藏，虽没过一天安心日子，但也没被官兵抓住。李密心想，自己这样躲躲藏藏也不是长久之计，大丈夫须当找个安身立命之所啊！可巧经过河南境内，得知那里有首领翟让领导的一支一万之众的农民义军，便前去投奔。这翟让以瓦岗寨（今河南滑县南）为根据地揭起反隋大旗。此人生性豪爽，为人大度，很受人尊敬，他早就对李密同杨玄感反叛朝廷的举动感到佩服，今见李密前来投奔，由衷地表示欢迎。

李密初到瓦岗，便主动去附近游说小股义军参加翟让义军。也算他真有本事，又加上翟让在此地威信颇高，很快便有许多小股部队前来投奔，翟让自是高兴，举双手欢迎。但瓦岗军队伍虽然壮大了，可僧多粥少，粮食又不够吃了，翟让为此愁眉不展。李密早有想法，趁机对翟让说："杨广在荥阳（今河南荥阳）洛口仓囤积粮食百万石，我们不妨占领此仓。一来可解决吃饭问题，二来还可吸引天下英雄来此聚义。那时，何愁不成大事！"翟让一听连称好主意，立即行动。命王伯当、徐世绩为先锋，他率大部队随后接应，瓦岗大军气势汹汹直奔荥阳杀去。

荥阳太守杨庆闻听瓦岗大军前来攻打，自知不是敌手，慌忙派人向朝廷求援。又怕朝廷不来援兵，自己孤军难撑，又特意在信中提到李密。杨广一见，果然派张须陀带罗士信、秦叔宝二员猛将率大军前来救援。

此时瓦岗军先锋将领王伯当、徐世绩已占领荥阳城东的金关。翟让、李密率大部队攻下荥阳附近各县，对荥阳形成包围之势。但翟让曾吃过张须陀两次败仗，一听他来立刻下令要撤兵。

李密却觉得张须陀虽然厉害，但他有勇无谋，不必怕他。翟让一朝被蛇咬，十年怕井绳，坚持退兵。李密急道："退能退到哪儿？万一张须陀紧追不舍，追到瓦岗，我们还能去哪儿？"

"瓦岗寨林密山高，易于防守，我们又熟悉地理环境，我只要苦守，他也奈何不得我们！"翟让还觉得自己有理，振振有词。

"只要围困数日，我营中军无粮草，必不战自败。明公，我李密本欲辅佐您号令天下群雄，推翻大隋，建立开明盛世，不料明公若此，如何成就大事？"李

密说出这一番话，发出一声无奈的叹息，翟让闻听，面红耳赤，无言以对。

旁边的徐世绩等人赞成李密，不同意退兵，翟让也慢慢醒过味儿来。但他自忖没有退敌之计，便让李密主持军务。李密也不客气，当仁不让，立即着手布置。他让徐世绩带一千人在大海寺以北的树林里埋伏，单雄信、周文举带一千人在侧面设伏，又让翟让率军与张须陀正面交锋，引张须陀上钩。

张须陀率两万大军来到荥阳，听说瓦岗军首领翟让带军前来，不禁哈哈大笑道："翟让小儿乃本帅手下败将，还敢来此撒野？本帅今天一定要给他点厉害瞧瞧。"言罢带头冲向瓦岗阵营。

翟让也不与张须陀恋战，挥舞长槊与之打了几个回合，掉头便跑。张须陀见状，也不细想，在后紧追。瓦岗军逃过大海寺，钻进树林。张须陀率领隋军眼看就要追上翟让，不由得心中暗喜，正在这时，一声炮响，从林中冲出一支队伍，为首的正是李密、王伯当、徐世绩。三人率军截住隋军，将其分割成两部分。此时，翟让也反身杀回。几乎同时，瓦岗军将单雄信又从侧翼杀出。三路人马锐不可当，冲向隋军。

张须陀没有料到会出现这种局面，毫无防备，一时隋军大乱，很快就被瓦岗军消灭殆尽，张须陀等人也被围困在瓦岗军中。他又悔又惊又气又恨，奋力冲杀，才算杀出重围。但回头一看，身边一个人也没有，又反身杀回来。远远看见罗士信、秦叔宝，便高喊让两人保护副将贾务本冲出重围，自己断后。此时，瓦岗军铺天盖地而来，隋兵已溃不成军。三人听他这么一喊，只得依言而行，单雄信也听到喊声，照张须陀就杀过来，口中还骂道："狗贼子，你还想跑吗？"张须陀与他交战在一起，一个不防备，被单雄信挑于马下，当场气绝身亡。

主帅一死，隋军更是纷纷败逃，两万人马没剩下几千。副帅贾务本回到营中，窝火带受伤，也一命呜呼了，只剩秦叔宝带着罗士信回去交差。朝廷闻听张须陀没捉到李密，反而大败而亡，非常震惊。杨广即命令裴仁基为河南讨捕大使，全力对付瓦岗军。

再说荥阳一仗，瓦岗军大胜，翟让从此对李密更是刮目相看，打心眼里佩服。他不想埋没人才，就说服王伯当、李公逸等各部义军全归李密领导，号称

"蒲山公营"。

从此，瓦岗军开始形成严密的义军组织，声势更加浩大，大大动摇了隋王朝的统治。

李渊反隋

"冲啊——""杀呀——""别让李渊跑了！"随着一阵喊杀声，一群手持钢刀铁铩的义军向前面的隋军队伍冲去。

不远处的一个隋军将领心里一惊，下意识用手抖了抖马的丝缰，不料马却因此受惊，"咴"一声长嘶，前蹄高高扬起。那员隋将显然也是个酒囊饭袋，竟从马上摔落下来……

大业十二年（公元616年），隋朝政权已处于风雨飘摇之中。各地的农民起义此起彼伏，山西魏刀儿率领的两万民众便是其中较著名的一支。

这一天，魏刀儿率领自己的部队前去攻打西河（今山西汾阳），太原留守李渊带兵抵挡。这李渊是个颇会用兵的大将。他见对方人多势众，便让副将王威率4000人马在正面与义军交战，自己和儿子李世民各率500骑兵隐蔽于阵后。

不料那王威胆小如鼠，见义军冲杀过来，竟吓得从马上掉下来，亏得周围军士眼疾手快，又将他扶上马去。魏刀儿看得真切，一马当先直冲王威而来。王威哪敢恋战，掉头就跑。隋军一看主将跑了，跟在后面就撤，丢下了许多兵器、马匹。义军一见，大喜，也顾不得追杀敌军，都来抢夺战利品。正在这时，李渊父子分别带领骑兵冲杀过来，先射箭雨，对冲到眼前者则刀劈枪挑，一时义军死伤无数，乱作一团。魏刀儿指挥不灵，只好逃走。

这一仗的胜利，使李世民增添了夺取天下的勇气。第二天一大早，他就来见父亲李渊。父子俩谈得很投机，说到兴奋处，李世民起身施礼，对李渊道："孩儿有一句话，不知当讲不当讲？"

李渊平日非常喜爱二儿子李世民，今天又非常高兴，一边喝茶一边随口说道："哎，有什么话，但说无妨。"

"父亲，大隋皇帝杨广，昏庸残暴。天下黎民涂炭，各地起义军纷起讨伐。

以父亲领兵之才，何不就此起兵，做个乱世枭雄呢？"李世民这一番话说得李渊脸都绿了。他知道传出去，这便是杀头之罪，深怪儿子鲁莽，斥道："小孩子懂得什么！休要再胡言乱语，下去休息吧！"李世民一听父亲此言，知道他动怒了，只得悻悻而去。

其实这李渊面对当时的形势，早就萌生了脱离朝廷，独闯一番事业之心。李世民是个聪明人，也正因看出了父亲这一番心思，才敢说出那一番话，不料却被父亲斥责了一顿。他虽有些失望，但还是不甘心，便去找自己的好友晋阳令刘文静商议此事。刘文静指出，李渊此刻不敢起兵是害怕失败遭到诛灭九族的下场。又有前一阵杨玄感造反，兵败被杀的前鉴，所以慎之又慎，犹豫不决。

李世民一听急道："机不可失，时不再来。此时不趁机起兵，将悔之晚矣！"

刘文静一听笑道："二公子莫急，我早有一计，你不如如此这般，大计必然可成。"李世民一听果然是条妙计，便依计而行，去找晋阳宫监裴寂。

几天之后裴寂请李渊来晋阳宫喝酒。酒过三巡，菜过五味，两人都有点飘飘然。便谈起当今圣上昏庸，朝廷之内黑暗腐败。临了，裴寂说："可惜，我是个文人，否则，早叱咤沙场，建功立业了！"

李渊听罢，正中他的心事，也不便再说下去，便闷头饮酒。不一会儿，便醉得一塌糊涂。他醉了，裴寂可没醉。见时候到了，便一挥手，招来两位华衣锦服的美女，自己却起身离去。两人一左一右陪侍在李渊身边。李渊迷迷糊糊中只觉一股香气扑入鼻中。因他早年丧妻，两位侧室又不在身边，一时控制不住，稀里糊涂便跟两位美人上了床。

午夜时分，李渊一觉醒来，发现自己夜宿晋阳宫，身旁还睡着两位美人，登时吓得魂飞魄散。心想夜宿晋阳宫，传出去好说不好听，且身边又有两位美人，假如是宫中贵人岂不是杀头之罪？想到此，他穿上衣服，就向外逃。

刚一出门，正好遇到裴寂。李渊慌忙东张西望道："我与裴公平素交好，你，你怎能如此害我……"

裴寂笑道："如何是我害你？你一见尹、张二位贵人，就让人家陪宿。我百般阻拦不住，只好在外给你放哨，你此时怎么又怪起我来了？"

李渊被裴寂一顿抢白，一时语塞，讷讷地不知说什么好，只是一味摇头否

认。但心中暗想：如此说来，我真是酒醉做出这等淫乱宫闱的丑事来了？杨广知道，我还能有性命在？

李渊不知，这其实就是二儿子李世民为迫自己起兵，而施的一个貂蝉之计。但这件事却使他在反与不反的抉择中，向反的一方倾斜。紧接着，又发生一事，终于使李渊不再犹疑不决。

原来，在李渊管辖的境内，马邑郡鹰扬校尉刘武周与郡守王仁恭的侍妾私通，又将王仁恭杀了。随后联合突厥兵，攻占汾阳宫，把宫女等送给始毕可汗，换回上百匹好马。随后攻占定襄（今山西省定襄），宣布自己是皇帝，还定了年号。

刘武周犯的是满门抄斩的死罪，而李渊作为太原留守也难逃死罪，与其坐以待毙，不如起兵造反。

李渊虽决定起兵造反，但还有后顾之忧，他担心尚在河东的家眷和在长安的女儿的安全，不料二儿子李世民一听父亲要起事，高兴地说："父亲您就放心地干吧，家里人我都派人接到晋阳来了，您不必担心。"

李渊这才意识到，自己在晋阳宫"私淫宫女"一事说不定就是二儿子一手策划的。但事已至此，他不便再说什么，反而在心中暗暗赞叹儿子机警过人。

李渊虽然反隋之心已决，但为了扩充兵力，壮大力量，他还是没有公开提出反隋口号，反而以征讨刘武周为借口招募军队，很快就招募到一万多人。这引起了隋炀帝杨广安插在李渊身边的眼线副留守王威和高君雅的怀疑。开始二人也没察觉出什么，但李渊起用长孙顺德和刘弘基二人统率招募的万人军队，二人便起了疑心。因为长孙顺德、刘弘基二人在杨广东征高丽时不愿去，当了逃兵，跑到晋阳李渊处躲藏起来。王、高二人一见李渊做这样的人事安排，便怀疑其中有鬼。两人一合计，准备先把长孙顺德、刘弘基和李渊抓起来再说，便安排人去抓三人。人还未抓，李渊就派人来通知召开军事会议。二人此时不敢不去，只得前往。

到了议事大厅，大家刚一一落座，晋阳府司马主刘政说有紧急密报。李渊听罢，环视众人一眼道："这里都是自己人，但说无妨。"不料刘政指着王威、高君雅二人道："留守大人错了，这二人就不是自己人，现接到密报，状告二人勾结突厥入侵！"

　　原来，王、高二人用人不当，派武士和刘世龙去抓长孙顺德、刘弘基和李渊三人。而司铠参军武士、晋阳乡长刘世龙与李世民是好朋友，二人一听，便向李渊告了密。可巧探马来报：突厥兵来犯，李渊便巧施此计。

　　王、高二人一听，自然大怒，跳起来吼叫："这是诬告！"在座都是李渊的人，谁肯听他二人申辩，马上让人将他二人押入大牢。

　　第二天，突厥兵果然来犯晋阳城。李渊兵力少，不足以抵抗突厥数万骑兵，便施空城计将其骗走。之后以勾结突厥兵的罪名杀了王威、高君雅。这才举起大旗，正式宣布反隋。

　　李渊觉得要想推倒大隋，仅仅依靠自己的力量是不够的。他想：突厥兵骁勇善战，如能联合过来，那就再好不过了。于是写了一封措辞谨慎谦恭的求援信，请求始毕可汗出兵相助，共同抗击杨广。始毕可汗早就对杨广怀恨在心，正找不到机会呢，一见李渊的信，立刻答应出兵。有了突厥骑兵相助，李渊如虎添翼，信心大增。又向各地散发讨隋檄文，网罗天下群雄。李渊为人也颇具威信，又加之杨广无道，一时天下云集响应，各路豪杰纷纷前来投奔，李渊的队伍越来越壮大。

　　李渊很有军事才能，治军有方，纪律严明，对百姓秋毫不犯。而且他深知天下人都拥护有道之人，所以从不滥杀无辜。西河郡丞高德儒是个见利忘义的小人，他怕兵败被杀，不愿意响应李渊起兵，此人最善阿谀逢迎。几年前，他指着孔雀说是鸾鸟，鸾鸟是神鸟。神鸟下凡说明皇帝江山牢固，圣上英明。杨广闻言大喜，重赏了他。李渊平生最恨这种人，派李世民攻下西河，将高德儒杀了，但对其他人一个不斩，还开仓放粮，赈济灾民，深受当地百姓欢迎。

　　李渊率领他们的大军南征北战，后又与瓦岗军联合，加上二儿子李世民及其众多谋士的辅佐，最终推翻了隋朝杨广的统治，成为唐朝的开国之君。

霍邑之战

　　当隋朝的晋阳太守终于扯起反叛大旗，对抗朝廷的时候，河南李密领导下的瓦岗军也正日益壮大起来。

荥阳大捷之后，翟让便将瓦岗领导权交给才智高己一筹的李密。李密也不推辞，调兵遣将，攻打附近州县，很快将人马发展到十几万。隋炀帝杨广派罗士信、秦叔宝随同裴仁基一同率军攻打瓦岗军。不料，三人见杨广昏庸无道，竟率部投靠了瓦岗军。杨广气得咬牙切齿，但却丝毫没有办法。李密见瓦岗军实力越来越雄厚，时机成熟，便命手下记事祖君彦向全国各地散发讨隋檄文。这祖君彦也颇有才华，在檄文中给杨广总结了10大罪状。其中有"罄南山之竹，书罪无穷"一句，意思就是说杨广的罪孽深重，把南山的竹子都写光了也写不完，这也就是成语"罄竹难书"的来历。

再说李渊，他反叛朝廷，本来就有一统天下，称王称帝之心。但是他手中只有三万人马，远远不是瓦岗军的对手，因此他决定联合瓦岗军。他字斟句酌，给李密写去一封言辞谦和、态度诚恳、要求共同对抗朝廷的信。

李密深知李渊人马虽少，但军兵精壮，谋士众多。而且李渊治军有方，在山西一带颇得人心。所以他虽也有心吞并李渊所带之兵，一时却也不敢轻举妄动。今见李渊写信来要求联合，心内大喜。当即回书一封，表示同意，但信中言语傲慢，充分流露出当皇帝的野心。

李渊手下见信，均感气愤，纷纷要求李渊不要与之联合，干脆率军攻打。可李渊却不以为然，对众将笑道："李密妄自尊大，我们不妨顺其心愿，推他做盟主，为我所用。我们专事西征，平定关中之后，可据守险境，休养生息。静观瓦岗与朝廷相争，岂不妙哉？"众将一听有理，均佩服李渊的远见卓识。

李渊又给李密回了一封信，把他吹捧一番，夸他是大英雄，定能平定天下，成就一番大事。又表示自己愿意在他统领之下，将来做个唐王就行。李密一见，更是乐得找不到东南西北了，还大言不惭地对手下说道："有唐公（指李渊）相助，夺取隋朝江山定如探囊取物一般。"

李渊见李密如此，便放下心来，开始实施他的第一步计划，攻打长安。然后以此为基础，向外拓展。

驻守长安的代王杨侑听李渊倾城而动，带领三万兵马前来攻打长安，忙派虎牙郎将宋老生率兵到霍邑（今山西省霍县）阻挡。又派左武侯大将军屈突通

在河东切断李渊另一条进攻路线。

　　时值雨季，阴雨连绵，道路泥泞。李渊大军好不容易才走到霍邑附近的贾阳堡。探马又早已来报：宋老生率三万精兵在霍邑阻截。李渊只好下令安营扎寨。又连着下了十几天的雨，无法作战，军兵的士气有些低落。正在此时，又有消息传来，说刘武周勾结始毕可汗攻打太原，一时军中便产生了不小的骚动。因为军士都是太原或太原附近各州县的，父母亲眷都在太原，太原出现战事，自然担心亲人性命。李渊见状，忙连夜召开军事会议。李世民、李建成兄弟二人力主继续进兵长安，但大多数人反对，认为只有退兵太原方为上策。李渊也为鼓舞军兵士气采取了退兵的手段。

　　午后，雨忽然大了起来，但唐兵听说要退回太原，都异常兴奋，冒雨准备撤退。李世民脚步匆匆来到李渊帐前，要见李渊。但李渊决定退兵后，气定神闲，此时正在午睡。李世民站在雨中急得跺脚大哭。李渊在睡梦中隐隐约约听到哭声，问明缘由，忙将李世民从雨中拉进帐内。李渊知道李世民不遇到万分紧急的事，绝不会如此。便问道：“你今日为何如此啼哭？”

　　李世民止住悲声道：“我为三万唐兵而哭。”

　　“这又为何？”李渊追问。

　　“父亲，我们遇到一点小困难，应该积极想御敌之策。可是现在三万唐兵马上就要溃退，军无斗志。万一敌兵乘势追来，我们或降或逃，到时悔之晚矣……”说罢，李世民又恸极失声。

　　李渊一听，觉得李世民说得有理，想到可能出现的结果，不禁吓出了一身冷汗，紧急命令停止后撤。几天后，刘文静率着从突厥借来的 500 骑兵、200 匹快马来到贾阳堡，太原被围困的谣言不攻自破，军士们心中顿时像此时的天气一样豁然开朗。不久，粮草运到，军兵士气大振，摩拳擦掌，准备开战。

　　但是宋老生却迟迟不与唐兵交战。李渊分析宋老生采取的是拖延战术，只待唐军粮草用尽，再一举歼灭，这对唐军确实不利。于是与李世民商议决定诱敌出战。

　　第二天，李世民带领 100 多名骑兵公然在霍邑城外集结演练。宋老生本来就是好斗之辈，一见李世民如此旁若无人，不由得动了气。一会儿，李世民又率骑兵飞奔城下，左兜右看，与军兵说说笑笑，口中还大肆辱骂宋老生，显然没把宋老生放在眼里。宋老生大怒，心想：小子太猖狂，老子今天定要给你点厉害瞧瞧，带兵策马出城想要全歼这一小股唐兵。

谁知，这是李氏父子用的计策。宋老生出城，李渊便带大队人马冲杀过来。宋老生知道上当，但再想回头已是不可能，只得硬着头皮应战。一时只见刀光剑影，烟尘滚滚，两军各三万人马，势均力敌，杀得不可开交。正在这时，忽然听见有人高喊：“宋老生被杀了！宋将军死了……”隋军一听主帅已死，顿时大乱，扔下武器，各自逃命。宋老生并没有死，他知道这又是李氏父子的诡计，气得哇哇乱叫，大喊：‘我没死!’他也是气糊涂了，乱军之中，谁还能听出是他来。宋老生无奈，也只得败退。

宋老生气急败坏逃到城下，却发现东门、南门都紧闭，便大叫开城门。不料城上军兵喊道：“将军，唐兵正有两队骑兵冲杀过来，开了城门，恐怕他们也会冲进来，您还是顺着绳子爬上来吧！”宋老生回头一看，可不是嘛，两队骑兵猛冲过来，为首的正是李建成和李世民。他连忙滚鞍下马，顺着守城军士扔下来的绳子就往上爬。也是急欲逃命，一会儿就爬了一丈来高。

而此时，李建成、李世民也率军来到近前，一员唐军小将见宋老生正顺着绳子往上爬，又好气又好笑。从马背上飞跃而起，一刀正砍在宋老生脑壳上。宋老生摔了下来，顿时气绝身亡。

守城军兵见主帅已死，无心守城，干脆打开城门，放入唐兵。城外隋军也死的死，降的降。傍晚时分，唐军终于攻下霍邑城，大获全胜。

李渊率军进城，当即张贴安民告示，又向军兵重申不得伤害百姓，不可滥杀无辜。就是官府小吏、隋朝军兵，也不可随意杀之，想留下的欢迎，不想留下的，赠送回家路费。这些举动，使隋军将士非常感动。到最后，竟有2/3的人都投靠了唐军，李渊的队伍又壮大了。

霍邑之战使李渊名声大噪，又有一些农民义军前来投奔。李世民的姐姐也率一些女兵前来助战，唐军很快达到十万之众。

休整三日，李渊又率十几万大军直扑隋朝西京都——长安。在河东的隋将屈突通闻讯前来救援，无奈途中先是被刘文静在新丰（今陕西省临潼竟内）挡

住去路，后又被唐兵另一路人马阻截，迟迟不能赶到长安。屈突通觉得此番救助长安不成必遭死罪，遂投降李渊。李渊非常高兴，热情相待。

不久，长安被李渊大军攻下，这更加增添了李渊推翻隋朝，夺取天下的信心。

隋炀帝之死

李渊在积极准备、不断发展自己的势力上可谓是处心积虑，想要一统天下，称王称帝。但是他知道只有"得道"才能得天下，只有让众人心服、口服，他得天下之后才能坐得安稳。所以攻入长安之后，他并不急于称帝，而是按事先在众将前允诺好的拥立代王杨侑为皇帝，自己只做了个唐王。但是他也不愧是老谋深算，代王只有13岁，他又掌握兵权，并兼丞相等要职，所以实际权力仍然握在李渊手中。

李渊有了实权，首先进行了必要的封赏以笼络人心。然后开始报复，先杀了曾经派人掘了李家祖坟的左翊卫将军阴世师和京兆郡丞骨仪，后又伺机杀马邑郡丞李靖。李世民闻讯赶来，对李渊说道："父亲，小不忍则乱大谋。该杀的我们不能手软，但不该杀的我们可不能滥杀无辜啊！"

"哼，我知道你是为李靖说情而来，但是李靖与我素来不和，难道还要留下他，养虎为患吗？"李渊未等李世民说完，便反驳道。

"父亲，那李靖乃名将韩擒虎的外甥，素有威望。且此人深谋远虑，明识大体，日后必能为我所用，还请父亲放过他吧！"李渊经不住儿子李世民苦苦哀求，最终没有杀掉李靖。李世民将李靖网罗到自己手下，以后果真起到十分重要的作用。

在李世民的劝谏下，李渊不但少杀了好多人，而且废除了隋朝不合理的旧法，颁布新法。长安百姓民心稳定，附近各州县的官员也纷纷前来表示愿意归附，长安城内一片欣欣向荣的景象。

与此相比，隋炀帝杨广可谓大失民心。

大业十二年，杨广巡幸江都。为此大兴土木，在江都建了100多座宫殿，在民间又广选美女，名为贵人，实则入住宫中，只不过成为杨广玩笑取乐的对象。杨广带着萧皇后和上百位嫔妃轮流到各宫中去，整日大排酒宴，沉湎于酒色歌舞之中，越发地不理朝政。

此时，各地义军风起云涌。东都洛阳和西都长安都处于危险之中，国家混乱，隋王朝大厦将倾，而隋炀帝杨广对此一无所知。因为他不理朝政，一切事务均交由虞世基管理。虞世基为了取悦杨广，报喜不报忧，致使杨广一直蒙在鼓里。

杨广其实也是个聪明人，时间久了，似乎对局势也有所察觉。他表面上不动声色，内心却万分恐慌。一次他早晨起来照照镜子，半晌不语。旁边的萧皇后忙问皇上可有什么心事。杨广转身道："朕觉得自己的脑袋长得实在是好，只可惜日后不知将被谁砍下来。"萧后闻言大吃一惊。她整日待在后宫，自然更不知外面已乱成一锅粥。但闻杨广此言又不像是玩笑，一时怔住，心慌意乱，不知如何答对。

杨广见萧皇后吓呆了，一时不忍，笑道："人的命，天注定。苦辣酸甜，贵贱滋味，朕其实倒想都尝尝，不知爱妃是否肯终老相陪？"萧皇后听他说出这一番话，更是花容变色。"扑通"一声跪倒在地，哽咽半晌道："皇上洪福齐天，定不会如此命运多舛。果真若此，臣妾也要与皇上生死与共。只求皇上今生对臣妾不离不弃，臣妾死也瞑目……"杨广其实并不是特别宠爱萧皇后，只是"人之将死，其言也善"。他似乎预感自己大限已经不远，所以才对萧皇后说出什么"终老相陪"的话来。萧皇后受宠若惊，竟然声泪俱下表示要与杨广生死与共，令杨广也不免深为感动，将之抚慰一番，萧皇后才破涕为笑。

杨广嘴上虽说要尝尝苦辣滋味，其实心里怕得要命，不过以此自欺欺人罢了。不久，他果真闻听黄河一带的老百姓起兵造反的消息，吓得再也不敢回国都大兴（今陕西西安）去了。他觉得北方再也不能照原样统治下去了，便不思平定中原混乱局势，反而要再往南走，迁都丹阳（今南京），并下令派人修建丹阳宫。

被他带到江都的十几万军队大都是陕西、甘肃人，他们随杨广出来已有一年多，本来就思乡心切，听说杨广再也不回国都大兴而要迁都丹阳，都想私自

逃回乡里。一天，一个叫窦贤的小头目率众人潜逃，被杨广知道，大怒，命人追回，全部处死。可是逃亡的事件还是不断发生，杨广身边的军兵越来越少，与他同心的人更是少之又少。

此时，几个隋军军官司马德戡、元礼、裴虔通几人在一起商量谋反。他们认为隋朝江山已支撑不了几天，与其同杨广一起坐以待毙，不如起来反抗，杀死暴君杨广，然后拥立右屯卫将军宇文化及为主帅响应各地义军，寻求一条生路。取得一致意见后，几人便开始分头准备。一天，司马德戡在军中散布消息说，皇帝得知大家都想回关中，非常恼怒，备下了毒酒，以准备犒赏禁军的名义，将大家全部毒死。他刚说完裴虔通就带着几个人送来十几坛酒，这裴虔通在杨广称帝之前就是他的亲信，众人一见他来都寂声不语。斐虔通放下酒，说了句"这是皇上犒赏大家的，大家请随便用"，转身便走了。众人想起司马德戡的话，却直瞪瞪瞅着那十几坛酒，一时帐内鸦雀无声。

司马德戡见状，便从帐外找来一条狗，从酒坛中倒出点酒给那条狗喝了，那狗当时就七窍流血而死。众将不再怀疑，均义愤填膺，要将杨广得而诛之。司马德戡见火候到了，便又将众将劝住，说道："杨广身边还有一些人，比如裴虔通等人，据我观察，此人对杨广也早心怀不满，只是迫于无奈才忍耐一时。为了确保万无一失，不如让我去说服他和咱们一起起事，再定一条计策，一举杀了杨广，大家看如何？"众人一听有理，都表示愿意听他安排。

其实这是司马德戡和裴虔通早就商量好的，众人哪里知道？第二天，司马德戡便来告诉众人，裴虔通已同意做内应，要大家今晚包围皇宫。

当晚，杨广在龙榻上翻来覆去睡不着，心中烦闷。忽听外边似有喊杀之声，又见外边火光冲天，不由得大惊，忙问值班的裴虔通外边发生了什么事。裴虔通答说："没事，只不过是东城草场失火，众人在扑救。"杨广哪里想到自己这个亲信会反叛自己？听他如此一说，又翻身躺下。刚要迷迷糊糊睡去，忽然，元礼、宇文化及等人率禁军闯进来，不由分说，将杨广抓起来，押往前殿。

来到前殿，只见殿前禁卫军黑压压一片，而自己左右两旁站着的，正是裴虔通和元礼。杨广哪见过这阵势？战战兢兢地问："你，你们要干什么……"

"干什么，我们要杀了你这昏庸无道、罪不可赦的暴君！"宇文化及厉声

喝道。

"我，我有何罪？"杨广自知难免一死，但求生的欲望还是使他壮着胆子问道。

宇文化及一听，不慌不忙让禁军郎将马文举拿出早已准备好的告示，逐条列举了杨广的种种罪行：滥杀无辜、草菅人命、骚扰百姓、频繁对外征讨、劳民伤财、骄奢淫逸……

杨广早已明白眼前的阵势，又听马文举所列句句是实，叹口气道："我是该如此下场……"

宇文化及一听，拿剑便要上前，不料，杨广突然脸色惨白地说道："我虽该一死，但也曾贵为天子，还是拿毒酒来吧！"宇文化及哪里肯再理他，一剑便要将他刺死。裴虔通却一把拦住，道："宇文兄听我一言，还是依了他吧！"说着从怀中掏出一条早已准备好的练巾。杨广感激地看了一眼自己这个从前的亲信，裴虔通也不看他，将练巾绕在杨广脖颈之上，拉住一头。宇文化及见状，也只得依他，拉住练巾另一头，二人一齐用力，不一会儿，隋炀帝杨广便一命归西。至此，这个在位 14 年的暴君结束了他罪恶的一生。

杨广 12 岁的儿子杨杲见父皇被人绞死，吓得大哭，裴虔通上前一刀结果了他。殿外众军士见杨广父子已死，欢呼雀跃，纷纷收拾行李准备回家。不料裴虔通道："弟兄们，现在各地义军迭起，战事不断。弟兄们如若单身回家，恐遭不测，不如我们拥宇文化及将军为帅，扯起大旗，造反朝廷，一起杀回老家，成就一番大业！"众将本都是血性男儿，又听裴虔通此话有理，便纷纷表示愿和宇文化及一起成就大事。后来这支队伍也成为义军中较重要的一支。

再说李渊，闻听杨广父子被杀，心里还真有些不是滋味，甚至还滴了几滴眼泪。因为他与杨广是表兄弟。但转念一想，这样也好，早晚得除掉他们父子，这下还省得自己亲自动手了，不由得心中又一阵高兴。

不久，李渊觉得时机成熟，便逼小皇帝杨侑禅位。杨侑哪敢不听，只得依从。

大业十四年（公元 618 年），李世民徙封赵国公。同年农历三月，隋炀帝在江都被禁军将领兵变杀死。同年农历五月，隋恭帝被迫禅位于李渊，李渊即皇

帝位于长安，国号唐，建元武德，定都长安，是为唐高祖。李渊以李世民为尚书令。不久，又立李建成为皇太子，封李世民为秦王，李元吉为齐王。从此，开始了盛唐之史。

唐朝

唐朝帝系表

618—907

高祖（李渊）	武德（9）	618	玄宗（李隆基）	开元（29）	713
太宗（李世民）	贞观（23）	627		天宝（15）	742
高宗（李治）	永徽（6）	650	肃宗（李亨）	至德（3）	756
	显庆（6）	656		乾元（3）	758
	龙朔（3）	661		上元（2）	760
	麟德（2）	664		一（1）	761
	乾封（3）	666	代宗（李豫）	宝应（2）	762
	总章（3）	668		广德（2）	763
	咸亨（5）	670		永泰（2）	765
	上元（3）	674		大历（14）	766
	仪凤（4）	676	德宗（李适）	建中（4）	780
	调露（2）	679		兴元（1）	784
	永隆（2）	680		贞元（21）	785
	开耀（2）	681	顺宗（李诵）	永贞（1）	805
	永淳（2）	682	宪宗（李纯）	元和（15）	806
	弘道（1）	683	穆宗（李恒）	长庆（4）	821
中宗（李显又名哲）	嗣圣（1）	684	敬宗（李湛）	宝历（3）	825
睿宗（李旦）	文明（1）	684	文宗（李昂）	宝历	826
武后（武曌）	光宅（1）	684		大（太）和（9）	827
	垂拱（4）	685		开成（5）	836
	永昌（1）	689	武宗（李炎）	会昌（6）	841
	载初（1）	690	宣宗（李忱）	大中（14）	847
武后称帝，改国号为周	天授（3）	690	懿宗（李漼）	大中	859
	如意（1）	692		咸通（15）	860
	长寿（3）	692	僖宗（李儇）	咸通	873
	延载（1）	694		乾符（6）	874
	证圣（1）	695		广明（2）	880
	天册万岁（2）	695		中和（5）	881
	万岁登封（1）	696		光启（4）	885
	万岁通天（2）	696		文德（1）	888
	神功（1）	697	昭宗（李晔）	龙纪（1）	889
	圣历（3）	698		大顺（2）	890
	久视（1）	700		景德（2）	892
	大足（1）	701		乾宁（5）	894
	长安（4）	701		光化（4）	898
中宗（李显又名哲），复唐国号	神龙（3）	705		天复（4）	901
	景龙（4）	707		天祐（4）	904
睿宗（李旦）	景云（2）	710	哀帝（李柷）	天祐	904
	太极（1）	712			
	延和（1）	712			
玄宗（李隆基）	先天（2）	712			

李渊的功业

唐高祖李渊（566—635），字叔德，陇西成纪（今甘肃秦安西北）人。唐朝开国皇帝、军事统帅，唐国公李昞之子。

唐王朝是关陇贵族李渊建立的。李渊7岁时袭爵唐国公，历任刺史、郡守、卫尉少卿等职，隋末任太原留守。李渊又是隋文帝独孤皇后的姨侄，为隋朝皇亲。李渊的妻子是隋朝贵族神武公窦毅的女儿。所以，李渊一直是西魏、周、隋的大贵族。

隋末起义的烽火燃遍全国，隋朝灭亡已成定局，隋炀帝却不能很好地团结内部，对李渊横加猜忌，派人监视李渊的行动。李渊于是决定起兵反隋。他认为时机已到，命令长子李建成到河东活动，次子李世民在晋阳（今山西太原）结交豪杰，集聚了相当的力量，为反隋做准备。大业十三年（617）五月，李渊在晋阳起兵，捕杀了隋炀帝派来监视他的副留守王威和高君雅。

晋阳起兵后，李渊决定兵进关中，夺取长安。长安是全国政治中心，便于号令天下，又有险可守，宜于坐观群雄争斗，收渔人之利。是时，瓦岗军和河北军在中原地区与隋军浴血奋战，牵制了大批隋军，隋军在关中的防卫力量薄弱。李渊便打着安定隋室的旗号，在七月率军3万向关中进发。李渊沿途赈赡穷乏，废隋苛政，争取人心；对各地豪杰倾心结交拉拢，获得了河东与关中地主的广泛支持。4个月的时间，李渊便攻占了长安，立代王杨侑为傀儡皇帝，遥尊隋炀帝为太上皇，改元义宁，李渊自己为唐王、大丞相，掌握实权。隋炀帝被杀之后，李渊在义宁二年（618）五月废杨侑，自己称帝，国号唐，改元武德，都长安。李渊便是唐高祖。

唐朝建立时，各派政治力量仍在进行角逐。李渊则以关中为根据地，不断发展自己的力量，着手进行统一全国的战争。

当时，威胁唐政权的是陇右的薛举、河西的李轨、河东的刘武周。武德元年（618）六月，李世民率唐军攻打金城的薛举、薛仁杲父子，九月，薛举死，至十一月，薛仁杲兵败出降，唐军占有了陇右地区。武德二年（619）五月，唐

又以反间计使李轨集团内部矛盾激化，俘虏了李轨，不费刀兵便尽有河西之地。

李渊兵进关中时，留下四子李元吉守太原，刘武周勾结突厥攻破太原，长驱南下至河东。武德二年（619），李世民率军反击，消灭了刘武周，恢复了对代北的统治。

经过三次军事政治活动，唐朝不仅关中根据地巩固了，而且扩大了地盘，势力得到发展，可以集中力量经营中原和江南，实现统一目标。

到武德三年，瓦岗军已瓦解，山东大部分郡县已降唐，幽州的罗艺也归附了唐朝。中原地区还有洛阳的王世充和河北的窦建德两大势力。

武德三年七月，李世民率唐军进攻洛阳，王世充力不能敌，便向窦建德求援。武德四年（621）二月，窦建德率军援助王世充。李世民与窦建德相峙于虎牢。五月，李世民率唐军大败窦建德，窦建德被俘，7天后，王世充投降。此后至武德六

唐高祖李渊

年（623），唐军镇压了河北地区刘黑闼起义军，割据鲁南的徐园朗、割据冀北的高开道，相继败亡。唐朝在河南、河北、山东地区确立了自己的统治。

武德四年九月，李渊命李孝恭、李靖率军进攻占有两湖地区的萧铣。萧铣在江陵请降，不久，岭南各地也归附唐朝。江淮地区的杜伏威，早在武德二年便已降唐，被封为吴王、尚书令，武德五年（622）调往长安。部将辅公祐于武德六年八月起兵反唐，第二年被镇压，江南平定。

到武德七年（624），徐朔方的梁师都以外，唐朝已在全国建立了自己的统治。梁师都依靠突厥贵族的庇护，得以割据朔方。贞观二年（628），唐太宗趁突厥衰乱，派兵攻灭了梁师都。这样，唐朝重新统一了全国。

李渊、李世民父子，趁农民起义军消灭隋军主力，一举削弱割据势力之机，依靠自己的政治军事经验，完成了统一全国的宏伟事业。

李密之死

李密（582—618），隋末瓦岗军首领。字玄邃，一字法主。京兆长安（今属陕西）人。父李宽，自北周至隋均为将领。他素有谋略，起而辅助杨玄感反隋，征战数载，无奈时投靠唐朝李渊，继而又叛唐，终致兵败被杀于战场。在长安的李渊早已得知李密兵败的消息，他对儿子李世民说："果然不出我所料，此人妄自尊大，虽野心勃勃，但难免遭此下场！"但当李密率两万瓦岗军来投奔时，还是表示热烈欢迎，封他为荆国公，并且将表妹独孤氏嫁给他，但是却不给他兵权，只让他做三品的光禄卿。李密深知李渊此举是对自己进行防范，心中不满，却也无可奈何。又加之昔日副将皆去，独自一人，形影相吊，更觉孤凄。只有初时共同参与杨玄感起兵的王伯当还当他为知己，为他深感不平，这使他稍感安慰。

再说瓦岗军各部将和李密一起投奔李渊之后，都觉李渊为人与李密大大不同，是个光明磊落，成就大业之人，便尽心竭力，加以辅佐。其中有一个叫魏征的，他心怀坦荡，处处为公，后来成为唐朝有名的进谏贤臣。他刚到长安就向李渊上书，指出应该招抚仍守在黎阳的瓦岗大将徐世绩。李渊早知徐世绩其人，又深感魏征所说有理，便封他为秘书丞，派他带着诏书去招降徐世绩。

徐世绩早有投靠李渊之意，今见魏征前来招降，自然愿意。但徐世绩为人胸怀坦荡，他不愿拿黎阳的土地和百姓为自己铺就升官发财之路，便对部下郭孝恪道："这黎阳的百姓和土地，本都是魏公所辖，我都已登记造册，你拿着去交给魏公，让他自己去献给唐公李渊吧！"

郭孝恪深知其意，便带着图册来到长安，交给李密。

李密也不敢据为己有，拿着图册和郭孝恪一起来见李渊。李渊得知事情原委，更加欣赏徐世绩，就封他为英国公，任命为黎阳总管，并赐"李"姓。此后，徐世绩就变成李世绩。郭孝恪也得到好处，被任命为京州（今河南省商丘市）刺史。唯独李密没有受到封赏，他觉得李渊没把自己放在眼里，越想越气，决定离开长安，但孤身一人离开，他又心有不甘，于是便心生一计。

一天，李密来到李渊寝宫，对李渊说："臣蒙恩宠，安坐京都。但臣觉得自己无法效力朝廷，深感不安。闻听山东臣旧日部下大多对王世充不满，臣愿率军前去招抚他们，共讨王世充。"

李渊一听，觉得是件好事，也没细想，便答应了，并派给他一万人马。这一万人马就是当初李密带到长安人马的一半。

离开长安，身边又有一万人马，李密心中松了一口气。他此番就是为了脱离李渊，图谋东山再起。今见第一步计划实施得非常顺利，认为是个吉兆，心中暗喜。与他一同出行的还有王伯当、贾闰甫，但二人并不知他心中的这一番想法。

大军刚行到稠桑（今河南灵宝以北），忽然有御史快马追来，传皇帝御旨，要求李密速回长安，说有要事相商。王伯当、贾闰甫先率军继续前行。李密一听，便知情况有变。但他心意已决，绝不再回去，便找来王伯当、贾闰甫商议对策。

原来，李密刚带兵出长安不久，李渊便得到密报说李密要倒反长安，图谋不轨。密报之人便是李密原来的部下，此人本是李密亲信，最了解李密为人。他知道李密一旦带人马离开长安，便再也不会回来。他不愿再和李密在一起，总觉得和他在一起迟早要掉脑袋，便悄悄向李渊密报：李密率一万人马此番去山东，是为了重新开辟地盘与李渊作对。李渊闻言大惊，忙降旨召回李密。

再说李密招来王伯当、贾闰甫二人，便对他们说："皇上突然中途变卦要我回去，定是有人说了我的不是，我此番回去必死无疑！"

王伯当不以为然道："你太多心了。皇上没召回大军，让你一人回去，定是真的有要事与你相商。"

"哼，我最了解李渊为人，两面三刀，最怕我掌握了兵权，不甘臣服，于是封我个有名无实的光禄卿，表面上还装得很热情，我再也不肯上他的当了。这里是桃林县（今河南灵宝市）境内，不如我们攻破桃林，夺到粮食，然后去黎阳，在山东重整旗鼓。二位意下如何？"李密不待王伯当说完，便义愤填膺，慷慨激昂地说出这一番话来。

贾闰甫一听，先是大吃一惊，他没想到李密真要反叛李渊，继而镇定下来，对李密道：“明公此言差矣。当今皇上待人宽厚，决无害你之心。更何况一旦举事，朝廷必派人来追杀，区区一万人马，不堪一击，那时悔之晚矣！”

李密闻言竟然勃然大怒，道：“李渊老贼给了你什么好处，值得你如此为他死心塌地？好！既然你今日与我作对，我便先一刀宰了你，日后再杀那李渊与你做伴！”言罢，举刀便向贾闰甫砍去。

王伯当见状，赶忙上前拉住。贾闰甫跟随李密多年，没想到他现在如此对待自己，当下心中虽然伤痛，但也不躲闪，仍流着泪劝道：“眼下强者为王，败者为寇。现在明公尚处流亡之中，况且自从翟让被杀，天下人皆以为明公为忘恩负义之人，谁还肯来投奔？今恕属下直言相告，望明公三思。”

杀翟让之事，最是李密一件心病，今听贾闰甫再次提起，一时气恨交加，举刀又欲杀之。但见贾闰甫涕泪横流，一番话说得句句中肯，也只有真心相待之人才会说出此言，又不忍下手。半晌方道：“也罢，既然你不肯和我一起举事，姑且自己去吧。我心已决，不可阻拦。日后若战场相见，只当不识也就罢了！”

贾闰甫闻听此言，心下大痛。但自觉无趣，独自出营，骑马奔熊州而去。

王伯当为人义气，虽不赞成举事，但见李密鬼迷心窍，此事不可更改，只好道：“我王伯当与你生死与共，只是日后因此事而死，太没有价值了！”

李密与王伯当商定，很快便带人攻下桃林县，杀死县令，夺得粮食。消息传到熊州，唐右翊将军史万宝怕他前来攻打，便与行军总管盛彦师商量对策。盛彦师成竹在胸地说道：“您不必担心，李密志在山东，不会攻打熊州，况且，只要您肯给我5000人马，便可提李密人头来见。您又有什么可忧虑的呢？”

史万宝忙问是何良计，盛彦师只摇头微笑不语。史万宝知道此人脾气，他若不肯说，皇帝老子来了，他也不说，只得拨给他5000人马，静待佳音。

再说李密，果真没去攻打熊州，而是奔黎阳而去。但是去黎阳如果走大路必然要经过洛阳，洛阳此时为王世充所占，自然不会放李密过去。李密便决定先去襄城，然后绕道黎阳投奔李世绩，而去襄城必经熊耳山。熊耳山山高林密，中间一条峡谷便是唯一的通道。盛彦师的锦囊妙计便是埋伏在峡谷两侧的山头，居高临下，以逸待劳，战而胜之。

果不出盛彦师所料，他带 5000 精兵埋伏好的第二天，李密、王伯当便率众走入熊耳山峡谷。待他们全部进入埋伏圈，盛彦师一声令下，乱箭齐发。李密所带军兵猝不及防，无处躲藏，乱作一团，死的死、伤的伤、逃的逃。李密无力组织反抗，身中数箭而亡。可怜王伯当也随他同赴黄泉，但正如他自己所说，死得毫无价值。

在黎阳的李世绩，虽归顺李渊，但此人注重情义，将二人盛殓葬在黎阳山上，并且亲自戴孝，举行了盛大的葬礼。

窦建德起义兵败

隋炀帝杨广在位期间，统治异常残暴。他依仗国力富强，骄奢淫逸，好大喜功。几乎年年征发繁重的徭役，总计十余年间被征发的劳动人民不下 1000 万人次，造成"天下死于役"的惨象。他年年远出巡游，三游江都，三至涿郡。每次出游，大造离宫。至此，从大业七年（公元 611 年）开始，各地农民起义便风起云涌，如火如荼，愈演愈烈。其中有个窦建德领导的农民义军，影响较大，深受百姓欢迎。

窦建德是漳南县（今山东省德州西南部）农民，世代务农，据说还是胡人的后裔。他武艺高强，侠肝义胆，非常乐于助人，在当地本来就小有威望。他起义后，附近义军也都纷纷慕名前来。可以说，窦建德能成事是缘于他这种性格，但他最终的失败，却也是因为他这种性格。

窦建德起义时间不长，便凭借自己的号召力，将山东、河北一带零散的小股义军归顺到自己麾下，成为当时力量最强大的起义军。他将军队驻扎在乐寿（今河北省献县），并且以此为基地，向四周拓展。

一天，乐寿县境内突然飞来五只神奇的大鸟，后面跟着成千上万只小鸟。守城军士见此奇观，便前去禀报窦建德。窦建德闻听便率众部将出去观看。果见五只大鸟带着成千上万只小鸟在乐寿上空盘旋。见到窦建德一行人，非但不怕，反而向他们飞来，在窦建德头顶上空盘旋往复。众将一看，纷纷说这乃是天意，上天有意让窦建德称王，故出此吉兆相示。窦建德一听有理，便不推辞，

当即在乐寿建立了夏国，年号就为"五凤"，定当年为五凤元年（唐武德元年）。

挟持萧后、百官、宫人逃到黄河以北魏县的宇文化及听到窦建德称王的消息，心想，连一个农夫都能称王称帝，我堂堂朝廷大将又有何不可呢？一咬牙，将傀儡皇帝杨浩杀了，自己当了皇帝，定国号为"许"，定当年为天寿元年。

宇文化及无道，所率禁军有许多私自弃他而去。但他此时手中有的是金银财宝，便用这些财宝收买了农民起义军首领王薄，然后借王薄之力占领了聊城（今山东省聊城）。这样便对盘踞在黄河以北的窦建德产生了威胁。窦建德亲率大军进攻聊城，攻打宇文化及。宇文化及虽然非常骁勇善战，但他却打不过窦建德，出城迎战，且战且退，连战连败，只好退回聊城固守。

但是王薄素来仰慕窦建德，又见宇文化及打不过窦建德，索性打开城门，迎进窦建德，活捉宇文化及。进城之后，窦建德将宇文化及及其死党斩首示众，但对城内居民，却丝毫不进行骚扰。剩下一万多禁军，也一个不杀，去留随便。特别是对那些隋朝宫女，全部给足路费送回家。这种义举，立时得到禁军的交口称赞，有2/3的人当即表示留下，跟随夏王。

窦建德攻下聊城，也不久留，留下驻军把守，便回到乐寿。但还未休息整顿，便得到消息，易州（今河北省易县）的宋金刚来犯。窦建德真是厉害，虽然刚刚打完一仗，尚未休息，仍力战宋金刚并将其挫败。宋金刚不敌，率所余4000残兵狼狈逃窜到山西，去投奔刘武周。

在长安称帝的李渊早就闻得窦建德的厉害，心想，如今天下呈鼎足之势，我大唐占据关西，郑王世充占据河南，夏窦建德占据河北。王世充为人无道，我何不联络现在颇有实力与威望的窦建德，共同讨之？他的想法得到二儿子李世民的赞同。于是李渊修书一封，措辞谦和，态度诚恳，要求窦建德与他一同讨伐王世充。

窦建德也久闻李渊所率之军为有道之师，他为人又爽快，当即便答应了，并把在黎阳抓住的李渊的妹妹同安公主和堂弟李神通送至长安，以示诚意。

在此期间，李渊觉得已无后顾之忧，命李世民率军攻打王世充。李世民能征善战，颇具指挥才能，又有手底下网罗的众多谋士和大将相助，愈战愈勇，杀得王世充连连败退。

王世充退守洛阳，固守不出，眼看洛阳城就要不保，王世充万般无奈，只得向窦建德寻求援兵。

窦建德因与李渊修好，开始并未答应。但中书侍郎刘彬却一再怂恿道："现在天下唐、郑、夏三足鼎立。现在唐军攻郑，连连得胜。如若唐兵灭郑，必会乘胜北进，夏国便会有亡覆的危险。不如我们现在答应与王世充联合，挫败唐军，再伺机灭郑……那时，天下就是大王您的了！"

窦建德觉得刘彬此话有理，也有些动心，便又答应出兵解王世充洛阳之围。

但是李世民可不是一般人物，窦建德几次与之交战，连战连败。窦建德开始怀疑自己与唐兵交战这步棋是否走错了，有心撤兵，又恐被人骂不义不信。此时有谋士看出他的心思，便献出一计：不如绕道山西，进攻河东川郡。唐兵必来解救河东，我们到时再撤兵。这样既可避免与唐兵正面交锋，洛阳之围也可解，王世充也定会心存感激，不会骂我们为不义不信之师了。

窦建德认为这是一条三全其美的妙计，遂下令大军撤走，奔赴河东。但王世充派来的使臣见状，以为他不再解救洛阳之围，表现出愤懑之情。窦建德对他解释说要用调虎离山之计引开洛阳唐兵。他不信，恐怕窦建德一走了之，再也不会来解洛阳之围，便声泪俱下苦苦哀求道："大王这一走，洛阳居民必遭涂炭。大王真的忍心看到洛阳居民惨遭唐兵屠戮吗？再者一说，大王说用调虎离山之计引走唐兵，如若唐兵不中计，或者另派别的军队前去相救，大王又能怎样呢？"

窦建德本就是一介武夫，闻他此言，一时语塞。又见他苦苦哀求，样子可怜，他那平日的侠义心肠又使将出来，心想：想我窦建德一生堂堂正正，今日见他人有难，怎能如此一走了之，让天下人辱骂于我？此番我定要留下解洛阳之围，就算战死，也不能自毁一生清誉。想到这里，也安慰王世充派来的使臣道："你且莫啼哭，我不去河东便是。你也不必再留在我营中，回去告诉王将军，我窦建德拼着老命，也要保洛阳居民平安无事！"使臣一听高兴万分，叩谢了窦建德，乐颠颠地回洛阳城向王世充禀告好消息去了。

窦建德这一番不顾后果，义气用事，果然给自己招致了杀身大祸。不久，李世民便设计将夏军打败，窦建德也受伤被俘，被李渊下令斩了。

窦建德关键时候未把握住机会，不但未救得王世充，反搭进自己一条性命，但他仍是一位正直的农民义军领袖，曾带领农民义军南征北战，给隋统治者以沉重打击，功不可没。

平阳公主领导的娘子军

平阳公主（？—623年），唐高祖李渊第三女，唐太宗李世民同母姐，母太穆皇后窦氏。祖籍邢州尧山，她是一个真正的巾帼英雄，也是中国古代第一位统领千军万马为自己父亲建立帝业的公主，才识胆略丝毫不逊色于她的兄弟们。中国万里长城的著名关隘娘子关就是因为她所率领的娘子军曾经在此驻守而得名。她是唐朝第一位死后有谥号的公主，是中国封建史上，唯一一个由军队为她举殡的女子，真正的生荣死哀。但她的名字和出生日期在记录其事迹的《旧唐书》和《新唐书》中没有记载。

武德六年（623年），在京城长安举行了一场隆重的葬礼。在浩浩荡荡的送葬队伍中，有手执鸟羽装饰的仪仗、旗幡，有天子才有资格享用的大车，有吹吹打打的军乐队，有佩戴花纹斑饰剑的仪仗队四十人，还有身披铠甲、全副武装的勇士若干人。当人们得知这是在为一位去世的公主送行时，这样超规格的葬礼自然引起了议论纷纷，主管礼仪、音乐、祭祀的太常寺官员赶紧向唐高祖提出了质疑："按照礼仪的规定，妇女丧葬是不能动用军乐的。再说以前也从来没有过类似的先例。"唐高祖立即反驳说："当初隋末大乱，天下分崩离析之际，朕在晋阳起兵，公主在关中率先举起义旗予以响应。古时候周文王有妃太姒，辅佐文王、武王，号称一代圣母。而公主不但亲自身披铠甲，鸣金击鼓，上阵杀敌，而且还帮助朕打下了江山，为大唐王朝的建立立下了不朽的功勋。像她这样的女子以前曾有过吗？难道她的葬礼还不配奏响军乐吗？"唐高祖的一席话把太常寺官员驳得哑口无言。

唐高祖一共有十九个女儿，他所说的这个是平阳公主，与太子李建成、秦王李世民、齐王李元吉都是他的原配夫人窦氏所生。窦氏出身于一个尚武的关陇军事贵族家庭，她的祖先是北方少数民族鲜卑人，父亲窦毅为北周的高级将

领上柱国，母亲是北周武帝的姐姐襄阳公主，窦氏实际上是周武帝的外甥女。在这样一个显赫的家族中成长起来的窦氏，身上自然散发着一种不同于一般女性的英武之气。当隋文帝杨坚取代北周、建立隋朝时，窦氏曾愤愤不平地说："恨我不是男子身，不能拯救舅舅家。"后来，窦氏通过比武招亲的特殊方式嫁给了同样出身于军事贵族家庭的李渊，一生至少为他生了四个儿子和一个女儿。

大概是因为有这样的家庭背景，平阳公主自幼就非常有胆有识，显示出不同于其他女孩的豪爽性格。当她还是一个少女时，就嫁给了晋州临汾（今山西临汾）人柴绍。柴绍的祖父曾任北周骠骑大将军，父亲在隋朝被封为巨鹿郡公，也算是当时一个响当当的军事贵族家庭。柴绍从小就非常矫捷勇猛而有气力，以任侠而闻名于关中，小小少年就成为隋炀帝太子杨昭的贴身侍卫。两家联姻，可以称得上是门当户对。

李渊准备在晋阳起兵时，曾顾虑到女儿平阳公主和女婿柴绍还在长安，担心贸然行事会连累他们家破人亡，于是派人密召他俩。柴绍对平阳公主说："岳父大人将要兴兵扫平天下，拯救老百姓于水深火热之中。我想前去迎接义旗，投奔大军。但我又怕我们同行将会谁也脱不了身，而我独自走了留下夫人将会给你招来灾难，这可如何是好？"平阳公主果断地说："夫君应该火速离开这是非之地。我一个妇道人家，危急之时比较容易藏身，可以临时再想办法。"柴绍这才放心的秘密离开京城，奔赴太原。

丈夫走后，平阳公主赶快简单收拾了一下行装，就回到了位于京郊鄠邑区的自家庄园别墅。她拿出了全部家当，把所有的庄丁农户召集起来，招募了许多逃亡山中的绿林好汉，组成了一支数百人的队伍，宣布起兵响应父亲。当时，在盩屋（今陕西周至）司竹园一带有一个来自中亚的西域胡商何潘仁，正领导着一支几万人的起义队伍，自称总管，独立活动。平阳公主派家僮马三宝前去联络何潘仁，说服他接受了平阳公主的领导，很快就攻克了鄠邑区。马三宝还说服李仲文加入了平阳公主的队伍。李仲文是瓦岗军首领李密的本家叔父，因受牵连而在眉县（今陕西眉县）聚众四五千人，起兵反隋。另外，在关中还有向善志、丘师利等人，也各自率领着几千人进行反隋斗争，他们都在马三宝的劝说下接受了平阳公主的领导。由于马三宝东奔西走，对壮大平阳公主的队伍立下了汗马功劳，所以，后来唐高祖李渊称他为"英雄"，把他和西汉时家奴出身的大将卫青相提并论。

这样，就在李渊率领的起义大军还没有到达关中以前，平阳公主就基本上扫清了长安外围，占有了东起鄠邑区、西到眉县的秦岭山区，还有武功、始平（今陕西兴平）一带。她所领导的队伍军纪非常严明，禁止士兵烧杀抢劫，因而深得民心，远近各处的老百姓纷纷奔走相告，参军者络绎不绝，队伍迅速扩大，很快就发展成了一支拥有七万余人的大军，战斗力也不断增强。留守长安的隋军多次前来进攻，都惨败而归。李渊在进军途中听到这些消息，兴奋万分。大军过了黄河以后，李渊马上就派柴绍带领几百名骑兵从华阴傍南山向西，去联络平阳公主。不久，公主就亲自率领一万多名精兵迎接渡河入关的起义大军，在渭北与李世民部会合。当时，平阳公主和她的丈夫柴绍各自设置幕府，一起参加了攻打长安的战役，人们把平阳公主领导的军队称为"娘子军"。

唐朝建立以后，平阳公主因为立有大功，受到特别的嘉奖。公主去世后，不但享受到了破格的葬礼，而且为了表彰她在建国大业中的特殊功勋，政府有关部门还按谥法"明德有功曰昭"的精神，加谥公主为"昭"。这样的罕见荣耀，在中国历史上也是独一无二的。

李世民计破薛仁杲

武德元年（618年）六月，割据金城（今甘肃兰州）的薛举忽然大举进兵，气势汹汹地一路杀来，前锋已经到达泾州（今甘肃泾川）、豳州（今陕西彬县）、岐州（今陕西凤翔）一带，直接威胁关中。告急的烽火连夜烧到了长安，朝廷上下大为震惊。这对于刚刚建立、还立足未稳的唐王朝来说，明显地感受到了来自西部的强大压力。面对不可一世的来犯者，登基还不到一个月的唐高祖李渊沉着冷静地分析了形势，确定了先巩固关中，并着手统一全国的计划。他立即任命秦王李世民为元帅，率领八大总管，领兵展开全力反击。由此正式拉开了剪灭群雄，统一全国的战争序幕。

薛举本是河东汾阴（今山西万荣）人，生得五大三粗，面相凶恶，极其骁

勇善战，尤其是精通射术，武艺绝伦。薛家世代为河东的豪强大族，到他父亲薛汪这一代，迁居到了金城，因而定居在那里。薛家由于善于经商，家境比较富有。薛举向来喜好结交英雄豪杰，在当地也算是一个响当当的人物。后来，他参军成为金城府校尉。

隋末天下大乱，陇西也很不安定，饥民纷纷起来闹事。金城县令郝瑗对局势十分担忧，就临时招募了几千人，决定让薛举率领前去弹压。大业十三年（617 年）四月，郝瑗在郡中召集当地军民，大摆酒席，准备正式任命薛举。不料，薛举和他的儿子薛仁杲及其同谋者十三人，早已另有策划。他们在席间趁机劫持了郝瑗，逮捕了郡县官吏，宣布起兵。薛举仿效项羽自称"西秦霸王"，建元秦兴，封长子薛仁杲为齐公，幼子薛仁越为晋公，并开仓赈济灾民，招集人马，公开竖起反隋大旗。

当地原来活动着一支颇有声势的饥民武装，在首领宗罗睺的带领下投奔薛举，使其势力一时大增，宗罗睺也被封为义兴公。之后，薛举率军主动出击，不断扩充自己的势力和地盘，将前来镇压的隋将皇甫绾率领的一万大军打得大败，并乘胜占领了整个陇西地区，队伍也由最初的几千人迅速发展到了十三万人。

大业十三年（617 年）四月，薛仁杲随父薛举起兵，割据陇西之地。薛举称帝后，册立为太子。不久，薛仁杲率军攻克秦州（治所在今甘肃秦安西），薛举又乘势迁都于此。

薛仁杲继承了家族的传统，尚武好战，力大无比，尤其精于骑射，军中号为"万人敌"。但他却是一个杀人不眨眼的魔头，对待俘虏不是割掉鼻子和舌头，就是剁为肉酱，残暴之极。有一次，他抓到一个俘虏，此人誓死不降，他就命手下将那人架到火上，烤熟后慢慢肢解分割给部下吃掉。又有一次，攻克天水后，他把当地所有的富人都抓起来，倒吊起来，往鼻子里灌醋，逼他们交出财产。这一点连他的老子薛举也看不下去，经常训诫他说："我儿的本领足以成就一番大事业，只是待人接物不宜太过寡恩少义、暴虐无道，否则终将败家毁业。"

这年底，薛举派遣薛仁杲东进扶风（治所在今陕西凤翔），一举击破了唐弼领导的一支约十万人的队伍，兼并其部众。这样薛家父子的队伍一下子就扩充到三十万人，对长安形成巨大压力。

这时刚刚攻占长安的李渊决定派遣李世民西进迎敌。李世民率领着唐军紧急赶赴扶风，经过激战，薛仁杲大败，狼狈溃退。薛举一度吓得想投降唐军，被手下人给劝阻。

之后，薛举调整了战略方针，决定联合割据朔方的梁师都势力，共同对付唐军。同时，又派人到突厥，送上厚礼，约定一起东进，攻取长安。突厥本来已经答应了他的请求，准备出兵。这时，幸亏唐朝派来的使者及时到达，说服突厥毁约，才挫败了薛举的阴谋。

这次薛仁杲卷土重来，一看就是来者不善。李世民受命出征后，率领唐军与薛仁杲在高墌对阵。李世民经过缜密分析，认为薛仁杲所带粮草不足，利于速战，于是采取了坚壁深沟不出的方针，以拖垮敌军。不巧的是，就在这关键时刻李世民忽然得了疟疾，发起了高烧，只好将军务交给行军长史刘文静和司马殷开山来主持，并且告诫他们不管敌军如何挑战，都不要轻易出战。薛仁杲一看唐军不出，就几次前来阵前叫骂。刘文静与殷开山按捺不住，开城迎战，结果被敌军抄袭了后路。两军在浅水原（今陕西长武东北）展开大战，唐军被打得大败，有一半以上的将士阵亡，大将军慕容罗睺、李安远、刘弘基等战死。李世民收罗残兵败卒退还长安，高城也随之陷落敌手。薛仁杲将唐军尸首堆积成一个巨大的坟堆，号称"京观"，以炫耀战绩。

浅水原大战后，薛仁杲又乘胜进围宁州（治今甘肃宁县），准备直取长安。这时，薛举忽然病死，薛仁杲继立，率军退驻折墌城（今甘肃泾川东北），相机进攻唐朝。唐高祖决心彻底消灭这股割据势力，减除关中的西部威胁。于是重新任命李世民为元帅，西征薛仁杲；同时，又派人赴凉州（今甘肃武威）联络李轨，让他从西边对薛仁杲形成夹击之势。

薛仁杲早在做太子时，就因为恃勇傲慢，与众将不和。等到他继位之后，众将对他更是心存畏惧，上下离心，其兵势也逐渐衰弱。

反观唐军，在浅水原大战失利后，全军上下都想着如何来一雪前耻。这次，李世民再披战袍，率军出征，早已成竹在胸。

唐军进据高墌后，薛仁杲派宗罗睺前来骂阵挑战。李世民不管诸将如何请战，就是紧闭营门，一律不准出战。他耐心地说服诸将："我有一个万全之计，就是：我军不久前才打了败仗，士气还有些低落，而敌军仗着大胜，已成骄兵，有轻视我军之心。越是这样，我军越应该坚守不出，以麻痹敌军。等到敌军松懈之时，我军再奋力出言，这样就可以一战而歼灭敌军。"于是下令军中："有再敢言战者，斩！"

就这样，唐军与敌军相持了六十多天，薛仁杲眼看粮草已尽，战事却毫无进展，变得越来越焦躁，将士们离心离德的倾向也越来越严重。将军牟君才、内史令翟长孙等人率众投降唐军，甚至连薛仁杲的妹夫钟俱仇也赶来投诚。

这时，李世民认为与敌军决战的时机成熟了。于是命令将军梁实出浅水原以吸引敌军，敌将宗罗睺见唐军终于出战了，大喜过望，出动所有的精锐部队，直接向唐军扑来；梁实凭借着有利地形，成功地阻击了敌军的几次疯狂进攻。就在敌军精疲力尽之时，李世民命令唐军展开全线反击。他先命右武侯大将军庞玉率领一支唐军投入浅水原正面战场，以增援梁实，与宗罗睺展开激战；自己则亲率大军绕道原北，从敌后出其不意地发起攻击。宗罗睺见腹背受敌，被迫引兵迎战李世民。只见李世民亲率几十名精锐骑兵，冲向敌军。唐军内外夹击，喊杀声震天动地，一举击溃了敌军，斩杀几千名。

宗罗睺见大事不妙，赶紧撤军。李世民又亲率二千多骑兵紧追不舍，表兄窦轨拦住战马，苦苦劝谏说："宗罗睺虽然被打败，但薛仁杲仍然据守着折墌城，城池高大坚固，难以轻易攻取，我军切不可轻率进军，请暂且按兵以观察形势。"李世民坚定地说："表哥不要再说了！这次战事我已经考虑很久了，现在我军正势如破竹，机不可失啊！"于是进逼折墌城下，在泾水与敌军对阵。敌军骁将浑斡等人一看势头不好，临阵投降。薛仁杲开始有点害怕了，引军退入城内拒守。到日暮时分，唐朝大军相继赶到，完成了对折墌城的最后包围。到半夜，守城士兵争先恐后从城上缒下，前来投诚。薛仁杲一看大势已去，只好率领文武百官开城投降。

战后，诸将纷纷向李世民道贺，同时又都不解他取胜的法宝，问道："大王在浅水原一战而胜，就扔下步兵，在没有带攻城战具的情况下，轻骑直逼折墌城下。这时，大家都认为不可能取胜，却最终赢得了胜利，这到底是什么原因呢?"李世民笑着回答说："宗罗睺率领的将士都是陇右人，向以骁健剽悍而著称，我虽然出其不意地发起攻击，但杀敌和俘虏的并不是很多。假如给敌军喘息的时间，从容退回城中，再让薛仁杲安抚军心，用来守城，就更不容易攻克了；如果我军能乘胜追击，敌军则有可能大都被打散，折墌城守军力量薄弱，薛仁杲必定吓破了胆，来不及商议对策。这就是我军所以能克敌制胜的原因。"众将听后，无不折服。

李世民

至此，骄狂而不可一世的薛仁杲最终被李世民消灭。唐王朝在翦灭群雄，统一全国的战争中取得了首战大捷。之后，唐王朝又用了七年左右的时间，相继打败了割据各地的军阀武装势力，基本上完成了全国的统一。

李世民大败宋金刚

宋金刚（?—620年），上谷郡（今河北张家口市）人，隋朝末年农民起义军首领。隋炀帝末年，在上谷地区聚众反叛。跟随山西定杨可汗刘武周，带兵南下，屡次打败唐军。武德三年（620年）正月，带领对抗秦王李世民，战败逃亡突厥，后被杀。宋金刚是突厥傀儡政权刘武周手下的一员大将。刘武周地处北方，得到突厥的支持，又见李渊领地晋阳空虚，便派宋金刚前去攻打。

此时的晋阳由李渊的四子李元吉镇守。他与大哥建成、二哥世民可不一样，不懂领兵打仗之道，只知吃喝玩乐。平时他疏于练兵防范，直到宋金刚率军打到晋阳的门户——榆次（今山西榆次），他才慌忙派人前去抵挡。领兵将领张达抱怨拨调的军兵太少，李元吉不明形势，将之怒骂一通。张达也是个烈火性子，见李元吉如此，一怒之下，竟在到达榆次当晚打开城门迎进宋金刚，投降了宋军。

李元吉见榆次失守，一想，晋阳也定然不保，也不做抵抗，带领姬妾溜之大吉，逃往长安去了。李渊闻听此事，大怒，但毕竟是亲儿子，也不肯把他怎样。李元吉回到长安更加如鱼得水，自由自在，李渊也只有摇头叹息的份儿。

宋金刚顺利占领晋阳，刘武周闻讯大喜，随后率大军赶到。两人合兵一处，一路南下，很快又攻占了绛州、龙门数城，直逼潼关。形势严峻，李渊也有些不知所措，便采取保守战略，决定放弃河东，固守黄河，但深谋远虑的二儿子李世民却表示坚决反对。他向李渊请命道："河东富庶，是京师的财源。太原是王业的基础，国家的根本。我们怎可轻言放弃呢？大丈夫立业当有持之以恒、不屈不挠的精神。父皇若给儿臣三万精兵，儿臣前去攻打宋金刚，定能取胜，收复失地！"一番话说得慷慨激昂，李渊也受到了鼓舞。他也深信，这个二儿子确有领兵带队、行军打仗的能力，果真就拨给他三万人马，让他前去抵挡宋金刚的大军。

李世民此时手下已收罗了秦琼、程咬金等几员大将，如虎添翼。带领三万精兵，威风凛凛，杀气腾腾，渡过黄河，在柏壁山驻扎下来。李世民善用奇谋。他将军队分成多处在柏壁山驻扎，每处又并不独立，而与其他处遥相呼应，一有状况，必互通信息。宋兵几次偷袭，均未得逞。

李世民熟读孙子兵法，知道"知己知彼，百战不殆"这一作战精义，因此他经常亲自去探听宋营消息。一天他带领几十名骑兵去侦察宋营情况。来到一个山头之后，他命士兵分头行动，自己只和一个贴身侍卫在山头等候。士兵们走后，李世民先察看了一下附近地形，然后坐在一棵树下耐心等待众军士，久等不来，又加之连日行军劳乏，不由得酣然睡去。贴身侍卫在旁边守护了一会儿，也禁不住瞌睡虫的诱惑睡着了。这下可坏了，因为这里离宋营不远，经常有宋军巡逻兵出现。果然，过了一会儿，一队宋金刚的巡逻兵便从山下爬上来，发现李世民，惊喜万分，悄悄包抄过来，想抓个活的。

说来也巧，一条蛇追捕一只老鼠从躺在地上睡觉的贴身侍卫脸上蹿过。贴身侍卫惊醒之后，立刻发现了敌情，忙把李世民叫醒。李世民一睁眼，也看清

唐朝

了眼前形势。他也真不愧为领兵大将，不慌不忙，翻身上马，拉弓搭箭，"嗖、嗖"几声箭响，前面的宋兵应声倒下。然后打马迎着宋兵就冲过来，贴身侍卫紧随其后。二人也不恋战，抓起一个宋兵，便打马扬鞭，绝尘而去。宋军巡逻兵均为步兵，追又追不上，只能眼睁睁看着李世民安然逃脱回营。

回到大营，李世民当即审问掳来的宋军巡逻兵，得到的消息使他大吃一惊。原来李世民派李孝基率领一队唐兵去攻打夏县，宋金刚得到消息，已派尉迟敬德去救援夏县。这尉迟敬德智勇双全，李世民早已久闻其名，如果他去救援夏县，李孝基不就十分危险了吗？

众将闻听此事，也都心中焦急，唯恐李孝基吃亏。秦琼、殷开山二将自告奋勇，前去支援李孝基。李世民略一思忖，便道："如此甚好。不过，如果万一李孝基失利，你二人一定要埋伏在途中，袭击宋军。"

二人得令而去，走到美良川便得到李孝基兵败被捉的消息。二人一合计，便决定埋伏在尉迟敬德回宋营所必经的美良川，袭击宋兵。

唐兵刚在美良川峡谷两侧的高山密林中隐藏好，尉迟敬德便率宋军押着李孝基进入峡谷。只听一声号炮，漫山遍野的唐兵唐将冲杀下来，将宋军截成数段。秦琼骑着黄骠马，手持双锏，一马当先，直冲尉迟敬德而去。尉迟敬德慌忙应战，二人旗鼓相当，将遇良才，杀得难解难分，天昏地暗。

但是由于唐军突然袭击，使宋军乱作一团，处于被动挨打的局面，被杀被斩，死伤无数。尉迟敬德见状，也不恋战，撇下秦琼，杀出一条血路，护着囚车，带领残余宋军而去。秦琼、殷开山见追赶不上，只得收兵，李世民闻听此事，心中更加暗暗喜慕这员猛将。

不久，李世民亲率大军迎战尉迟敬德。尉迟敬德果然厉害，手中钢鞭，呼呼作响，令唐军五员大将无法靠近。唐军一名校卫见状，拉弓搭箭，便要趁尉迟敬德不备，放冷箭将其射死。李世民见状，连忙拦住，并下令谁也不能放箭，要抓就抓活的尉迟敬德。他这是心中喜爱，想要收降尉迟敬德。

尉迟敬德虽然英勇，但手下宋军不是唐军对手。他见宋军越来越少，不得不杀出包围圈，逃回营寨去了。

一转眼，宋金刚与李世民在柏壁山就已相持了5个多月。宋金刚见李世民足智多谋，善于用兵，两军多次交战，自己胜少负多。又知军中余粮不多，便悄悄决定撤兵。

武德三年（公元620年）2月，宋金刚因军粮不济，只得撤退。李世民得到消息，便率唐军紧追不舍。追了一天一夜，走了200多里，到达高壁岭，遇到小股宋军抵抗，唐兵将之一扫而光。此时唐军将士，包括李世民在内，都未吃上一口饭。刘弘基劝李世民道："将士劳乏，不妨饱吃战饭，稍事休息，再追不迟。"

李民民闻听此言急道："兵贵神速，机不可失，时不再来，眼下正是歼灭宋军的绝好机会，岂能因一顿饭而轻易放过？"言罢下令唐军继续前行。

李世民率唐军忍饥疾驰，终于在雀谷追上了宋金刚主力部队，双方展开厮杀。宋金刚且战且退，先后与唐军八次交锋，均被击败。后来宋军各自为战，又被唐军各个击破。这一仗唐军斩杀、俘获宋军三万余人。宋金刚率残余的两万人马落荒逃至介休城。

但是，唐军虽然获胜，后备粮草却还未运上。当晚，两天没吃东西的李世民只好同将士们将仅有的一只羊熬了羊汤，每人喝一碗，第二天早上，又吃点野菜充饥，然后继续向介休城进军。

此时，宋金刚率两万宋军在介休城吃了两顿饱饭，睡了一宿好觉，早在城门外摆好阵势，准备迎战。

李世民一看唐军劳乏，不能与精气十足的宋军硬拼，只能智取。于是派李世绩攻打头阵。李世绩与宋金刚打了几个回合，依李世民所嘱，佯装不敌，反身败走。宋金刚见状，大喜。以为唐军果真饿得失去了战斗力，心想，此时不追，更待何时？率众猛追，渐渐地离开了介休城。岂知这是李世民一计，只听一声号炮，李世民从侧面杀入宋军之中，并且切断了宋金刚的退路。宋金刚想退回城中，已经不可能了，只得率几百骑兵逃走了。

打跑了宋金刚，李世民才与众将士在介休城附近的张难堡吃了一顿饱饭。将士们有了精神，摩拳擦掌要求攻打介休城，此时城内有尉迟敬德把守。李世民一心想收服他，便对众将士说："介休城乃一座孤城，内无粮草，外无援兵，我们且先派人去说服尉迟敬德，如若不通，再做道理。"

任城王李道宗和记事宇文士自愿进介休城说服尉迟敬德，李世民欣然应允。二人进得城中，对尉迟敬德动之以情，晓之以理。尉迟敬德也久闻李世民之为人，深为敬慕，便归服了李世民。

刘武周见宋金刚兵败，知大势已去，就放弃太原，逃奔突厥。李世民一举收复河东诸郡。由于李世民的远见卓识和用兵得法，取得了对抗宋金刚、刘武周的重大胜利，解除了当下唐朝所面临的一次严重的军事危机。

尉迟恭救主报恩

尉迟恭就是尉迟敬德。尉迟敬德（585—658），名融（后世误载名"恭"），字敬德，以字行，朔州善阳（今山西省平鲁区）人。唐朝名将，凌烟阁二十四功臣之一。自从归服李世民之后，他就备受李世民信任，还统领原属宋军的8000人马。

唐将见李世民对尉迟敬德这个宋军降将毫无防备，还令其统领原班人马，均心生不满。大将屈突通就找到李世民，对他说："秦王做事一向英明，现在怎么遇见一个尉迟敬德就糊涂了呢？他本为降将，难免有二心，秦王怎能让他统领那么多人马，况且又是他的原班部下。属下甚觉不妥。依属下之见，还是将那8000人马编入我军之中吧！"

李世民为人宽厚，听了屈突通一番话直来直去，也不计较。微微笑道："将军此言差矣。对于一个人，不仅要闻其言、观其行，更要察其心。我看尉迟将军不是那种出尔反尔的人，故此将重兵相授。更何况，我们不真心相待，人家又怎会坦诚相对呢？此事将军敬请放心，万不会出现什么差错的！"屈突通闻此，也不好再说别的，只得作罢，但暗中仍对尉迟敬德小心提防。

偏偏此时就发生一件对尉迟敬德极为不利的事。

原来，李世民打败刘武周、宋金刚之后，占据洛阳的王世充就成为李唐主要的敌人。李渊又命李世民去讨伐王世充。

王世充为人狡诈，非常不得人心，部下将领纷纷弃他而去。此时李世民前来攻打，正是乘虚而入。况且李世民最善招贤纳士，有许多王世充部下前来投

奔。洛阳附近各州县的官吏一想，和王世充在一起不会有什么好结果，也纷纷投降唐朝。王世充眼见自己周围的人越来越少，地盘越来越小，心下着急，想来想去，便想出一个歪主意：秘密收买唐军中的降将。像秦琼、程咬金这样的大将本就是看透王世充为人而走的，王世充自然不敢去收买他们，唯恐偷鸡不成蚀把米，被李世民知道事情越发不好办。他便从那些不知名的边将中网罗，纵使这样，响应的人也不多。但是原刘武周部下，与尉迟敬德一起投降唐朝的寻相却是个利欲熏心之辈，他见在唐军中自己无利可图，便带领几个人投靠了对他诱之以高官厚禄的王世充。

这件事很快就被唐军大将屈突通知晓，他气冲冲找到兵部尚书殷开山道："我早提醒秦王防备尉迟敬德，秦王不听。现在尉迟敬德的好友寻相跑了，尉迟敬德还能再待得住吗？"

殷开山一听，也是一惊。心想，秦王待尉迟敬德不薄，我平日观察也颇觉他是一个心胸磊落、必会知恩图报之人，不想却是这等见利忘义的小人。越想越气，便与屈突通一合计，干脆将尉迟敬德抓了起来。然后对李世民说明原委，并劝其将尉迟敬德杀了。

李世民闻听二人所言，半晌无言，好半天才道："我没想到居然有这等事情发生，但我还是认为尉迟敬德不是那种人。他若真想跑，你们拦也拦不住的。这样吧，你们快将他的绑绳松了，请到我帐中来，我自有道理。"二人相视一眼，不明李世民是何用意。但也不敢违抗，只得依令而去。

二人将尉迟敬德领入李世民帐中。那尉迟敬德也是条汉子，他根本没有逃跑之意，甚至连寻相逃跑之事也不知道，平白遭此变故，他深以为辱。还道是李世民派人所为，故此来到李世民面前，屹然挺立，怒目而视。李世民见状，知道他心中误会了自己，忙深施一礼对他说明事情原委。最后道："尉迟将军受惊了。此事我本不知，均是殷、屈二位将军一时意气用事所为，还请尉迟将军见谅。但我听二位将军讲尉迟将军在军中似有不如意，如若真是这样，将军敬请随意，我李世民决不勉强。"说完，还命人拿出 50 两黄金，给尉迟敬德做盘费。

尉迟敬德一见，知道自己因寻相受到牵连，而李世民也确实不知此事。又

见李世民待自己如此，一时转怒为敬，倒头便拜："敬德并无去意，今蒙厚爱，无以回报，愿随秦王鞍前马后，终生不变！"

李世民见状，心花怒放，便让尉迟敬德收下黄金，以此压惊。尉迟敬德执意不收。李世民只好说："好吧，这50两黄金暂且存在本王这里，日后作为将军立功受赏之物吧！"旁边殷开山、屈突通二将也知道冤枉了尉迟敬德，忙过来赔礼道歉。尉迟敬德是个豪爽之人，忙表示二将不必为此事挂怀。从此三人消除误会，成了共战沙场的好朋友。

几天之后，又发生了一件事，更充分证明了尉迟敬德对李世民的忠心。那天，李世民率500骑兵和尉迟敬德一起去洛阳城外不远的地方侦察敌情。不料，行至北魏宣武帝陵墓附近，便被王世充的巡逻兵发现，忙回去报知王世充。王世充闻讯大喜，心道："真乃天助我也！李世民胆大妄为，竟敢只率500骑兵来至洛阳城外。今日，我定叫他死无葬身之地！"当即点兵一万，直奔宣武帝陵墓冲杀过来。

李世民正率军在宣武帝陵墓附近的小山上仔细察看地形，忽闻喊杀声震天，举头一望，不由得大吃一惊。只见郑兵黑压压冲杀过来，很快便将自己所在的小山包围。为首一员大将正是瓦岗旧将单雄信，他此时已投降王世充。两军交战，各为其主。单雄信一马当先，手持长槊，直奔李世民而来。情况十分危急，他这一槊砍下来，李世民性命定然不保。正在这时，旁边一人狂吼一声，挥舞双鞭，迎住单雄信。李世民扭头一看，正是尉迟敬德，心中着实感动了一番，也趁机与尉迟敬德一起向外奋力冲杀。

尉迟敬德与单雄信来来回回打了几个回合，见李世民被几个郑兵包围，怕他吃亏，便想及早结果了单雄信，前去帮助李世民。只见他虚晃一招，然后用左手之鞭将单雄信的长槊挡住，右手一鞭正打在单雄信后胯之上。单雄信哪经得住这千斤重的一鞭？立时翻身落马。郑军见状，忙围上前去抢救。尉迟敬德趁此良机，在前杀出一条血路，带着李世民杀出重围。

两人打马扬鞭，猛跑了几十里，与得到消息赶来救援的屈突通大军相遇。两路军合为一路，李世民当即决定再杀回去。这次王世充可不是对手了，郑军死伤无数。最后，王世充只带100多骑兵狼狈逃回洛阳。

这一仗，唐军意外获胜，打败王世充主力。李世民有惊无险，多亏了忠心护主的尉迟敬德。李世民更加爱惜他，又将那50两黄金奖赏给他，尉迟敬德不善言辞，红着脸收下了。

李世民善于招贤纳士，招揽人才，又知人善任。尉迟敬德是员猛将，他生性鲁莽，李世民几次保全了他的性命。以后尉迟敬德又屡立大功，为保卫大唐江山不遗余力。

李建成谋反

李建成（589—626），小字毗沙门。唐朝开国太子，唐高祖李渊长子，唐太宗李世民大哥，陇西成纪人。李建成是李渊的大儿子，按长幼次序被立为太子。此人也不是无能之辈，但比起二弟李世民来，可就差得远了。

李世民真可谓李渊的左膀右臂，他率自己手下众将先后战胜了刘武周、宋金刚、窦建德之后，又打败了王世充，将与李渊大唐王朝相抗衡的势力——铲除。可以说，李世民为大唐江山立下了汗马功劳。

李建成这个东宫太子在父亲刚刚起兵之后还立过一些战功。可后来，渐渐与不学无术的四弟李元吉混在一起，整日吃喝玩乐，纵情歌舞。

而随着唐王朝的逐渐强大，李渊也越来越觉得二儿子李世民功不可没，大儿子李建成相形逊色，一事无成，便有心将建成废掉，改立世民为太子。李世民婉言谢绝，认为长幼有序，太子之位理应是大哥建成的，自己不能僭越夺之。

虽然李世民没有答应接受太子之位，但是李渊要废太子建成的消息却传了出去，这给李世民招来了杀身大祸。

俗话说得好，人上一百，形形色色，更何况偌大一个唐王朝呢！李世民为人再宽厚也不可能面面俱到，总会有意无意地得罪一些人，裴寂就是其中之一。

裴寂就是当初与李世民合谋迫李渊起兵之人，后来见李世民网罗到无数谋士大将，并与他们打得火热，而将自己冷落一边，心中就有些怨恨。所以当李渊同他商议废立太子之事时，他表面不露声色，暗中却为泄私愤向张、尹二妃透露消息。

张、尹二妃是谁？裴寂又为何向她二人透露消息呢？原来，这张、尹二妃便是当年李渊酒醉侍寝的两位隋宫贵人。李渊是个重情重义之人，叛隋以后，不忍抛下她二人，便一直带在军中。后来李渊做了皇帝，就封张氏为婕妤、尹氏为德妃。张氏、尹氏在李渊困难时期与之相识，以身相许，也算是患难之妻。因此李渊对二人颇为宠爱。

而张、尹二妃对李世民都颇有成见。事情起因是这样的：一次，张婕妤又在李渊面前撒娇，讨封要赏。李渊一则见了美人有些晕晕乎乎，二来可能也有些老糊涂，便给了张婕妤一纸手谕，将洛阳东郊的20顷良田赏赐给了她父亲。这些分封土地之事此时由李世民掌管。张婕妤便兴高采烈来找李世民。不料李世民细察封赏簿，发现这块地早已赏赐给淮安王李神通了，便婉言谢绝了张婕妤，事后又向父皇禀明此事。李渊见已封赏出去，也就作罢。可那张婕妤却不是个省油的灯，从此记恨在心。

而尹德妃呢，与李世民倒也没有什么正面冲突。不过尹德妃的父亲尹阿鼠却是个势利小人。他见女儿当了皇妃，便整日得意扬扬，颐指气使。为了显示自己的威风与身份，竟然私自在自家门前立了一块下马石，谁若不在他府门前下马，必会遭一顿毒打。他还派人在门口看着。一日，家人见一文士在尹府前骑马而过，立即进去禀报了尹阿鼠。尹阿鼠带人气势汹汹冲出来不由分说将那文士毒打一顿，竟打断了两根手指头，但不久他就知道自己闯了祸。原来，被打之人是李世民所设文学馆中著名的18学士之一——杜如晦。尹阿鼠知道自己得罪了李世民，非但不反省思过，反而恶人先告状，跑到女儿尹德妃处诬告李世民仗势欺负他。尹德妃不明真相，见老父一把鼻涕一把泪地哭泣，非常心疼，自此也对李世民有些怨恨。

那裴寂知道这其中的过节，便从中进行挑拨。张、尹二妃一听李渊要废太子建成，欲立世民，果然跳出来反对。虽然后来得知李世民拒绝了做太子，但她二人唯恐事情有变，整日在李渊枕边吹风，说李世民坏话。天长日久，李渊竟也有些信了，以为李世民居功自傲，对他也产生了一点看法。

在此期间，窦建德余部刘黑闼起兵反唐。原因是窦建德为人行侠仗义，即使当了夏王，仍然衣食俭朴，爱民如子。而且他身为农民，非常重视农业生产，深受当地农民欢迎。夏国在他的统治下，也算得上是社会秩序稳定，人民安居乐业。但他兵败后却被李渊给杀了，这在他所统辖的乐寿县激起民愤，人们纷纷起来，要为窦建德报仇。窦建德的属下刘黑闼也以此为号召招募了许多人，半年之中，就占领了原来被唐军夺走的土地。

李渊得到消息，立刻派李世民前去剿杀。刘黑闼哪里是李世民的对手？经过数场血战，兵败逃入突厥。李世民认为穷寇不可再追，何况他逃入突厥，为避免与突厥骑兵产生冲突，就放他一条生路，让他去了，自己班师回朝。哪知他刚刚回到长安，就听说刘黑闼又从突厥回来，重新占领了自己收复的失地。他即向父皇李渊请命，要求二次征讨刘黑闼，但这次李渊却没让他去。

原来能臣魏征此时正任东宫司经局官员，他看出李世民处处强过李建成，恐怕要威胁李建成的太子位，便建议太子建成多立战功，以服众人，巩固太子之位。建成正为此事发愁，觉得他说得非常有理。可又一想，各地战乱基本上都被二弟李世民平定了，自己想立功，也没有机会呀！正自沮丧之时，刘黑闼从突厥又逃回来重新占领被李世民所收失地的消息传来，令建成精神为之一振。心想：立功的机会来了！

当即跑到父皇李渊面前，死磨硬泡非要出兵征讨刘黑闼。李渊有心再派李世民去，但转念一想，世民这孩子有些居功自傲，此番杀杀他的锐气也好。又见建成积极请战，心中高兴，觉得此子尚可栽培，便派他去了。又怕他吃亏，便拨给他数倍于刘黑闼的精兵强将。

出发的时候，李建成带上了魏征。他觉得魏征是个人才，自己身边太缺少这样的人了。魏征果然不辜负他的期望，一路上为他出谋划策，连连取得胜利。但刘黑闼也不是善辈，顽固不化。李建成虽率大军，一时却也不能将其剿灭。此时，魏征又献一计，那就是分化瓦解刘黑闼的部下，宣布宽待俘虏，只降罪刘黑闼一人。刘黑闼众部下跟着他东奔西跑，早已疲累，闻听此言，纷纷前来投奔唐军。不久，刘黑闼便成了孤家寡人，被抓入唐营处死。

太子建成此番剿杀刘黑闼可谓取得不小的胜利，但在魏征的运筹之下，他还借此次领兵出征之机策划着更大的阴谋。

由于太子建成自己心中也清楚，二弟世民各方面都比自己强。虽然有众嫔

妃从中阻挠，父皇李渊已去了立二弟为太子的念头，但建成心中还不踏实，怕日久生变。想来想去，认为还是除掉李世民最为保险。于是，他听从魏征的建议，在出征的过程中，暗中招募2000名骁勇之士作为东宫卫士。还让东宫宿卫官杨文干在任庆州（今陕西庆阳）都督时私自招兵买马，组织私人军队。

即使这样，李建成还觉自己力量不够，又笼络四弟李元吉跟他一块对付李世民。心想，一旦事发，父皇也不会同时怪罪我们两人。三弟早逝，他定然不舍得同时再失二子。李元吉本来就深恨二哥李世民在父皇面前受宠，当即与大哥建成一拍即合。况且，李建成又对李元吉许诺：事成之后，如若自己将来登上皇位一定不设皇太子，而设皇太弟。自己百年之后，便让元吉登基。李元吉鬼迷心窍，也不想自己是否能比大哥活得长，便高兴得心花怒放，从此更加一心一意跟随大哥寻机迫害二哥。

武德七年（公元624年），李渊去风光秀丽、景色宜人而又气候凉爽的仁智宫消夏避暑。仁智宫在宜君（今陕西宜君县），距长安180里。李渊为防不测，让世民、元吉两位皇子陪同前往，留下太子建成镇守长安。

太子建成登基心切，认为此番父皇离开长安乃是天意。自己不能放过这个好机会，杀机顿起，决心先杀掉二弟李世民，再迫使父亲李渊让位。计议停当，他便写了一封信，派郎将尔朱焕、校尉乔公山带着书信前去通知杨文干起兵。

尔朱焕、乔公山二人早知太子建成心怀不轨，他们猜测信中内容定是谋反之事，担心事发受到牵连，便直接去了宜君，将信交给了高祖皇帝李渊。

李渊见信，先是大吃一惊，他想不到自己的儿子竟然要对自己的亲弟弟下毒手。继而大怒，心道：此子忤逆，登基心切，说不定哪天连我也一起杀了。想到此心里不由得一颤，当即下诏让李建成到仁智宫来。

为防万一，当晚，李渊带着二儿子李世民到南山露营。李世民也已听说此事，但他并不惊奇，他知道大哥建成早已将自己视为眼中钉、肉中刺，欲先除之而后快，这事迟早是要发生的。他怕父皇伤心，便陪李渊到帐外散步，趁机对李渊说道："父皇不必为此事伤心，儿臣绝无与大哥争夺太子之位的心思。大哥想必也是一时糊涂，不久定会醒悟过来的。"

李渊见李世民明知大哥建成要加害自己，非但不怪，还为其开脱，深为感

动。又想起大唐江山多亏有此子独当一面，才得如此稳如泰山，便把平时别人在自己面前说他的不话以及自己也怀疑他居功自傲的心思去了一半儿，甚至有些后悔当初自己心意不决，没有废太子建成，改立世民了。

再说李建成，得知事情败露，无可奈何，第二天，战战兢兢来到仁智宫向李渊叩头请罪。李渊一见他，怒火又蹿上了，废太子的心一下坚决起来。当即命人把他关押起来。

但是，大唐王朝的皇位之争并未就此停歇，而是愈演愈烈。

玄武门之变

玄武门之变，是唐高祖武德九年六月初四（公元 626 年 7 月 2 日），由当时唐高祖李渊次子秦王李世民在唐王朝的首都长安城（今陕西省西安）太极宫的北宫门——玄武门陈近发动的一次政变。当唐王朝实现统一以后，唐王朝统治阶级内部的矛盾就逐渐激化起来。

玄武门之变

李世民同母兄弟四人，长兄建成，被立为太子，是法定的皇位继承人；李世民排行第二，被封为秦王；三弟玄霸，少年早死；四弟元吉被封为齐三。李世民作为唐王朝的军事统帅，在统一战争中网罗了大量的文武之才，他的势力远远超过了太子李建成的势力。最高统治集团内部开始出现矛盾，这个矛盾的焦点是以太子建成为一方、秦王世民为另一方争夺皇位继承权的斗争。

李渊称帝以后，建成取得了太子——皇位合法继承者的地位，而世民却在东征西讨、南征北战中屡建功勋，并不断扩大自己的实力和影响。于是，嫡长子继承皇位的传统，同秦王拥有最高的功勋、最强的实力这个现实发生了尖锐的矛盾。建成对世民有猜忌之心，世民对建成亦并非无取代之望，武德五年（622）起，这种潜在的矛盾终于发展成公开的争夺和激烈的较量。

李建成被立为太子，但他时时感到秦王李世民对他的地位有很大威胁，他便同弟弟齐王李元吉密谋加害李世民，但几次都未能得逞。皇帝为避免骨肉相残，决定让秦王李世民到洛阳去独守一方。

李建成和李元吉听说后，觉得如果让李世民去洛阳，等于大权在手，势更难治，不如留在长安，设法除掉他。就秘密派心腹数人，接连不断地上书高祖李渊，说："秦王的左右听了去洛阳的消息后都非常高兴，去了恐怕就回不来了。"高祖李渊被他们的谗言所迷惑，就把这事给放下了，时间一长也就忘了。

为了削弱李世民的势力，李元吉又想出一计，就是采用各种办法将秦王府的勇将接到自己这边来。李元吉平时最怕秦王府的尉迟敬德，就劝李建成和尉迟敬德结交，私下里送给他金银器皿，但被尉迟敬德义正词严地拒绝了。李建成、李元吉贿赂收买不成，怀恨在心，就派人去刺杀尉迟敬德。尉迟敬德得知有刺客来，就打开大门，坐在大堂上等着。刺客一看，知道不是对手，就吓跑了。他们见行刺又未得手，便又生一计，向高祖李渊诬告尉迟敬德有意谋反。高祖听后，欲杀尉迟敬德，幸亏李世民入朝劝谏才免其罪。临淄侯房玄龄和杜如晦与李世民的关系特别密切，因而遭到了李建成的忌恨。高祖李渊听信他的谗言，将房玄龄和杜如晦撤职，不许他们再去接近李世民。李世民内心非常愤恨，且因皇上一再相信谗言，也就越发感觉到自身的危险。他身边有一员大将程知节对他说："大王身边的人，如果都被他们摧折，你自己性命也难保，希望大王早点做决定。"

长孙无忌和房玄龄是莫逆之交。房玄龄私下对无忌说："现在皇太子要谋害李世民，这样必然危害国家，不如劝他废掉皇太子。"无忌将这话告诉了李世民，李世民征求属下意见，杜如晦也劝他听房玄龄的话，几位大将也都劝李世民快拿主意。李世民对此仍犹豫不决。

这时，正赶上突厥兵又来侵扰，李建成就推荐李元吉带兵北伐，高祖李渊

将兵权交给了李元吉。李元吉就调动尉迟敬德为先锋官，又调秦王府的精兵猛将同去讨伐突厥。尉迟敬德与长孙无忌感到形势危急，急忙找到李世民说："大王再不早做决定，祸在眼前了。"李世民说："都是亲兄弟，怎忍心下手？"

正在这时，率更丞王祥来到，好像有话说，见长孙无忌和尉迟敬德在旁边，就没张口。李世民见状就起身与王祥密谈。王祥说罢立即退了出去。李世民告诉长孙无忌等人说："齐王元吉和太子建成定计，想让我到昆明池给元吉饯行，在席前设下埋伏，置我于死地。然后太子要求皇上禅位，李建成当皇上，立元吉为太子。"长孙无忌不等李世民说完便道："先发制人，后发为人制，大王快决定吧！"李世民叹息着说："骨肉相残，古今大恶。我虽然知道祸在旦夕，但也要等待他们先发，然后仗义出讨，方为有名。"尉迟敬德接着说："大王如不听从无忌的话，尉迟就不能留在大王身边等着他们来杀我了，请您允许我走吧。"长孙也说："如果这样我也要走了。"李世民见状，便召集同僚们一起商议，大家都异口同声地要求李世民快拿主意，最后李世民终于做出了起事的决定。

李世民命长孙无忌去找房玄龄和杜如晦，让他们身穿道士服，混进李世民的住处，同他一起制订对付李建成和李元吉的计划，然后按计行事。

那天晚上，太白星从秦王地上空经过。太史令傅奕密奏高祖："太白星在秦地上空出现，秦王当占有天下。"高祖李渊听了心中很不高兴。

正在这时，李世民来到，他请求父皇撤去左右，密奏太子、齐王淫乱后宫。

高祖李渊大吃一惊："有这样的事吗？"

李世民又说："臣儿自想，没有一点辜负兄弟的地方，偏他二人时时欲加害于我，求父皇开恩保护孩儿。"

说完竟哭了起来，李渊见一向勇猛的儿子竟委屈得哭了，不觉一惊，忙说："明天早朝再问。"

李世民随即退下，回到王府便开始布置计划。半夜时分开始调兵遣将，命长孙无忌带领人马埋伏在玄武门。

这时，李建成、李元吉也得到宫内差人送来的密报，得知李世民密奏的事，李元吉对李建成说："今天上朝，恐怕有变，不如托病不去。"

李建成却说："我们内有妃嫔传信，外有宫廷护卫保护，秦王虽然强悍，能把咱们怎样？不如前去参见，好探听一下消息。"

二人便骑马前往玄武门。到了临湖殿听说皇上已召集六部大臣临朝审问，二人便知大事不好，掉转马头往回跑。忽听背后有人喊："太子、齐王，为什么不上朝？"李元吉回头一看，正是李世民。二人也不答话，举起随身带的弓箭，拉弓连射三箭，李世民忙闪身躲过，把最后一箭一把抓住。随即取弓向太子建成射去。太子建成一箭就被射下马来，当场死了。李元吉一看不好，骑马便逃，迎头碰上尉迟敬德，又勒马往回跑，正赶上李世民追赶上来，冷不防李元吉回马相撞，两人都坠落马下。李元吉起来就去抢李世民的弓，尉迟敬德跑过来救起李世民，把李元吉吓跑了。尉迟敬德把李世民扶到屋里，转身去追李元吉。李元吉想跑到武德殿面奏高祖，还没跑到地方就听身后弓弦一响，转身一看，已来不及躲避，这箭不偏不倚正好射入咽喉。尉迟敬德上前把李元吉的头砍了下来，又跑到李建成身边，将李建成的头也砍下来。这时，只听玄武门外人喊马叫，尉迟敬德拎起两颗血淋淋的人头上马疾驰来到秦王府门前，原来是东宫和齐王府的将领率好几千人来攻打。尉迟敬德双目圆睁，怒声喝道："你们看这两颗人头是谁的？"说着把两颗人头悬在梁上。又说："我奉诏来杀这二人，尔等如违抗皇上命令，将与这二人同罪。"东宫、齐王府两军一看群龙无首，便一哄而散了。

这就是发生于武德九年六月庚日，历史上有名的玄武门兵变。

此后，为安定社稷，高祖诏立李世民为太子。不久，李世民登基，他就是历史上赫赫有名的唐太宗。他整治朝政，开辟了贞观之治的盛世伟业，成为历史上的一代明君。

贞观之治

唐太宗李世民在位的 23 年（627—649）间，他不断地总结历代王朝兴衰的经验教训，虚心听取臣民的合理化建议，减轻大量赋税和徭役，在法律上减轻刑罚，使百姓在战乱后能够休养生息地生活，从而使社会经济得以恢复和发展，为唐朝的繁荣昌盛奠定了良好的基础。后来人们把唐太宗在位时的斐然治绩，誉为著名的"贞观之治"。

唐太宗亲眼看到强盛富庶的隋王朝，仅是粮食储备就可供全国50年之用，但隋炀帝继位后不到13年便分崩离析，短命而亡，这给他留下极其深刻的印象。因此，他时时注意以隋朝的灭亡为戒，重视人民的力量。他常说："人君好比舟，人民好比水，水能载舟，也能覆舟。"他采取了许多轻徭薄赋，与民休养生息的政策，促进农业生产的迅速恢复和发展。

唐太宗还大力提倡节俭，并以身作则，以减轻国家和人民的负担。他即位以后，没有大兴土木，建造新的宫殿，而是住在隋朝时建造的且已破旧的宫殿。为了减少宫中的费用，唐太宗下诏释放宫女，其中一次就释放3000人。唐太宗还严厉禁止厚葬，规定五品以上的官员和勋亲贵族都要严格遵照执行。他在安排自己的陵寝时，亲自制定规格：以山为陵，能放得下棺木就行。对于官员们的奢侈行为，唐太宗也明令禁止。

为了保证国家的长治久安，唐太宗很重视抓好政治建设，任贤和纳谏是他的两项重要政绩，历来为后人所称道。

唐太宗以"求贤如渴""知人善任"著称。他认为，"致安之本，唯在得人"，"为政之要，唯在得人"，很重视选官用人。他主张"为官择人，惟才是与，苟或不才，虽亲不用"。所以，在唐太宗周围，有出身士族的长孙无忌、房玄龄和杜如晦，有参与谋害自己的东宫旧臣魏征、王珪，有出身寒微的马周、张亮和刘洎，还有少数民族的首领。他对这些人，都能"量才授职"，"各取所长"，委以重任。由于唐太宗善于举贤任能，多方面精选人才，所以，贞观时期人才济济，一批有才干的文臣武将，尽为其所用。

唐太宗任用贤才，还能够不计较个人恩怨，不讲究资历地位兼收并用，充分发挥他们的才能。

李靖，隋朝末年在马邑当副长官，他发觉李渊有反隋的可疑迹象，亲自前往江都向炀帝告密。后来在长安，他被李渊抓住，判了斩刑。李靖能文能武，有很高的志向和非凡的军事才能。李世民知道李靖的才干，几次向李渊请求，免除李靖的死罪，李渊释放了他，李世民把他安排在自己指挥的军队里当官，

李靖后来成了唐太宗的宰相，是唐太宗时期最有才干的军事统帅。

玄武门之变前后，李建成的东宫集团中出谋划策和动用武力想谋害唐太宗的人很多。李建成失败后，唐太宗不计恩怨，对他们量才重用。魏征原来是李建成属下的官员，他看到李世民的功劳和势力越来越大，常常给李建成出谋划策，劝他尽量培植自己的势力，及早除掉李世民。玄武门之变后，李世民不计前嫌，对他加以提拔重用，把他作为自己的重要助手。

王珪原来也是李建成手下的官员，积极为李建成献策反对李世民，李世民不咎既往，王珪后来官至宰相。

薛万彻原是李建成手下的一员骁将，在玄武门之变时，曾带兵攻打李世民的秦王府，失败后逃亡终南山，唐太宗派人将他请回来，任命他为自己手下的大将。

对于自己的亲属、旧部下和亲信，唐太宗也不滥加任用，而是坚持任人唯贤的原则，量才授官。由于唐太宗重视选拔贤才，使得贞观年间人才之盛，为历朝所少见。唐太宗在位期间，共用宰相27人，绝大多数都是当时的杰出人才，这就为改善吏治，促进政治的清明提供了保证。

由于太宗虚心求谏，纳谏，当时朝廷中敢于犯颜直谏的大臣很多，其中最突出的是魏征。

魏征为人正直，敢于直言，很得太宗的重用，先后担任谏议大夫、给事中、秘书监等要职，位列宰相，他前后共向太宗进谏了200多件事，大多数都被太宗采纳。太宗赞誉魏征为"知得失"的"人鉴"，在他死后，痛心地说："以铜为镜，可以正衣冠；以古为镜，可以知兴替；以人为镜，可以知得失。魏征没，朕亡一镜矣！"唐太宗还任用敢于直言的房玄龄和杜如晦为宰相。房玄龄有谋，杜如晦敢决断，史称"房谋杜断"。贞观时期，由于一大批大臣"直言极谏"，太宗"从谏如流"，开拓了君臣共商国是的开明政局，使一些流弊得到及时纠正，使一些好的政令措施，得以贯彻。后来的"贞观之治"就是谏诤之风的重要体现。

李靖的功业

李靖（571—649），字药师。雍州三原（今陕西三原东北）人。唐朝杰出的军事家，隋朝凉州刺史韩擒虎外甥。开国元勋，封卫国公。他精通兵法，能征善战，灭萧铣、灭辅公祏；平突厥、平吐谷浑，皆获全胜，是博古通今的军事大家。唐太宗李世民称其武功乃"古今所未有"。李靖出将入相，位极人臣。在那个人才辈出的初唐时代，他南征北讨，所向无敌，为大唐立下了不世功勋，为大唐盛世的来临做出了自己的贡献。

李靖出生于世家。他的父亲李诠曾为隋朝赵郡郡守。李靖自幼就受到了良好的教育，文武双修。他的才能被当时的吏部尚书牛弘、左仆射杨素等人所赞赏，作为隋朝四大名将之首的杨素曾拍着自己的座位对李靖说："我这个位置迟早是你的。"可见李靖是多么的才华出众。

李靖还有一个名满天下的舅舅，就是捉住过陈后主的韩擒虎，这位隋朝名将对外甥赞不绝口："可与我讨论孙吴兵法的人，只有李靖。"韩擒虎认定了外甥前途远大，对外甥进行了极为严格的训练，用苦肉计逼迫外甥勤练弓马。到后来，李靖完全达到了舅舅的要求，他操枪跃马，两招就挑飞了舅舅耳朵上的铁环，回马一枪又把舅舅头顶的铜钱挑落，几次三番，无一失手。后继有人，韩擒虎十分欣慰。

不知为何，最开始李靖的官一直没做大，隋炀帝大业末年只当个马邑郡丞。当时，李渊奉隋廷诏命勒兵在塞外击突厥，李靖已经得知这位唐公有不臣之意，就暗中往炀帝所在的江都方向跑，想密报李渊要造反的消息。当时天下已经大乱，李靖跑到长安就过不去了。不久，李渊攻克长安，马上把李靖抓起来亲自临斩。李靖临刑大呼："唐公您兴义兵，本为天下除暴乱，难道为私仇斩壮士吗？"李世民知道李靖是个大英雄，他数次恳请李渊放掉李靖，最终李靖才得以免死。

当时正逢南方多事，萧铣坐大，唐高祖就派李靖率军前去征伐。李靖在硖州被萧铣军队阻挡，迟留许多天，李渊认为李靖是故意迟留观变，密令硖州都督许绍斩杀李靖。许绍爱惜李靖才能，为李靖请命，才又逃过一死。正赶上赵郡王李孝恭讨开州土蛮冉肇则兵败，李靖将兵八百奇袭，临阵斩冉肇则，俘虏五千多人。高祖李渊大喜，对旁人讲："我听说使功不如使过，李靖就说明了这一点。"马上亲降玺书慰问李靖，告诉这位应死了两回的将军："过去的事既往不咎，而且我也全忘掉了。"在其后攻伐萧铣的战斗中，李靖击败萧铣大将文士弘，迫使萧铣投降，以军功获封为岭南道抚慰大使。

公元623年，江淮地区的农民军领袖辅公祏再次反唐，李渊任命李孝恭为元帅，李靖为副元帅，发兵围剿辅公祏的江淮军。辅公祏自守丹阳，其部将冯慧亮、陈正通驻守博望山和青林山，占据有利地形，坚守不战。唐军诸将提议，绕道进攻丹阳，只要丹阳城破，冯慧亮等人必然不战自溃。李靖否决了这一提议，他说："丹阳城防坚固，如果我们不能一举拿下，冯慧亮等人再从背后进攻我们，我军腹背受敌就很危险了。"李靖说出了破敌之策，马上被李孝恭采纳。唐军派出老弱士卒上门挑战，被江淮军打得抱头鼠窜。江淮军眼见唐军如此没用，大喜过望，赶紧发兵追赶，很快落入了唐军的埋伏，江淮军损失惨重，一败涂地，博望、青林相继失陷。李靖乘胜进攻丹阳，辅公祏弃城而逃，路上被属下出卖，在浙江武康镇被献给了唐军。辅公祏在丹阳被斩首，江淮平定了，唐朝基本上统一了中国。长江流域归入大唐版图，李靖居功至伟。他被唐高宗升为兵部尚书，担任扬州都督府长史，和李孝恭一起出镇江南。这时，他已经成为李渊父子眼中的战神。

太宗李世民继位后，拜李靖为刑部尚书。贞观三年，封兵部尚书。当时，突厥诸部离叛，唐朝方盛，正想报昔日委曲求和之怨，就派李靖为代州道行军总管，乘间讨伐。李靖仅率三千骑兵，自马邑飞奔至恶阳岭，突厥颉利可汗大骇，望着忽然出现的唐军，说："唐兵如果不是倾国大军随后，李靖断不敢孤军深入！"李靖立营，也不马上进击，和颉利可汗打心理战。颉利"一日数惊"，寝食不安。李靖摸清颉利可汗底细后，又暗中离间可汗左右，逼使颉利亲信大将康苏密来降。贞观四年，李靖进击定襄，获隋齐王杨暕的儿子杨政道和陷入突厥多年的炀帝皇后萧氏。颉利可汗大败，仅以身免。太宗李世民大喜，进封李靖为代国公，并对凯旋而还的李靖夸道："从前李陵将五千兵入塞北，不免身

降匈奴，但还能因勇武而青史留名。爱卿你以三千轻骑深入虏廷，克复定襄，威震北狄，真是古今未有之奇迹！"

李靖军功卓著，却也时时少不了麻烦。在一次与突厥的战役后，御史大夫弹劾他纵兵掳掠，把突厥珍物一抢而空。在唐太宗面前，李靖没有为自己辩解，诚恳谢罪。不久，唐太宗了解了更多的情况，知道李靖并没有染指突厥珍物，就坦率地向李靖认错："以前有人在我面前说你的坏话，我偏听偏信，现在我知道那些都是小人的谗言。请你不要把这事放在心上。"

熟读史书的李靖当然知道，在英明神武的唐太宗面前，恪守君君臣臣的那一套最为保险，在朝堂之上，他"恂恂然似不能言"，从不乱发意见，老成持重，博得了"一代楷模"的赞誉。

公元634年，李靖以足疾请辞宰相之位，获得恩准，但唐太宗仍然请求他每隔几日去参加宰相会议。

贞观九年（635），吐谷浑进犯边塞，太宗对侍臣说："如果以李靖为元帅，战胜不难啊。"已经退休在家的李靖听说了此事，就对房玄龄说："靖虽年老，固堪一行。"太宗大悦，就以李靖为西海道行军大总管，前往征伐吐谷浑。他率领大军前后与吐谷浑大战数十次，杀伤甚众，大破其国。最后被迫无奈，吐谷浑贵族杀掉可汗前来归降，唐军扶立听话的慕容顺为王，李靖凯旋归来，被封为卫国公。

贞观二十三年（649），李靖在家中病死，时年79岁，陪葬于昭陵。

太子废立之争

贞观十七年（643）四月，太子李承乾阴谋发动政变、抢班夺权。随后很快政变被粉碎，太子被逮捕。

唐太宗极为震惊，马上命令宰相长孙无忌、房玄龄、萧瑀、李勣、马周、褚遂良、岑文本、孙伏伽等朝廷重臣，会同大理、中书、门下三司会审。在确凿的证据面前，太子不得不完全招供，承认了谋反事实。唐太宗在愤怒之余，立即下令废掉李承乾的太子之位，暂时将他拘押在右领军府，后来虽然被免死，却改判为流放黔州（今重庆彭水），在被囚禁两年之后孤独地死去。参与政变密谋的骨干分子汉王李元昌被下令自尽，侯君集、李安俨、赵节、杜荷等人都被杀。太子左庶子张玄素、右庶子赵弘智、令狐德棻等人，因为作为师傅，没有很好地起到教育太子的责任，都被免职。为了避免牵连太广，其余应该受到追究的人，一律被赦免。唯独太子詹事于志宁因多次规劝太子，而受到慰劳勉励。告发太子的纥干承基则被授予祐川府折冲都尉，封为平棘县公，打发到了外地。

过了几天，人们还在纷纷猜测谁将成为新的皇位继承人时，朝廷正式宣布：仁慈孝顺的皇九子晋王李治被确定为太子。人们被这一连串发生的眼花缭乱的事情搞得晕头转向，不免对太宗百年之后大唐王朝的走向与命运忧心忡忡。

原来，唐太宗一共有十四个儿子，其中李承乾、李泰和李治为长孙皇后所生。李承乾是唐太宗的嫡长子，武德二年（619年）生于长安承乾殿，因而命名。玄武门之变后，唐太宗做了皇帝，根据嫡长子继承原则，立承乾为皇太子，当时他才八岁。

幼年的李承乾聪明伶俐，善解人意，应该说还是比较受到唐太宗的喜爱的。太宗特意挑选德高望重的李纲出任太子太师，担当起教育太子的重任。承乾对李纲的严格要求也能虚心接受，这一点让太宗感到非常欣慰。为了进一步培养他的治国能力，太宗经常将一些不太重要的政务交给他处理，承乾办得还都很得体。随着太子的才干越来越增强，太宗每当外出巡察时，就把治理国家的大权临时交给他。

可是，由于太子自幼生长于深宫之中，缺乏对社会的了解，难以体会到民生疾苦，所以显得目光短浅，见识不深。加之从小就成为储君，地位无比尊贵，经常被一帮纨绔子弟、公子哥儿们所簇拥。所以，他在长大成人以后，逐渐沾染上了奢侈、好色、冶游过度、文过饰非等一些不良习气，最终断送了他的政治前途。

大概是因为长期过度纵情于声色犬马和毫无节制的冶游享乐生活，年纪轻轻的李承乾忽然患上脚病，连行走都变得有些困难。这也使他更加沉溺于深宫，亲近宦官小人，疏远君子贤才。为了挽救承乾，太宗先后指派于志宁、李百药、杜正伦、孔颖达、张玄素等当时的宿儒名臣匡正太子，可是承乾全都无动于衷，

不是将他们气走赶跑，就是关系搞得特别紧张。老臣于志宁多次劝说太子应该从善如流、崇俭好德、不违农时，承乾不是置若罔闻，就是老大不高兴，最后甚至发展到秘密派遣刺客行刺于志宁。以敢言强谏而闻名的张玄素眼看太子因失德逐渐失宠，不断警告承乾应该注意检点自己的行为，减少游猎，勤于政事，否则太子之位就有点危险了，但是太子却将这些忠告当作逆耳之言，并且派遣东宫奴仆乘着夜色用马鞭猛击张玄素，差点要了他的命。太子甚至威胁宫臣说："有朝一日我要是做了天子，我更要随心所欲；有胆敢犯颜直谏的人，我就杀了他。杀上他五百人，看谁还敢再这样不识时务！"

就在太子的行为变得越来越不可思议的时候，他的亲弟弟魏王李泰却逐渐博得了人们的交口称赞。李泰从小就聪明好学，长大后写得一手好诗和好文章。他爱好比较广泛，尤其是喜欢读经典名篇和天文地理方面的著作，深得唐太宗的欢心，因而受到宠爱。

随着李泰逐渐得宠，太子承乾的举动变得越发荒唐出格。东宫有个十几岁的太常乐人，长得十分英俊，擅长唱歌跳舞，承乾对他异常宠爱，叫他"称心"，以至两人的关系发展到了极不正常的地步。太宗听说这件事情后，特别生气，就把称心抓起来给杀了。承乾怀疑是李泰打的小报告，所以对他特别仇恨。大概是因为过分悲痛，称心的死让承乾更加变态。为了哀悼称心，太子竟然在东宫为他搭建了一座灵堂，正中悬挂着他的画像，两边摆放着纸人纸马，每天让宫人不断地烧纸祭奠。承乾则天天在他的画像前泪流满面、伤心徘徊。甚至还在宫中为他修了一座坟，私自追赠他官职，并为他立了一通大碑。

这件事之后，太子干脆以脚病为借口，连续几个月不上朝。但他却在东宫经常让几十个、甚至上百个奴仆学习音乐舞蹈，模仿胡人装束，自制舞蹈服装，通宵观看杂技表演。咚咚的擂鼓声和呜呜地号角声，在宫外很远的地方都能听到。

他甚至模仿突厥人的生活方式，在东宫院中架起了一口大铜炉和大铜鼎，让窝藏在宫中的逃亡奴婢和强盗，偷窃别人的耕牛、马匹，亲自烹杀蒸煮，与他所宠幸的下人们一起大吃大喝。他还特别喜欢说突厥话，穿突厥人的衣服，为此专门挑选了几个长得像胡人的人，身披羊皮，头发编成辫子，五个人组成

一个部落，搭起毡制的穹庐帐篷，自制五狼头旗，手拿兵器，打着幡旗，让各部落架火烤羊，用随身佩带的匕首，刀割手撕，吃肉喝酒。承乾还打扮成突厥可汗的样子，躺在地上，假装死去，让大家围着他号啕大哭，一边哭，一边还得模仿胡人的习俗，用刀在脸上划出一道道的血痕，又让大家骑着马绕着他跑。忽然他坐起说："有朝一日我要是做了天子，就带着几万骑兵到金城（今甘肃兰州），然后解散头发，投靠突厥酋长阿史那思摩，当一个部落头领，真是痛快啊！"他的这种怪异举止，连他左右的亲信都不可理解，怀疑他是不是中邪了。他还用厚毡做成铠甲，竖起红旗，摆开阵势，与汉王李元昌分别统帅一部，大声叫喊着冲向对方，以互相刺击为快乐。对不听指挥的人，下令用树枝狠狠地抽打，有的被活活地打死，即使没死的人也会掉一层皮。

太子的这种变化让太宗感到太失望了，于是开始萌发了废掉承乾的念头。他最初看中了魏王李泰。贞观十年（636年）二月，太宗因为李泰喜欢文学，待人接物总是彬彬有礼，于是仿照当年秦王府的样子，特意下令在魏王府另设文学馆，让他自由聘请文人学士。李泰手下的人对太宗的暗示心领神会，便由魏王府司马苏勖出面，劝说李泰仿效古代那些英明的君主著书立说，借机招揽人才。很快李泰就物色到著作郎萧德言等四人，负责修撰《括地志》。由于这件事得到太宗的大力支持，经费充足，待遇优厚，文人学士纷纷参与，甚至连一些附庸风雅的贵族子弟也乘机巴结讨好李泰，魏王府出现了门庭若市的热闹场面。

太宗厚此薄彼的做法，在无形中起到了怂恿李泰争夺太子之位的野心。他纠集驸马都尉柴令武（平阳公主之子）、房遗爱（房玄龄之子）、杜荷（杜如晦之子）等二十多名贵族功臣子弟为心腹，又聘请黄门侍郎韦挺、工部尚书杜楚客（杜如晦之兄）相继出任魏王府官，为他结交拉拢朝臣，而他自己也对文人士大夫们表现得更加随和谦虚，博取了更大声誉。

但是太宗打算以李泰取代李承乾为太子的想法，却遭到了一些朝廷重臣的反对。魏徵、褚遂良等人先后几次上书进谏，反对废长立幼，并且提醒太宗要吸取历史教训，避免引起宫廷流血事件。在大臣们的坚持与舆论的压力下，太宗不得不放弃了改立魏王李泰的念头。

李承乾虽然暂时保住了太子的地位，但是他和党羽们对自己岌岌可危的处境都很清楚。为了维护太子的皇位继承权，他们加紧密谋策划，制订了暗杀魏王李泰、发动宫廷政变、胁迫太宗退位的计划。

正当密谋按部就班进行的时候，忽然发生了一件意想不到的事件。原来，太宗的第七子齐王李祐因为失宠抢先于齐州发动叛乱。消息传到京城，李承乾喜形于色地对亲信纥干承基说："东宫西墙，离皇宫只有二十步远，我们怎么能让别人抢占了先机呢？"于是加快了政变的步伐。然而，事与愿违，还没等他们动手，李祐的叛乱就被迅速平定了。朝廷在审理李祐谋反案时，牵连到纥干承基。承基被传讯时，又供出了承乾密谋政变的计划，于是就有本文开头所说的那一幕。

太子李承乾被废之后，长孙皇后亲生的儿子还有李泰和李治。魏王李泰作为嫡次子，本来是最有资格被立为储君的。太宗原先就对李泰很有好感，这时李泰又施展不正派的手段，装出了一副殷勤献媚的姿态，肉麻地吹捧太宗，进一步博取了太宗的信任，太宗就口头答应立他为皇位继承人。消息泄露后，一些政治嗅觉灵敏的大臣，像宰相岑文本、刘洎等人，就顺着太宗的心思，奏请按照长幼次序确立李泰为太子。

晋王李治虽然比哥哥李泰小九岁，但因为从小也很聪明稳重，待人宽厚，仁慈孝顺，而深得舅舅长孙无忌的赏识。长孙无忌作为宰相，是贞观中期以来最有影响力的朝廷重臣。在这个关键时刻，他力挺李治，可以说起到了举足轻重的作用。

唐太宗面临两子争立，一向果断英明的他也深深地陷入了犹豫不定的痛苦之中。从感情上来说，他一贯倾向于李泰；但从理智上来说，他又不能不选择李治。因为以长孙无忌为首，包括褚遂良、李勣等元老大臣在内，都支持李治。唐太宗对李治的印象不是十分满意，主要是因为他太过于胆小软弱，完全不像自己的处事风格。但是架不住长孙无忌等人的坚持，最终还是不太情愿地选择了李治。

后来，太宗还曾一度暗示长孙无忌想改立吴王李恪为太子。李恪是太宗的第三子，生母杨妃是隋炀帝的女儿。这样一个出身高贵的皇子，自然也为朝廷内外的一些人所看好。据说李恪文武双全，做事干练，太宗认为他是所有皇子中最像自己的一个。但这个想法遭到长孙无忌的坚决反对，他认为："晋王性格仁慈宽厚，肯定是一个好的守成之主。如果在储君问题上举棋不定，反复无常，就会招致国家大乱。"太宗被无忌的一番话给吓住了，他最怕的就是国家不能长治久安，只好放弃了这个念头。

从此以后，太宗专心致志地教育和培养李治，为他选用了一大批元老重臣，有长孙无忌、房玄龄、萧瑀、李勣、李大亮、于志宁、马周、苏勖、高季辅、张行成、褚遂良、岑文本、刘洎等，几乎囊括了当时在世的所有贞观名臣，组成了一个阵营强大的辅佐班子。贞观二十三年（649 年）五月，一代英主唐太宗终于一病不起，撒手人寰。太子李治即位，改元永徽，是为唐高宗。正像长孙无忌所说的那样，唐高宗基本上还算是一位比较称职的守成嗣君。在他长达三十多年的统治期间，初期在长孙无忌等老臣们的辅佐下，继续推行贞观年间制定的一系列政策，促进了政治、经济、文化等各方面的进一步发展，在贞观之治的基础之上取得了更大的成就，史称"永徽之治"。中后期，在武则天的帮助下，唐朝社会继续朝着更加繁荣、文明、进步的方向推进。